Europas religiöse Kultur(en)

Theologie – Kultur – Hermeneutik

Herausgegeben von
Stefan Beyerle, Matthias Petzoldt und Michael Roth

Band 14

Europas religiöse Kultur(en)

Zur Rolle christlicher Theologie im weltanschaulichen Pluralismus

Ein interdisziplinärer Diskurs an der Theologischen Fakultät anlässlich der Sechshundertjahrfeier der Universität Leipzig

Herausgegeben von Matthias Petzoldt

EVANGELISCHE VERLAGSANSTALT
Leipzig

Die Deutsche Bibliothek verzeichnet diese Publikation in der Deutschen Nationalbibliographie; detaillierte bibliographische Daten sind im Internet über ‹http://dnb.ddb.de› abrufbar.

Printed in Germany · H 7529

Das Buch wurde auf alterungsbeständigem Papier gedruckt.

Cover: behnelux gestaltung, Halle/Saale
Satz: Michael Kropff, Leipzig
Druck und Binden: Hubert & Co., Göttingen

ISBN 978-3-374-03014-9
www.eva-leipzig.de

Vorwort

Die Beiträge des vorliegenden Bandes gehen auf eine interdisziplinäre Ringvorlesung zurück, die im Wintersemester 2008/09 aus Anlass der Sechshundertjahrfeier der Universität Leipzig von der Theologischen Fakultät Leipzig veranstaltet wurde. Allen Autorinnen und Autoren, die mit Vorträgen zum Gelingen der Ringvorlesung beigetragen und ihre Untersuchungen für den Druck überarbeitet haben, wird auf diesem Wege herzlich gedankt. Ebenso gilt der Dank Herrn Dipl. theol. Michael Kropff für die Erstellung der Druckvorlage sowie Frau stud. theol. Christiane Nagel für das Korrekturlesen.

Der Herausgeber

Inhalt

MATTHIAS PETZOLDT

Einleitung

»Die Geschichte Europas ist weithin durch das Christentum geprägt, so lautet eine gängige These«, konstatiert der Kirchenhistoriker *Klaus Fitschen* im vorliegenden Band. Bestätigung findet diese Sicht in der von dem Heidelberger Historiker *Jürgen Miethke* durchgeführten Rekonstruktion der Universitätsgründung in Leipzig zu Beginn des 15. Jahrhunderts. Die christliche Kultur im Hochmittelalter bildete den gesellschaftlichen Rahmen für die spannungsvollen Geschehnisse an der Universität Prag und der darauf folgenden Errichtung der *alma mater lipsiensis.*

Wie sehr sich das Bild nach 600 Jahren gewandelt hat, wird in den nachfolgenden Beiträgen sichtbar. Schon die soziologische Studie zur religiösen Lage in Europa zu Beginn des 21. Jahrhunderts von *Gert Pickel* verdeutlicht die Veränderungen. Die religiöse Vielfalt und die Transformationsprozesse, die in den hier vorfindlichen Religionen zu beobachten sind, werden unter den religionssoziologischen Theorien von Säkularisierungs- und Individualisierungthese sowie unter dem Marktmodell diskutiert. Wie kommen die einzelnen Religionen als kulturelle Kräfte in Europa zur Geltung und welche Spuren hinterlässt die kulturelle Pluralität bei ihnen? Diesen Fragen wenden sich die nächsten Untersuchungen zu.

Klaus Fitschen stellt das Christentum in seiner konfessionellen Vielfalt vor, das in dieser Differenziertheit unterschiedliche gesellschaftliche Wirkungen entfaltet und seinerseits verschiedentliche Prägungen erfährt. Zum Vergleichspunkt werden der für das Säkularisierungsproblem wichtige Aspekt der Trennung von Staat und Kirche und die für die Entwicklung zum Pluralismus entscheidende Fähigkeit, im Zusammenleben sowohl zwischen den christlichen Konfessionen als auch mit anderen Religionen und Weltanschauungen konkurrierende Wahrheitsansprüche zu tolerieren.

Das Judentum in seiner zweifachen Existenz als Religionsgemeinschaft und als Volk übt mit seinen Traditionen im Laufe der Geschichte nachhaltigen Einfluss auf Europas Kultur aus, erlebt aber in diesem Kontinent immer wieder Anfeindungen und Verfolgung. *Timotheus Arndt* führt durch die wechselvolle Geschichte hindurch und zeigt, wie gegenwärtig – nach der Shoah – auch in Deutschland die jüdischen Gemeinden wieder wachsen und in ihrer unterschiedlichen Traditionspflege ein sehr verschiedenartiges Erscheinungsbild abgeben.

Anders als vor 600 Jahren gibt es in der Gegenwart den Islam nicht nur an den südlichen Rändern des Kontinents. »Heute leben in Europa schätzungsweise mehr als 53 Millionen Muslime, davon die meisten im europäischen Teil Russlands«, notiert *Friedman Eißler* und verweist auf die unterschiedlichen Richtungen, die sich herausgebildet haben. Über diese Pluralität hinaus hält er es aber für notwendig, noch zwischen Islam und Islamismus zu unterscheiden. Mit dem Letzteren wird ein »modernes Phänomen« angesprochen, das gerade auch unter Europäern Angst auslöst, welche einen Nährboden für Islamfeindlichkeit bereitet. Am Beispiel von Erklärungen islamischer Gelehrter aus Bosnien und aus Deutschland untersucht der Beitrag, wie »eurokompatibel« die von ihnen vertretenen Schariakonzeptionen sind.

Zum Testfall für die Offenheit Europas für islamische Kultur(en) entwickelt sich die Frage, ob die Türkei Aufnahme in die Europäische Union findet. In einer politikwissenschaftlichen Analyse untersucht *Monika Eigmüller* den widersprüchlichen Sachverhalt, dass sich die EU in ihren Verträgen auf religiöse Neutralität festlegt, dass aber in den nationalstaatlichen Diskursen wie auch im europäischen Parlament teilweise die Auffassung vertreten wird, es sei der Islam selbst, der nicht zu Europa passe.

Am Ressentiment gegenüber dem Islam entzündet sich heutzutage am leichtesten die Sehnsucht nach einer einheitlichen weltanschaulichen Kultur. Soweit dieser Wunsch religiös motiviert ist und soweit er sich auf Europa bezieht, ist er vor allem unter Christinnen und Christen verbreitet. Er findet sich nicht nur in fundamentalistischen Kreisen, sondern schlägt sich ebenso in Leitkulturprogrammen nieder. Auf subtile Weise wird er auch von dem Oberhaupt der römisch-katholischen Kirche, Papst Benedikt XVI., zum Orientierungsziel erhoben, wenn er – wie zum Beispiel in seiner umstrittenen Regensburger Rede von 2006 - die Synthese von biblischem Glauben und griechischem philosophischem Fragen beschwört und dazu erklärt: »Diese Begegnung, zu der dann noch das Erbe Roms hinzutritt, hat Europa geschaffen und bleibt die Grundlage dessen, was man mit Recht Europa nennen kann.«[1]

Der vorliegende Band wie schon die ihm zugrunde liegende Ringvorlesung gehen von der Akzeptanz der kulturellen Vielfalt Europas aus. Wenn dennoch im Titel der Plural von »Kultur« in Klammern gesetzt ist, bedeutet dies keine Einschränkung, sondern soll die Strittigkeit dieses Anliegens anzeigen.

Das Ausmaß jener Pluralität ist freilich mit den bisher genannten Studien noch nicht erfasst. Leider ist es nicht gelungen, den Referenten, der im Rah-

---

1 BENEDIKT XVI. U.A., Gott, rette die Vernunft! Die Regensburger Vorlesung des Papstes in der philosophischen Diskussion, Augsburg 2008, 21.

men der Ringvorlesung den Vortrag zur Rezeption östlicher Spiritualität in Europa gehalten hat, zur Veröffentlichung seines Beitrags zu gewinnen. So kommt der Einfluss von Buddhismus und indischen Religionen nur am Rande in dem Beitrag von *Matthias Pöhlmann* zur Sprache. Sein eigentliches Thema ist aber die Esoterik, die mit ihren individualisierten Formen und synkretistischen Verschmelzungen heutzutage eine neue Faszination ausübt. Die Untersuchung macht deutlich, dass die moderne Esoterik ihrerseits tiefgreifenden Wandlungsprozessen in der Religionskultur unterliegt.

Ganz andere Faktoren unserer europäischen Lebenswelt und unserer religiösen Diskurse lässt der Philosoph *Pirmin Stekeler-Weithofer* zu Wort kommen. Seit geraumer Zeit meldet sich besonders von Großbritannien herkommend, aber auch in anderen Ländern verbreitet, ein »neuer Atheismus« lautstark zu Wort. Zugleich wird in der Öffentlichkeit die These von der »Wiederkehr der Religion« vertreten. Beides kritisch hinter sich lassend entwickelt der Philosoph anhand eines Hölderlin-Gedichts Gedanken zu einer neuen Religiosität, die er in der Anerkennung der Endlichkeit und der Betonung der Gegenwart sieht.

Sind nach diesen Beiträgen in aller Kürze und Vorläufigkeit mehrere Facetten der bunten Vielfalt religiöser Kultur zur Sprache gekommen, bündelt *Reinhard Hempelmann* in seiner Situationsanalyse diese Mannigfaltigkeit unter dem Gesichtspunkt der Verschärfung des religiösen und weltanschaulichen Pluralismus. Angesichts solches spannungsvollen und zugleich unumgehbaren Pluralismus formuliert er am Schluss die Einsicht: »Zum Dialog gibt es keine Alternative.«

Wie stellt sich christliche Theologie dieser Situation? Zur Beantwortung dieser Frage richten die letzten drei Beiträge ihr Augenmerk direkt auf die theologische Wissenschaft und untersuchen aus unterschiedlichen Perspektiven ihre Pluralismuskompatibilität.

In systematischer Hinsicht greift *Matthias Petzoldt* die Diskussion um die Konzeptionen einer Theologie der Religionen auf. Die bisherigen Entwürfe sieht er aber für erweiterungsbedürftig an, insoweit die christliche Theologie neben dem Dialog mit anderen Religionen zugleich das Gespräch mit religionskritischen Weltanschauungen führen muss. Für eine solche Theologie der Religion und der Religionen legt er eine konzeptionelle Skizze vor und diskutiert exemplarische Problemstellungen, wie zum Beispiel die Wahrheitsfrage im Dialog der Religionen.

Aus praktisch-theologischer Perspektive nimmt *Birgit Weyel* das kirchliche Handeln in den Kasualien (z. B. Taufe, Konfirmation, Trauung, Bestattung) in den Blick. »Für die Verwurzelung des Christentums in einer pluralistischen Gesellschaft wird den Kasualien in Zukunft eine entscheidende Funktion zukommen.« Der Beitrag gewährt Einblicke in die Umbrüche der Kasualtheorie und in die damit verbundenen theologischen Diskurse.

In seiner Eigenschaft als Vorsitzender des Evangelischen Fakultätentages und als Vorstandsmitglied der Wissenschaftlichen Gesellschaft für Theologie geht der Neutestamentler *Jens Schröter* auf die aktuelle wissenschaftspolitische Diskussion in Deutschland um die Rolle der Theologischen Fakultäten an staatlichen Universitäten ein. Er beleuchtet die Empfehlungen des Wissenschaftsrates von 2010 zur Stellung und zum Funktionswandel der theologischen Fakultäten in den Bereichen zunehmender Pluralisierung der religiösen Bekenntnisse in der Bevölkerung, wachsender Autonomie und Profilierung der Universitäten und im Verhältnis zu anderen Wissenschaften, insbesondere zur Religionswissenschaft und zu den Geistes- und Sozialwissenschaften. Seine Diskussion um diese Empfehlungen und um die Stellungnahmen dazu mündet in Überlegungen zur theologischen Verantwortung im weltanschaulichen Pluralismus.

So schließt der Band mit einem Beitrag zur universitären Wissenschaft, wie er schon mit einem solchen eröffnet wurde. Zwischen der Universitätsgründung in Leipzig vor 600 Jahren und den Diskussionen heute liegen allerdings gewaltige Unterschiede, gerade im Hinblick auf die Anforderungen, die an die theologische Wissenschaft gestellt werden. Im Kontext der Vielfalt von Religionen und Weltanschauungen hat die christliche Theologie in kritisch-kontrollierter Reflexion Rechenschaft über das Spezifische des Christentums zu geben und zugleich in interdisziplinärer wie weltanschaulicher Hinsicht Diskurse und Dialoge zu führen. Die Beiträge dieses Bandes lassen etwas von solcher pluralismuskompatiblen Arbeit ahnen. Soweit es sich um theologische Aufsätze handelt, verfasst von Kolleginnen und Kollegen der Theologischen Fakultät Leipzig oder von geladenen Gästen, legen sie Zeugnis davon ab, wie intensiv und kompetent sich christliche Theologie auf andere Denkweisen und die ihr zugrunde liegenden Lebenswelten einlassen. Zugleich kommen benachbarte Wissenschaften zu Wort. Die Ringvorlesung, die an der Theologischen Fakultät durchgeführt wurde, gibt damit einen kleinen Einblick in die interdisziplinären Diskurse, welche die Theologische Fakultät im universitären Alltag weitaus umfassender führt. Auf diese Weise versucht sie, ihren wissenschaftlichen Beitrag unter anderem dazu zu leisten, dass das Christentum aus der Gewissheit seiner Identität heraus dazu befähigt ist, dem Dialog und dem Zusammenleben mit den vielen Kulturen, die gerade auch unseren europäischen Kontinent kennzeichnen, Impulse zu geben.

Jürgen Miethke

Universitätsgründung in Leipzig

Europäische Gelehrtenkultur, landesfürstliche Politik und kirchliche Krise

Dass Studenten protestieren, das erleben wir immer wieder. Sicherlich ist das auch in Leipzig nicht anders.[1] Von Anbeginn an haben Studentenproteste die europäische Universitätsgeschichte begleitet, ja sie haben Bewegung in ihre Entwicklung gebracht. Auch früher richteten sich die Proteste, die bis zu einem Dauerboykott der Lehrveranstaltungen am Ort, ja bis zum Wegzug aus der Universitätsstadt gehen konnten, im Allgemeinen nicht gegen die Universität und ihre Lehre, sondern gegen die Verschlechterung der Lebensbedingungen, gegen Rechtsverkürzungen und unerträglich scheinende Bedrückung. Solcher Protest wurde meist von Scholaren eingelegt, die den Rechtsstand ihrer von Kirche und Staat privilegierten Genossenschaft nicht beschädigt sehen wollten. Darum haben sie auf Einschnitte mit Boykott und Sezession geantwortet, die in den Anfängen auch zur Neugründung weiterer Universitäten führen konnten.

---

1 Den Vortrag drucke ich hier ab, wie ich ihn am 6. April 2009 bei der Semestereröffnung der Theologischen Fakultät der Universität Leipzig gehalten habe. Nur die nötigsten Belege und Hinweise auf weiterführende Literatur sind angefügt. Die wichtigsten neueren Untersuchungen zur Gründung der Universität Leipzig seien hier sogleich aufgeführt: S. Hoyer, Die Gründung der Leipziger Universität und Probleme ihrer Frühgeschichte, in: Karl-Marx-Universität Leipzig 1409–1959, Beiträge zur Universitätsgeschichte, Leipzig 1959, Bd. 1, 1–33; Ders., Die scholastische Universität bis 1480, in: Alma mater Lipsiensis, Geschichte der Karl-Marx-Universität Leipzig, hg. L. Rathmann u. Autorenkollektiv unter Leitung von S. Hoyer/K. Czok/G. Wartenberg (usw.), Leipzig 1984, 9–32. Nicht benutzen konnte ich S. Hoyer, Der Auszug der deutschen Studenten aus Prag und die Gründung der Universität Leipzig (phil. Diss. masch. Leipzig 1960). Beim Abschluss des Ms. standen mir auch noch nicht zur Verfügung B. Kusche, Ego collegiatus–die Magisterkollegien an der Universität Leipzig, von 1409 bis zur Einführung der Reformation, Eine struktur- und personengeschichtliche Untersuchung (Beiträge zur Leipziger Universitäts- und Wissenschaftsgeschichte S.6), Leipzig 2009 [=phil. Diss. Leipzig 2009] (vgl. hier besonders 112–164); sowie E. Bünz, Gründung und Entfaltung, Die spätmittelalterliche Universität Leipzig, 1409–1539, in: Geschichte der Universität Leipzig, 1409–2009, Bd. 1: Spätes Mittelalter und Frühe Neuzeit, von E. Bünz/M. Rudersdorf/D. Döring, Leipzig 2009, S. 21–325 (zur Gründung bes. 55 ff.).

Die ältesten Universitäten Europas wurden nicht gegründet, sie wuchsen wie die frühen Städte gewissermaßen »aus wilder Wurzel«, d.h. ohne dass irgendein willentlicher Akt der Gründung sie eingerichtet hätte. Paris und Bologna, Oxford oder Montpellier, sie alle haben sich in der zweiten Hälfte des 12. Jhs. auf diese spontane Weise ausgeformt. Erst nachdem sich ihr Erfolg allgemein zeigte, konnte durch Gründungsakte der gezielte Versuch gemacht werden, solchen Erfolg zu imitieren. Wir finden darum nur wenige Jahre oder Jahrzehnte später explizite Gründungsversuche. Treten die ältesten Universitäten endgültig an der Wende zum 13. Jh. ans Licht, so werden Cambridge 1209, Padua 1220 oder Neapel 1224 gegründet, um nur solche Universitäten zu nennen, die auf Dauer Bestand hatten. Neapel verdankt seine Gründung dem Gestaltungswillen des Stauferkaisers Friedrichs II., der in seinem Königreich Sizilien dem feindlichen Bologna Konkurrenz machen wollte. Cambridge und Padua entstanden durch studentische Protestsezessionen.

Dass Universitäten seit dieser Zeit gegründet wurden, bedeutet nicht, dass sie jeweils auf dem Reißbrett neu erfunden oder »gestiftet« worden wären. Man brauchte das Rad nicht jedes Mal neu zu erfinden, sondern konnte sich am Modell der bestehenden erfolgreichen Universitäten orientieren und die Vorbilder mehr oder minder genau abbilden, in einigen Stücken vielleicht sogar verbessern. Man musste eine Vorstellung von dem Ziel haben, ungefähr wissen, was man mit der Universität erreichen wollte. Aber man konnte sich auch in Einzelheiten der Konstruktion von Fachleuten beraten lassen, die die bestehenden Universitäten besucht hatten und wussten, wie eine Universität erfolgreich arbeitet.

Am deutlichsten zeigt sich dieser Zusammenhang zwischen einem in Umrissen bekannten Ziel und den Spezialkenntnissen von Fachleuten dort, wo sich die Neugründung einer Protestsezession von Studenten und Magistern verdankte, wo Universitätsleute durch Abwanderung lieber die Unsicherheit eines Neuanfangs anderwärts als die Erwartung weiterer Bedrückung am angestammten Ort wählten. Derartige Sezessionen aus der Universitätsstadt gehören zu den ältesten Mitteln sozialen Protestes. Darüber hinaus war der Auszug der Studenten und Professoren jenseits der Protektion eines Fürsten oder Prälaten eines der wenigen Mittel zu jener Rechtsverwahrung, welche der genossenschaftlich organisierten Gesamtheit der Universitätsangehörigen überhaupt zur Verfügung stand, ja das einzige, das sie ganz selbständig wahrnehmen konnten ohne irgendjemanden zu fragen. Je weniger sich die Universität als Anstalt, je stärker sie sich als Genossenschaft der Dozenten und

Studenten begriff, desto näher mochte den Rechtsgenossen Abspaltung und Auswanderung aus dem Ort des Missvergnügens liegen.[2]

Schon die älteste dauerhafte »Neugründung« einer Universität, der Beginn von Cambridge (1209)[3] war auf diese Weise von einer Oxforder Protestsezession veranlasst. Auch später noch griffen Studenten und Magister in Oxford auf dieses Mittel zurück. Doch gelang den Auswanderern ein Neuanfang nicht immer, ja zunehmend immer weniger. Oxforder Studenten und Magister zogen noch 1334 nach einem blutigen Konflikt nach Stamford.[4] Zu einer neuen Universitätsstadt hat sich dieser Ort dennoch nicht entwickelt, weil der englische König auf Ersuchen Oxfords die Universität dort strikt verbot. (Noch bis 1827 aber musste sich jeder Promovend in Oxford eidlich verpflichten, niemals in Stamford Vorlesungen zu halten!) Ein weiteres Beispiel aus Italien illustriert die allgemeine Tendenz: 1321-1324 zog ein Teil der deutschen Rechtsstudenten aus Bologna aus, zuerst nach Imola, von dort nach Siena, doch blieben sie nur knapp drei Jahre im Exil, um dann wieder nach Bologna zurückzukehren. Eine Universität entstand in Siena erst Jahrzehnte später (1357/60).[5]

Es ist klar, dass die unter Protest abgewanderten Scholaren an ihr Ziel nicht ausschließlich ihre persönlichen Erinnerungen mitnahmen. Sie wollten dort das ihnen vertraute Universitätsleben, vielleicht mit einigen Verbesserungen gegenüber der alten *Alma mater* fortsetzen, guten Unterricht erhalten und akademische Grade erwerben. So wandten 1212 sich einige Magister und Studenten aus Bologna nach Arezzo, wo eine eigene Universität aller-

---

2 Einige Hinweise auf solche Universitäten mit Migrationshintergrund bei H. RASHDALL, The Universities of Europe in the Middle Ages, New Edition, edd. F.M. POWICKE/A.B. EMDEN, Oxford 1936 (u.ö.), Bd. 1–3, hier Bd. 1, p. xxiv.

3 Dazu D.R. LEADER, The University to 1546 (A History of the University of Cambridge, 1), Cambridge, U.K. 1988; vgl. auch M.B. HACKETT, The Original Statutes of Cambridge University, The Text and its History, Cambridge 1970; Medieval Cambridge, Essays on the Pre-Reformation University, ed. P.N.R. ZUTSHI (The History of the University of Cambridge, 2), Woodbridge 1993.

4 Vgl. RASHDALL, Universities, Bd. 3 (s. Anm. 2), 89 f.; jetzt C.H. LAWRENCE, The University in State and Church, in: The History of the University of Oxford, ed. T.H. ASTON, Bd. 1: The Early Oxford Schools, edd. J.I. CATTO/R. EVANS, Oxford 1984, 97–150, hier 131 f.

5 Zuletzt ausführlich dazu P. NARDI, L'insegnamento superiore a Siena nei secoli XI–XIV, Tentativi e realizzazioni dalle origini alla fondazione dello Studio generale (Orbis academicus, Saggi e documenti di storia delle università, 6 / Saggi e documenti per la storia dell'Università di Siena, 2), Mailand 1996, 113–167 (113 f.): Ein Jurastudent hatte die Tochter eines Neffen des großen Kanonisten Johannes Andreae gewaltsam entführt und war daraufhin vom Podestà zum Tode verurteilt und hingerichtet worden. Das hatte den privilegierten Gerichtsstand der Studenten verletzt.

dings erst 1255 ihre ersten Statuten erhielt.[6] Berühmt ist für die Anfangszeit der europäischen Universitätsgeschichte etwa der Versuch Bologneser Studenten, sich (1220) in Padua niederzulassen. Schon ein knappes Jahrzehnt später (im Jahre 1229) wollten sie jedoch diesen Ableger wiederum nach Vercelli[7] verlegen, weil sie auch mit den Zuständen in Padua offenbar nicht mehr zufrieden waren. Wir wissen von diesem vagabundierenden Plan nur deshalb, weil die Anführer der Studenten mit dem Rat der Kommune Vercelli einen detaillierten Vertrag abschlossen.

Dieser Vertrag[8] gewährte Punkt für Punkt den Studenten günstigste Bedingungen: 500 (und wenn nötig, mehr) der besten Häuser der Stadt sollten sie zu betont mäßigen Mietpreisen beziehen dürfen; günstige Kredite der Stadt sollten zur Verfügung stehen; für eine preiswerte Versorgung mit Lebensmitteln wollte die Kommune auch in Notzeiten Sorge tragen. Sie wollte auch, was in dieser Frühzeit der italienischen Universitäten noch ganz unüblich war, aus der Stadtkasse für die Anstellung von Dozenten sorgen, und zwar für 1 Theologen, 3 Lehrer des Römischen Rechts, 4 Kanonisten, 2 Mediziner und 4 Artes-Lehrer, *»und das dergestalt«*, so heißt es bezeichnend genug, *»dass die Studenten aus Vercelli und seinem Umland zu keinerlei Zahlungen an ihre Professoren verpflichtet sein sollten«*.[9] (Hier war also bereits die Landeskinderuniversität ins Auge gefasst!). Die von der Kommune besoldeten Professoren sollten gleichwohl nicht vom Rat, sondern von den Studenten-Nationen ausgewählt und angestellt werden, d.h. die Kommune sollte kein Ernennungsrecht, nur die Zahlungspflicht haben. Schließlich wird versprochen, was die Unsicherheit des damaligen Reisens veranschaulicht: Kein Student sollte in Vercelli für die Schulden eines Landsmannes haftbar gemacht werden, sofern er sich nicht selbst ausdrücklich dazu verpflichtet hätte; im Distrikt der Kommune sollte den Studenten geraubtes Gut ersetzt werden. Studenten sollten bei ihren Reisen dort auch im Falle kriegerischer

---

6 750 anni degli statuti universitari aretini, Atti del convegno internazionale su origini, maestri, discipline e ruolo culturale dello *studium* di Arezzo, a cura di F. STELLA (Millenio medievale, 66, Atti di convegni, 20), Firenze 2006; darin vor allem G. PORTA, I rapporti universitari tra Arezzo e Bologna secondo la testimonianza die cronisti, 81–87; sowie F. FABBRINI, Statuti dell'Università medievale di Arezzo, 1255, Arezzo-Siena 1990, 9–11 (lateinisch), bzw. 12–13 (italienisch)

7 P. CLASSEN, Die ältesten Universitätsreformen und Universitätsgründungen des Mittelalters, in: HdJb 12 (1968) 72–92, jetzt in: DERS., Studium und Gesellschaft im Mittelalter, hg. J. FRIED (MGH.SRI 29), Stuttgart 1983, 170–196, bes. 178.

8 Am leichtesten zugänglich bei RASHDALL, Universities, Bd. 2 (s. Anm. 2), 337–341.

9 339: *... ita tamen quod scolares Vercellarum et eius districtus non teneantur aliqua dona magistris vel dominis dare....* Vgl. dazu die *collecta* (s. Anm. 16).

Verwicklungen freies Geleit genießen und überhaupt wie Vollbürger der Stadt behandelt werden.

Dass dann noch auf Kosten der Kommune für eine rationelle Buchproduktion in Form von fest angestellten Universitätskopisten gesorgt wird und dass die Stadt ihre Zusagen für nicht weniger als acht künftige Jahre garantiert, soll offensichtlich die Zukunft sichern. Ein weiterer Paragraph gibt dann aber doch zu denken: Die Rektoren der Universitätsnationen versprechen unter Eid, dass sie nach Kräften darum bemüht sein wollen, dass wirklich so viele Studenten nach Vercelli kommen, wie sie für die Besetzung der versprochenen 500 Häuser nötig sind. Hier wird bereits spürbar, dass aus dem Plan mangels Zuzugs nichts werden sollte. Alle Genauigkeit, mit der man künftige Zustände ausgemalt und vorausberechnet hatte, konnte die mangelnde Attraktivität der Gründung nicht wettmachen. In Vercelli sind dann alle Planungen beider Seiten ins Leere gelaufen. Nicht einmal für die begrenzte Achtjahresfrist hat sich dort ein *Studium generale* etabliert. Auch Vercelli gehört zu jenen Gründungsversuchen, die bildkräftig Hasting Rashdall als »paper universities« bezeichnet hat: Auch dieser Gründungsplan blieb Papier (oder Pergament), trat nicht in die Wirklichkeit.[10]

Trotzdem lässt sich der Vertrag als Wunschzettel der studentischen Sezessionisten lesen: Was von ihnen in Bologna bzw. Padua als angemessen empfunden worden war, und auch, was vielleicht dort mangelhaft funktioniert hatte, ist hier bestätigt oder korrigiert aufs Pergament gebracht worden. Insofern gibt die Urkunde einen seltenen Einblick in das Wunschbild, das sich damals Universitätsleute von den Voraussetzungen eines guten Funktionierens ihrer Hochschule gebildet hatten. Wir können daraus lernen, was selbstbewusste Studenten für ein künftiges Leben an einer Universität für unabdingbar oder doch für wünschenswert hielten. Es ging naturgemäß zuerst um die materiellen Bedingungen des Lebens, um Mietwohnungen, Kredite und Lebensmittel, aber auch um den Handschriftenmarkt und die Dozentenbesoldung (und damit um die Studienkosten), um Haftungsausschluss und Rechtssicherheit im persönlichen Bereich. Das waren die Bedingungen, die auch künftig bei einer Universitätsgründung gegeben sein sollten. Dass Studiengebühren schon damals nicht populär waren, kann uns doch heute kaum überraschen.

Gewiss, das Geschäft einer Universitätsgründung wurde zunehmend komplizierter. Es genügte später nicht mehr, dass sich eine Gruppe von

[10] RASHDALL, Universities, Bd. 2 (s. Anm. 2), 325–331; H. DENIFLE, Die Entstehung der Universitäten des Mittelalters bis 1400, [[1]Berlin 1885] Reprint Graz 1956, bes. 630–652; jetzt J. VERGER, in: Geschichte der Universität in Europa, hg. W. RÜEGG, Bd. 1: Mittelalter, München 1993, 67 f.

Studenten mit einer Kommune auf ein Projekt einigte. Vielmehr waren weitere Instanzen einzubeziehen, zumal selbständig handlungsfähige Städte noch bis weit in die Zukunft hinein in Europa abseits der großen Stadtregionen Oberitaliens, Südfrankreichs und des Nieder- und Oberrheins recht selten waren. In aller Regel wird künftig ein König oder Landesfürst die Initiative aufbringen müssen, dessen Zuständigkeit von den gelehrten Juristen aus der im Corpus Iuris Civilis klar ersichtlichen Kompetenz Kaiser Justinians für den Rechtsunterricht an der Hochschule in Beirut abgeleitet wurde. Dass der Kaiser Universitäten ins Leben rufen durfte, daran bestand kein Zweifel, auch wenn sich die mittelalterlichen deutschen Herrscher, die sich Kaiser der Römer nannten, nicht beeilten, mit dieser ihrer unbestrittenen Kompetenz Ernst zu machen. Der Staufer Friedrich II. hatte zwar mit der Gründung von Neapel (1224) dieses Vorrecht in seinem sizilischen Königreich früh wahrgenommen, aber erst der Luxemburger Karl IV. hat dann mehr als ein Jh. später (1347/1348) in Prag die erste deutsche Universität begründet[11] und auf seinen Italienzügen in den 50er Jahren des 14. Jhs. mit der Erteilung von Universitätsprivilegien nicht gegeizt.[12] Die Könige von Frankreich, England und der iberischen Halbinsel haben dagegen von Anfang an diese Möglichkeit geradezu als Verpflichtung gesehen, zumindest als Verpflichtung, Universitäten ihres Machtbereichs zu fördern und zu stützen und gegebenenfalls deren Magister und Studenten in ihrem Rechtsstand zu sichern. Im deutschen Spätmittelalter ging diese Verpflichtung wie selbstverständlich auf die Landesherren über. Wir werden ihr auch in Leipzig begegnen.

Dass die Kirche ihre Mitsprache teilweise in Konkurrenz zu den politischen Herrschaftsträgern von Anfang an ausübte, war im Mittelalter selbstverständlich.[13] Nördlich der Alpen war ihre Mitwirkung gewissermaßen

[11] Dazu vor allem F. REXROTH, Deutsche Universitätsstiftungen von Prag bis Köln (BAKG 34) Köln-Weimar-Wien 1992, 45–107; vgl. P. MORAW, Die Universität zu Prag im Mittelalter, Grundzüge ihrer Geschichte im europäischen Zusammenhang, in: Die Universität Prag (Schriften der Sudetendeutschen Akademie der Wissenschaften und Künste, 7), München 1986, 9–134; verlässlich, doch ohne Einzelnachweise: A History of Charles University, 1348–1802, edd. by F. KAVKA/J. PETRÁŇ, Bd. 1, bearb. von K. BERÁNEK/I. ČONEJOVÁ/J. KADLEC/J. KEJŘ/L. HLAVÁČKOVÁ/M. PAVLÍKOVÁ/J. PEŠEK/M. SVATOŠ/P. SVOBODNÝ/F. ŠMAHEL, transl. A. BRYSON, Prag 2001.

[12] Klassisch die hilfswissenschaftliche Studie von M. MEYHÖFER, Die kaiserlichen Stiftungsprivilegien für Universitäten, in: AUF 4 (1912) 290–418.

[13] J. MIETHKE, Die Kirche und die Universitäten im 13. Jh. [[1]1986], 285–320, abgedruckt in: DERS, Studieren an mittelalterlichen Universitäten, Chancen und Risiken. Gesammelte Aufsätze (ESMR [=Education and Society in the Middle Ages and Renaissance] 19), Leiden-Boston 2004, 207–251; demnächst DERS., Papsttum und Universitäten, Förderung, Lenkungsversuche und Indienstnahme (mit besonderer Rücksicht auf Paris), in: Universität,

selbstläufig, war die Kirche doch hier für lange Zeit der einzige oder doch der vornehmste Verwalter von Schriftlichkeit und Schriftkultur. Da konnte, da durfte sie bei der Entstehung von Universitäten nicht abseits stehen. Und wirklich, bereits an der Wiege der Universitäten Paris oder Oxford standen kirchliche Schulen. Die Kathedralschulen Nordfrankreichs für Paris, ein Konglomerat von kirchlichen Schulen für Oxford, Rechtsschulen kirchlicher und privater Prägung gehören in Oberitalien, Südfrankreich und Spanien häufig zu den Umständen einer Universitätsentstehung.

Nicht jede, auch nicht jede bedeutende Kathedralschule des 10. bis 12. Jhs. durfte sich jedoch zu einer Universität auswachsen: Weder in Chartres noch in Tours oder Laon, in Canterbury nicht oder in York, erst recht nicht in Hildesheim oder Bamberg ist damals eine Universität entstanden. Ohne den ausdrücklichen Willen, diesen Weg zu beschreiten, kam es nicht dazu.[14] Die Kompetenz eines Bischofs, die Bildung und Ausbildung des Klerus in seiner Diözese zu überwachen, war und blieb jedoch unbestritten. Es war nicht in erster Linie die theologische Kompetenz der bischöflichen Schule, die aus ökonomischen Gründen in die entstehende Universität integriert wurde. Vielmehr war es die angestammte und unfragliche Kompetenz des Bischofs, für die christliche Lehre in seiner Diözese Verantwortung zu tragen, die zuerst die Schulen und später dann die Hohen Schulen mit ersten juristisch greifbaren Regeln ausstattete.

Eine bischöflich erteilte oder doch in seinem Auftrag zuerkannte sogenannte *licentia docendi*[15], eine »Erlaubnis zu lehren« war von einzelnen Magistern bereits früh im 12. Jh. begehrt, ja für einen Unterricht unerlässlich. Die Magister waren schon für die Berechtigung zur Einsammlung der Unter-

---

Religion und Kirchen, hg. R.C. SCHWINGES (Veröff. der Gesellschaft für Wissenschafts- und Universitätsgeschichte), Basel 2011.

[14] Lesenswert bleibt der Essay von H. GRUNDMANN, Vom Ursprung der Universität im Mittelalter, SSAW.PH 103/2, Berlin 1957 [²Darmstadt 1960], jetzt in: DERS, Ausgewählte Aufsätze, Bd. 3: Bildung und Sprache (MGH Schriften, 25/3), Stuttgart 1978, 292–342.

[15] G. POST, Alexander III, the *licentia docendi*, and the Rise of the Universities, in: Anniversary Essays on Medieval History by Students of Charles Homer Haskins, Boston 1927, 235–277; G.L. HASKINS, The University of Oxford and the *ius ubique docendi*, in: EHR 56 (1941) 281–292; A.B. BERNSTEIN, *Magisterium* and License, Corporate Autonomy against Papal Authority in the Medieval University of Paris, in: Viator 9 (1978) 291–307; zusammenfassend O. WEIJERS, Terminologie des universités au XIIIᵉ siècle (Lessico intellettuale Europeo, 39), Rom 1987, 46–51, 385–390; vgl. auch M. KINTZINGER, *Licentia*, Institutionalität »akademischer Grade« an der mittelalterlichen Universität, in: Examen, Titel, Promotionen, Akademisches und staatliches Qualifikationswesen vom 13. bis zum 21. Jahrhundert, hg. R.C. SCHWINGES (Veröff. der Gesellschaft für Universitäts- und Wissenschaftsgeschichte, 7), Basel 2007, 55–88.

richtsgebühren in Gestalt der sogenannten *collecta*[16] bei ihren Schülern auf eine derartige Lizenz angewiesen. Es gelang zwar den Magistern in Paris im Laufe der Zeit, nach harten Auseinandersetzungen um die Zuständigkeit für eine Vergabe der Lizenz durchzusetzen, dass sie jedenfalls jenen Studenten zu erteilen war, denen sie (nach entsprechender Prüfung) das zubilligten, wobei der Kanzler des Bischofs sie daneben auch anderen Personen zuteilen mochte. Das aber war der Ursprung nicht allein der Examina für künftige Universitätslehrer, sondern generell für universitäre Graduierungen. Damit sicherten die Universitätslehrer sich das Recht der Selbstabgrenzung, sie entschieden damit letzten Endes darüber, wer in Zukunft zu ihnen gehören sollte und wer nicht. Erteilt aber wurde in Paris und Oxford die Lizenz weiterhin vom bischöflichen Kanzler oder in Bologna vom Archidiakon.

Im Kirchenrecht hat sich aus dieser Sachlage die Idee der *licentia ubique docendi* (der Erlaubnis, überall, auch an fremden Schulen und in anderen Diözesen eine einmal erreichte Lehrbefähigung auszuüben) entwickelt, die als solche dann nur vom Papst verliehen werden könne. Das wurde zur Basis des allgemeinen Promotionsrechtes der frühen Universitäten. Nur bei Anerkennung durch ein päpstliches Privileg, so dachte man, könne eine Neugründung auf gleicher Augenhöhe mit den alteingesessenen Universitäten existieren. Damit wurde der Weg eröffnet, die allgemeine Akzeptanz einer neu begründeten Hochschule nicht einer ungewissen Zukunft zu überlassen, sondern sie gewissermaßen vorweg formalisiert und durch päpstliches Privileg gesichert und juristisch gültig zuzuerkennen, bevor noch das Universitätsleben am Ort wirklich begann.[17]

Ohne uns hier im Einzelnen in die juristische Theoriebildung und päpstliche Privilegienpraxis verlieren zu wollen, halten wir soviel fest, dass eine Universitätsgründung nicht nur in der immer wieder schwierigen Praxis eine komplexe Aufgabe war. Auch in der Theorie, bei der Vorstellung notwendiger Bedingungen für eine Universität gelangte man bald zu komplizierten Verantwortlichkeiten. Da musste die Rechtsstellung der Universitätsleute im Rahmen der ohnedies von zahlreichen unterschiedlichen Rechtsvorstellungen

---

16 Sprechend für das Ende des 12. Jhs. vor allem J.W. BALDWIN, Masters, Princes and Merchants, The Social Views of Peter the Chanter and his Circle, Princeton, N.J. 1970, Bd. 1, 125, Bd. 2, 85 f., Anm. 62–68; zusammenfassend: WEIJERS, Terminologie (s. Anm. 15), 103–111.

17 Die Universitätsgründungen der iberischen Könige im 13. und frühen 14. Jh. zeigen deutlich, wie sehr in päpstlichen Gründungsprivilegien eine *licencia ubique* für neue Universitäten nachgefragt und auch gewährt wurde. Das ist hier nicht im Einzelnen nachzuweisen. Dazu etwa TAO ZHANG, Fehlgründungen von Universitäten im Spätmittelalter – Motive und Bedingungen für die Entstehung der mittelalterlichen Universität, Phil. Diss. Heidelberg 2010, steht im Internet [URL: http://www.ub.uni-heidelberg.de/archiv/11054], Kap. 3.

geprägten, ja durchlöcherten Ortsgemeinde geregelt werden – das geschah in aller Regel einmal durch den Landesherrn, der über den Gerichtsstand der Studenten durch die Erteilung eines Privilegs entschied. Zugleich und daneben aber musste auch die kirchliche Anerkennung als Universität »*ad instar*«, nach dem Vorbild der alt etablierten Universitäten, etwa von Paris gewährleistet sein. Und diese Gewährleistung, welche man später regelmäßig zunächst beim Papst nachsuchte, wurde nur erteilt, wenn sich die päpstliche Kurie über eine ausreichende Rechtssicherung der Neugründung zumindest kundig machen konnte. Sodann war die Finanzierung der Dozenten zumindest in Ansätzen zu klären, im Laufe der Zeit wurden die Anforderungen dieser Art immer schwerer zu erfüllen.[18] Während etwa in Prag und in Heidelberg, in Wien und in Krakau bei den Gründungen der Mitte des 14. Jhs. zuerst noch nicht groß von den Einkünften der Professoren und Dozenten gesprochen worden war, wurde dieses Thema im Laufe der Zeit und mit den anwachsenden allseitigen Erfahrungen immer wichtiger. Schließlich war auch über die Hörsäle und Lehrstätten eine Regelung zu treffen und die neue Hochschule bei interessierten Studierwilligen gehörig bekannt zu machen. All das erforderte Überlegungen, Planungen, Entscheidungen, die aber nicht immer vollständig verschriftlicht wurden.

Unsere auf typische Universitätsgründungen ausgerichtete Überlegung soll und kann nicht verdecken, dass bei allen gleich bleibenden Elementen jede einzelne Universitätsgründung ein eigenes individuelles Gesicht trägt. Das kann die Gründungsgeschichte von Leipzig verdeutlichen, der wir uns nun zuwenden. Die Universität Leipzig entsteht aus einer besonderen Situation, genauer gesagt aus einer Konfliktsituation anderwärts, aus einem Dauerstreit an der Universität in Prag, der ältesten Universität des römisch-deutschen Reiches nördlich der Alpen, die 1347/48 von dem Luxemburger Herrscher Karl IV. fast noch in dem Augenblick gegründet wurde, als er zum Gegenkönig Kaiser Ludwigs des Bayern gewählt worden war, mitten im Bürgerkrieg um die römische Königskrone. Er hat sich mit dieser Gründung mehr beeilt als mit seinen weitreichenden Plänen zur Reorganisation Böhmens und des Reichs, die in der Goldenen Bulle und dem Kodifikationsversuch der sogenannten »Maiestas Carolina« (1356) gipfeln sollten.[19]

---

[18] Eine allgemeine Übersicht zu Deutschland dazu jetzt bei C. HESSE, Pfründen, Herrschaften, Gebühren. Zu den Möglichkeiten spätmittelalterlicher Universitätsfinanzierung im Alten Reich, in: Finanzierung von Universität und Wissenschaft in Vergangenheit und Gegenwart, hg. von R.C. SCHWINGES, Redaktion M.C. PFAFFEN/K. JOST (Veröff. der Gesellschaft für Universitäts- und Wissenschaftsgeschichte, 6), Basel 2005, 57–86. (Zu Verhältnissen in anderen europäischen Ländern vgl. dort weitere Beiträge!).

[19] Dazu zusammenfassend zuletzt L. BOBKOVÁ, Die Goldene Bulle und die Rechtsverfügungen Karls IV. für das Königreich Böhmen in den Jahren 1356, in: Die Goldene Bulle,

Karl hatte eine Erziehung am Hof des französischen Königs genossen, er kannte aus eigener Anschauung die damals berühmteste Universität des Abendlandes Paris und er hatte auch in Oberitalien lange genug gewirkt, um mit den Verhältnissen der Rechtshochschulen dort recht genau vertraut zu sein, vertrauter jedenfalls als andere deutsche Fürsten der Zeit. Er hat eine Universität in Prag, der Hauptstadt seines böhmischen Königreichs gegründet, ausdrücklich im Blick auf das Vorbild sowohl von Paris als auch von Bologna,[20] und er hat vom Papst, dem Verbündeten in seinem Thronkampf, seine Initiative begleiten lassen mit einem Privileg, mit dem Clemens VI. die Gründung seines Schützlings sogleich und vorweg als Universität anerkannte.[21]

Das Design der Prager Hochschule schien untadelig, gleichwohl brauchte sie Jahre, ja Jahrzehnte, bis sie sich aus den härtesten Konflikten herausgearbeitet hatte und einigermaßen funktionsfähig war.[22] An schweren inneren Kämpfen fehlte es selbst dann noch nicht, musste sich doch aus den beiden in der Gründungsurkunde des Herrschers genannten Vorbildern Paris und Bologna erst eine eigene tragfähige Struktur entwickeln, was sich als gar nicht so einfach erwies, da beide Organisationsmodelle sich zwar in unsern heutigen Augen entsprachen,[23] damals aber doch sehr verschiedene Ansprüche auf Mitwirkung und Vortritt, auf Prestige und Einkommen begründen konnten.[24]

Politik – Wahrnehmung – Rezeption, hg. von U. HOHENSEE/M. LAWO/M. LINDNER/M. MENZEL/O.B. RADER (Berlin-Brandenburgische Akademie der Wissenschaften, Berichte und Abhandlungen, Sonderband 12), Berlin 2009, 713–735.

[20] In Eisenach erließ am 7. April 1348 Karl IV. das Gründungsprivileg, edd. K. ZEUMER/ R. SALOMON in: MGH.Const. VIII, Hannover 1910–1926 [Reprint 1982], 580 f. nr. 568; hier 581,5 f. ...*privilegia immunitates et libertates omnes, quibus tam in Parisiensi quam Bononiensi studiis doctores et scolares auctoritate regia uti et gaudere sunt soliti, omnibus et singulis illuc accedere volentibus liberaliter impertimur*...(Ein Druck, der die drei Vorlagen vergleicht, bei REXROTH, Universitätsstiftungen [s. Anm. 11], 75 f.).

[21] Text des Privilegs: MGH.Const. VIII, 245 f. nr. 161; tabellarischer Aufweis der Textverwandtschaft mit früheren päpstlichen Gründungsprivilegien bei REXROTH, Universitätsstiftungen (s. Anm. 11), 62 f. Anm. 39, vgl. den Druck ebd., 64–66, der das unmittelbare Vorbild (des Privilegs für Pisa 1343) verdeutlicht.

[22] P. MORAW, Die Juristenuniversität in Prag (1372–1419), verfassungs- und sozialgeschichtlich betrachtet [[1]1986], hier zitiert nach: DERS, Gesammelte Beiträge zur deutschen und europäischen Universitätsgeschichte, Strukturen – Personen – Entwicklungen (ESMR 31), Leiden-Boston 2008, 101–158.

[23] J. MIETHKE, *Universitas* und *studium,* Zu den Verfassungsstrukturen mittelalterlicher Universitäten [[1]1999], jetzt in: DERS, Studieren (s. Anm. 13), 13–38, hier 26–29.

[24] Zusammenfassend R.C. SCHWINGES, Von Fundationen, Dotationen, Geld und grossem Mangel, in: Finanzierung (s. Anm.18), 175–195, bes. 187–189 (»Kleingruppen und drei Universitätstypen«).

In Prag war die Lösung der Schwierigkeiten noch nicht die wenig später anderwärts, etwa in Wien oder Heidelberg, in Köln oder Erfurt erreichte kontinentale Vier-Fakultäten-Universität, die die drei Höheren Fakultäten der Theologen, Juristen und Mediziner zusammen mit den sogenannten Artisten (die der heutigen Philosophischen Fakultät entsprachen) in einer einheitlichen *universitas*, einer geschlossenen Rechtsvereinigung zusammenfasste. Von Beginn an gab es an der Moldau offenbar Auseinandersetzungen zwischen den vornehmen Juristenstudenten mit den anderen, den Artisten, Theologen und Medizinern, die immer wieder für Unruhe, insbesondere bei den Rektorwahlen sorgten und (seit 1360) zu einer »dualistischen« Universitätsverfassung[25] führten. Am Ende war es wiederum Karl IV. selbst, der die Organisation der Prager Universität auf eine neue Basis stellte: Einerseits separierte er (1372) die Juristen als eigene Universität von den drei anderen Fakultäten. Beide bildeten fortan je eine Universität mit jeweils eigenem Rektor. Andererseits richtete der Kaiser (seit 1368) in einigen Schüben aus kirchlichen Pfründen, über die er als Patron verfügen konnte, jeweils Universitäts-Kollegien (in der Mehrzahl) und ein Universitätsstift für die einzelnen Fächer ein, die für die Bezahlung wenigstens einiger der Professoren beider Universitäten eine stabile, wenngleich natürlich nicht eine für alle ausreichende Versorgung zur Verfügung stellten. Zuerst 1368 wurden mit der Doppelstiftung von Karlskolleg und Allerheiligenstift nicht weniger als 23 Stellen für Artisten und Theologen geschaffen, schließlich wurde (1373) auch ein Kolleg für Juristen und nur für Juristen eingerichtet und damit der härteste Streit zunächst ruhig gestellt.[26]

Diese Regelungen trugen insofern den Keim weiteren künftigen Streites in sich, als sich nun der Verteilungskampf um die Kollegstellen mit andersartigen Konflikten an der Universität überlagern konnte und in den neu geschaffenen Institutionen ein willkommenes Streitobjekt und Widerlager fand. Schon ein Jahrzehnt später (1384/1386) ist zu beobachten, dass zahlreiche bei der Verteilung der Pfründen zu kurz gekommene Professoren sich von Prag abwandten und in Deutschland gerade neu entstandene Universitäten aufsuchten. Sowohl die Wiederbegründung von Wien 1384, als auch die neuen Universitäten in Heidelberg, Köln und Erfurt profitierten dergestalt von Prager Abwanderern,[27] die zum Teil dort, wie etwa der frühere Rektor

[25] Einen »Dualismus« in der frühen Prager Universitätsverfassung entdeckt und benennt mit Recht mehrfach MORAW, Juristenuniversität (s. Anm. 22), etwa 112, 115, 117 u.ö.

[26] Näheres bei W. E. WAGNER, Universitätsstift und Kollegium in Prag, Wien und Heidelberg, Eine vergleichende Untersuchung spätmittelalterlicher Stiftungen im Spannungsfeld von Herrschaft und Genossenschaft (Europa im Mittelalter, 2), Berlin 1999, bes. 37–89.

[27] S. SCHUMANN, Die *nationes* an den Universitäten Prag, Leipzig und Wien, Ein Beitrag zur älteren Universitätsgeschichte, Phil. Diss. Freie Universität Berlin 1974 [Diss.-Druck]

der Dreifakultätenuniversität Prags Konrad von Soltau[28] ausdrücklich ihre Enttäuschung über die Prager Usancen der Pfründverteilung und Rektorwahl zu Protokoll geben konnten. Auch Heilmann Wunnenberg,[29] der bereits bei der Eröffnung der Heidelberger Universität seine erste Vorlesung hielt, Johannes von der Noët[30] und weitere fast 50 andere Namen von Dozenten und Studenten wären zu nennen,[31] die in den Jahren um 1387 in Heidelberg zumindest zeitweilig Station gemacht haben. Schon zu dieser frühen Zeit scheint auch neben der Erbitterung von Zu-kurz-Gekommenen ein »nationaler« Konflikt zwischen den Nationen der Universität eine Rolle gespielt zu haben: Die Magister der »böhmischen« Nation verlangten gegenüber den Professoren der drei anderen Nationen der Dreifakultätenuniversität ihren Anteil an den Kollegpfründen, der ihnen aber nur mit hinhaltendem Widerstand gewährt wurde, nicht ohne dass der böhmische König Wenzel, der Sohn des inzwischen verstorbenen Karl IV., ihren Forderungen kräftige Unterstützung gewährte.

Neben diesem auch weiterhin anhaltenden Verteilungskampf der Universitätsnationen[32] um die Versorgung ihrer Magister mit Kollegiaturen trat an

---

(künftig: SCHUMANN, *Nationes*). Vgl. auch J. MIETHKE, Die Anfänge der Universitäten Prag und Heidelberg in ihrem gegenseitigen Verhältnis, [1]1999, jetzt in: DERS, Studieren (s. Anm. 13), 407–428.

[28] J. TŘÍŠKA, Zivotopisny slovník predhusitské Prazske univerzity, 1349–1409 = Repertorium biographicum Universitatis Pragensis praehussiticae 1349–1409, Prag 1981 (künftig: TŘÍŠKA, Repertorium), 82; D. DRÜLL, Heidelberger Gelehrtenlexikon, 1386–1651, Berlin-Heidelberg (usw.) 2002 (künftig: DRÜLL, Gelehrtenlexikon), 100[b]–101[b]; R. GRAMSCH, Erfurter Juristen im Spätmittelalter, Die Karrieremuster und Tätigkeitsfelder einer gelehrten Elite des 14. und 15. Jhs. (ESMR 17), Leiden-Boston 2003, Personenkatalog (im Anhang auf CD) nr. 586. Vgl. auch MIETHKE, Studieren (s. Anm. 13), 109, 427, 438 ff.). Zu seiner theologischen Arbeit in Prag und Heidelberg neuerlich J. NECHUTOVÁ, Konrad von Soltau: *Lectura super caput ‚Firmiter'*, in: Schriften im Umkreis mitteleuropäischer Universitäten um 1400, Lateinische und volkssprachige Texte aus Prag, Wien und Heidelberg, Unterschiede Gemeinsamkeiten, Wechselbeziehungen, hg. von F.P. KNAPP/J. MIETHKE/M. NIESNER (ESMR 20), Leiden-Boston 2004, 3–19. Zuletzt hat R. GRAMSCH noch auf Verbindungen Konrads von Soltau zur Universitätsgründung in Erfurt hingewiesen: Der Schülerkreis des Konrad von Dyburg, Ein westfälisches Gelehrtennetz in Erfurt, Rostock und Lübeck im 15. Jh., in: Jahrbuch für Erfurter Geschichte 3 (2008), 39–63, hier 44 u. 46 f.

[29] TŘÍŠKA, Repertorium (s. Anm. 28), 137; DRÜLL, Gelehrtenlexikon (s. Anm. 28), 207[b]–208[a].

[30] TŘÍŠKA, Repertorium (s. Anm 28), 284; DRÜLL, Gelehrtenlexikon (s. Anm. 28), 264[a]–265[a].

[31] Dazu der Bericht SCHUMANN, *Nationes* (s. Anm. 27), 110 ff.; vgl. auch MIETHKE, Prag und Heidelberg (s. Anm. 27).

[32] Einen europäischen Überblick über Rolle und Funktion der *nationes* liefert P. KIBRE, The Nations in the Medieval Universities (Medieval Academy of America, Publications, 49), Cambridge, Mass. 1948. Knapp A. GIEYSZTOR, in: Universität in Europa (s. Anm. 10),

der Wende zum 15. Jh. auch in Prag der spätmittelalterliche Wegestreit der Artisten, jedoch hier in besonderer Zuspitzung.[33] Es ist heute schwer verständlich, dass sich die Ausleger des Aristoteles im Unterricht der philosophischen Fakultäten damals überall so erbittert über das Wesen der Allgemeinbegriffe streiten konnten, nicht nur an einer einzigen Universität, sondern fast überall in Europa und über Jahrzehnte hinweg. In Prag erhielt dieser Konflikt seinen besonderen Charakter, weil sich die tschechischen Artisten leidenschaftlich auf die in England entfachten Auseinandersetzungen um die Lehren des Oxforder Theologen John Wyclif bezogen. Seine Forderungen nach einer Reform von Kirche, Gesellschaft und vor allem des Klerus, sein prophetischer Bußruf zu durchgreifender Umordnung der Gesellschaft, störte bereits seine englischen Zeitgenossen auf. Hier entfachten die sogenannten »Lollarden«, durch seine Kirchen- und Sozialkritik angefeuert, in Predigten und volkssprachlichen Schriften intellektuelle und soziale Unruhe.[34] Zu Ketzern erklärt, von der Amtskirche bekämpft und mehrfach verurteilt,[35] veranlassten sie auch eine erhebliche literarische Diskussion, die aus zunächst dynastischen Gründen (der englische König Richard II. hatte sich 1382 mit Anna von Böhmen, einer Tochter Karls IV. und Schwester König Wenzels, vermählt[36]) stark auf die Prager Universität einwirkte. Wyclif fand bei den tschechischen Magistern begeisterte Leser. Hieronymus von Prag, der später in Konstanz als Häretiker verbrannt worden ist, hatte von Englandreisen nicht nur Codices wyclifitischer Schriften nach Prag mitgebracht, er machte sich auch mit Feuereifer zum Propagandist wyclifscher Ideen in der

114 f.; vgl. J. MIETHKE, *Universitas* und *studium* (s. Anm. 23). Eine Detailstudie zu Funktion und Arbeit einer spätmittelalterlichen Pariser *natio* legte vor M. TANAKA, La nation anglo-allemande de l'Université de Paris à la fin du Moyen Âge, préface d'A. TUILIER (Mélanges de la Bibliothèque de la Sorbonne, 20), Paris 1990.

33 Eine glänzende synthetische Darstellung zuletzt durch F. ŠMAHEL, Die Hussitische Revolution, Bd. 1–3 [Erstauflage als »Husitská revoluce«, 4 Bde., Prag 1993], überarbeitet und ergänzt, aus dem Tschechischen übersetzt von T. KRZENCK, Redaktion A. PATSCHOVSKY (MGH Schriften, 43/1–3), Hannover 2002, hier Bd. 2, 752–878.

34 Zusammenfassend A. HUDSON, Art. Lollarden, in: LMA 1, München-Zürich 1991, 2091–2093.

35 Dazu jetzt gedanken- und materialreiche Untersuchung volkssprachlicher Texte durch K. KERBY-FULTON, Books under Suspicion, Censorship and Tolerance of Revelatory Writing in Late Medieval England, Notre Dame, IN 2006.

36 Zu dieser Heirat und ihrem politischen Hintergrund A. REITEMEIER, Aussenpolitik im Spätmittelalter, Die deutsch-englischen Beziehungen zwischen dem Reich und England, 1377–1422 (Veröff. des Deutschen Historischen Instituts London, 45), Paderborn-München (usw.) 1999, 145–183, 418–420, bes. 148 ff.; zur Wirkung auf die Universität Prag F. ŠMAHEL, Wyclif's Fortune in Hussite Bohemia [[1]1970], ergänzte Fassung in: ŠMAHEL, Die Prager Universität im Mittelalter, Gesammelte Aufsätze, The Charles University in the Middle Ages, Selected Studies (ESMR 28), Leiden-Boston 2007, 467–489, bes. 467 f.

Artesfakultät und bei den Theologen der Universität. Auch Jan Hus hat bekanntlich wichtige Anregungen aus Wyclifs Texten erhalten. Die Magister der deutschen Universitätsnationen dagegen hielten sich von vorneherein an die Ketzereivorwürfe und Verurteilungen der englischen Amtskirche. Noch die Irrtumsliste, die in Konstanz dem Feuertod Hussens voranging, ist zu einem wesentlichen Teil auf eine Prager Liste zurückzuführen.

In unserem Zusammenhang ist wichtig, dass an der Prager Universität der bereits national eingefärbte Konflikt zwischen der böhmischen Nation und den drei »deutschen« Nationen[37] durch den Kampf um die wyclifschen Lehren ebenfalls politisch eine nationale und zusätzlich kirchlich und geistlich auch eine gewissermaßen apologetische Färbung erhielt. Es ging immer auch um die Frage, ob die Lehren des britischen Reformtheologen häretisch waren. Der Kampf gegen Wyclifs »Ketzereien« war aber zugleich ein Krieg um böhmische und deutsche Positionen an der Universität. Für die Zukunft sollte wichtig werden, dass es den böhmischen Anhängern wyclifscher Ideen gelang, am Königshof Wenzels bis hin zum König selbst Sympathien zu wecken,[38] während der Erzbischof und seine Kurie, also die Spitze der böhmischen Amtskirche sich zunächst mehrfach gegen deren Ketzereien engagierte.

So ballten sich in der Konfrontation bereits Konfliktlinien sehr verschiedener Herkunft. Sie wurden schließlich noch einmal überlagert durch einen weiteren Dissens zwischen König und Erzbischof, der sich aus der allgemeinen Situation des Großen Abendländischen Schisma im Römerreich der Deutschen erklärt. Ganz verschiedene Bemühungen und Wege zu einer Wiedervereinigung der beiden kirchlichen Obödienzen, die bald nach der Wahl zweier Päpste 1378 entstanden waren, hatte man geplant oder erprobt. Ihre mangelnde Wirksamkeit hatten sie alle längst erwiesen. Die *via facti*, die politisch-militärische Lösung, war zuerst gescheitert. Dann hatte die *via iudicii*, die in der autoritativen Klärung der Rechtslage einen Ausweg erhoffte

---

37 Dazu eingehend F. SEIBT, Hussitica, Zur Struktur einer Revolution, Köln-Wien ²1990, 58–124.

38 Besonders F. ŠMAHEL, The Kuttenberg Decree and the Withdrawal of the German Students from Prague in 1409: A Discussion [¹1988], hier zitiert nach ŠMAHEL, Prager Universität (s. Anm. 36), 159–171; vgl. allgemein den Sammelband: Universitäten, Landesherren und Landeskirchen: Das Kuttenberger Dekret von 1409 im Kontext der Epoche von der Gründung der Karlsuniversität 1348 bis zum Augsburger Religionsfrieden 1555, hg. von B. ZILYNSKÁ, unter Mitarbeit von Š. KARLOVÁ/K. SCHWABIKOVÁ (Acta Universitatis Carolinae – Historia Universitatis Carolinae Pragensis [AUC-HUCP] 49/ 2009, Supplementum 1), Prag 2010; sowie ausführlich vor allem F. ŠMAHEL/M. NODL, Kutnohorský dekret po 600 letech, Bilance dosovadního bádání, in: Český časopis historický 107 (2009) 1–45 (mit englischem Summarium).

und die etwa auf der iberischen Halbinsel bei der Auswahl der »richtigen« Partei in einer großen Tagung begangen worden war, andere Länder keineswegs genauso überzeugen können. Schließlich hatte auch die Hoffnung auf einen Rücktritt eines oder beider Päpste, die *via cessionis* bzw. die *via conventionis*, keinen Erfolg gezeitigt. Als der 1406 von den Kardinälen der römischen Obödienz gewählte Papst Gregor XII. nach mehr als einem Jahr wiederum keinerlei Anstalten machte, sein in der Wahlkapitulation gegebenes Versprechen einzulösen, in Abstimmung mit dem Papst der sogenannten avignonesischen Obödienz seinerseits zurückzutreten, da entschloss sich (1408) die Mehrheit beider Kardinalskollegien, gemeinsam ein Konzil nach Pisa einzuberufen, um für eine Vereinigung der Kirche auch ohne und gegen die beiden Päpste zu sorgen.

Die *via concilii*, die damit verheißungsvoll beschritten war, bedurfte zu ihrer Realisierung jedoch der Mitwirkung der europäischen Kirchen und Länder. In Deutschland war die Bereitschaft, das Konzil zu besuchen, durchaus geteilt. Hier hatten sich die einzelnen Landesherren verschieden orientiert und vor allem war die Würde eines Römischen Königs wieder einmal heftig umstritten: Gegen Wenzel von Böhmen[39] hatte sich Ruprecht von der Pfalz[40] durch die Kurfürsten zum König wählen lassen und wurde von der großen Mehrheit der deutschen Reichsfürsten anerkannt, während sich Wenzel weiterhin als König betrachtete und auch weiterhin Anhänger hatte. Ruprecht hielt, unterstützt von den Gelehrten seiner Heidelberger Universität, streng an dem »römischen« Papst als dem einzig legitimen Nachfolger Petri fest und wollte die Einladung nach Pisa auf keinen Fall annehmen. Das wiederum veranlasste verständlicherweise seinen Gegenkönig Wenzel in Prag, seinerseits der Konzilsausschreibung folgen zu wollen. Der böhmische König fand darin aber nicht die Zustimmung des Erzbischofs von Prag, der ebenfalls an seiner römischen Obödienz festhielt und sich erst nach Ende des Pisaner Konzils im September 1409 der Obödienz des Pisaner Papstes

---

[39] M. KINTZINGER, Wenzel (1376–1400, †1419), in: Die deutschen Herrscher des Mittelalters, hg. von B. SCHNEIDMÜLLER/S. WEINFURTER, München 2003, 433–445, 594 f. (zu Unrecht lässt der Titel die Herrschaft Wenzels bereits 1400 enden, Wenzel hat sich selber und seine Anhänger haben ihn offenbar auch bis zu seinem Tod 1419 als König der Römer betrachtet).

[40] Zu seinem Königtum zusammenfassend E. SCHUBERT, Probleme der Königherrschaft im spätmittelalterlichen Reich, Das Beispiel Ruprechts von der Pfalz (1400–1410), in: Das spätmittelalterliche Königtum im europäischen Vergleich, hg. von R. SCHNEIDER (VKAMG 32), Sigmaringen 1987, 135–184; eine neuere Übersicht gaben O. AUGE und K.-H. SPIESS, Ruprecht (1400–1410), in: Die deutschen Herrscher des Mittelalters (s. Anm.39), 446–461, 595 f.

Alexanders V. – und damit der Option seines Königs Wenzel – angeschlossen hat.[41]

Auf die zeitlich knapp bemessene Ladung zum Konzil war jedoch in Prag dringend eine Antwort zu finden. König Wenzel und sein Hof bedurften zur Begründung ihrer Option einer Stützung, nach Möglichkeit durch eine kirchenrechtlich anerkannte Autorität. An der Universität spitzte sich der Streit zu. Den Abgesandten der böhmischen Nation gelang es in dramatischem Wettlauf mit den Gegnern, die den Erzbischof unterstützten,[42] den König dafür zu gewinnen, die Verfassung der Universität zur Sicherung des erhofften Abstimmungsergebnisses radikal und durchgreifend zu verändern. Wenzel erließ am 19. Januar 1409 in Kuttenberg ein Dekret,[43] das wirklich Erstaunliches verfügte: Von jetzt an und künftig solle »in allen Universitätsversammlungen, bei Entscheidungen und Examina, Wahlen und überhaupt allen Handlungen und Verfügungen der Universität« die böhmische *natio* mit drei Stimmen gewichtet werden,[44] die anderen mit einer. Damit hatten die Böhmen allein die Majorität, ohne und gegen sie war kein Ergebnis mehr zu erzielen. Die angestammten Mehrheitsverhältnisse in allen Entscheidungen, die die *nationes* zu treffen hatten, waren radikal umgedreht.

Diesen revolutionären Eingriff in ihre Rechte wollten die negativ vom Kuttenberger Dekret Betroffenen nicht hinnehmen. Nur drei Wochen nach dem Dekret, am 6. Februar legten die drei »deutschen« *nationes* eine förmliche Appellation an den König ein, dessen Hof zunächst unsicher und lavierend reagierte, ohne doch das Dekret zu annullieren. Anfang April griffen die drei »deutschen Nationen« auf die eigentlich bereits veraltete Protestmethode

---

41 Documenta magistri Iohannis Hus vitam, doctrinam, causam in Constantiensi concilio actam et controversias de religione in bohemia annis 1403–1418 motas illustrantia quae partim adhuc inedita, partim mendose vulgata, nunc ex ipsis fontibus hausta ed. F. Palacký, Prag 1869 [Reprint Osnabrück 1966], 372 f. nr. IV.20 (2. Sept. 1409).

42 Šmahel, Kuttenberg Decree (s. Anm. 38).

43 Gedruckt bei Palacký, Documenta (s. Anm. 41), 347 f. nr. IV.10.Zuletzt zum Dekret, seiner langen Vorgeschichte und den Forschungskontroversen darum F. Šmahel/ M. Nodl, Kutnohorský dekret po 600 letech, sowie der Sammelband, hrsg. B. Zilynská [s. Anm. 38].

44 Palacký, Documenta (s. Anm. 41), 347 f.: [...] *mandamus* [...] *nationem Bohemicam in singulis consiliis, judiciis, examinibus, electionibus et quibuscumque aliis actibus et dispositionibus universitatis praedictae ad instar ordinationis qua gaudet natio Gallica in universitate studii Parisiensis ac ceterae in Lombardia et Italia potiuntur nationes, ad tres voces admittere modis omnibus debeatis, sinentes eam vocum huiusmodi privilegio ex nunc in antea in perpetuum pacifice uti et gaudere.* In Paris finden sich in der Tat drei »französische« Nationen, die *natio Gallicana* (oder *Franciae*), die *natio Picardiae* (oder *Picardorum*) und die *natio Normanniae* (bzw. *Normannorum*), sowie eine »fremde«, die *natio Anglicana* (die im 15. Jh. zur *natio Alemanniae* wurde), es gab aber nicht drei Stimmen für eine Nation. In Bologna und den norditalienischen Universitäten war die Gesamtstruktur der Nationen eine gänzlich andere.

der Sezession zurück und schworen einander feierlich und öffentlich, lieber Prag verlassen zu wollen, als ihre guten Rechte preis zugeben. Am 9. Mai zwang im königlichen Auftrag der königliche Schreiber Nikolaus von Kuttenberg den noch amtierenden Rektor der Dreifakultätenuniversität Henning Boltenhagen (der ein Mitglied der *natio Saxonum* war[45]) »in Anwesenheit (wie es in einer Quelle heißt) fast sämtlicher Magister der vier Nationen in der Amtsstube der Fakultät« und in Gegenwart der Ratsherren der Prager Altstadt unter tumultuarischen Umständen und unter Gewaltanwendung dazu, die Insignien der Universität, d.h. das Universitätssiegel und das Matrikelbuch der Dreifakultätenuniversität herauszugeben. Zugleich setzte der königliche Kommissar Nikolaus Augustini »der Reiche« den vom König dazu ausersehenen böhmischen Magister Zdeněk von Labaun[46] zum neuen Rektor der Universität und den Magister Simon von Tischnowitz[47] zum Dekan der Artes-Fakultät ein.[48]

Das war ein Akt, der den deutschen Magistern klar machte, welche Partei der König ergriffen hatte.[49] Sie mussten nun wohl wahrmachen, was sie im Protest angedroht hatten und begannen daraufhin offenbar sehr bald mit der Verwirklichung ihrer Sezession, die aber sicherlich nicht in der Form des Rattenfängers von Hameln mit klingendem Spiel und geballtem Zug stattfand, sondern in Schüben und Einzelaktionen, die aber doch beträchtliches Aufsehen erregen mussten, auch wenn Augenzeugenberichte fehlen. Jedenfalls zogen deutsche Magister von Prag fort und ein Großteil der Studenten folgte ihnen. Die Forschung ist sich nicht ganz einig, wie viele es waren. Neuere Schätzungen schwanken zwischen 500 bis 700 Personen, die sich von Prag aus auf ihren Weg zunächst anscheinend jeweils in ihre Heimat[50] machten. Das war ein Aderlass für die Prager, der bitter spürbar war: es müssen etwa zwei Drittel der *Pragenses* damals aufgebrochen sein.

---

45 Zu ihm TŘÍŠKA, Repertorium (s. Anm. 28), 138; vgl. SCHUMANN, *Nationes* (s. Anm. 27), 185 mit Anm. 71, und unten Anm. 63.

46 TŘÍŠKA, Repertorium (s. Anm. 28), 541.

47 TŘÍŠKA, Repertorium (s. Anm. 28), 486.

48 SCHUMANN, *Nationes* (s. Anm. 27), 174 f.; ŠMAHEL, Hussitische Revolution (s. Anm. 33), Bd. 2, 836 f.

49 SCHUMANN, *Nationes* (s. Anm. 27), 175 f.

50 So jedenfalls die Formulierungen des Chronicon Lipsiense (*...et sic cito post hoc recesserunt magistri, baccalaurei et studentes omnium trium nationum, quilibet ad partes suas et postmodum consenserunt in lipczk*) und ähnlich von Tempelfeld (*...et Pragam relinquentes unusquisque ad suam patriam est reversus circa annos domini 1408 vel prope rerum exitum exspectaturi cum pace* ... beides zitiert nach HOYER, Gründung [s. Anm. 1], 7 Anm. 22). Freilich ist die topische Redewendung, jeder sei »nach Hause« bzw. »in seine Heimat« gezogen, sprachlich nicht eindeutig!

Die Sezessionisten trafen dabei keine einfache Entscheidung. Sie unterstrichen zwar ihre Rechtsverwahrung durch die Tat, standen aber mit leeren Händen und ohne konkrete Aussichten in Ratlosigkeit auf der Straße. Es ist durchaus unwahrscheinlich, dass der Großteil von ihnen bereits verheißungsvolle Einladungen an bestimmte Universitäten besaß. Allein die Tatsache, dass sich einige (allerdings wenige) von ihnen bei den Universitäten in der Nähe zu ihrer Herkunftsregion wiederfinden, spricht dagegen. Später haben selbst in Leipzig schließlich gelandete Auswanderer erkennen lassen, dass sie grundsätzlich immer noch mit einer möglichen Rückkehr nach Prag rechneten.[51] Keine Quelle berichtet irgendetwas über vorherige Verlockungen, die die Abwanderung verursacht oder doch vorbereitet hätten. Das dürfen wir als Hinweis dafür nehmen, dass die Sezession in einer prinzipiell offenen Situation erfolgte und nicht durch längere heimliche Planung vorgeprägt war.

Es ist jedoch schon Handbuchwissen, dass die Abzügler die Universität Leipzig gegründet haben. Und in der Tat hängt die Entstehung der Leipziger *Alma mater* mit der Prager Sezession eng zusammen. Die durch die Sezession herbeigeführte Konjunktur bot den Wettiner Landesherren und ihren Räten die Chance der Verwirklichung zuvor vager Wünsche, wenn sie nur entschlossen genug zugriffen. Im Einzelnen sind wir allerdings nicht gut unterrichtet. Doch allein aus der Chronologie der einzelnen Gründungsakte der Universität Leipzig ergeben sich, so glaube ich, hinreichend deutliche Hinweise auf den Hintergrund des Geschehens.

Von 251 Magister und Studenten, die in der Prager Matrikel identifizierbar sind, sind zwischen (1409 und 1411) an anderen Universitäten eingetroffen: in Leipzig 194, in Erfurt 22, in Wien 19, in Köln, Heidelberg und Krakau je 3, in Bologna 5, in Paris noch 2.[52] Diese Streuung kann kaum ein bloßer Zufall sein. Zu sehr konzentrieren sich die Abwanderer auf Leipzig. Hier muss demnach zumindest sehr rasch eine Bemühung eingesetzt haben, aus dem Missgeschick der Prager den Vorteil einer eigenen Universität zu ziehen. Zudem gibt es einen frühen, freilich nicht eindeutigen Hinweis, dass man in Leipzig sehr bald mit Vorbereitungen für eine Universitätsgründung begonnen hat. Der Rat der Stadt hat bereits am 4. Juli 1409 jenes Hausgrundstück gekauft, auf dem später das Kleine Fürstenkolleg für die Artisten, das *Collegium minus* stehen sollte[53] (also knapp 8 Wochen nach der dramatischen Szene in der *stuba* der Artes-Fakultät in Prag und noch lange vor dem

[51] HOYER, Gründung (s. Anm. 1), 2 mit Anm.3.

[52] SCHUMANN, *Nationes* (s. Anm. 27), 183 f. , vgl. auch ŠMAHEL, Kuttenberg Decree (s. Anm. 38).

[53] Zitiert nach HOYER, Gründung (s. Anm. 1), 11 f.

päpstlichen Privileg, ja vor der Wahl des Pisaner Papstes). Das könnte ein erster Hinweis auf Leipziger Universitätsgründungsaktivitäten sein.

Am 9. September 1409, ein halbes Jahr nach dem Auszug aus Prag, und damit kommen wir bereits zu den offiziell bezeugten Gründungsschritten, wurde in Pisa durch den erst am 26. Juni (also nur ca. 10 Wochen zuvor) vom Konzil gewählten Papst Alexander V. ein Gründungsprivileg für die Universität Leipzig ausgefertigt. Das war eine fast unglaublich kurze Zeitspanne, wenn wir die längeren Fristen bedenken, die sonst (etwa im Falle Krakaus,[54] Wiens, Erfurts oder Heidelbergs) zwischen Supplik und huldvoller Gewährung solcher Gründungserlaubnis lagen. In dem feierlichen Pergament wird den beiden Wettiner Brüdern, den Landgrafen von Thüringen und Markgrafen von Meißen Friedrich und Wilhelm mit den an der päpstlichen Kurie üblichen Wendungen gestattet, in Leipzig ein Generalstudium zu gründen.[55] Diesem neuen Generalstudium wird auch volle Lehrfreiheit in allen (vier) erlaubten Fakultäten gewährt,[56] zumal die beiden Fürsten, wie pünktlich verzeichnet wird, für die nötigen Unterkünfte und die Bezahlung von zwanzig Artes-Magistern sorgen würden.

Dass diese päpstliche Gründungserlaubnis beim Pisaner Konzilspapst und nicht beim »römischen« Papst Gregor XII. beantragt worden ist, kann nicht leicht auf die Prager Sezessionisten zurückgeführt werden. Der Streit um die Beschickung des Pisaner Konzils gegen die beiden Schismapäpste war ja einer der Streitpunkte gewesen, der die deutschen mit der böhmischen Universitätsnation entzweit hatte. Aber die Wettiner Fürsten hatten da offenbar ganz

---

54 Nur für Krakau sei hier der Zeitablauf dokumentiert: Der König hatte am 6. April 1363 dem Papst in Avignon eine Supplik mit einer ganzen Reihe von Bitten als einen sogenannten *rotulus* eingereicht, für die er eine päpstliche Bestätigung erbat: University of Cracow, Documents Concerning its Origins, ed. L. KOCZY, Dundee 1966, S. 31–33 nr. 1, die Universitätsgründung steht an zweiter Stelle der Liste (S.31): *Item* [scil. supplicat deuotus filius vester Kazimirus rex Polonie] *vt in ciuitate Cracouiensi insigniori regni sui studium generale in quacumque facultate et specialiter tam iuris canonici quam ciuilis erigere ualeat cum priuilegiis aliorum studiorum generalium...*; das päpstliche Gründungsprivileg wurde aber erst am 1. September 1364 (also fast anderthalb Jahre später) in Avignon ausgefertigt, ebenda S. 42 f. nr. 5.

55 Urkundenbuch der Universität Leipzig von 1409 bis 1555, hg. von B. STÜBEL (Codex diplomaticus Saxoniae regiae, II.40), Leipzig 1879 (künftig: UB Universität Leipzig), 1–3 nr. 1.

56 Die Gewährung einer Theologischen Fakultät wurde erst seit der Schisma-Zeit üblich, zuvor hatten die Päpste sie häufig (etwa in Krakau oder Wien bei der jeweilig ersten Gründung) verweigert, dazu (am Beispiel Krakaus) A. VETULANI, Die Universitätspolitik Papst Urbans V., in: *Ius sacrum*, Klaus Mörsdorf zum 60. Geb., hg. A. SCHEUERMANN/G. MAY, München 1969, 139–156, jetzt auch in: VETULANI, Institutions de l'Église et canonistes au Moyen Âge, De Strasbourg à Cracovie, ed. W. URUSZCZAK (Variorum Collected Studies Series, CS 334), Aldershot 1991, nr. x.

andere Vorstellungen, die sich mit denen des Königs von Böhmen deutlich deckten. Sie hatten schon früh eine Konzilsdelegation nach Pisa entsandt und hatten auch den Konzilspapst als eine Appellationsinstanz in einem für sie ungünstigen Urteil des königlichen Hofgerichts Ruprechts von der Pfalz benutzt.[57] Die Chance einer Universitätsgründung in Leipzig ließ die Prager Abwanderer offensichtlich geräuschlos auf diese Linie einschwenken.

Bei Gelegenheit der sicherlich kostenträchtigen Reise nach Pisa haben die thüringischen Gesandten also anscheinend die päpstliche Gründungserlaubnis sozusagen unter der Hand eingeholt. Die Geschwindigkeit, in der sie darin Erfolg erzielten, beweist, dass hier ohne Zweifel ein ungemein erfahrener Regisseur am Werk gewesen ist, der den kurialen Geschäftsablauf penibel kannte und wusste, wie und wo man die Maschinerie zu ölen hatte. Wir kennen diesen Mann. Als Protonotar der Wettiner Kanzlei (und als Gesandter der Landgrafen) und als Propst von St. Marien in Erfurt (und damit in eigener Prälatenfunktion) war Nikolaus Lubich aus Eisenach dem Konzil am 7. Mai inkorporiert worden.[58] Er hatte damals bereits eine eindrückliche Karriere durchlaufen.[59] Nach einem Studium zuerst der Artes, dann der Jura in Wien und Prag, hatte er in Deutschland Pfründen gesammelt (u.v.a. war er päpstlich bestellter *conservator* für die Privilegien der Universität Erfurt) und hatte an der römischen Kurie mehrere Jahre als *procurator* für Kurienbesucher gewirkt,[60] um dann am Wettinischen Fürstenhof seine offensichtlichen Fähigkeiten für die Meißener einzusetzen. Wenig später (im Jahre 1411) sollte er auf Drängen der Fürsten zum Bischof von Merseburg erhoben werden, was eigentlich über seine ständische Herkunft aus einer ratsfähigen Familie Eisenachs weit hinausreichte. Wenngleich dieses Bistum bescheiden,

---

[57] Darauf hingewiesen hat bereits K. WRIEDT, Die deutschen Universitäten in den Auseinandersetzungen des Schismas und der Reformkonzile (1378–1449), Kirchenpolitische Ziele und korporative Interessen, Teil I: Vom Ausbruch des Schismas bis zu den Anfängen des Konzils von Basel (13478–1432), Phil. Habil.-Schrift Kiel 1972 (masch.) [mehr nicht ersch.], Bd. 1, 70 f.

[58] Lubich unterzeichnet (am 5. Juni 1409) gleich zweimal (einmal persönlich, einmal wird er von einem anderen mitgenannt) das konziliare Absetzungsurteil gegen die beiden Schismapäpste Gregor XII. und Benedikt XIII.: J. VINCKE (ed.), Schriftstücke zum Pisaner Konzil (BKRG 3), Bonn 1942, 181 f. nr. 31 und 202 f. nr. 202.

[59] Zu ihm nach H. SCHMIEDEL, Nikolaus Lubich, ein deutscher Kleriker im Zeitalter des Großen Schismas und der Konzilien, Bischof von Merseburgh, 1411–1431 (Historische Studien, 88), Berlin 1911, jetzt eingehend das Biogramm in: GRAMSCH, Erfurter Juristen (s. Anm. 28), Personenkatalog, nr. 375.

[60] Zu dieser Funktion vgl. eingehend etwa A. SOHN, Deutsche Prokuratoren an der römischen Kurie in der Frührenaissance, 1431–1474 (Norm und Struktur, 8), Köln-Weimar-Wien 1997; vgl. zusammenfassend T. FRENZ, Art. Procurator III: Päpstliche Kurie, in: LMA 7 München 1995, 238.

ja ärmlich genannt werden darf,[61] bedeutete es doch für Lubich eine Erhebung in fürstlichen Stand. Dieser Mann hat offensichtlich im Interesse der Landgrafenbrüder den Universitätsplan ins Werk gesetzt. Er hat wohl auch nach seiner Rückkehr aus Pisa, woher er die päpstliche Gründungserlaubnis mitgebracht haben dürfte, für den Fürstenhof dafür gesorgt, dass die Universitätsgründung in Leipzig zügig vorankam.

Am 24. Oktober 1409 wurde in Leipzig ein Dekan der Artes-Fakultät gewählt sowie bereits 44 Magister zu Examinatoren bestellt.[62] Um dieselbe Zeit ergriff Magister Henning Boltenhagen aus Hildesheim,[63] den wir als letzten Rektor der Dreifakultätenfakultät Prags schon kennen, gewissermaßen geschäftsführend die Initiative. Am 13. November 1409, d.h. etwa acht Wochen nach der Ausfertigung des Privilegs in Pisa und wohl nur wenige Tage nach der Ankunft des Stückes[64] in Leipzig, hat dort ein Notar auf Boltenhagens Wunsch die päpstliche Gründungserlaubnis rechtsgültig vervielfältigt[65] offenbar zum Gebrauch bei entsprechenden internen Debatten und vielleicht Verhandlungen. Boltenhagen erscheint in diesem Notariatsinstrument bereits als Magister des (noch gar nicht rechtsgültig konstituierten) *Collegium maius universitatis studii Lipzsensis,* über dessen Einrichtung und vor allem Besetzung demnach schon Klarheit bestand. Er, wie der Leipziger Rektor, der dieses Transsumpt um 1440 in das Matrikelbuch aufgenommen hat,[66] verstanden die päpstliche Urkunde offenbar als (erstes) Gründungsdokument, das die neue Universität ins Leben rief. Man sah die Universität darin bereits im Werden und benutzte die päpstliche Urkunde zur Sicherung

---

61 H. HOBERG, *Taxae pro communibus servitiis* (StT 144), Città del Vaticano 1949, 78^{a-b}. Der relativ niedrige Betrag der taxierten Jahreseinkünfte stieg im 15. Jh. nicht über die 120 fl. des 14. Jhs. an.

62 Matrikel, Bd. 2, 89–90.

63 Als *Mgr. Henningus Boltenhagen professor s. theologiae,* d.h. als Angehöriger der Theologischen Fakultät und *mag. artium* wird er sich später in die Gründungsliste der Leipziger Matrikel eintragen lassen: Die Matrikel der Universität Leipzig, hg. G. ERLER, Bd. 1–2 (Codex diplomaticus Saxoniae Regiae, II.16–17), Leipzig 1895–1897 (Reprint Nendeln/ Liechtenstein 1976) [künftig: Matrikel], hier Bd. 1, 25^{a}. Er wurde (erst) 1412 in Leipzig zum *bacc. formatus* in Theologie graduiert, war zuvor in Prag 1402 Dekan der Artes-Fakultät und 1408 jener Rektor der Dreifakultätenfakultät, der vom königlichen Kommissar gezwungen wurde, die Universitätsinsignien herauszugeben (s. oben bei Anm. 45). Zum ersten Rektor der Universität Leipzig wurde dann der Theologe Johannes Münsterberg (zu ihm vgl. unten Anm. 67) gewählt. Boltenhagen erreichte das Rektoramt in Leipzig als 7. Rektor, ebenfalls im Jahr 1412. Er starb 1435.

64 Matrikel, Bd. 1 (s. Anm. 63), 3 nr. 2 heißt es in der notariellen Formelsprache: *Bulla vero rotunda et plumbea in cordula sericia duplicis coloris glauci et rubei more Romane curie erat appensa...*

65 Matrikel, Bd. 1 (s. Anm. 63), 3 nr. 1 sq.

66 ERLER, in: Matrikel, Bd. 1 (s. Anm. 63), p. XVI.

ihrer künftigen Existenz. Man sieht, die Gründung der Universität muss als ein komplexer Prozess verstanden werden, von dem wir freilich nur wenige Teilstücke in der schriftlichen Überlieferung erkennen können.

Bereits am 2. Dezember 1409 (also knapp zwei Wochen später) wurde das auf diesen Tag datierte Gründungsprivileg der Landgrafenbrüder, durch das sie die Universität endgültig einrichten[67] an den ersten gewählten Rektor, den Theologen Johannes Münsterberg[68] feierlich übergeben. Damit wurde die neue Universität offiziell eröffnet. In dieser gräflichen Gründungsurkunde ist nachzulesen, worauf die zuwanderungswilligen Prager Sezessionisten besonderen Wert legten, und was der landgräfliche Hof ihnen vorweg einzuräumen bereit war. Es geht vor allem um ihren künftigen Rechtsstand, um das Grundprinzip ihrer inneren Organisation und um ihre ersten Einkunftschancen. Die Urkunde verweist gleich eingangs auf das päpstliche Privileg zurück und erklärt zu den eigenen Bestimmungen, dass man den Konsens der wichtigsten Vertreter des Landes eingeholt, sowie insbesondere die freie Zustimmung der Prager Zuwanderer erhalten habe, die schon in der Stadt lebten.[69] Es war also in Leipzig bereits eine erhebliche Schar von Universitätsleuten versammelt, organisiert versammelt (!), die auf die Universität warteten. Die vorsichtige Einholung der zwiefachen Zustimmung ist offenbar nötig geworden, um die fürstlichen Zusagen, die auch finanziell zu Buche schlagen, abzusichern gegen den Vorwurf, die Aussteller hätten aus eigenwilliger Willkür gehandelt oder die Gründung zu knapp bedacht. Nein, alles wurde »nach reiflicher Überlegung und Beratung« verfügt. Diese »Gründungsurkunde« war als Grundgesetz für die künftige Universität gedacht.

Dabei ist erstaunlich wenig Spezifisches geregelt. Die Urkunde beschränkt sich auf ein Grundprinzip, das nur geringfügig für die ersten vier Jahre abgewandelt wird, und auf eine erste Finanzausstattung. Zuerst wird peinlich

---

[67] UB Universität Leipzig (s. Anm. 55), 1–3 nr. 1; auch in: Die Statutenbücher der Universität Leipzig aus den ersten 150 Jahren ihres Bestehens, hg. F. ZARNCKE, Leipzig 1861 (künftig: Statutenbücher), S.3–5, nr. A.1. In der Matrikel, die diesen Text kopial überliefert – das Original ist nicht erhalten – lautet die Überschrift zutreffend: *Incipit ordinacio et fundacio studii Lipczensis per quatuor nationes perpetuas.* Vgl. auch: Matrikel, Bd. 1 (s. Anm. 63), 10 nr. 11.

[68] Daten zu ihm etwa bei SCHUMANN, *Nationes* (s. Anm. 27), 185 Anm. 66; und vor allem TŘÍŠKA, Repertorium (s. Anm. 28), 279; zu seiner Rolle im Streit in Prag vor der Jahrhundertwende ŠMAHEL, Hussitische Revolution (s. Anm. 33), Bd. 2, 793.

[69] Statutenbücher (s. Anm. 67), 3: *Nos … pro felici incremento universitatis Lypczensis privilegiis, statutis et graciis sedis apostolicae privilegiati et confirmati, sicut in literis apostolicis desuper datis et concessis plenius continetur, praehabitis super hoc matura deliberacione et consilio episcoporum, doctorum, magistrorum et praelatorum, accedente nichilominus consensu et voluntate honorabilium magistrorum in praedicta nostra universitate pronunc constitutorum et degencium, volumus, statuimus et ordinamus quod …*

genau verzeichnet, dass die neue Universität in vier völlig gleichberechtigten *nationes* auf Dauer ihre fundamentale Organisation finden solle. »In den Versammlungen der Gesamtuniversität und den Examina der Artes-Fakultät, in den Einkünften und in allen übrigen Verfügungen« soll künftig eine strikte *aequalitas* der Nationen unverbrüchlich gelten.[70] Eine unterschiedliche Gewichtung der einzelnen Stimmen wird zwar nicht ausdrücklich ausgeschlossen, ist aber deutlich abgelehnt. Hier standen die negativen Prager Erfahrungen ohne Zweifel Pate. Die *nationes* sollten später in Leipzig, anders als in den anderen deutschen Universitäten bis tief in die Neuzeit hinein die Verfassung der Universität ausschließlich bestimmen, ja beherrschen. Von Fakultäten ist in der Urkunde nicht die Rede, sie spielen auch künftig im Leipziger Universitätsleben keine politische Rolle. Den Juristen wird anders als in Prag keine eigene Organisation, keine »Universität« eingeräumt, sie werden vielmehr (wie auch in Wien, Heidelberg, Köln oder Erfurt), ohne sie eigens zu nennen, stillschweigend in die Gesamtorganisation einbezogen. Dabei waren von Anfang an nicht eigentlich die Prager Juristen in Leipzig vorherrschend, denn sie waren ja mit den deutschen Magistri der Dreifakultätenuniversität nicht mit aus Prag ausgezogen.[71] Für Leipzig sollten sich die Juristen aus Erfurt als wichtiger erweisen und das sogar mit der weiteren Folge, dass in Erfurt zunächst eine schwierige Personalknappheit an der Juristenfakultät entstand, die erst allmählich wieder normalisiert werden konnte.[72]

Auch die Einkünfte sollten der *aequalitas* der Nationen unterliegen. Anscheinend aus Prag wurde die Idee der Grundfinanzierung der gesamten Universität über Magisterkollegien übernommen, wenngleich ein Universitätsstift vielleicht mangels Pfründen und damit einer Verfügungsmasse nicht sofort zusätzlich errichtet wurde. Auch in Leipzig sollten jedoch verschiedene Universitätscollegien, vom Landesherren finanziert, eine bestimmte Zahl von Professoren mit Einkünften versehen. Die ersten beiden von den Fürsten gestifteten »Fürstencollegien« werden minutiös in ihrer Ausstattung und Zusammensetzung beschrieben, das Große Fürstenkolleg, das *Collegium*

[70] *De paritate nacionum* überschreibt das Statutenbuch diesen Abschnitt, vgl. dazu im Text: ... *praedictae quatuor nationes in consiliis universitatis et examinibus facultatis arcium, in emolumentis ceterisque dispositionibus in dicta universitate habendis et faciendis per omnia sint aequales.*

[71] Zur Sozialgeschichte der Juristennationen Prags zuletzt J. BOROVIČKOVÁ/M. SUKKARIOVÁ/J. STOČES, Český, bavorský y polský univerzitní národ pražske juristické univerzity, 1372–1418/9 [mit deutschem Summarium: Die böhmische, bayerische und polnische Universitätsnation der Prager Juristenuniversität, 1372–1418/19], in: Historia universitatis Carolinae Pragensis 33–34 (1993–1994 [erschienen 2007]), 59–75.

[72] GRAMSCH, Erfurter Juristen (s. Anm. 28), 129 f.

maius wurde für 12 Professoren, 3 aus jeder Nation errichtet, von denen allein ein Theologe ein doppeltes Deputat von 60 fl. kriegen sollte. Alle anderen erhielten jährlich je 30 fl., das Gesamtkolleg also jährlich 390 fl.. Das Kleine Fürstenkolleg wurde für acht Magister (wohl der Artesfakultät), und, wie es ausdrücklich heißt, für zwei Magister je Nation, mit jeweils 12 fl. jährlich ausgestattet. Insgesamt sollte die Universität damit für die 20 Kollegiatsprofessuren 500 fl. aus der fürstlichen Kammer als *sallarium perpetuum … annuatim de camera nostra* erhalten.

In Abweichung von dieser strikten Idealordnung ist für den bescheidenen Zeitraum von vier Jahren eine Sonderregelung im *Collegium minus* zugunsten der Sächsischen Nation und zu Lasten der Meißner und Polen verfügt, zu der die betroffenen Nationen ihre Zustimmung erteilt haben: Die Sachsen sollten hier zunächst vier (anstatt der idealen zwei) Stellen besetzen dürfen, dafür die Meißner und Polen nur je eine, die zwei Stellen der Bayern blieben ungeschmälert. Darin zeigt sich offenbar ein Ungleichgewicht in der Zuwanderung, das man aber schon nach kurzer Zeit wieder ausgleichen zu können hoffte.[73]

Deutlich wird in diesen detaillierten und doch in der zeitlichen Reichweite beschränkten Regelungen, mit denen die Universität auf ihren Weg geschickt wurde, dass man der Zukunft viele Details überließ. Die Ausstattung, von der hier die Rede ist, war auf die Dauer kaum ausreichend, das konnte man gewiss schon zum damaligen Zeitpunkt sehen. Die fürstliche Kammer wird zwar mit 500 fl. jährlich belastet. Dieser Betrag aber spielt im Gesamthaushalt der Wettiner Landgrafen eine verschwindend geringe Rolle: Nur 0,68 % (weit weniger als ein Hundertstel also) von den in der Mitte des 15. Jh. offiziell geschätzten jährlichen Einnahmen der Wettiner in Höhe von 62.000 fl. betrug diese jährlich an die Universität zu leistende Summe.[74] In Heidelberg lässt sich durchaus ein ähnliches Missverhältnis zwischen den jährlichen Aufwendungen des Hofes allein für Wein und denen für die Universität erkennen. Gleichwohl war in diesen beiden Fällen wie gleichfalls etwa in Wien oder Ingolstadt auf Dauer die Bezahlung aus der *camera* des Fürsten unsicher und blieb oft problematisch, sodass die Universitäten besser fuhren, wenn sie auf konkrete einzelne fürstliche Einnahmen verwiesen wurden, die sie aber ebenfalls selber eintreiben mussten. In Heidelberg waren

[73] Zur schwankende Gewichtsverteilung unter den Nationen bei den Inskriptionen vgl. die tabellarische Übersicht von ERLER in: Matrikel, Bd. 1 (s. Anm. 63), pp. LXXIV–LXXX; dazu W. KECK, Die Herkunft der Leipziger Studenten von 1409 bis 1430 (Phil. Diss. Leipzig 1935).

[74] HOYER, Scholastische Universität (s. Anm. 1), 25.

es Anteile an Rheinzöllen und an fürstlichen Weinzehnten,[75] in Wien die Einkünfte aus der Maut in Ybbs,[76] in Leipzig sind dann folgerichtig noch in der ersten Hälfte des 15. Jhs. die Abgaben ganzer Dörfer der Universität verschrieben worden.[77] Diese »Universitätsdörfer« haben in Gestalt von Deputaten aus Naturalien wie einer Weihnachtsgans bis weit in das 20. Jh. hinein zur Bezahlung der Professoren beigetragen.

Daneben blieben bei allen Schwierigkeiten, die die rechtliche Konstruktion dieser Einkunftsquelle für Universitätslehrer bedeuten musste,[78] kirchliche Pfründen ein willkommener und auch in Leipzig gern akzeptierter Zuschuss zur allgemeinen Professorenversorgung. Der Nachfolger des Pisaner Papstes, Papst Johannes XXIII. hat denn auch schon 1413 durch die Zuteilung von je zwei Dompfründen in Meißen, Naumburg und Zeitz den Einkünften der Universität aufgeholfen.[79] Der auf dem Konstanzer Konzil zur Überwindung des Schismas gewählte Papst Martin V. hat dann diese Zuweisung (1421 in Rom) noch um zwei weitere Domstiftpfründen in Merseburg aufgestockt,[80] sicherlich auch von dem dortigen Bischof Nikolaus Lubich dazu bewogen, der das Konstanzer Konzil besucht hatte. Andere Pfründen kamen hinzu, doch war die Leipziger Ausstattung insgesamt in diesen Anfangszeiten nicht gerade reichlich.

Fragen wir nicht danach, ob heute die finanziellen Zuwendungen an die Universität Leipzig reichlich oder auch nur ausreichend sind. Die 1409

75 Eine wichtige besondere Quelle von ausnahmsweise fast stetig kräftig sprudelnden Einkünften, die der Universität Heidelberg bis zum 18. Jh. zur Verfügung stehen sollte, untersuchte für das Mittelalter M. VETTER, Zur Finanzierung der Universität Heidelberg im Mittelalter, Die Einnahmen aus den Rheinzöllen in Bacharach und Kaiserswerth bis zum Ende des 15. Jhs., in: Ruperto Carola 78 (1988) 59–66; zu weiteren besonderen Einnahmen J. MIETHKE, The University of Heidelberg and the Jews: Founding and Financing the Needs of a New University, in: Crossing Boundaries at Medieval Universities: Intellectual Moments, Academic Disciplines and Societal Conflict, edd. W.J. COURTENAY/E.D. GODDARD/S. YOUNG (ESMR, 36), Leiden-Boston 2011, 317–340.

76 Dazu zuletzt P. UIBLEIN, Zur ersten Dotation der Universität Wien [[1]1997], jetzt in: DERS., Die Universität Wien im Mittelalter, Beiträge und Forschungen, hg. von K. MÜHLBERGER (Schriftenreihe des Universitätsarchivs Wien, 11), Wien 1999, 101–120, bes. 106–120.

77 UB Universität Leipzig, nrr. 21 und 22 (s. Anm. 55), zitiert auch bei HOYER, Scholastische Universität (s. Anm. 1), 16.

78 J. MIETHKE, Kirche und Universitäten, Zur wirtschaftlichen Fundierung der deutschen Hochschulen im Spätmittelalter [[1]1988], abgedruckt in: DERS., Studieren (s. Anm. 13), 157–174, bes. 167 ff.

79 UB Universität Leipzig nr. 7 (7. April 1413) (s. Anm. 55), in Leipzig transsumiert am 12. September 1413: Matrikel (s. Anm. 63), Bd. 1, 4–6 nr. 2 sq.

80 UB Universität Leipzig, nr. 13 (20. Januar 1421) (s. Anm. 55); in Leipzig transsumiert am 28. April 1421: Matrikel (s. Anm. 63), Bd. 1, 6 f. nr. 3.

begründete Universität kam jedenfalls rasch zu einer relativen Blüte, insbesondere was ihre Anziehungskraft auf Studenten betrifft. Leipzig wurde im 15. Jh. zu einer der großen Universitäten des Reiches, lag hinter Wien mit Erfurt an zweiter oder dritter Stelle im Reich,[81] und damit noch vor Köln, Löwen und Heidelberg (das durchschnittlich nur etwa halb so viele Studenten anlockte). Insbesondere zahlreiche Studenten aus weniger bemittelten Schichten haben in Leipzig studiert.[82] Sie stellten regelmäßig etwa ein Viertel der Leipziger Studenten. Das konnten sie wohl auch deshalb, weil die große Handelsstadt ihnen mancherlei Möglichkeiten bot, ihren Lebensunterhalt neben dem Studium zu verdienen. Fast könnte man glauben, in der Universitätsgeschichte habe sich seit dem Mittelalter nicht viel geändert. Dass diese Vermutung aber vorschnell wäre und nicht ohne weiteres zutrifft, das lassen die Umstände der Gründung der Universität Leipzig deutlich erkennen.

---

[81] Eine genauere statistische Analyse der Leipziger Frequenz lieferte R.C. SCHWINGES, Deutsche Universitätsbesucher 14. und 15. Jh., Studien zur Sozialgeschichte des Alten Reiches (VIEG.Abt. Universalgesch. 123), Stuttgart 1986, bes. 105–118.

[82] Dazu besonders R.C. SCHWINGES, *Pauperes* an deutschen Universitäten des 15. Jhs. [^{1}1981], jetzt in: DERS., Studenten und Gelehrte, Studien zur Sozial- und Kulturgeschichte deutscher Universitäten im Mittelalter (ESMR 32), Leiden-Boston 2008, 237–263, hier bes. 250–257; auch KECK, Herkunft (s. Anm. 72), passim; Auszählungen zu den *pauperes* 87 und 95 (Tabelle 11).

GERT PICKEL

Religionen und Religiosität in Europa zu Beginn des 21 Jahrhunderts – Unumkehrbare Säkularisierung?

1. EINLEITUNG – VERSCHWINDEN ODER WIEDERKEHR DER RELIGION(EN)?

Dass der Faktor Religion für die Gesellschaften Europas immer noch von einiger Bedeutung ist, zeigen beispielhaft die Diskussionen über die Verankerung eines Gottesbezuges in der Europäischen Verfassung oder den Beitritt der Türkei in die Europäische Union. Zunehmend wird sogar eine Wiederkehr der Religionen, des Religiösen, der Götter oder gar ein »Megatrend Religion« ausgemacht.[1] Doch wie steht dies in Relation zu einer anderen bislang scheinbar feststehenden Erkenntnis für das moderne Europa – der einer fortschreitenden Säkularisierung? Wird nicht allenthalben auf den Traditionsabbruch gerade christlicher Überlieferungen hingewiesen oder der scheinbar unaufhaltsame Entkirchlichungsprozess moderner Gesellschaften dort beklagt? Es stellt sich die Frage: Welche von diesen beiden sich diametral gegenüberstehenden Sichtweisen auf die Entwicklung der Religion in Europa ist nun die richtige?

Antworten auf diese Fragen können nicht in Verabsolutierungen, Krisenszenarien oder Spekulationen bestehen, einzig ein nüchterner Blick auf empirische Befunde, die den Zustand und die Entwicklung des Religiösen abbilden, sind in der Lage dem interessierten Beobachter weiterzuhelfen. Zudem ist der Fokus der Analyse zu schärfen. Alle aufgezeigten Beobachtungen weisen eine Gemeinsamkeit auf, sie beziehen sich auf die Entwicklung von

---

[1] F.W. GRAF, Die Wiederkehr der Götter. Religion in der modernen Kultur, Bonn 2004; M. RIESEBRODT, Die Rückkehr der Religionen. Fundamentalismus und der »Kampf der Kulturen«, München 2001; P.M. ZULEHNER, Wiederkehr der Religion? in: H. DENZ (Hg.), Die europäische Seele. Leben und Glauben in Europa. Wien 2002, 23–42; R. POLAK, Megatrend Religion, Ostfildern, 1999. Auch der neue Bertelsmann Religionsmonitor betont, dass mehr Religiosität im Europäischen Rahmen vorliegt als von vielen bislang vermutet. Vgl. BERTELSMANN STIFTUNG, Woran glaubt die Welt? Analysen und Kommentare zum Religionsmonitor 2008, Gütersloh, 2009.

Religion *in der (diesseitigen) Gesellschaft*. Dies umfasst gleichfalls die Wahrnehmung und Beurteilung von Religion durch die Individuen als auch deren religiösen Verhaltensweisen und Überzeugungen. An dieser Stelle setzen die Überlegungen der Religionssoziologie ein. So untersucht sie nicht die Religion als theologisches Glaubenssystem, sondern richtet ihren Blick auf deren Bestand und Verbreitung in der Gesellschaft – die *Religiosität* der Menschen in ihren verschiedenen Facetten und Ausprägungen. Dabei interessieren den Religionssoziologen nicht die persönlichen Haltungen einzelner Individuen zu Religion und Glauben bzw. deren psychologische Genese, sondern vielmehr die religiösen Muster von Kollektiven und deren Abhängigkeit von gesellschaftlichen Prozessen.

Damit ist der Rahmen für die folgende Betrachtung abgesteckt. Zum einen erfolgt eine Einschränkung des Blickwinkels auf das im Kern immer noch christliche Europa. Nicht die Welt in all ihrer religiösen Vielfalt, sondern der kulturhistorisch ähnliche Kontext Europas stellt das Umfeld für eine *systematisch-vergleichende Analyse* der Gegenwartssituation von Religion, wie sie in den Sozialwissenschaften gebräuchlich ist, dar. Länder- und Kulturvergleiche sind dabei mehr als nützliche Instrumente zum Verständnis sozialer Phänomene, erweitern sie doch die Relationen in denen man denkt und überwinden eingeschränkte Blickwinkel, wie sie bei einer Fokussierung auf Entwicklungen im eigenen Land oder der eigenen Kultur entstehen können. Es ist dabei nur dann möglich aus Vergleichen zu lernen, wenn sie klare Ankerpunkte besitzen, die sich zwischen den beobachteten Einheiten nicht unterscheiden. Nur durch den Bezug auf Fixpunkte kann die Wirkung von anderen, zwischen den Ländern variierenden Faktoren auf das zu erklärende Merkmal sinnvoll identifiziert werden.

Um sich der Frage nach den Entwicklungstendenzen der Religiosität in Europa anzunähern, ist es wissenschaftlich sinnvoll, mögliche konzeptionelle Erklärungsversuche zusammenzutragen, um sie dann später auf ihre Nützlichkeit zu prüfen. Diese theoretische Einbettung hilft in zweierlei Hinsicht: Zum einen gibt sie dem Leser Leitorientierungen für den Dschungel der empirischen Ergebnisse vor, an denen er sich ausrichten kann. Zum anderen eröffnet sie zum Abschluss der Analyse die Möglichkeit in die Zukunft zu schauen. In der aktuellen Religionssoziologie finden sich drei größere Schulen[2], die sich in der Erklärung und der Prognose der Entwicklung von Religiosität in Europa gegenüberstehen.

[2] Ohne Frage finden sich auch weitere theoretische Konzepte zur Erklärung der religiösen Entwicklung, diese besitzen allerdings selten die Geschlossenheit dieser drei zentralen Zugänge der Religionssoziologie. Beispielhaft seien die breit rezipierten Überlegungen von J. CASANOVA, Public Religions in the Modern World, Chicago 1994 erwähnt, der an vielen Stellen auf

2. THEORETISCHEN AUSGANGSBEDINGUNGEN UND DIE FRAGE DER RELIGIONSSOZIOLOGIE

Dies ist zum Ersten das Modell der *Säkularisierungstheorie.* Dieser Ansatz verweist auf einen kontinuierlichen sozialen Bedeutungsverlust von Kirche und Religion in modernen Gesellschaften,[3] der sich aus einem fundamentalen Spannungsverhältnis zwischen Religion und Moderne ableitet. Insbesondere die der Modernisierung innewohnenden Prozesse der Rationalisierung, der funktionalen Differenzierung und des Abbaus existenzieller sozialer (und insbesondere sozioökonomischer) Unsicherheit[4] sorgen für einen Relevanzverlust von Religion für das Alltagsleben der Individuen. Religion wird verstärkt aus dem öffentlichen Leben verdrängt, für den menschlichen Alltag immer weniger wichtig und die von Religionen einst gesetzten Normen der Lebensgestaltung verlieren an Bindekraft für die Gesellschaftsmitglieder. Zudem wächst die Zahl derer, die sich von der Sozialform der Religion – den Kirchen – abwenden. Es besteht sogar die Gefahr, dass dieser Verlust der kommunalen und sozialen Basis von Religion[5] mit einer gewissen Zeitverzögerung in einen Rückgang des Glaubens und der subjektiven Religiosität in den sich modernisierenden Gesellschaften mündet.[6]

Das alternative Denkmodell der *Individualisierungsthese des Religiösen* unterscheidet zwischen den Entwicklungen auf der persönlichen Ebene des

Argumente des Marktmodells des Religiösen zurückgreift und mit Überlegungen von Religion in der öffentlichen Zivilgesellschaft verbindet.

3 Vgl. P.L. BERGER, The Sacred Canopy. Elements of a Sociological Theory of Religion, New York 1967; S. BRUCE, God is Dead. Secularization in the West, Oxford 2002; K. DOBBELAERE, Secularization. An Analysis on three levels, Brüssel 2002; D. POLLACK, Secularization revisited – eine Meistererzählung auf dem Prüfstand, Frankfurt/Oder 2006; B.R. WILSON, Religion in sociological perspective, Oxford/New York 1982; D. VOAS, The Continuing Secular Transition, in: D. POLLACK/D.V. OLSON (Hgg.): The Role of Religion in Modern Societies, New York/London 2008, 25–48.

4 Vgl. P. NORRIS/R. INGLEHART, Sacred and Secular. Religion and Politics Worldwide, New York 2004, die den bereits bei Marx formulierten Grundgedanken der Verbindung von Deprivation und Religiosität neu beleben.

5 Gerade der schottische Religionssoziologie STEVE BRUCE verweist in seinen Ausführungen zur Säkularisierungstheorie auf die Zentralität dieses Prozesses. Vgl. S. BRUCE, God is Dead (s. Anm. 3), 41–43.

6 Kaum ein Säkularisierungstheoretiker geht von einem gänzlichen Verschwinden von Religiosität aus. Vgl. dazu B.R. WILSON, Religion (s. Anm. 3), 150–151; S. BRUCE, God is Dead (s. Anm. 3), 41–43. Vielmehr wird, teilweise sogar etwas inkonsequent, ein undefinierter Restbestand an subjektiver Religiosität vermutet, welcher aufgrund der Unvermeidbarkeit von Sinnfragen verbleibt. Allerdings wird die Gruppe der Gläubigen im Laufe der Modernisierung abnehmen und sich im Sinne einer Pluralisierung auf verschiedene religiöse Gemeinschaften aufteilen. Vgl. S. BRUCE, God is Dead (s. Anm. 3), 42–43.

Glaubens und der Bindung von Menschen an die Kirche.[7] Dieser im europäischen und insbesondere deutschen Raum stark verbreitete Ansatz begreift individuelle Religiosität als eine anthropologische Konstante, die der Natur des Menschen innewohnt. Konsequenz: Die Sozialform des Religiösen verliert zwar an Bedeutung, die individuelle Religiosität vollzieht aber nur einen Formenwandel.[8] Dieser kann sich in neuen Formen religiöser Vergemeinschaftung öffentlich zeigen, aber genauso gut in einer privaten, »unsichtbaren Religion« manifestieren. Gerade letzteres erweckt gelegentlich den (aus Sicht der Individualisierungstheorie falschen) Eindruck eines Glaubensverlustes. Entsprechend werfen Vertreter der Individualisierungsthese Anhängern der Säkularisierungstheorie deren zu einseitige Fixierung auf kirchensoziologische Fragen und einen substantiellen Religionsbegriff vor, welcher der Betrachtung moderner Gesellschaften bei Weitem nicht mehr gerecht werde. Sie stimmen dabei der Deutung einer ungünstigen Entwicklung kirchlicher Integration ohne Weiteres zu, lehnen aber die Übertragung dieses Bedeutungsverlustes auf die subjektive Ebene der Religiosität ab (siehe Abb. 1).

Der dritte Erklärungsansatz, das *Marktmodell* oder der Rational-Choice-Ansatz des Religiösen, sieht die Situation in den USA als Paradefall der gesellschaftlichen Entwicklung von Religion und Religiosität an[9] und verweist auf einen historisch gewachsenen europäischen Sonderweg.[10] Der Sonderfall Europa, so dessen Vertreter, lenkt den Blick nur von den generell gültigen Beziehungen zwischen religiösem Angebot und religiöser Nachfrage ab.[11] Religiöse Vitalität – das Haupterklärungsziel sowohl des Marktmodells als auch der Säkularisierungstheorie – hängt im Marktmodell vorrangig vom

---

[7] Vgl. T. LUCKMANN, Die unsichtbare Religion, Frankfurt/Main 1991; D. POLLACK/G. PICKEL, Religious Individualization or Secularization? Testing hypotheses of religious change – the case of Eastern and Western Germany, in: British Journal of Sociology 4/2007, 603–632; M. WOHLRAB-SAHR, »Luckmann 1960« und seine Folgen. Neuere Entwicklungen in der deutschsprachigen Religionssoziologie, in: B. ORTH/T. SWIETERING/J. WEISS, Soziologische Forschung: Stand und Perspektiven, Opladen 2003, 427–448.

[8] Vgl. T. LUCKMANN, Die unsichtbare Religion (s. Anm. 7), 77–86 sowie 96–103.

[9] Was den Anhängern des Marktmodells nun wieder seitens der Säkularisierungstheorie den Vorwurf der Auswahl eines »exceptional cases« und der Abhängigkeit ihrer Ergebnisse von dieser Auswahl einbrachte.

[10] Die Annahme einer historischen Sonderentwicklung in Europa teilt auch die Religionssoziologin G. DAVIE, Patterns of Religion in Western Europe. An exceptional Case, in: R.K. FENN (Hg.), Sociology of Religion, Oxford 2001, 264–278; DERS., Europe: The Exceptional Case. Parameters of Faith in the modern World, London 2002.

[11] Vgl. dazu L.R. IANNACCONE, The Consequences of Religious Market Structure. Adam Smith and the Economics of Religion, in: Rationality and Society 3/1991, 156–177 und P. FROESE/S. PFAFF, Replete and desolate markets. Poland, East Germany and the New Religious Paradigm, in: Social Forces 80/2001, 481–507; DIES., Explaining a Religious Anomaly. A Historical Analysis of Secularization in Eastern Germany, in: Journal for the Scientific Study

Abb. 1: Grundlegende Überlegungsstränge der zeitgenössischen Religionssoziologie

	Säkularisierungstheorie	*Individualisierungsthese*	*Marktmodell Pluralisierungsthese*
Vertreter	Brian Wilson Steve Bruce Peter L. Berger	Thomas Luckmann Grace Davie Hervieu-Leger	Rodney Starke Roger Finke Laurence Iannaccone
Grundannahme	Spannungsverhältnis zwischen Moderne und Religion	individuelle religiöse Grundorientierung als anthropologische Konstante	allgemeines, konstantes Bedürfnis des Individuums nach Religion
Bezugs-theorie	„klassische Modernisierungstheorie“	Theorien der Individualisierung	angebotsorientierte Markttheorie und Pluralisierungsthese
Haupthypothese	kontinuierlicher Bedeutungsverlust von Religion als sinnstiftender und sozialer Instanz	Bedeutungsverlust von institutionalisierter Religion; Weiterbestehen privater Formen von Religion	Angebot auf religiösem Markt bestimmt das gesellschaftliche Ausmaß an Religiosität und Kirchlichkeit
Prognose für Westeuropa	weiterer kontinuierlicher Abwärtstrend aller religiösen Formen und Kirchlichkeit	Weiterbestehen privater religiöser Praktiken bei weiterem Rückgang der Zuwendung zu Kirchen	Entwicklung der Religiosität abhängig von religiösem Angebot und Pluralisierungsgrad in der Gesellschaft
Prognose für Osteuropa	Abwärtstrend aller religiösen Formen (ggf. nach einer temporalen Rückkehr auf einen dem jeweiligen Modernisierungsniveau entsprechenden Stand)	Ausdehnung privater religiöser Praktiken bei weiterem Rückgang der Zuwendung zu Kirchen	Revitalisierung von Religion nach Wegfall der Repression durch (Wieder-)Herstellung eines religiösen Marktes

Quelle: Eigene Zusammenstellung unter Berücksichtigung von Überlegungen meines Kollegen OLAF MÜLLER.

Angebot der Kirchen und dem Grad der *Regulation* des Marktes durch den Staat ab.[12] Monopolkirchen können dabei die immer weiter streuenden

of Religion 4/2005, 397–422; DIES., Religious Oddities: Explaining the Divergent Religious Markets of Poland and East Germany, in: G. PICKEL/O. MÜLLER, Wiesbaden 2009, Church an Religion in Contemporary Europe, Wiesbaden 2009, 123–144.

12 Vgl. R. STARK/W.S. BAINBRIDGE, A Theory of Religion, New Brunswick 1987; R. STARK/L.R. IANNACCONE, A Supply-Side Reinterpretation of the »Secularization« of

Interessen der individualisierten und sich stetig auf der Suche nach religiösen Deutungsangeboten findenden Gläubigen nicht mehr hinreichend befriedigen. Ein Rückgang religiöser Vitalität in der Bevölkerung ist die zwingende Folge, wenn der religiöse Markt auf eben die etablierten, lange bestehenden Anbieter (Kirchen) reduziert bleibt. Erst das Aufkommen von *Konkurrenz* auf diesem religiösen Markt kann über den daraus resultierenden *Wettbewerb* zu einer Belebung religiöser Vitalität führen, finden nun die suchenden Gläubigen doch wieder die ihren Bedürfnissen entsprechenden Angebote. Aufgrund der Annahme einer konstanten Nachfrage nach einem Angebot an religiösen Erklärungen wird das Marktmodell auch als »*supply-side-approach*«[13] bezeichnet. Die entscheidenden Abgrenzungen zur Säkularisierungstheorie liegen in den Annahmen, dass religiöser Pluralismus sich positiv auf religiöse Vitalität auswirkt,[14] Modernisierung nicht zwingend zu einem sozialen Bedeutungsverlust von Religion führt und *jeder Mensch* zur Beantwortung der »letzten« Sinnfragen auf der Suche nach einem religiösen Angebot ist.

Jenseits ihrer unterschiedlichen Erklärungsrichtungen sind sich Anhänger des Marktmodells und Anhänger der Individualisierungsthese des Religiösen in einem Punkt einig – der Zurückweisung der Säkularisierungsthese als untaugliches Erklärungsmuster der Entwicklung von Religion in den Gesellschaften der Gegenwart. Doch ist dem wirklich so? Gerade aufgrund der Definition der beiden Alternativansätze in Abgrenzung von der Säkularisierungstheorie und unter Berücksichtigung der Komplexität dieses Ansatzes scheint eine von dort ausgehende Analyse der Religiosität in Europa möglicherweise das sinnvollste Vorgehen.

Zu diesem Zweck bietet sich die Übernahme einer differenzierten Betrachtungsweise an, wie sie die *Trennung der Ebenen der Säkularisierung* nach KAREL DOBBELAERE vorgibt. Er unterscheidet zwischen der »societal secularization« (gesellschaftlichen Säkularisierung), der »organisational secularization« (organisatorischen Säkularisierung) und der »individual secularization« (individuellen Säkularisierung). *Individuelle Säkularisierung* bezeichnet den Prozess einer steigenden Distanz der Bürger zu Religion. Dies umfasst den Verlustprozess religiöser Beteiligung genauso wie den Rückgang oder die

---

Europe, in: Journal for the Scientific Study of Religion 33/1994, 230–252 sowie R. STARK/R. FINKE, Acts of Faith. Explaining the Human Side of Religion, Berkeley 2000.

13 R. STARK/L.R. IANNACCONE, Supply-Side (s. Anm. 12).

14 Was im Gegensatz zur Annahme von PETER L. BERGER steht, dass religiöse Pluralisierung die Plausibilitätsstrukturen des (bei ihm christlichen) Glaubenssystems unterläuft und damit religiöse Vitalität langfristig vermindert. Vgl. P.L. BERGER, Sacred Canopy (s. Anm. 3), 127–154.

Transformation der subjektiven Religiosität.[15] Mit der *organisatorischen Säkularisierung* wird auf die Auflösungstendenzen religiöser Gemeinschaften im Prozess der Rationalisierung sowie deren innere Verweltlichung, im Sinne des Wandels ihrer Sozialgestalt und des Selbstverständnisses der Kirchen Bezug genommen. Diese Sicht ist auf die Organisation Kirche und deren Entwicklungen ausgerichtet. *Gesellschaftliche Säkularisierung* ist als Konsequenz der funktionalen Differenzierung moderner Gesellschaften zu verstehen.[16] Verschiedene Subsysteme übernehmen in der Gesellschaft Funktionen, die ursprünglich von der Religion ausgefüllt wurden. Hervorzuheben ist die Rolle der sozialen Integration über Normen und religiöse Vorgaben, die zunehmend an Bedeutung für die Bürger moderner Gesellschaften verlieren. Trotz dieser Unterscheidung sind alle drei Prozesse wechselseitig miteinander verbunden. Da die Debatten zwischen den drei Erklärungsmodellen hauptsächlich auf dem Bereich der gesellschaftlichen und der individuellen Säkularisierung stattfinden, werde ich mich in der folgenden empirischen Analyse auf diese beiden Ebenen konzentrieren.

3. GESELLSCHAFTLICHE SÄKULARISIERUNG

Beginnen wir mit den Indikatoren der gesellschaftlichen Säkularisierung.[17] Hier stehen der Bedeutungsverlust religiöser Normen und der Prozess der funktionalen Differenzierung im Zentrum des Interesses. Gerade der Verlust von gesellschaftlichen Funktionen, die ehemals Tätigkeitsfeld der Religion waren, wird seitens der Säkularisierungstheorie als bedeutendes Indiz für eben den Ablauf eines Säkularisierungsprozesses herausgestellt. Abbildung 2 zeigt, dass die gesellschaftliche Säkularisierung eine europäische Gemeinsamkeit darstellt. Die *Trennung zwischen Religion und Politik* oder zwischen Kirche und Staat ist in den Köpfen der Bürger aller in einer 9-Länderstudie

---

[15] Vgl. K. DOBBELAERE, Secularization (s. Anm. 3), 38–39, 137–140.

[16] Vgl. a.a.O., 45–46.

[17] Für die empirischen Analysen wird auf unterschiedliches Datenmaterial zurückgegriffen. Den Kern bilden die weltweiten Erhebungen der World Values Surveys, welche für die Zeitpunkte 1990, 1995–1998, 1999/2000 und 2004–2006 zur Verfügung stehen, sowie Daten aus dem Projekt »Kirche und Religion im erweiterten Europa (C&R)« 2006, welches vom Autoren dieses Beitrages und DETLEF POLLACK (Universität Münster) gemeinsam verantwortet wurde. Diese 9-Länder-Studie beschäftigt sich zentral mit der Betrachtung von Säkularisierungsprozessen im europäischen Vergleich und wird neben den Projektleitern von OLAF MÜLLER (Universität Münster) und ANJA GLADKICH (Universität Leipzig) betreut. Vgl. auch G. PICKEL, Secularization as an European fate? Results from the Church and Religion in an Enlarged Europe Project 2006, in: G. PICKEL/O. MÜLLER, Wiesbaden 2009, Church an Religion in Contemporary Europe, Wiesbaden 2009, 89–122.

untersuchten europäischen Staaten verankert. In der Politik, so die Aussagen der Bürger, hat religiöser Einfluss nichts oder nur wenig zu suchen. Die Variationen im Antwortverhalten sind dabei zwischen den Ländern marginal. Es scheint sich um eine Grundkonstante moderner (europäischer) Gesellschaften zu handeln. Da überrascht es auch nicht, dass die konkrete Implementation eines Bezuges auf Gott in die Präambel der Europäischen Verfassung unter den Bürgern der neun Untersuchungsländer überwiegend auf Ablehnung stößt. Zwar gehen die Einschätzungen hierüber in den katholischen und in den nicht-katholischen Länder erheblich auseinander: In Kroatien und Polen finden sich knappe Mehrheiten und in Portugal und Irland knappe Minderheiten, welche eine Einbringung des Gottesbegriffes in die Europäische Verfassung befürworten würden, in allen anderen Untersuchungsländern dagegen stellt eine solche Haltung eine deutliche Minderhei-

Abb. 2: Indikatoren gesellschaftlicher Säkularisierung 2006

	WD	Port	Irl	Fin	OD	Pol	Ung	Kro	Est	Rus
Religion und Politik										
„Religiöse Führer sollten Regierungsentscheidungen nicht beeinflussen.“	70	75	67	62	70	73	68	73	80	75
„Die Europäische Verfassung sollte eine Referenz auf Gott beinhalten.”	27	48	46	22	20	51	39	58	18	37
Religion und Wissenschaft										
“Wissenschaftliche Forschung sollte nicht durch religiöse Normen und Werte beeinträchtigt werden.”	72	68	62	82	74	58	77	69	88	87
Religion und Schule										
“Die Erziehung an Schulen sollte frei von Religion sein.”	42	31	30	34	60	27	29	36	64	42
“Religiöse Symbole, wie Kreuze, sollten an öffentlichen Schulen verboten werden.”	31	27	20	11	55	16	13	30	28	33

Quelle: Eigenen Berechnungen C&R 2006; zustimmende Werte in Prozent (»stark« oder »etwas«).

tenposition dar. Dies bedeutet auch, dass selbst in den Ländern, wo die politischen Führungen eine überwiegend positive Haltung zur Verfassungsverankerung einnahmen, in der Regel die Hälfte der Bürger (und damit eine Vielzahl an Gläubigen und Kirchenmitgliedern) diese politische Entscheidung ablehnen.

Auch hinsichtlich des *Einflusses von Religion auf Wissenschaft* ist die Haltung der Bürger eindeutig. Religiöse Normen und Werte sollen nach ihrer Ansicht wissenschaftliche Forschung nicht behindern. Zwar zeigen sich in dieser Einschätzung wieder Differenzen zwischen den katholischen und den nichtkatholischen Ländern, aber in jedem Land findet sich eine Mehrheit, welche die Wissenschaft als funktional von Religion getrennten Bereich einfordert. Am geringsten ist die Zustimmung zu dieser Trennung in – den beiden »Spitzenreitern« religiöser Vitalität – Irland und Polen, gefolgt von Kroatien und Portugal.

Ist die Unterscheidung der Funktionssphären von Religion zu Politik und Wissenschaft scheinbar fest in den Überzeugungssystemen der europäischen Bürger verankert, so ist die *Haltung zum religiösen Einfluss im Bildungssystem* bei weitem nicht so eindeutig. Nicht nur, dass einzig in Estland und Ostdeutschland Mehrheiten der Bevölkerungen eine Schulausbildung ohne religiöse Elemente bevorzugen, auch eine harte Trennung von Kirche und Staat, im Sinne der Freihaltung staatlicher Schulen von religiösen Symbolen, trifft kaum auf Zustimmung. Hier scheint ein gemeinsames christliches kulturelles Erbe noch in starkem Umfang präsent zu sein. Dabei wird die Vermittlung dieses Erbes von einer Mehrzahl der europäischen Bürger als hilfreich angesehen – selbst wenn die eigene Beziehung zu Kirche und Religion eher lose ist. Möglicherweise handelt es sich hier um eine der letzten Bastionen der Religion jenseits ihres eigenen engen Funktionsbereichs. Wie bei den anderen Indikatoren, findet sich bei der Einschätzung der gewünschten Beziehung zwischen Religion und Schule die übliche Länderverteilung. In den katholischen Ländern steht man der Präsenz von Religion an Schulen wesentlich aufgeschlossener gegenüber als in den protestantischen Ländern.

Fasst man die Ergebnisse zusammen, so ist festzustellen, dass die *gesellschaftliche Säkularisierung im europäischen Raum weit vorangeschritten* ist. Selbst bei gelegentlichen Rückzugsgefechten kirchlich integrierter Gruppen ist langfristig, das zeigen die schon bestehenden breiten Akzeptanzgrade einer Trennung von Religion und Politik oder Religion und Wissenschaft, mit einer fortschreitenden Ausdifferenzierung der Gesellschaft und einem weiteren gesellschaftlichen Bedeutungsverlust von Religion zu rechnen. Dies scheint ein so umfassender Prozess zu sein, dass mittlerweile in Europa unterschiedliche Modernisierungsgrade kaum mehr zu größeren Differenzen in der gesellschaftlichen Säkularisierung führen. Einerseits sind die sozioökonomischen Unterschiede in diesem Gebiet einfach zu gering, um noch eine sichtbare Variation zu erzeugen, andererseits werden die entsprechenden Differenzen durch die dominante Einflussstruktur der kulturellen Traditionen überdeckt. So leisten in der Regel katholische Länder Säkularisierungsprozessen auf der gesellschaftlichen Ebene einen längeren Widerstand als orthodoxe oder protestantisch geprägte Länder, letztendlich müssen Kirche und Religion aber auch dort mehr und mehr Gebiete gesellschaftlichen Einflusses preisgeben.

4. INDIVIDUELLE SÄKULARISIERUNG

Die aktuell vielleicht am meisten diskutierten religiösen Entwicklungen beziehen sich auf die individuelle Säkularisierung – oder dem Bindungsverlust der Menschen an die institutionalisierte Religion und teilweise auch den Glauben selbst. Wie sieht es nun auf dieser Ebene aus, wenn man das empirische Material genauer betrachtet? Üblicherweise wird die Feststellung sinkender Kirchgangszahlen und Mitgliedschaftsraten religiöser Organisationen als ein zentraler Hinweis auf einen sozialen Bedeutungsverlust von Religion gewertet. Doch die erste Ansicht (Abb. 3) zeigt, dass abgesehen von Estland, Ostdeutschland sowie den Niederlanden und Großbritannien im europäischen Raum immer noch eine breite *Kultur der Kirchenzugehörigkeit* besteht. Darin unterscheiden sich West- und Osteuropa 2006 bei weitem nicht so stark wie man vielleicht aufgrund der sozialistischen Vergangenheit vermutet hätte. Allerdings existiert eine beträchtliche Heterogenität der Zugehörigkeitsgrade über die europäischen Länder. Neben den bereits erwähnten Ländern, die mittlerweile einen höheren Anteil an Konfessionslosen als Konfessionsmitgliedern aufweisen, sind auch in einigen anderen europäischen Staaten größere Gruppen von Personen zu finden, die keiner Religionsgemeinschaft angehören. Zu nennen sind hier nur Frankreich und Belgien (über ein Drittel Konfessionslose), Schweden (ein Viertel Konfessionslose) oder in Osteuropa Slowenien, Russland und die Ukraine (2006 ein Viertel und mehr Konfessionslose).

Wesentliche Unterschiede finden sich in den jüngeren *Entwicklungen.* In den meisten osteuropäischen Staaten sind seit 1990 teilweise erhebliche Zuwachsraten in der Mitgliedschaft festzustellen. In Russland und Bulgarien fallen diese Prozesse besonders drastisch aus. Der Wegfall der politischen Repression hat in den Ländern Osteuropas zumindest in den ersten Jahren nach dem Umbruch zu einer Rückkehr vieler Personen in die Kirche geführt.[18]

Doch nicht nur im Umfeld des politischen Wandels finden sich Hinweise auf eine religiöse Revitalisierung. Auch in den letzten Jahren führen in einigen Regionen, insbesondere in den Nachfolgestaaten der UdSSR und in Südosteuropa, Bewegungen zu den etablierten Volkskirchen zurück. In Westeuropa sind die Mitgliedschaftsraten entweder rückläufig oder verbleiben seit einigen Jahren auf einem ähnlichen Niveau. Dabei ist speziell in

Abb. 3: Konfessionslosigkeit im europäischen Vergleich

	1990	1995-1998	1999-2000	2004-2006		1990	1995-1998	1999-2000	2003-2006
Italien	15	12[a]	17	18[f]	Polen	4	4	4	4[c]
Portugal	8	8[a]	11	11[c]	Litauen	42	16	18	15[e]
Spanien	15	16[a]	17	18	Slowakei	22	16[a]	14[a]	15[e]
Zypern	-	-	-	4	Slowenien	29	30	35[b]	33[e]
Irland	4	6[a]	4	4[c]	Ungarn	45	-	43	22[c]
Frankreich	39	40[a]	40	40	Kroatien	-	14	11	5[c]
Luxemburg	9[d]	17[d]	28	29[d]	Tschech. Rep.	-	60	66	66[e]
Belgien	28[e]	30[d]	36	44[d]	Deutschland (O)	65	68[a]	71[a]	71[c]
Österreich	12	12[a]	12	14	Lettland	74	34[a]	40	34[a]
Niederlande	49	53	56	56[d]	Estland	92	73	75	55[c]
Schweiz	12	11	12	17[f]	Rumänien	6	-	3	1
Deutschland (W)	11	15	17	18[f]	Bulgarien	68[a]	34	30	14
Großbritannien	44	48	48	50[d]	Mazedonien	-	9	14	-
Nordirland	11	14	14	-	Serbien-Monten.	-	22	6	4
Schweden	23	28[a]	25	26[f]	Russland	68	46	49	26[c]
Dänemark	9	11	11	11	Weißrussland	-	37	48	-
Norwegen	11	10	9	10	Ukraine	-	37	44	28
Finnland	12	12	12	14	Georgien	-	11	6	-
Island	-	4	4	4	Moldawien	-	16	-	2
Griechenland	3	3[d]	4	9[d]	Albanien	-	-	13	-
Türkei	4	4	2	1	Bosnien-Herzego.	-	30	24	-

Quelle: Eigene Berechnungen auf der Basis World Values Survey 1990, 1995–98, 1999/2000, 2005/2006; [a] = des ISSP 1991, 1994, 1998, 2000, 2004; [b] = PCE-Studie 2000; [c] = C&R 2006; [d] = European Social Survey (ESS) 2002/2003; 2006; [e] = Eurobarometer/Candidate Countries Eurobarometer (CCEB); [f] = Mischdatum aus WVS 2006 und Eurobarometer 2006.

[18] Vgl. M. TOMKA/P.M. ZULEHNER, Religion in den Reformländern Ost(Mittel)europas, Ostfildern 1999; P.M. ZULEHNER, Wiederkehr der Religion? (s. Anm. 1).

Staaten mit gemischtkonfessionellen Bevölkerungen ein fortlaufender Verlust an Kirchenmitgliedern festzustellen. Doch auch in den katholischen Staaten Westeuropas kommt es zu einem kontinuierlichen Rückgang der Mitgliedschaften, wenn auch nicht in einem vergleichbaren Tempo und ausgehend von einem hohen Niveau. Relativ stabil blieben in den letzten Jahren die Mitgliedschaftsraten in den protestantischen skandinavischen Ländern, allerdings befinden diese sich auch bereits seit einem längeren Zeitraum auf einem recht niedrigen Niveau.

Besonders hervorzuheben sind die von diesem Trend abweichenden Entwicklungen in Ostdeutschland und der Tschechischen Republik (sowie in Grenzen Slowenien), welche als einzige »osteuropäischen Länder« keine positive Zuwanderungsbilanz zu den Kirchen aufweisen. Hier könnte der Grad der Entkirchlichung bereits einen *Schwellenwert* unterschritten haben, der eine Revitalisierung kirchlicher Teilhabe verhindert. Ebenfalls auffällig ist die rapide Entwicklung in den katholischen Benelux-Staaten Belgien und Luxemburg, welche sich mittlerweile neben den historischen Sonderfall Frankreich im Hinblick auf die Konfessionslosigkeit geschoben haben und belegen, dass auch Länder mit einer katholischen Tradition nicht vor Abbruchsprozessen gefeit sind. Vielmehr scheint es so als wenn De-Institutionalisierungsprozesse, die in den Ländern mit Protestantischer Tradition bereits früher eingesetzt hatten nun mit zeitlicher Verzögerung, dafür aber nicht weniger massiv, im katholischen Europa Fuß fassen.

Für die Abbildung religiöser Vitalität mehr Aussagekraft als die Mitgliedschaftsraten besitzen Informationen über die Beteiligung am Gottesdienst, setzt dieser Indikator doch ein Mindestmaß an aktiver Beteiligung seitens der Individuen voraus. Hier zeigt sich nun ein klarer Säkularisierungshinweis, findet sich doch in allen westeuropäischen Ländern ein kontinuierlicher Rückgang der Gottesdienstbesucher. Und dieser existiert unabhängig davon, auf welchem Niveau der Gottesdienstbesuch in einem Land ist. Die rasantesten Entwicklungen der letzten 16 Jahre lassen sich – bei Sicht auf den durchschnittlichen Gottesdienstbesuch auf das Jahr gesehen in einem Land – in Belgien, Spanien, Niederlande, Luxemburg und Irland auszumachen. Dort hat sich die Zahl der durchschnittlichen Gottesdienstbesuche faktisch halbiert.[19] Am moderatesten war der Rückschritt noch in Skandinavien. Hier könnte darüber spekuliert werden, ob in diesen Ländern nicht bereits ein

[19] Zu ähnlichen Ergebnissen kommen auch P. Norris/R. Inglehart, Sacred and Secular (s. Anm. 4), 74–75 mit dem alternativen Indikator »Anteil des regelmäßigen Gottesdienstbesuches«. Vgl. auch G. Pickel, Säkularisierung, Individualisierung oder Marktmodell? Religiöse Vitalität und ihre Erklärungsfaktoren im europäischen Vergleich, in: Kölner Zeitschrift für Soziologie und Sozialpsychologie 62/2010, 219–245.

unterer Schwellenwert der kirchlichen Integration erreicht ist, der kaum mehr Raum für einen weiteren Rückgang hinterlässt. So liegen auch die Durchschnittswerte in Russland, Estland und Ostdeutschland nicht wesentlich niedriger als die Durchschnitte in Skandinavien, und in den zuerst genannten Ländern wird ja immerhin von einer massiven Zurückdrängung der kirchlichen Religiosität unter den sozialistischen politischen Regimen gesprochen.

Zugleich wird deutlich, dass sich in den postsozialistischen Staaten *Ost- und Ostmitteleuropas* die Hoffnung der Kirchen auf eine breite Welle der Rückkehr zur Religion, was die religiösen Aktivitäten angeht, nur bedingt erfüllt hat. Zwar kann in allen osteuropäischen Ländern außer Ostdeutschland und der Tschechischen Republik eine Zunahme der Mitgliedschaften konstatiert werden, der Gottesdienstbesuch hat aber, nach einem zeitlich begrenzten Aufschwung direkt nach dem Umbruch, eher wieder nachgelassen bzw. sich auf dem dort erreichten Niveau stabilisiert. Gerade bei den sozioökonomischen Spitzenreitern der ehemaligen postsozialistischen Staaten (Polen, Slowenien, Tschechische Republik und Ungarn) sind spätestens seit der Jahrtausendwende wieder klare Abwärtstrends in den religiösen Praktiken zu verzeichnen. In die gleiche Richtung deuten die Anteile der Personen, welche der religiösen Praxis des Betens nachkommen. *Von einer breiten Revitalisierung religiöser Praktiken in Osteuropa kann diesen Ergebnissen nach nicht gesprochen werden*, obwohl vereinzelte Tendenzen religiöser Vitalisierung nicht zu übersehen sind.[20] Allerdings fällt die Entwicklung der religiösen Praktiken deutlich zur positiven Entwicklung der formellen Kirchenmitgliedschaft ab. Gibt es im osteuropäischen Raum unterschiedliche Entwicklungen, so ist die individuelle Säkularisierung im Sinne eines Rückganges religiöser Partizipation in Westeuropa unbestreitbar. In ausnahmslos allen westeuropäischen Staaten fällt der durchschnittliche Kirchgang, die Praxis des persönlichen Gebets wie auch die Zugehörigkeit zu einer Kirche mit sinkendem Alter geringer aus. Entsprechend der Überlegungen zum Wertewandel in moder-

[20] Gegensätzliche Aussagen finden sich bei P.M. ZULEHNER, Wiederkehr der Religion (s. Anm. 1) und M. TOMKA/P.M. ZULEHNER, Religion in den Reformländern (s. Anm. 18), die Entwicklungen stark an Differenzen in den Alterskohorten festmachen und zudem auf andere Beobachtungsländer zurückgreifen. In ihrer neusten Studie kommen die gleichen Autoren allerdings mittlerweile genauso wie andere Forscher zu dem hier dargestellten Ergebnis einer ambivalenten Entwicklung und schränken somit ihre früheren, wesentlich optimistischeren, Aussagen hinsichtlich der Entwicklung christlicher Religiosität in Osteuropa ein. Vgl. P.M. ZULEHNER/M. TOMKA/I. NALETOVA, Religionen und Kirchen in Ost(mittel)europa. Entwicklungen seit der Wende, Ostfildern 2008. Vgl. D. POLLACK/V.A. OLSON (Hgg.), The Role of Religion (s. Anm. 3) und D. Pollack, Religious Change in Europe: Theoretical Considerations and Empirical Findings, in: Social Compass 55/2008, 168–186.

nen Gesellschaften wachsen in Westeuropa und in Teilen von Osteuropa religiös inaktivere *Generationen* nach. So haben sich die Rückkehreffekte in Osteuropa zwar in der Breite der Bevölkerungen niedergeschlagen, eine grundsätzliche Umkehr in den Generationenverhältnissen religiöser Vitalität hat diese Entwicklung allerdings auch dort nicht erbracht.

Das *Muster der Kirchgangshäufigkeit* über die europäischen Länder ist ähnlich wie bei den Mitgliedschaftsraten: In Polen, Irland und Nordirland finden wir die höchste Zahl an Gottesdienstbesuchern, gefolgt von Italien,

Abb. 4: Kirchgangshäufigkeit im europäischen Vergleich

	1981	1990-1991	1995-1998	2003-2006		1990	1995-1998	2003-2006
Italien	23	23	21	20	Polen	38	32[b]	33
Portugal	-	23	22	17[f]	Litauen	-	12	10[e]
Spanien	24	18	17	11	Slowakei	20	-	20[e]
Zypern	-	-	11	11	Slowenien	15	14	12
Irland	45	43	38	34[f]	Ungarn	14	11	8[d]
Frankreich	7	7	8	6	Kroatien	-	15	16[f]
Luxemburg	23,5[a]	19[a]	15[a]	10[d]	Tschech. Rep.	4,5	6[b]	4,5[b]
Belgien	18	16	14	6,5[d]	Deutschland (O)	-	3	3,5[f]
Österreich	-	18	16	11	Lettland	4	6	5[b]
Niederlande	16	13	10	8	Estland	-	3,5	3,5[e]
Schweiz	-	16	10	8,5	Rumänien	13	-	17[e]
Deutschland (W)	13	12	11	10[f]	Bulgarien	4	6	6
Großbritannien	10	10	10	8,5[e]	Mazedonien	-	8	-
Nordirland	30	30	27	-	Serbien-Monten.	-	6	9,5
Schweden	5	4,5	4,5	3,5	Russland	2	3	4[f]
Dänemark	4	4	4,5	3,5	Weißrussland	3	5	-
Norwegen	5	5	4,5	4	Ukraine	-	7	7,5
Finnland	5	4	4	4[f]	Georgien	-	9	-
Island	3,5	3,5	-	4[d]	Moldawien	-	8	10
Griechenland	17[a]	16[a]	15,5[a]	17[d]	Albanien	-	-	-
Türkei	-	20	23	19,5	Bosnien-Herzego.	-	19	-

Quelle: Eigene Berechnungen auf der Basis World Values Surveys 1990, 1995–98, 1999/2000, 2005/2006; [a] = Eurobarometer/Central and Eastern Eurobarometer 1992; [b] = ISSP 1994, 2004; [c] = PCE-Studie 2000; [d] = ESS 2003; 2006; [e] = Candidate Countries Eurobarometer 2003; [f] = C&R 2006; Kirchgang = durchschnittlicher Kirchgang einer Person auf das Jahr umgerechnet.

Portugal, der Slowakischen Republik, Rumänien und Kroatien. In den protestantischen Ländern (Schweden, Finnland, Norwegen, Dänemark, Estland, Ostdeutschland) ist der durchschnittliche Gottesdienstbesuch am niedrigsten, dicht gefolgt vom Gros der Länder mit einer orthodox-christlichen Tradition. Die gemischt-konfessionellen Staaten (Niederlande, Westdeutschland, Großbritannien, Schweiz) aber auch die noch nicht aufgeführten Staaten mit einer katholischen Kultur bewegen sich zwischen diesen beiden Gruppen. Dabei haben Belgien und Luxemburg, welche noch bis 2000 höhere Raten des Gottesdienstbesuches als z.B. Westdeutschland oder die Niederlande aufwiesen, diese Stellung erst in der jüngsten Zeit erreicht.

Beide Indikatoren der kirchlichen Integration verdeutlichen eine Differenz zwischen den katholischen und den protestantischen Ländern: Die Bindung der Gläubigen an ihre Kirche im Sinne persönlicher Aktivitäten ist in hauptsächlich katholisch geprägten Kulturen durchgängig höher als in protestantisch, gemischt-konfessionellen oder auch orthodox geprägten Ländern. Dies deutet auf eine starke *kulturelle Prägung religiöser Vitalität* hin. Allerdings sind, wie die Abbruchsprozesse in Frankreich, Belgien und Luxemburg zeigen, auch katholische Kulturen nicht vor einem Einbruch religiöser Beteiligung geschützt. Der Rückgang setzt historisch gesehen vielleicht zu einem späteren Zeitpunkt ein, hat aber mittlerweile in einigen Ländern bereits das Niveau von Staaten mit gemischtkonfessionellen Kulturen erreicht.

Vor diesem Hintergrund ist es *sinnvoll, das Modell der Säkularisierungstheorie um Überlegungen kultureller Pfadabhängigkeit zu ergänzen*, scheint es mithin so, als würden für die vergleichende Betrachtung des Ist-Zustandes von religiöser Vitalität die historischen Einbettungen eine höhere Bedeutung besitzen als der jeweilige Modernisierungsstand der Länder. Der Rückgriff auf historisch-kulturelle Erklärungen ist auch für die besonders auffälligen Ländergebnisse hilfreich. Wirkt sich wahrscheinlich in Frankreich die aus der Aufklärung stammende Tradition der Laicité, mit ihren Auseinandersetzungen zwischen Staat und Kirche, langfristig ungünstig auf die religiöse Vitalität aus, so lassen sich die außergewöhnlich hohen durchschnittlichen Raten des Gottesdienstbesuchs in Irland und Nordirland – zumindest zum Teil – auf den dort schwellenden – religiös aufgeladenen – politischen Konflikt zurückführen. Ein ähnliches Argument kann für Polen, Rumänien, Kroatien, Litauen und die Slowakische Republik herangezogen werden. Dort verbindet sich der Nationalgedanke mit der religiösen Prägung der Staatsbürger – polnisch sein ist katholisch sein. Gerade in nach dem Umbruch wieder eigenständigen Nationen (Kroatien, Serbien, Litauen) sind hier entsprechende kollektive Prozesse der *Identitätssicherung* und *Identitätsbildung* festzuhalten. In der Regel steigern sie die religiöse Vitalität der Bevölkerungen in den betroffenen Ländern.

Nach den Maßgaben der Individualisierungsthese des Religiösen sind Aussagen zur kirchlichen Integration unzureichend, um die Annahme eines sozialen Bedeutungsverlustes von Religion zu bestätigen, allein die Betrachtung der *persönlichen Religiosität* gibt nach THOMAS LUCKMANN Auskunft über die Stellung von Religion in einer Gesellschaft.[21] Möglicherweise geht ja die Bindung der Menschen an die Kirchen zurück, aber im Zuge eines Formenwandels des Religiösen finden diese außerhalb der etablierten Kirchen oder gar für sich privat andere Möglichkeiten ihre religiösen Bedürfnisse zu befriedigen. Dieses Argumentationsmuster ist auch aus der Sicht des Protestantismus interessant, wird doch dort auf die Individualität der Beziehung des Menschen zu Gott verwiesen und ein geringer Gottesdienstbesuch stellt kein Indiz für einen sozialen Bedeutungsverlustes des Protestantismus dar, erfasst er doch diese Individualität gar nicht.

Die verfügbaren empirischen Daten sprechen aber eine andere Sprache: Bereits die eher individuell zu verstehende religiöse Aktivität des Betens liegt in den protestantischen Ländern wesentlich hinter den Raten in den katholischen Ländern zurück. Nicht nur die kollektive auch die individuelle Praxis der Protestanten ist im Vergleich geringer ausgeprägt und über die Zeit rückläufig. Selbst wenn Aussagen zur persönlichen Religiosität in den protestantischen Ländern allem Anschein nach wirklich etwas individualisierter verstanden werden als in den Ländern mit katholischer Prägung, darf man daraus nicht zu klare Schlüsse ziehen. So ist es zum einen gesellschaftskonform als individualisiert zu gelten und rationale, eigenständige Entscheidungen für die eigene Position in den Vordergrund zu rücken, zum anderen ist auch der Anteil religiös Indifferenten höher als in den nicht-protestantischen Vergleichsländern. Bei dieser Betrachtung auf der Makroebene drängt sich der Eindruck auf, dass eine individualisiert verstandene Religiosität eher ein Übergangsstadium zur Nichtreligiosität darstellt als eine stabile religiöse Größe, die unabhängig von der Bindung an der Kirche langfristig überleben kann.

Auch der Ländervergleich überrascht dann wenig, ist die Zahl der sich selbst als religiös Einstufenden in Ostdeutschland und Estland erwartungsgemäß am niedrigsten und fällt umgekehrt in Polen, Kroatien, Irland und Portugal am höchsten aus. Damit lassen sich in den katholischen Ländern nicht nur höhere Kirchgangsraten feststellen, sondern der Glaube an Gott oder die Eigeneinschätzung der subjektiven Religiosität sind in den dortigen Bevölkerungen ebenfalls wesentlich weiter verbreitet als in den nicht katholi-

[21] Vgl. T. LUCKMANN, Die unsichtbare Religion (s. Anm. 7), 178–180.

Abb. 5: Indikatoren subjektiver Religiosität im europäischen Vergleich

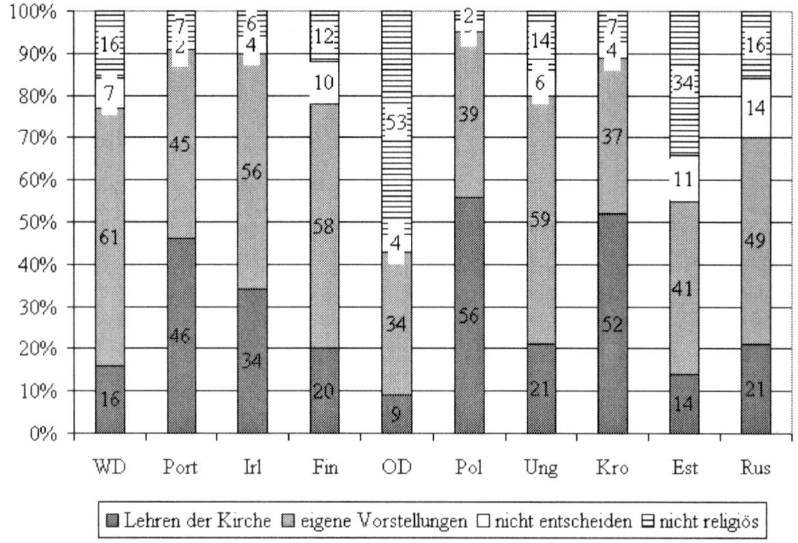

Quelle: Eigenen Berechnungen C&R 2006; Lehren der Kirche = Ich orientiere mich in meiner Religiosität an den Lehren der Kirche; eigene Vorstellungen = Ich bin nach meinen eigenen Vorstellungen religiös; nicht entscheiden = Ich bin nicht entschieden, ob ich eine religiöse Person bin oder nicht.

schen Ländern. Dieses Ergebnis deutet auf eine recht enge Bindung der katholischen Gläubigen an die organisatorische Seite der Kirche hin. Dafür spricht auch, dass ungefähr die Hälfte der Portugiesen, Kroaten und Polen ihren eigenen Angaben nach religiös entlang der wahrgenommenen Regeln ihrer Kirche sind. Grund hierfür könnte die hierarchische Struktur der katholischen Kirche, aber auch deren stärkerer Zugriff auf die Gläubigen über vorgegebene Normen der religiösen Praxis sein. Die einzigen Ausnahmen im katholischen Kulturraum stellen Frankreich und die Tschechische Republik dar, welche aufgrund spezifischer Landestraditionen einen massiv höheren Grad an Säkularisierung als alle anderen katholischen Länder aufweisen.[22] Und um Säkularisierung handelt es sich zweifelsohne, wenn sowohl die kirchliche Integration als auch die subjektive Religiosität besonders niedrig ausfällt.

Eine Betrachtung des Glaubens an Gott stützt diese Annahmen: Die zu den Lehren der christlichen Kirchen konforme Aussage »es gibt einen persön-

[22] Vgl. L. PRUDKY et al., Religion und Kirchen in Ost(Mittel)Europa. Tschechien, Kroatien, Polen, Ostfildern 2001, 38–44.

lichen Gott« wird in Estland wie in Ostdeutschland[23] gerade einmal von 14 Prozent der Befragten gewählt. Diese Tiefstwerte werden nur noch in der Tschechischen Republik, Schweden, Frankreich und den Niederlanden annähernd erreicht. Allerdings findet sich in Europa im 21. Jh. noch immer in der Regel ein breites Bekenntnis zu Gott (oder einem höheren Wesen). Man kann vielleicht von Säkularisierung sprechen, säkularisiert ist Europa

Abb. 6: Formen des Glaubens an Gott (2006 und Entwicklung seit 1999/2000)

	WD	Port	Irl	Fin	OD	Pol	Ung	Kro	Est	Rus
Glauben an persönlichen Gott 2006	28	81	67	46	14	56	53	52	14	31
Entwicklung	*-10*	*2*	*0*	*-1*	*-6*	*-14*	*11*	*14*	*-4*	*4*
Glaube an ein höheres Wesen 2006	44	9	17	29	26	32	12	32	39	26
Entwicklung	*8*	*-6*	*-6*	*-5*	*9*	*9*	*-5*	*-19*	*-6*	*-6*
Weiß nicht, ob Gott existiert. 2006	7	5	10	12	6	10	19	10	19	29
Entwicklung	-5	2	3	1	-1	5	0	3	-1	-2
Glaube nicht, dass Gott existiert.	16	1	3	10	27	1	11	2	14	4
Ich bin Atheist.	5	4	3	3	27	1	5	4	14	10
Entwicklung	7	2	3	5	-2	0	-6	2	11	4

Quelle: Eigenen Berechnungen C&R 2006; PCE 2000; World Values Surveys 1999/2000; Entwicklung immer seit 1999/2000; Zustimmungsprozente; Entwicklung bei den Gruppe »Atheist« und »Glaube nicht« zusammengenommen.

---

23 Wie eine Differenzierung der Antwortgruppen in Abbildung 6 zeigt, neigt die Mehrzahl der ostdeutschen Bürger entweder der Selbsteinschätzung als Atheist zu oder sieht sich selbst als nicht gläubig an. Eine solche Differenzierung zwischen Atheisten und Nichtgläubigen hat sich in der Praxis bewährt, bildet sie doch unterschiedliche Positionen in der Realität ab (vgl. G. PICKEL: Konfessionslose in Ost- und Westdeutschland – ähnlich oder anders?, in: D. POLLACK/G. PICKEL (Hgg.), Religiöser und kirchlicher Wandel in Ostdeutschland 1989–1999, Opladen 2000, 229–232). Lehnen die Atheisten in der Regel jegliche Form von Religion distinguiert und teilweise aggressiv ab, so ist diese für Nichtreligiöse einfach nicht von Interesse. Letztere besitzen eher keine Meinung zu religiösen Fragen und sehen es auch nicht als zwingend an, eine aktive Gegenposition zu Christen oder Gläubigen anderer Religionen aufzubauen.

deswegen noch nicht. Auch in dieser Frage gilt: In den katholischen Ländern ist der Glaube an Gott stärker ausgeprägt als in den protestantischen oder auch den seit dem Umbruch aufstrebenden christlich-orthodoxen Ländern. Wie schon bei den Indikatoren der Kirchlichkeit erweist sich die Mischung aus Protestantismus und sozialistischer Vergangenheit als ungünstigste Rahmenbedingung für Religiosität. Da auch die westeuropäischen protestantischen Länder (Skandinavien) in ihren Zustimmungsraten hinter den katholischen Ländern zurückbleiben, scheint der Protestantismus gegenüber dem Katholizismus, was seine Resistenz gegenüber Säkularisierungsprozessen angeht, einen strukturellen Nachteil zu unterliegen.

Gleichzeitig deuten die relativ hohen Werte der subjektiven Religiosität und des Gottesglaubens auf eine *Diskrepanz zwischen der individuellen Religiosität und der kirchlichen Integration* hin. Die Zahl der Personen, die sich als religiös einstufen oder an Gott glauben, übersteigt in der Regel die Zahl der Konfessionsmitglieder und auf jeden Fall der regelmäßigen Kirchgänger. Dieser Befund könnte nun, im Sinne der Individualisierungsthese, als Beleg für das Auseinanderfallen von individualisierter Religiosität und Kirchlichkeit angesehen werden. Allerdings ist auch eine alternative Deutung möglich: Vielleicht stellt diese Situation ja ein Übergangsstadium auf dem Weg zur Säkularisierung dar, können religiöse Individualisierungsprozesse doch gleichfalls als Vor- oder Zwischenstufe eines Säkularisierungsprozesses gedeutet werden.

Diese Vorstellung setzt einen Bezug zwischen den verschiedenen Dimensionen von Religiosität voraus. Und in der Tat, Korrelationsanalysen auf der Aggregatebene sprechen gegen eine vollständige Loslösung der subjektiven Religiosität von der kirchlichen Integration. Sie erbringen Zusammenhangswerte zwischen dem durchschnittlichen Gottesdienstbesuch und beiden Indikatoren der subjektiven Religiosität von r=.55 und zwischen Konfessionsmitgliedschaft und beiden Indikatoren von r=.72. In Ländern mit einer stärkeren Einbindung der Bürger in die Kirche finden sich üblicherweise auch höhere Grade an subjektiver Religiosität. Es scheint so als wenn der Abbruch der kommunalen Basis von Religion sich zeitverzögert auf die subjektive Religiosität auswirkt. Erst über die Weitergabe der Religion von Generation zu Generation kommt es zu dem beobachteten Abfall auch bei der subjektiven Religiosität.

DAVID VOAS verweist auf die Differenziertheit eines solchen Prozesses.[24] So kommt es seiner Ansicht nach zu einer *Diffusion der Glaubensvorstellungen*, welche die christlichen Vorstellungsstrukturen von Religion zuerst langsam in allgemeine Transzendenzvorstellungen und dann in indifferente

[24] D. VOAS, The Continuing Secular Transition (s. Anm. 3), 39–41.

Haltungen auflöst. Dabei muss dann oftmals nicht Atheismus die Folge dieser Entwicklungsprozesse sein. Vielmehr kommt es zu einer Ausbreitung von religiöser Indifferenz und Interesselosigkeit unter den Menschen. Und in der Tat finden sich Belege für eine solche Entwicklung. So ist die Gruppe derjenigen, welche an ein eher undefiniertes höheres Wesen glauben, in Westdeutschland bereits bei 40 Prozent der Bevölkerung und selbst in Polen und Kroatien bekennen sich über 30 Prozent zu dieser eher allgemeinen Überzeugung von Transzendenz. Zudem verschieben sich die Gruppen schrittweise in Richtung der Nichtreligiösen.

Damit ist man bei der Interpretation der Entwicklungen. In Westeuropa deuten die Ergebnisse auf einen schrittweisen aber auch kontinuierlichen Prozess des Glaubensverlustes hin, der ganz im Sinne der Säkularisierungstheorie erfolgt. Erst kommt es zu einer Erosion des religiösen Wissens und der religiösen Gemeinschaften, dann folgt ein Abbruch religiöser Praxis – kollektiv wie auch später individuell – und zuletzt diffundieren die Glaubensvorstellungen. So sind in der Regel im letzten Jahrzehnt die *Glaubensüberzeugungen diffuser geworden* und der Anteil der Indifferenten hat zugenommen. Einzig in Norwegen, Dänemark und Portugal sind zwischen 1996 und 2000 Hinweise auf gegenläufige Bewegungen zu finden. Aufgrund von Messunsicherheiten ist es schwierig eine abschließende Deutung der Befunde vorzunehmen. Da die im vorangegangenen Kapitel beschriebenen Entkirchlichungsprozesse in der Regel von Glaubensverlusten begleitet werden und gleichzeitig gerade in Westeuropa die kontinuierliche Ausbreitung von Individualisierung als ein gesellschaftlicher Prozess anerkannt ist, spricht an dieser Stelle erst einmal relativ wenig für die Tragfähigkeit der These religiöser Individualisierung und vieles für die Säkularisierungstheorie.

In *Osteuropa sind die Entwicklungen* im religiösen Sektor nicht so eindeutig: Es finden sich sowohl Verluste subjektiver Religiosität (Ostdeutschland, Polen) als auch Stabilität (Slowenien). Überwiegend scheint es aber mit der Befreiung von der sozialistischen Repression in Osteuropa zu Revitalisierungsprozessen des Glaubens zu kommen.[25] Diese Entwicklungen sind in der russischen Region und in Südosteuropa am stärksten ausgeprägt. Doch auch in Ungarn, Lettland und Litauen ist eine religiöse Revitalisierungsbewegung seit 1990 zu beobachten. Allerdings handelt es sich um einen Prozess, der überwiegend kurz nach dem Umbruch 1990 stattfand und mittlerweile in den ostmitteleuropäischen und baltischen Ländern eine relativ hohe Stabilität erreicht hat bzw. stagniert. So hat sich vergleichsweise in Polen, Litauen, der slowakischen Republik und Slowenien in den letzten zehn Jahren kaum mehr etwas am Niveau der subjektiven Religiosität geändert. Wie einzelne

[25] Vgl. erneut M. TOMKA/P.M. ZULEHNER, Religion in den Reformländern (s. Anm. 18).

Indikatoren zeigen, ist diese Stagnation stark regional gebunden, finden sich doch in der russischen Region und Südosteuropa (z.B. in Bulgarien, der Ukraine, Serbien oder Kroatien) auch jetzt noch Zugewinne an subjektiver Religiosität. Oft spielen mit religiösen Elementen vermengte ethisch-politische Konflikte eine Rolle, trägt dann Religion doch zu einer kollektiven Identitätsbildung der teils jungen Nationen in Osteuropa bei.

Interessanterweise haben sich die Revitalisierungsprozesse in den im osteuropäischen Vergleich ökonomisch erfolgreicheren Staaten (Slowenien, Ostdeutschland, Tschechische Republik, Estland) am schnellsten abgeschwächt, so sie überhaupt stattfanden. Möglicherweise kehren in Osteuropa über den Sozialismus verschüttete religiöse Überzeugungen bis zu einem seitens der Modernisierung gesetzten Schwellenwert zurück, der quasi einem »*religiösen Normalzustand*« entspricht. Dieser wird in den wirtschaftlich prosperierenden Ländern Ostmitteleuropas früher erreicht als in ökonomisch weniger erfolgreichen Staaten (wie z.B. in der russischen Region). Entsprechend dieser Annahme sind die in Osteuropa beobachtbaren Entwicklungen keine grundsätzliche Widerlegung der Säkularisierungstheorie, sondern betonen nur die Notwendigkeit deren Ergänzung um kultur- und länderspezifische Faktoren.[26] So verlaufen immer verschiedene Entwicklungsprozesse gleichzeitig und es geht eher um die Abschätzung der relationalen Durchsetzung dieser Prozesse, zum Beispiel inwieweit Identitätsprozesse gleichzeitige Säkularisierungsprozesse konterkarieren, als um die absolute Entscheidung für eine einzige Erklärung. Klare Hinweise auf die in der Säkularisierungstheorie betonten Entwicklungen eines sozialen Bedeutungsverlustes könnten demnach erst wieder nach dem Erreichen des Schwellenwertes eines für ein Land »normalen Zustandes« religiöser Vitalität erwartet werden. Ob sich eine solche Entwicklung der Überschneidung zweier konträrer Prozesse vollziehen wird, ist bislang allerdings aus den derzeit verfügbaren Daten nicht abzuleiten.

Klar ist jedoch, eine Deutung von Zuwächsen der subjektiven Religiosität in Osteuropa als Individualisierungsgewinne verbietet sich, da gerade in diesen Ländern – wie verschiedene Daten zeigen – derzeit kaum eine Individualisierung in größerem Umfang zu konstatieren ist. Dieser Befund ist aufgrund der dortigen materiellen Probleme und des gegenüber Westeuropa geringeren sozioökonomischen Wohlfahrtsstandes plausibel und es stellt sich eher die Frage, warum in einigen osteuropäischen Ländern die religiöse Vitalität vor dem Hintergrund fehlender Wohlfahrt und Individualisierung so niedrig verbleibt oder verblieben ist, zudem werden die Glaubensgewinne

---

[26] Vgl. D. MARTIN, A General Theory of Secularization, New York 1978.

teilweise von Revitalisierungen auf der Ebene der kirchlichen Integration begleitet.

Nun kann es natürlich sein, dass die bislang beobachteten Indikatoren für subjektive Religiosität zu nahe an den christlichen Vorstellungen liegen und alternative Religiosität, auch aus Sicht der Betroffenen, nicht erfassen. Würde die Individualisierungsthese richtig liegen, dann sollten in Ländern mit einem sozialen Bedeutungsverlust traditionaler Religiosität Alternativen oder Substitute in Form alternativer Religiosität zu finden sein. Abbildung 7 führt die Verteilungen einiger möglicher funktionalen Äquivalente für traditionale Religiosität auf. Diese Formen der Religiosität treffen allerdings in den beispielhaft zur Verfügung stehenden zehn europäischen Ländern auf eine eher geringe Nachfrage. Maximal ein Drittel der befragten Bürger äußert eine Nähe zu einer der vorgestellten Formen alternativer Religiosität. Aus Sicht der Individualisierungsthese problematischer ist noch, dass die Verteilung der Zustimmungswerte in genau die entgegen gesetzte Richtung als angenommen verläuft: Nicht die Länder, in denen wir den Bedeutungsverlust der traditionalen Religiosität und Kirchlichkeit feststellten, sind die mit den höchsten Anteilen alternativer Religiosität, es sind eher die Länder, in denen die christliche Religiosität stark ist (Irland, Portugal). Nicht anders verhält es sich mit dem Selbstbekenntnis eines spirituellen Lebens. Diese Aussage scheint sogar in besonders starkem Ausmaß mit subjektiver Religiosität zu korrespondieren (Korrelationen Pearson r>.40). Der zentrale Teil spiritueller Wünsche wird auch weiterhin in den christlichen Kirchen erfüllt. Auch innerhalb der Länder gilt: Schätzt man sich als nichtreligiös ein, so werden

Abb. 7: Religiosität außerhalb der christlichen Religiosität

Ich glaube an..	WD	Port	Irl	Fin	OD	Pol	Ung	Kro	Est	Rus
Magie, Spiritualität, Okkultismus	12	24	20	9	8	8	12	13	17	16
Astrologie, Horoskope	18	27	18	16	16	20	32	26	31	31
Amulette, Edelsteine und Kristalle können hilfreich sein.	25	36	20	12	16	24	26	29	38	37
Spiritualität										
Einmal abgesehen davon, ob sie sich als religiöse Personen sehen oder nicht, denken sie, dass sie ein spirituelles Leben haben.	8	32	41	23	7	42	42	46	8	32

Quelle: Eigenen Berechnungen C&R 2006; zustimmende Werte in Prozent (stark oder etwas); bei spirituellem Leben (Werte 1+2 auf einer Skala mit sieben Antwortmöglichkeiten).

die alternativen Formen von Religiosität nicht akzeptiert. Man kann also sagen: Die ausgewählten Formen alternativer Religiosität dienen *nicht als Ersatz für traditionale Religiosität.*

Eine weitere Aussage der Individualisierungsthese verweist auf die Auflösung der sozialstrukturellen Bindungen von Religion in der Moderne, welche letztendlich das Individuum in seiner Religiosität freisetzt. Mit dem Verlust sozialer Bindungen und sozialer Kontrolle durch die Herauslösung aus der Sozialstruktur und entsprechenden Sozialmilieus, eröffnet sich für den Einzelnen die Möglichkeit, das zu glauben, was er glauben will, die soziale Norm der »Fremdbestimmung« wird durch die neue Norm der »Selbstbestimmung« ersetzt. Wie empirische Analysen zeigen, ist eine größere Nähe zu religiösen Deutungsmustern immer noch bei älteren Frauen, einem geringeren formalen Bildungsstand, einem niedrigeren Einkommen und in ländlichen Gebieten feststellbar. Es mag sein, dass die sozialstrukturelle Fundierung von Religion in der Gesellschaft in den letzten Jahrzehnten nachgelassen hat, verschwunden ist die Verbindung allerdings nicht. Eher schon zeigen sich Hinweise auf zwei zentrale Annahmen der Säkularisierungstheorie: Zum einen wirkt Rationalisierung weiterhin ungünstig auf alle Formen religiöser Vitalität ein, zum anderen sieht es so aus, als wenn die Deprivationsthese im Sinne der Suche nach stärkeren Halt und Trost in der Religion bei einer ungünstigen sozialen Lage, immer noch eine Wirksamkeit entfalten kann. Auch die alternativen Formen der Religiosität weisen sozialstrukturelle Bindungen auf. Wiederum sind es die Frauen, welche an diese Formen glauben. Bemerkenswert sind die Bezüge zum Alter. Während die Indikatoren traditionaler Kirchlichkeit und Religiosität bei älteren Personen stärker ausgeprägt sind, stoßen die alternativen Formen der Religiosität eher in den jüngeren Bevölkerungsgruppen auf Interesse.

Nun ist keines der Ergebnisse ausreichend, um die Individualisierungsthese endgültig zu verwerfen, sehen doch LUCKMANN und seine Anhänger eine Vielzahl weiterer Möglichkeiten für eine »unsichtbare Religion«, die nicht berücksichtigt werden konnten.[27] Trotzdem lassen die bisherigen Ergebnisse Zweifel an der Stichhaltigkeit einer anthropologisch vorhandenen Religiosi-

---

[27] Sieht man einmal von dem Bereich der kleinen und mittleren Transzendenzen in seiner Allgemeinheit ab, so wird auf Fußball, Kunst und andere Erlebnisse im Alltagsleben rekurriert. Diese Bandbreite entzieht sich einer hinreichenden empirischen Überprüfung, unterliegt aber deswegen auch nicht geringer Kritik von verschiedenen Seiten, erscheint so doch eine intersubjektiv geteilte Messung von Religiosität nahezu unmöglich. J. STOLZ, Secularization theory and rational choice. An integration of micro- and macro-theories of secularization using the example of Switzerland, in: D. POLLACK/D.V. OLSON (Hgg.), The Role of Religion (s. Anm. 3), 255 sieht die Nichtfalsifizierbarkeit des Individualisierungsmodells als seine zentrale Schwäche an, kann es aus seiner Sicht eigentlich überhaupt nicht empirisch geprüft werden.

tät, die sich allein durch einen kaum zu ermittelnden Formenwandel auszeichnet, aufkommen. Vielmehr erscheint es plausibler, die Möglichkeit religiös indifferenter wie auch unreligiöser Personen zuzulassen, die neben Personen ihren Platz finden, welche vielleicht wirklich eine Transformation ihrer religiösen Überzeugungen zu einer anderen Form vollzogen hat.[28]

5. RÜCKKEHR DER RELIGION DURCH VERÄNDERUNGEN DES RELIGIÖSEN MARKTES?

Der zweite theoretische Gegenpart der Säkularisierungstheorie – das *Marktmodell* des Religiösen geht davon aus, dass ein intensiverer Wettbewerb auf dem religiösen Markt unter marktökonomischen Überlegungen gesehen ein erhöhtes und differenzierteres religiöses Angebot erzeugt, welches wiederum zu einer Steigerung der religiösen Vitalität führt. Dieser Wettbewerb kommt dann zustande, wenn möglichst keine oder eine nur geringe Regulierung des religiösen Marktes seitens des Staates vorliegt. Dies ist am ehesten der Fall, wenn die institutionellen Kirche-Staats-Beziehungen lose sind und keine staatlichen Eingriffe, seien es Gebote, Verbote oder die Gewährung von institutionellen Vorteilen, in die Religionsfreiheit des Individuums vorliegen und damit die produktive Konkurrenz auf dem religiösen Markt einengen. Diesen Vorstellungen folgend, müsste ein hoher gesellschaftlicher Regulierungsgrad die Vitalität der Religion einschränken.

Es wird ersichtlich, dass sich die Analytik des Marktmodells auf die Makroebene konzentriert.[29] Dies ist auch verständlich, werden doch die institutionellen Kirche-Staats-Beziehungen und die politische *Regulierung* des religiösen Marktes überwiegend auf der Staatenebene geregelt. Allerdings steht ein spezifisches Menschenmodell im Hintergrund der Überlegungen, nämlich das eines rational handelnden und frei nach seinen Nutzenkriterien zwischen Angeboten auswählenden Menschen.

Eine Möglichkeit die Gültigkeit des Marktmodells zu prüfen liegt darin, zu untersuchen, ob tatsächlich mit einer steigenden religiösen Angebotspluralität die religiöse Vitalität ansteigt. In der Realität weisen nun aber die europäischen Staaten mit dem nach Fox geringsten Grad der staatlichen Regulierung des religiösen Marktes die niedrigsten Kirchgangsraten auf. Zwar finden sich auf der gesamteuropäischen Ebene signifikante Zusammenhänge

---

28 Vgl. K. DOBBELAERE, Secularization (s. Anm. 3), 153–154.

29 Vgl. L.R. IANNCCONE, The Consequences of Religious Market Structure (s. Anm. 11); R. STARK/L.R. IANNACCONE, Supply-Side (s. Anm. 12); M. CHAVES/P. GORSKI, Religious Pluralism and Religious Participation, in: Annual Review of Sociology 27/2001, 261–281 und außerdem J. FOX, A World Survey of Religion and the State, Cambridge 2008.

Abb. 8: Religiöse Regulierung und durchschnittlicher Gottesdienstbesuch

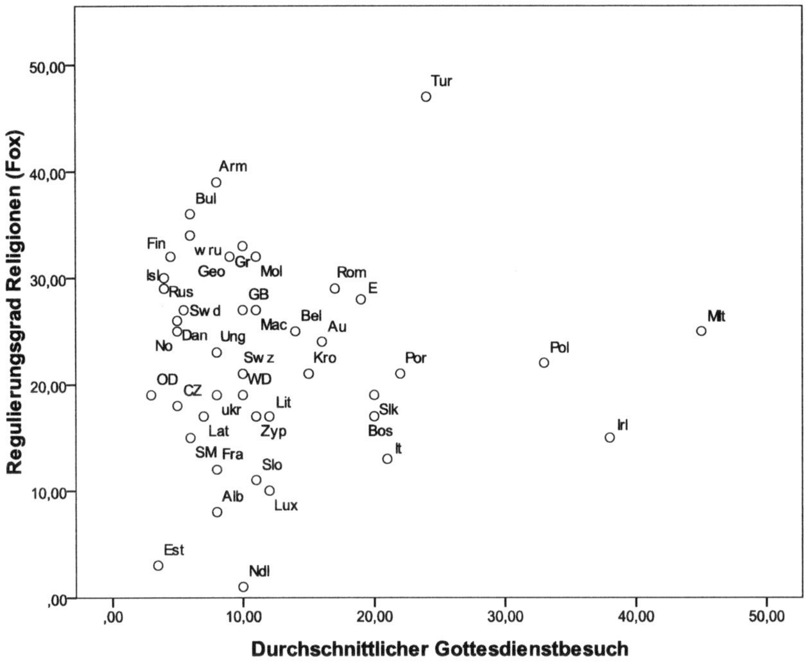

Quelle: Eigene Berechnungen auf der Basis »Eurodat«. Datengrundlagen ISSP 1991–2001; World Values Surveys 1995–2000; PCE-Studie 2000; Religiöser Regulierungsgrad übertragen aus »Religion and State«-Dataset von JONATHAN FOX. Abgebildet wird der zusammengefasste Grad staatlicher Eingriffe in die Religion und damit die Offenheit eines religiösen Marktes. Zur Definition des Index siehe J. FOX, Religion and the State (s. Anm. 29), 32–61; J. FOX/ E. TABORY, Contemporary Evidence Regarding the Impact of State Regulation of Religion on Religious Participation and Belief, in: Sociology of Religion 3/2008, 251–255.

zwischen religiösem Regulierungsgrad und den drei anderen Indikatoren religiöser Vitalität (Konfessionsmitgliedschaft, Glaube an Gott, Subjektive Religiosität), das Problem ist, die Korrelationen weisen in die der Theorie entgegen gesetzte Richtung. Der Glaube an Gott sowie die subjektive Religiosität ist in Ländern mit einem höheren Grad religiöser Regulierung stärker ausgeprägt als in Ländern mit einem niedrigen Grad religiöser Regulierung. Und auch der alternative Indikator des Grades religiöser Pluralisierung, gemessen mit dem Herfindahl-Index, gibt keinen Hinweis auf die Tragfähigkeit der Argumente des religiösen Marktmodells für Europa.[30] Am günstigen

[30] Ähnliche Befunde erheben L. HALMAN/V. DRAULANS, How Secular is Europe? in: British Journal of Sociology 57/2006, 263–288 sowie P. NORRIS/R. INGLEHART, Sacred and Secular (s. Anm. 4), 95–103. Vgl. zusammenfassend M. CHAVES/P. GORSKI, Religious Pluralism and

für die religiöse Vitalität in einem Land scheint so Abbildung 8 – eine relativ ausgewogene Zusammensetzung des Verhältnisses zwischen Kirche und Staat zu sein.

Aus welchen Faktoren kann nun auf die religiöse Vitalität in einem Land geschlossen werden? Und was sind potentielle Gründe, die zu den beobachteten Differenzen in der religiösen Vitalität der Länder führen? Dem Argumentationsmodell der Säkularisierungstheorie folgend wäre eine negative Wirkung des sozioökonomischen Modernisierungsgrads auf die religiöse Vitalität zu erwarten. Sowohl die Ausbreitung von Rationalisierung, funktionaler Differenzierung (siehe Abschnitt zur gesellschaftlichen Säkularisierung) als auch die Zunahme des Wohlstandes – und damit verbunden die Abnahme eines Bedarfs an Unsicherheitslagen und Deprivation kompensierender Religion – sollten die religiöse Vitalität einer Gesellschaft beeinträchtigen. Diese Entwicklung dürfte, in einem über die Sozialisation vermittelten, zeitlich verzögerten Effekt, auch die Verbreitung religiöser Überzeugungen beeinträchtigen.

Die empirischen Ergebnisse in Abbildung 9 zeigen zwar den erwarteten negativen Einfluss des Modernisierungsgrades auf die Komponenten des subjektiven Glaubens, allerdings bewirken sie keine Variationen der kirchlichen Integration auf der europäischen Ebene. Dies überrascht, würde man nach der bisherigen Diskussion zur Säkularisierungstheorie mit den Hinweisen auf deren Effektivität nur für die kirchliche Integration eher von einem spiegelbildlichen Muster (Effekte auf die kirchliche Integration, geringere Effekte auf die subjektive Religiosität) ausgehen. Noch überraschender ist, dass der trennende Effekt des Sozialismus zehn Jahre nach dem Umbruch erstaunlich moderat ausfällt: In den postsozialistischen Staaten liegt der Gottesdienstbesuch wie auch die Zahl der Kirchenmitglieder im Durchschnitt niedriger als in den Staaten ohne diese politische Erfahrung, aller-

---

Religious Participation (s. Anm. 29). J. FOX/E. TABORY, Contemporary Evidence Regarding the Impact of State Regulation of Religion on Religious Participation and Belief, in: Sociology of Religion 3/2008, 245–272 konnten in ihren Berechnungen mit einem internationalen Datensatz zwar Effekte des Regulierungsgrades feststellen. Allerdings verweisen sie auf die Vielschichtigkeit der Bezüge sowie die Komplexität der Wirkungsbeziehungen, welche sich gegenseitig beeinflussen und das Ergebnis schwer interpretierbar machen. Auch A. GALESKI, Kopf oder Zahl? Ein empirischer Vergleich zwischen Säkularisierungstheorie und Rational-Choice-Modell zur Entwicklung von Religion in der westlichen Welt (Diplomarbeit), Frankfurt/Oder 2008 findet bei Berechnungen mit Unterindizes des Regulierungsrades Hinweise auf Beziehungen, doch diese weisen wie bei den vorgestellten Ergebnissen überwiegend in die – aus Sicht des Marktmodells – falsche Richtung.

dings unterscheidet sich die subjektive Religiosität diesmal nicht zwischen den beiden Gebieten.

Wie ist dieses überraschende Ergebnis zu erklären? Nimmt man Analysen getrennt für die Gebiete West- und Osteuropa vor, dann verändert sich das Bild maßgeblich. So weist der sozioökonomische Modernisierungsstand in jedem der beiden Gebiete für sich einen durchgehenden Einfluss auf alle vier ausgewählten Indikatoren der Religiosität auf. Nicht nur, dass nun die Modernisierungseffekte massiv hemmend auf die religiöse Vitalität einwirken, auch wird die ungünstige Wirkung des Protestantismus auf religiöse Vitalität deutlich erkennbar. Nun ist auch die kirchliche Integration in Ländern mit

Abb. 9: Makroerklärung des Standes religiöser Vitalität (1999)

	Konfessions-losigkeit	Kirchgang	Glaube an Gott	Subjektive Religiosität
Gesamteuropa				
Sozialistische Vergangenheit	+.30	-.27	n.s.	n.s.
Modernisierungsgrad (Ranking-Position HDI)	n.s.	n.s.	-.48	-.37
Zugehörigkeit protestantischer Kulturkreis	n.s.	-.39	-.54	-.51
Hoher Grad religiöser Regulierung	-.44	n.s.	+.35	+.25
Grad religiöser Pluralisierung (Herfindahl-Index)	n.s.	n.s.	n.s.	n.s.
Untergruppe ohne sozialistische Vergangenheit (***Westeuropa***)				
Modernisierungsstand	+.50	-.54	-.65	-.73
Zugehörigkeit protestantischer Kulturkreis	n.s.	-.53	-.63	-.47
Hoher Grad religiöser Regulierung	-.51	n.s.	n.s.	n.s.
Grad religiöser Pluralisierung (Herfindahl-Index)	n.s.	n.s.	n.s.	n.s.
Untergruppe: mit sozialistischer Vergangenheit (***Osteuropa***)				
Modernisierungsstand	+.55	n.s.	-.64	-.43
Zugehörigkeit protestantischer Kulturkreis	+.74	-.34	-.74	-.70
Hoher Grad religiöser Regulierung	-.43	n.s.	+.40	+.43
Grad religiöser Pluralisierung (Herfindahl-Index)	n.s.	n.s.	n.s.	n.s.
Sozialistische Vergangenheit (unter Kontrolle Modernisierung und konfessioneller Kulturkreis)	-.43	-.37	-.42	-.28

Quelle: Eigene Berechnungen auf der Basis des akkumulierten Aggregatdatensatzes »Eurodat«. Datengrundlagen ISSP 1991–2001; World Values Survey 1990 und 1998; PCE-Studie 2000; Werte Pearsons r Korrelationen; HDI = Human Development Index der United Nations; Religiöser Regulierungsgrad übertragen aus »Religion and State«-Dataset von JONATHAN FOX. Abgebildet wird der zusammengefasste Grad staatlicher Eingriffe in die Religion und damit die Offenheit eines religiösen Marktes. Zur Definition des Index siehe J. FOX/E. TABORY, Contemporary Evidence (s. Anm. 30), 251–255; ausgewiesen Werte mit einem Signifikanzniveau $p < .10$.; n.s. = nicht signifikanter linearer Zusammenhang.

einem höheren Modernisierungsniveau geringer als in Ländern mit einem niedrigerem Niveau. Umgekehrt tritt bei Kontrolle des Modernisierungsstandes der Langfristeffekt des Sozialismus erst wirklich zu Tage. Alle Indikatoren der religiösen Vitalität zeigen 1999 die erheblichen Unterschiede in der Religiosität zwischen beiden Gebieten Europas auf. Sowohl die Modernisierung als auch die politische Repression des Sozialismus haben eindeutig ihre Spuren in den osteuropäischen Ländern hinterlassen.

Aber es wird auch etwas Weiteres erkennbar: Die Spätfolgen der sozialistischen Zeit und die Effekte der Modernisierung wirken in einem gegensätzlichen Verhältnis zueinander. Die Revitalisierung der Religiosität, welche mit einem Rückgang der sozialistischen Einflüsse kommt, wird durch die Modernisierungsgewinne, je nach Land und Region zu unterschiedlichen Teilen, konterkariert. Die Modernisierungsgewinne reduzieren die religiöse Vitalität, der Rückzug von Denkmustern aus der sozialistischen Zeit befördert sie. Dabei fällt nicht nur, wie die Anhänger der Individualisierungsthese vermuten würden, die kirchliche Integration ab, die Indikatoren subjektiver Religiosität sind nahezu in dem gleichen Umfang von diesen Einbrüchen betroffen. PETER L. BERGERS These von der höheren Verlustgefährdung des Protestantismus aufgrund seiner immanenten Säkularisierungstendenzen (Plausibilitätsverlust, protestantische Rationalisierung) scheint sich an dieser Stelle zu bewahrheiten – oder es finden sich zumindest Hinweise, die entsprechend zu lesen sein könnten.[31]

Kehren wir noch einmal zu der Ausgangsfrage nach der Relevanz des Marktmodells des Religiösen für religiöse Vitalität zurück. Den gerade präsentierten Ergebnissen zufolge scheint es für Europa keine hilfreichen Aussagen zur Erklärung der europäischen religiösen Vitalität bereit zu stellen. Ein Grund könnte sein, dass Europa, wie oft seitens seiner Anhänger postuliert, einen Sonderfall darstellt und die in Nordamerika wirksamen Mechanismen hier nicht greifen. Ein anderer Grund könnte allerdings sein, dass die dem Marktmodell zugrunde liegende *Annahme, einer konstanten Nachfrage nach der Beantwortung letzter, existentieller Fragen* unter den Menschen nicht in dem seitens der Markttheoretiker erwarteten Maße besteht. So setzt eine solche Annahme ja voraus, dass es substantielle Gruppen in der Bevölkerung gibt, welche überhaupt eine größere Pluralität an religiösen Anbietern wünschen, damit das Marktmodell eine Erklärungskraft auf sich vereinigen kann. Einfach gesprochen – jemand, der ein Interesse daran hat eine alternative

---

[31] Vgl. P.L. BERGER, Sacred Canopy (s. Anm. 3).

religiöse Option zu wählen, sollte auch für eine große Bandbreite an solchen Angeboten im Land plädieren.

Dies scheint aber, wie Ergebnisse einer direkten Frage 2006 zeigen, nicht der Fall zu sein: In nahezu keinem der ausgewählten europäischen Staaten bevorzugen die Bürger eine größere Variationsbreite an Möglichkeiten auf dem religiösen Feld. Und gerade die Konfessionslosen sind in noch geringerem Ausmaß als die Gesamtbevölkerung an einer erweiterten religiösen Vielfalt interessiert. So nimmt man zwar eine zunehmende Pluralisierung der religiösen Landschaft zur Kenntnis, für sich benötigen tut man sie aber genauso wenig wie sie einem als Alternative für die eigene Haltung zu Religion dient. Es ist also nicht so, dass sich die religiöse Indifferenten oder religiös Inaktiven auf eine aktive *Suche* nach einem neuen religiösen Platz in der Gesellschaft begeben, vielmehr scheinen sie eine generelle nichtreligiöse oder indifferente Position einzunehmen, die überwiegend unabhängig vom religiösen Markt ist. Selbst vor dem Hintergrund der Anfälligkeit dieses Schlusses für verschiedene Gegenargumente seiner Vertreter (Konflikt als Ersatz für Wettbewerb, interne Pluralität der katholischen Kirche, Fehlannahme eines ausbleibenden religiösen Interesses), scheint sich *im europäischen Rahmen nur äußerst begrenzt ein Erklärungsspielraum für das Marktmodell des Religiösen* zu ergeben.

Abb. 10: Individuelle Nachfrage religiöser Variation 2006

	WD	Port	Irl	Fin	OD	Pol	Ung	Kro	Est	Rus
„Ich würde mir eine größere Variation an religiösen Organisationen und Gruppen in meiner Nachbarschaft wünschen, weil ich dann zwischen verschiedenen Angeboten auswählen könnte."	10 (49)	27 (11)	36 (21)	10 (7)	7 (4)	22 (25)	17 (12)	17 (14)	13 (7)	7 (6)
„Eine ansteigende Zahl religiöser Gruppen ist Grund für Konflikte."	72	73	58	65	69	49	65	58	75	74

Quelle: Eigene Zusammenstellung auf Basis C&R 2006; Zustimmungswerte in Prozent; Werte in Klammern Zustimmungsgrade nur unter Konfessionslosen, n=9100 (1787).

Bleibt die Säkularisierungstheorie. Eine dort zentrale Annahme ist, dass der Verfall der sozialen Bedeutung von Religion ein langsamer, aber kontinuierlicher Prozess ist. Dabei folgt man den Überlegungen eines generationalen

Wandels von Werten. Nicht beim Individuum kommt es zu einem dramatischen Verlust der Bindung an die Kirche und möglicherweise auch die Religion, sondern der Traditionsabbruch erfolgt über die Weitervermittlung religiösen Wissens und religiöser Rituale von den Eltern zu den Kindern – also in der primären *Sozialisation.* Entsprechend müssten sich zwischen den Untersuchungsländern Differenzen in der Sozialisation feststellen lassen, welche dem Rückgang von Kirchlichkeit und auch subjektiver Religiosität entsprechen. Diese sollten wiederum in Korrespondenz zum Modernisierungsgrad der Länder stehen.

Abbildung 11 zeigt die Wirkungsmächtigkeit der religiösen Sozialisation. Die eigene religiöse Sozialisation korrespondiert hochgradig mit dem Grad religiöser Vitalität, sei es auf der Mikroebene oder sei es auf der Makroebene. Der Transport religiösen Wissens, religiöser Erfahrungen und religiöser Praktiken stellt somit eine Nahtstelle zum Überleben einer vitalen Religion dar. Interessant ist, dass die Zahl derer, die denken, dass ihre Kinder im Glauben erzogen werden sollten sogar etwas höher liegt als die der eigenen Sozialisation. Dahinter steht eine gewisse Offenheit gegenüber einem Wissen über religiöse Überzeugungen, welche ja oft auch die Kultur des Landes ausmachen. Allerdings gilt es zu bedenken, dass aus den positiven Bekundungen nicht direkt auf die Verhaltensweisen geschlossen werden kann. So unterliegen diese doch häufig zusätzlichen Restriktionen, welche den Anteil

Abb. 11: Religiöse Sozialisation im europäischen Vergleich

	WD	Port	Irl	Fin	OD	Pol	Ung	Kro	Est	Rus
Glaubenstradierung										
„Meine Eltern haben mich im Glauben erzogen." (rel. Erziehung)	68	94	94	59	38	96	71	85	26	30
„Ich denke, dass es wichtig ist, dass Kinder eine religiöse Erziehung bekommen." (Erziehungswunsch)	76	88	92	78	38	90	78	81	40	50
Binnenbeziehungen										
Rel. Erziehung / Erziehungswunsch	.51	.50	.26	.46	.58	.49	.51	.63	.55	.51
religiöse Erziehung / Glaube an Gott	.21	.34	.19	.34	.31	.19	.45	.34	.33	.23

Quelle: Eigene Zusammenstellung auf Basis C&R 2006; Zustimmungswerte in Prozent.

derer, die dann ihre Kinder wirklich mit Religion und Glauben in Berührung bringen, reduzieren dürfte.

Die hohe Bedeutung der Sozialisation für die Verbreitung religiöser Vitalität birgt allerdings ein Problem für die vergleichende Analyse der religiösen Vitalität in sich. So führt die »Trägheit« der familialen Sozialisation dazu, dass sich Revitalisierungseffekte in Osteuropa über einen längeren Zeitraum ziehen. Es sind nicht nur die religiösen Überzeugungen, die weitergegeben werden, sondern auch areligiöse oder indifferente Haltungen werden sozialisiert. Aufgrund dieses Prozesses wird es noch schwieriger die widerstreitenden dynamischen Entwicklungen der Revitalisierung nach 1989 sicher zu identifizieren, stehen sich doch wegfallende politische Repression und eine Säkularisierung als Ausdruck zunehmender Modernisierungsgewinne in Ost- und Mitteleuropa gegenüber.

Die Mehrheit der in diesem Abschnitt präsentierten Ergebnisse unterstützt die zentralen Annahmen der Säkularisierungstheorie, zumindest was die individuelle Säkularisierung angeht. Nur vereinzelte Ergebnisse passen zu den Annahmen der Individualisierungsthese, ohne dass diese aber grundsätzlich und endgültig widerlegt werden kann. Klarer ist das Ergebnis hinsichtlich der Brauchbarkeit des Marktmodells des Religiösen: Für die europäische Entwicklung scheint dieser Ansatz, anders als in Nordamerika, Neuseeland oder Australien, wenig hilfreich. Eher scheinen die langfristigen kulturellen Traditionen, z.B. des Katholizismus oder auch des Protestantismus, für Variationen der Entwicklungslinien der Religiosität und religiösen Vitalität von Relevanz zu sein. Möglicherweise bestimmen sie Entwicklungspfade der Säkularisierung.

Wie in den Makroanalysen in Abbildung 9 ebenfalls zu erkennen ist, *reicht allerdings auch ein rein auf die Modernisierungseffekte blickendes Säkularisierungsmodell nicht aus*, um die komplexen Entwicklungsprozesse der religiösen Vitalität hinreichend erfassen zu können. Vielmehr bedarf es der Einbindung von Pfadabhängigkeiten, wie sie z.B. die historisch-kulturellen Rahmenbedingungen vorgeben. Insbesondere die *religiös-konfessionelle Prägung der Staaten* legt die Wege für die Zukunft fest bzw. bestimmt die Ausgangsposition von der aus die Entwicklungen stattfinden. So weisen katholische Staaten durchweg höhere Raten religiöser Vitalität auf als orthodoxe oder gar Länder mit einer protestantischen Tradition. Letztere stehen gerade in Osteuropa weit hinter allen anderen Staaten zurück. Dies verweist auf die *geringere Resistenzkraft des Protestantismus in Osteuropa* gegenüber den politischen Repressionen. Zwar liegt auch innerhalb Westeuropas der Bedeutungsgrad von Religion in Ländern mit einer protestantischen Kulturhistorie deutlich hinter denen mit einer katholischen Kulturhistorie zurück, die Kombination aus Protestantismus und sozialistischer (jüngerer) Vergangenheit hat sich allerdings als die ungünstigste Konstellation für das Überleben einer sozialen Bedeutung von Religion in der Gesellschaft erwiesen. Ein Grund hierfür dürfte sicherlich die stärkere Verankerung des Protestantismus in der Gegenwartsgesellschaft sein. Ein anderer, und diesen teilt der Protestantismus mit der orthodoxen Kirche, dass die landeskirchliche Organisationsstruktur sich weniger der politischen Eingriffe erwehren konnte als der Katholizismus mit seinem Referenzpunkt außerhalb des sozialistischen Herrschaftsbereiches in Rom.

Fasst man die Ergebnisse zusammen, so zeigt der präsentierte Ländervergleich das Zusammenspiel von kulturellen Ausgangsbedingungen (kulturelle Traditionen) als auch von Momentaufnahmen dynamischer Entwicklungsprozesse (Säkularisierung, Individualisierung). Eingedenk dieser Verwobenheit sind religiöse Entwicklungen immer vor dem Hintergrund ihrer kontextuellen Einbettung zu interpretieren. Nur unter Berücksichtigung dieser Rahmenbedingungen können belastbare Aussagen zur religiösen Entwicklung in Europa getroffen werden.

Was sind die Prognosen, die aus diesen Ergebnissen für die Zukunft der Religionen in Europa abzuleiten sind? Eigentlich hätte entsprechend einer engen Säkularisierungstheorie, welche einzig auf den sozioökonomischen Modernisierungsgrad setzt, die religiöse Vitalität in den westeuropäischen Ländern durchweg hinter der Vitalität in den osteuropäischen Ländern zurückliegen müssen. Dies war, wie in Abbildung 9 gezeigt, nicht der Fall. Die politische Repression in den osteuropäischen Ländern hat dort zu einer anderen Form der Säkularisierung geführt. Ob diese nun aber eine vorweggenommene Säkularisierung darstellt oder einen für den Modernisierungsgrad des Landes unnatürlichen Zustand erzeugt hat, der erst einmal Aufholeffekte der osteuropäischen Staaten im Sinne von Revitalisierungsprozessen beinhaltet, kann hier nicht abschließend beantwortet werden. Die im zweiten Abschnitt des Beitrages vorgestellten Ergebnisse deuten an einigen Stellen eher auf die Gültigkeit der ersten als der zweiten Annahme hin. Dabei muss die Frage der Temporalität der Revitalisierungen allerdings weiter untersucht werden und möglicherweise geben erst die nächsten Jahrzehnte Auskunft über die Richtigkeit der jetzigen Vermutungen. Zweifelsohne ist ein solches Denkmodell aber hilfreicher als die beobachteten Revitalisierungsprozesse auf die Öffnung des religiösen Marktes zurückzuführen.

6. ZUSAMMENFASSUNG – UNUMKEHRBARE SÄKULARISIERUNG IN EUROPA?

Betrachtet man die Entwicklung der Religiosität in Europa so scheint vieles für *Säkularisierung* und eher wenig für die Durchsetzung des eine flexible

Entwicklung verheißenden Marktmodells oder von religiöser Individualisierung als Alternativentwicklung zum institutionalisierten Christentum zu sprechen. Man muss sich in Europa wohl vorerst mit der Tatsache abfinden, dass Modernisierung und Religion in einem Spannungsverhältnis zueinander stehen und Säkularisierung weiterhin das Paradigma der Erklärung der religiösen Entwicklung darstellt.

Gleichfalls wird deutlich, dass ein auf der Modernisierung und ihren Dynamiken beruhendes Modell zur Erklärung religiöser Vitalität für sich alleine nicht ausreicht – insbesondere mit Blick auf Osteuropa. So kommt *kulturellen Pfaden* der Länderentwicklung eine zentrale Bedeutung für den zu einem Zeitpunkt beobachtbaren Bestand an religiöser Vitalität zu. Insbesondere die konfessionelle Prägung bzw. das religiöse Erbe eines Landes wirkt sich positiv oder negativ auf einen religiösen Traditionsverlust oder religiöse Rückkehrbewegungen bzw. deren Tempo aus. Schaffen es auf der einen Seite katholische Länder recht gut, ihre Mitglieder zu binden und die religiöse Vitalität aufrecht zu halten, so schien dies in den letzten Jahrzehnten in protestantischen Ländern weniger gut zu gelingen. Die meisten orthodoxen christlichen Kirchen sind von ähnlichen Problemen betroffen wie die protestantischen Kirchen.

Geben die *kulturellen Pfadabhängigkeiten den Ausgangspunkt* der religiösen Vitalität und den Resistenzgrad gegen den Säkularisierungsprozess vor, so beruhen die von dort ausgehenden Entwicklungen auf anderen Prämissen. In Westeuropa findet sich ein seit Jahrzehnten recht kontinuierlich verlaufender Prozess der Säkularisierung. Er äußert sich in einem Rückgang kirchlicher Bindekraft und sinkenden Mitgliedszahlen aber auch in einer steigenden religiösen Indifferenz und einer Diffusion des Glaubens. Nun kann man hinsichtlich der religiösen Indifferenz auf den Formenwandel des Religiösen hin zu anderen Arten des Umgangs mit Transzendenz verweisen. Allerdings lässt die steigende Zahl an Personen, die sich in den westeuropäischen Staaten als unreligiös oder gar atheistisch einstufen, Zweifel an einer solchen Substitutionstheorie aufkommen. Da auch andere Indikatoren nicht in breiter Form auf Individualisierungsprozesse hindeuten, ist es möglicherweise angebracht, den Selbstaussagen der Menschen im Bezug auf ihre eigene Nichtreligiosität Glauben zu schenken und ihnen nicht ein mangelhaftes Verständnis von dem, was Religiosität ist, zu unterstellen, wie dies seitens der Individualisierungsthese gelegentlich geschieht.

In *Osteuropa* ist die Situation der Religion komplexer. Zum einen findet sich mit der *sozialistischen Repression* gegen die Kirche sowie der daraus resultierenden ideologischen Gegenposition zu Religion eine zusätzliche Erklärungskomponente für regionale Unterschiede religiöser Vitalität. Dies erschwert die Identifikation des Einflussgrades sowohl der konfessionellen als auch der säkularisierungstheoretischen Erklärungen: So wirken Prozesse der Modernisierung, der politischen Repression und der kulturellen Prägung teilweise gegenläufig zueinander oder interaktiv. Während z.B. die Landeskirchentradition der protestantischen Kirchen in Osteuropa gerade unter repressiven Verhältnissen eine besonders ungünstige Grundlage bot, um religiöse Vitalität zu erhalten, konnten die katholischen Kirchen durch ihre Bezugnahme auf eine externe Instanz in Rom möglicherweise politischen Repressionen besser ausweichen.

Zum anderen findet in den osteuropäischen Ländern fast 20 Jahre nach dem Umbruch ein erheblicher *sozialer Wandel auf dem Gebiet des Religiösen* statt, der gegenläufige Wirkungen einer nachholenden Modernisierung (dämpfend für die religiöse Vitalität) und der Aufhebung der politischen Repression (vorteilhaft für die religiöse Vitalität) gegen Kirchen und Religion miteinander vermengt. Der klassischen Säkularisierungstheorie folgend rein vom Modernisierungsstand aus argumentiert, müssten die osteuropäischen Länder eine wesentlich höhere religiöse Vitalität aufweisen als sie dies bislang der Fall war, ist ihr Modernisierungsstand in Relation zu den westeuropäischen Staaten doch – teils deutlich – niedriger. Die sozialistische Repression hat aber in den meisten osteuropäischen Staaten eine unnatürliche Situation *gedämpfter religiöser Vitalität* erzeugt. Diese Situation beginnt sich nach dem Wegfall der Repression langsam aufzulösen, wobei aber die kulturellen Hinterlassenschaften des Sozialismus in unterschiedlich starker Ausprägung überdauern können. Ist die kommunale Basis der Religionen nicht so nachhaltig zerstört, wie dies in Ostdeutschland oder auch in Teilen in Estland der Fall ist, dann finden sich oft Revitalisierungseffekte hinsichtlich des Bekenntnisses zur (christlichen) Religiosität und ihrer Mitgliederbasis. Diesen Entwicklungen wirken allerdings die kontinuierlichen Modernisierungsgewinne der osteuropäischen EU-Mitgliedsstaaten entgegen.

Erweitert man die Säkularisierungstheorie an dieser Stelle, dann müsste es einen *Scheitelpunkt oder Schwellenwert* geben, an welchem die Revitalisierungsprozesse enden und sich die Entwicklung in den einzelnen Ländern in den westeuropäischen Säkularisierungstrend einreiht. Dieser Schwellenwert variiert zwischen den Ländern. In Ländern wie Slowenien (am weitesten modernisiert in Ostmitteleuropa) und Polen (unnatürlich hohes Ausgangsniveau) sind erste Hinweise auf eine solche Entwicklung abzulesen. Ohne Weiteres darauf schließen, dass dieser Prozess auch in den anderen osteuropäischen Staaten in dieser Weise stattfinden wird, kann man allerdings derzeit noch nicht. Klar ist nur: Beide Prozesse (sozioökonomisch ausgelöste Säkularisierung und Auflösung antireligiöser Mentalitäten) sind empirisch nur schwer voneinander zu trennen, was eine treffsichere Bestimmung der

Entwicklungstendenzen religiöser Vitalität in Ost- und Ostmitteleuropa derzeit noch nachhaltig erschwert.

Zudem kommen in einzelnen Ländern zusätzliche Erklärungsfaktoren zum Tragen, welche die Universalität der beschriebenen Prozesse unterläuft oder zumindest moderiert. Auch sie können den kulturellen Pfadabhängigkeiten zugeschlagen werden. Sorgt in Irland (und Nordirland) der religiös aufgeladene politische Konflikt für eine überdurchschnittlich hohe religiöse Vitalität, so tritt in mehreren osteuropäischen Staaten die Verbindung zwischen *Religion und Nation* verstärkt in den Vordergrund. Beide Muster bilden und sichern *kollektive Identität.*[32] Religion stellt entsprechend eine zentrale Ressource der Identitätsbildung bereit, welche sozial wieder an Bedeutung gewinnen kann, wenn sie zu diesen Zwecken benötigt wird. Und entsprechende Entwicklungen sind gerade im Umfeld der eigenen Identitätssuche der ehemals sozialistischen Staaten und vor dem Hintergrund einer nicht geringen Zahl an Staatenneu- oder Staatenwiederbegründungen absehbar. Dieser Nutzen der Religion für die Identitätsbildung steigert nun wieder die religiöse Vitalität, wie über Jahrhunderte am Beispiel Polens gezeigt werden kann. Aber auch in Russland, Kroatien, Serbien oder Litauen sind in den letzten Jahren entsprechende Tendenzen erkennbar.

Fazit: Für eine realitätsgerechte Analyse der Bestände und der Entwicklung religiöser Vitalität sind die Pfadabhängigkeiten einzelner Länder oder von Ländergruppen zu berücksichtigen.[33] Dies betrifft die historische religiöskulturelle Prägung oder den Einbezug der massiven politischen Repressionen des Sozialismus, aber auch landestypische Muster der kollektiven Identitätsbildung. Vor dem Hintergrund dieser Pfadabhängigkeiten können die Annahmen der Säkularisierungstheorie allerdings im Sinne einer *kontextualisierten Säkularisierungstheorie* gut verwendet werden.

Zumindest scheint aus europäischer Sicht die Säkularisierungstheorie als Erklärungsmodell religiöser Vitalität mehr Nutzen zu versprechen als das in den USA bevorzugte *Marktmodell,* was nicht ausschließt, dass einzelne Elemente des Marktmodells als ergänzende Einflussfaktoren zu den angeführten

---

[32] So verweist S. Bruce, God is Dead (s. Anm. 3) hierzu auf die Prozesse der »Cultural Defense« und der »Cultural Transition«, die identitätsbildend sind und die religiöse Vitalität steigern.

[33] Diese Argumentationslinie ist in der Säkularisierungstheorie nicht neu So sieht beispielsweise Steve Bruce den Hinweis auf die zeitlich und in der Stärke ungleich verlaufenden Prozesse der Säkularisierung nicht als hinreichendes Argument gegen die Säkularisierungstheorie: »Uneveness of itself does not refute the secularization paradigm« (S. Bruce, God is Dead (s. Anm. 3), 419). Auch P.L. Berger, Sacred Canopy (s. Anm. 3), 108 schränkt ein, »while secularization may be viewed as a global phenomenon of modern societies, it is not uniformly distributes within them.«

Erklärungsangeboten berücksichtigt werden sollten.[34] Ähnliches gilt für die *Individualisierungsthese* des Religiösen. Für den Ländervergleich kann dieser Ansatz nur eingeschränkt zusätzliche Informationen anbieten. So ist gerade in den osteuropäischen Ländern, welche ja in Teilen Revitalisierungstendenzen aufweisen, eine Wiederkehr von religiöser Vitalität im Sinne einer Zunahme des religiösen Bekenntnisses auch von einer Zunahme der religiösen Teilhabe flankiert und findet zudem zu den bereits traditional etablierten Religionen und nicht zu neuen Formen statt. Die in der Individualisierungsthese aufgezeigte Differenzierung zwischen subjektiver Religiosität und kirchlicher Integration findet sich eher in Westeuropa. Doch dort sind wiederum eher Glaubensverluste zu konstatieren, wenn auch nicht in dem Umfang wie auf dem gesellschaftlichen Sektor kirchlicher Integration. Inwieweit es sich bei dieser gespreizten Entwicklung um eine Loslösung einer individualisierten Religiosität von der sozialkulturellen Basis oder einen *zeitverzögerten Prozess* (erst Verlust der kommunalen Basis von Religion, dann Rückgang der subjektiven Religiosität) handelt, kann zum heutigen Zeitpunkt noch nicht entschieden werden. Da es aber der Säkularisierungstheorie um den sozialen Bedeutungsverlust der Religion geht, ist dies auch nur von einem begrenzten Interesse.

Das Hauptaugenmerk der Betrachtung von Säkularisierung sollte dabei auf dem Spannungsverhältnis zwischen Moderne und Religion im Sinne einer *Rückbindung der religiösen Entwicklung an die gesellschaftliche Entwicklung* und weniger auf der Annahme einer unabänderlichen Säkularisierung liegen:[35] So besteht einerseits die Möglichkeit, dass Modernisierungsprozesse nicht immer zwangsläufig linear ablaufen. Es besteht immer die Möglichkeit von Modernisierungsverlusten entweder einer Nation oder größerer sozialer

---

[34] Einen vielversprechenden Zugang stellen die Überlegungen von J. STOLZ, Explaining religiosity: towards a unified theoretical model, in: British Journal of Sociology 60/2009, 345–376, dar, der auf Basis eines handlungstheoretischen Models versucht verschiedene Ansätze in ein integrierendes Konzept zu überführen. Dabei verbindet er zudem Mikro- und Makroannahmen. Auch STOLZ kommt dabei zu der Auffassung, dass das meiste Erklärungspotential in der doch verschiedene Zugänge eröffnenden Säkularisierungstheorie liegt.

[35] Selbst überzeugte Anhänger eines modernisierungstheoretischen Erklärungsansatzes (Vgl. R. INGLEHART/C. WELZEL, Modernization, Cultural Change and Democracy, New York, 2005) berücksichtigen mittlerweile Pfadabhängigkeiten. J. STOLZ, Secularization theory and rational choice (s. Anm. 27), 254 sieht fast ausnahmslos in dem evolutionärem Element der Säkularisierungstheorie ihre größte Schwäche: »It is impossible (...) to predict under which circumstances a certain level of secularization or a ›return of religion‹ might be expected; it is impossible to explain variations between different denominations«, verweist aber auch die vielen tragfähigen Elemente dieses komplexen Zugangs. Vgl. auch G. PICKEL, Säkularisierung, Individualisierung oder Marktmodell? Religiöse Vitalität und ihre Erklärungsfaktoren im europäischen Vergleich, in: Kölner Zeitschrift für Soziologie und Sozialpsychologie 2010.

Gruppen im Rahmen steigender sozialer Ungleichheit, die die sozialen Rahmenbedingungen ändern und konform zu einer säkularisierungstheoretischen Erklärung auch neuen Bedarf für Religion schaffen können. Zudem können politische Repression, aber auch Identitätsbildungs- und Identitätsfindungsprozesse (*cultural defence, cultural transition*), sowie radikaler sozialer Wandel kulturspezifisch zu Rückgriffen auf Religion führen. Und auch die Wiederbelebung des für die Zivilgesellschaft wichtigen religiösen Sozialkapitals ist nicht ausgeschlossen. Säkularisierung ist somit für Europa keine unabänderliche Entwicklung im Sinne eines nicht mehr abzuwendenden Schicksals, allerdings derzeit noch die wahrscheinlichste Option.

Klaus Fitschen

Das Christentum im Spannungsfeld von Säkularisierung und Pluralisierung

1. Hinführung

Das Thema hat seine Tücken. Was ist eigentlich Christentum? Es scheint ja mehrere Adressen zu geben, unter denen dieses Phänomen zu finden ist. Die Kirchengeschichte ist schuld daran, was sonst, dass sich das Christentum über die Welt verbreitet hat, weniger kriegerisch im Übrigen als gerne behauptet. Es hat sich in den meisten Fällen inkulturiert und anverwandelt. Lutheraner gibt es, Reformierte, Katholiken, Orthodoxe, Methodisten, Baptisten, Adventisten, und so weiter. Diese Konfessionen wiederum existieren unter ganz unterschiedlichen kulturellen Verhältnissen, an deren Gestaltung sie oft in größerem oder geringerem Maße mitgewirkt haben. Die im Thema der Vortragsreihe angelegte Pluralisierung – »Europas religiöse Kulturen« – betrifft also das Wesen des Christentums selbst. Charakteristisch dafür ist schon die Rede von verschiedenen Konfessionskulturen, die sich in der Frühen Neuzeit ausgebildet und lange nachgewirkt haben. Bayern und Preußen waren einstmals nicht nur am Dialekt zu unterscheiden, sondern auch, allerdings sehr grob gesagt, an katholischem Barock und pietistischer Nüchternheit.

Stellen wir uns Europa vor, geographisch, mehr nicht. Katholiken also in Spanien, Portugal, Italien, Österreich, Frankreich, Belgien, Irland, Polen – grob gesagt. Protestanten in der Schweiz, Deutschland, Schweden, Finnland, England, Norwegen – ebenso grob gesagt. Orthodoxe in Bulgarien, Rumänien, Russland, der Ukraine, Griechenland – ebenso unvollständig ist auch diese Aufzählung.

Ausgehend davon ließe sich ein Gefälle beschreiben, das ich in drei Zonen einteile:

Zone I ist die des mittel- und nordeuropäischen Protestantismus, der seit der Aufklärung seinen Frieden mit der Moderne gemacht hat, und die Moderne ihren Frieden im Wesentlichen mit ihm. Dass dieses Bild einerseits durch evangelikale oder charismatische Strömungen und andererseits durch die Relikte des sozialistischen Atheismus oder den aus den Vereinigten Staaten importierten »Neuen Atheismus« getrübt ist, gebe ich zu, es spielt aber für meine Typologie einstweilen keine Rolle.

Zone II ist die der Länder mit einem ehemals dominanten Katholizismus, sei es in Italien, Spanien oder Irland. Das katholische Christentum ist in diesen Ländern in den letzten Jahren unter politischen und gesellschaftlichen Druck geraten, der Veränderungen hoher Dynamik erzeugt hat. Eingesetzt haben diese Veränderungsprozesse schon nach dem Zweiten Weltkrieg, und die katholische Kirche hat darauf selbst zu Beginn der 1960er Jahre mit dem Zweiten Vatikanischen Konzil geantwortet. Allerdings, so zeigen neuere innerkatholische Kontroversen, besteht kein Einverständnis darüber, ob mit dem Konzil wirklich die Veränderung beabsichtigt gewesen sei, die dann eintrat.

Zone III ist die der Länder mit einer dominanten orthodoxen Kirche. Hier stellt sich die Frage, ob Wandlungsprozesse angesichts der Europäisierung bevorstehen – denken wir an die EU-Beitrittsländer Rumänien und Bulgarien – oder ob es hier bei massiven Verweigerungshaltungen bleiben wird, wie sie sich etwa im Alleinvertretungsanspruch der Orthodoxen Kirche für das Christentum in Russland darstellen.

2. HISTORISCHE RÜCKBLICKE

Die Geschichte Europas ist weithin durch das Christentum geprägt, so lautet eine gängige These. Dass es auch andere religiöse Kulturen gab und gibt, ist damit nicht ausgeschlossen, und diese werden im Laufe der Vorlesungsreihe ja auch noch zur Sprache kommen. Außerdem bleibe ich dabei: Das Christentum, nicht nur das europäische, hat unterschiedliche religiöse Kulturen ausgebildet. Dabei ist nicht »das Christentum« oder gar »die Kirche« der Akteur, der Gesellschaften, Kulturen, Mentalitäten und politische Ordnungen nach seinen Vorstellungen geformt hätte, auch wenn das sozialistische und oft so populäre Geschichtsbild das gerne so hätte. Religion und Kultur standen vielmehr in einem engen Wechselverhältnis. Der Emanzipationsprozess von kirchlicher Dominanz setzte schon früh ein, mit Humanismus, Reformation, Liberalismus und staatlichen Einschränkungen kirchlicher Kompetenzen. Die Differenzierung in unterschiedliche Konfessionen und somit unterschiedliche Konfessionskulturen trug das Ihre dazu bei. Dieser Vorgeschichte ist nun in historischen Rückblicken nachzugehen.

Hier kommen die drei bereits erwähnten Zonen ins Spiel, denen ich in umgekehrter Reihenfolge nachgehe:

2.1. Zone III: Länder mit dominanten orthodoxen Kirchen

Unschwer ist bis heute erkennbar, dass es orthodoxen Kirchen schwerfällt, das neuzeitliche Modell einer Differenzierung von Religion und Politik und einer Trennung von Staat und Kirche zu akzeptieren. Das öffentliche Zeremoniell in osteuropäischen Staaten mit dominanter orthodoxer Prägung lässt die Nähe von staatlichen und kirchlichen Repräsentanten deutlich erkennen. Russische Zaren, auch solche der Gegenwart, suchen diese Nähe geradezu. Das Urbild dafür ist die »Symphonie« zwischen Staat und Kirche, die das Byzantinische Reich bis zu seinem Untergang im Jahre 1453 prägte.

Die religiöse Kultur der in dieser Tradition stehenden orthodoxen Kirchen stößt sich an der Moderne. Im Ökumenischen Rat der Kirchen, in dem protestantische und orthodoxe Kirchen zusammenarbeiten, hat das Auftreten der Orthodoxen oft für Unmut gesorgt. Stellungnahmen zur Definition der Menschenrechte, zur Ordination von Frauen zu Pfarrerinnen und zur Haltung westlicher Kirchen zur Homosexualität zeigen mit hoher Signifikanz, dass die orthodoxen Kirchen den Weg in die Moderne nicht beschreiten. Pluralismus, auch in konfessioneller Hinsicht, Säkularisierung oder schlichtweg Säkularität, Trennung von Staat und Kirche, Kritik an der eigenen Tradition sind weithin undenkbar. Die westliche Kultur ist der Feind der eigenen Rechtgläubigkeit, die westlichen Kirchen machen, so heißt es, faule Kompromisse. Wie man zur westlichen Kultur steht, zeigen Meldungen über Attacken auf religiöse Karikaturen durch orthodoxe Christen. Das übliche Arsenal von Argumenten zur Einschränkung der Kunstfreiheit wird dabei aufgeboten – auch solche Art von Karikaturenstreit gibt es.

Wie aber verhalten sich die orthodoxen Kirchen, die sozusagen gezwungenermaßen mit der westlichen Moderne konfrontiert werden? Blickt man auf die EU, so ist hier auf die orthodoxe Kirche in Griechenland, Rumänien und Bulgarien zu achten. Dass alle diese Kirchen national organisiert sind und sich auch als Sachwalter ihrer Nation sehen, ist eine schwierige Eigentümlichkeit, die aber auch protestantischen Kirchen in Ostmitteleuropa nicht fremd ist.

Während Griechenland schon seit 1981 Mitglied der EU ist, sind Rumänien und Bulgarien erst 2007 hinzugekommen. Durch die Europäisierung hat sich ein Modernisierungsdruck eingestellt, der auch auf eine stärkere Differenzierung von Religion und Gesellschaft sowie eine Trennung von Staat und Kirche zielt. Dies verläuft nicht konfliktfrei, doch lässt sich beobachten, dass die orthodoxen Kirchen eine harte Konfrontation scheuen. In den nächsten Jahren wird sich ohnehin erweisen, ob die Gläubigen den ethischen Vorstellungen ihrer Kirchenführer folgen werden oder ob sich nicht ähnliche Veränderungen einstellen, wie sie aus Mitteleuropa seit den 1960er Jahren geläufig sind.

Ohnehin stellt sich die Frage, was religiöse Kultur im orthodoxen Sinne eigentlich sei. Eine selbstkritisch-reflexive Theologie wie im Protestantismus oder Katholizismus gibt es in der Orthodoxie nur ansatzweise. Religiöse

Kultur ist im Wesentlichen Kultus, dann aber auch Ethos. Welche Tiefenwirkung das hat, ist eine andere Frage. Die Abwehrstarre gegenüber Pluralisierung und Säkularisierung könnte langfristig dazu führen, dass sich ein fundamentalistischer Kern der Orthodoxie ausbildet, während große Teile der Gläubigen den Weg in die Moderne gehen. Ich erlaube mir, diesen Teil abschließend, die Bemerkung, dass Parallelen zum Islam meiner Ansicht nach auf der Hand liegen.

2.2. Zone II: Länder mit dominanten katholischen Kirchen

Wie schnell Selbstverständliches fragwürdig wird, lässt sich an Ländern wie Spanien oder Irland beobachten: Einstmals Bollwerke des Katholizismus, sind sie heute in unterschiedlicher Weise Arenen von Pluralisierung und Säkularisierung. Allerdings kommt auch das nicht von ungefähr. In Irland lassen sich die üblichen Phänomene der Moderne dafür verantwortlich machen, vor allem der bis vor Kurzem noch spürbare Wohlstandsschub. Spanien wiederum war nie ein katholisches Land im Sinne einer unangefochtenen Dominanz des Katholizismus. Ihn störten nicht die wenigen und an den Rand gedrängten importierten Protestanten, sondern der massive politische Liberalismus und in neuerer Zeit der Sozialismus. Der spanische Bürgerkrieg zeigte in aller Aggressivität, dass sich zwei Spanien gegenüberstanden. Heutige innenpolitische Auseinandersetzungen zwischen der Regierung Zapatero und der katholischen Kirche, etwa um die Legalisierung gleichgeschlechtlicher Partnerschaften, sind von hoher Signifikanz.

Der Katholizismus hat den Weg in die Moderne in zwiespältiger Weise angetreten. Die katholische Konfessionskultur der Frühen Neuzeit, geprägt durch Barock, Jesuiten und Eindämmung der Reformation, war im 18. und 19. Jahrhundert zunehmend unter staatliche Vormundschaft geraten. Typisch für Europa war, dass die Kirchen keinen Staat im Staate darstellen sollten. Das Vorbild des protestantischen Landeskirchentums gab das Modell für den Umgang mit dem Katholizismus und im Übrigen auch mit der Orthodoxie ab. Der Katholizismus, nur ansatzweise aber die Orthodoxie, kam damit unter einen staatlichen Modernisierungsdruck, der sich nicht zuletzt auf die Professionalisierung des Klerus auswirkte. Dass man die angehenden katholischen Geistlichen, vor allem in Deutschland und Österreich-Ungarn, zum Studium auf staatliche Universitäten schickte, sollte garantieren, dass aus ihnen für den Staat verlässliche Pfarrer wurden.

Die Abwehrreaktionen gegen die staatliche Vereinnahmung seitens des Katholizismus waren im 19. Jahrhundert massiv. Die Kulturkämpfe in Deutschland und der Schweiz und antiklerikale Eruptionen in Spanien, Portugal und Frankreich zeugten von der Heftigkeit der daraus resultierenden Konflikte. Liberale und Protestanten machten aus dem Katholizismus den Erzfeind der Moderne, jedenfalls den Erzfeind einer protestantischen, liberalen, aufgeklärten Kulturdominanz. Nicht nur in Deutschland und der Schweiz, auch in Frankreich beteiligten sich Protestanten an Attacken auf den Katholizismus. Das Ergebnis war in Frankreich die Trennung von Staat und Kirche im Jahre 1905, die von Protestanten weithin als Befreiung von katholischer Vorherrschaft begrüßt wurde.

Kulturkämpfe und Antiklerikalismen brachten der Moderne gewogene Kräfte auf katholischer Seite in eine schwierige Position. Noch schwieriger wurde sie dadurch, dass der offizielle Katholizismus sich in einer antimodernen oder antimodernistischen Haltung einigelte. Für diese Haltung stand die Verurteilung von 80 Irrtümern der Moderne im Jahre 1864, also der »Syllabus Errorum«. Dafür stand auch die Verkündung der Unfehlbarkeit des Papstes auf dem Ersten Vatikanischen Konzil im Jahre 1870, auch wenn diese Unfehlbarkeit nur in ganz bestimmten und eng umgrenzten Fällen gelten sollte. Für die Befürworter einer Öffnung gegenüber der Moderne blieb nur die Flucht nach vorn oder die ständige Gefahr, als »Modernist« enttarnt zu werden. Alles das lief zu auf den rigiden katholischen »Antimodernismus«, der große Teile der katholischen Theologie bis weit ins 20. Jahrhundert hinein lähmte, da er eine kritische Erforschung der Bibel und vor allem der Kirchengeschichte unterband.

Die Abschottung gegenüber der Moderne war aber nicht endlos durchhaltbar. Risse zeigten sich innerhalb des Katholizismus spätestens in den 40er und 50er Jahren des 20. Jahrhunderts, vor allem innerhalb der Theologie. Und auch wenn da, wo der Katholizismus dominant war, ein stabiles katholisches Milieu mit einem breiten Vereinswesen bestand, war doch schon bald nach dem Zweiten Weltkrieg deutlich, dass auch hier die innere Geschlossenheit schwand. Was geschehen sollte, war allerdings unklar: Sollte der Weg hin zu einer Befestigung im Innern gehen? Das war, jedenfalls in Deutschland, die Erfahrung aus der Zeit des Nationalsozialismus: Des Zugriffs des Staates mit seiner totalitären Ideologie hatte man sich auf diese Weise einigermaßen erwehren können. Andererseits schien wenigstens eine Standortbestimmung, wenn nicht eine Kursänderung, unumgänglich.

Das Ergebnis war das Zweite Vatikanische Konzil, das von 1962 bis 1965 tagte. Das Konzil war zuerst ein persönliches Projekt des Papstes, Johannes XXIII. Was dabei herauskommen sollte, war unklar, und was dabei herauskam, sorgt gerade heute wieder für kontroverse Debatten. Das Stichwort »aggiornamento«, also »Verheutigung«, das bald aufkam, konnte als Ruf zur Anpassung an die Moderne gelesen werden. Die Veränderungen, die folgten, liefen rasend schnell ab: Ersetzung der lateinischen Messe durch die Messe in der Landessprache, mehr Mitbestimmungsrechte für Laien, mehr Rechte für die Bischöfe gegenüber dem Papst, Freigabe der theologischen Forschung.

Manchen ging das zu schnell, und zu ihnen gehört jene Pius-Bruderschaft, die heute für Schlagzeilen sorgt.

Die religiöse Kultur des Katholizismus ist also durchaus doppelgesichtig. Dabei hat er in den letzten 50 Jahren einen bemerkenswerten Prozess der Anverwandlung an die Moderne durchlaufen. Unhintergehbar sind, trotz mancher konservativer Stimmen im Katholizismus, Grundentscheidungen des Zweiten Vatikanischen Konzils: Dazu gehört die Anerkennung religiöser und konfessioneller Toleranz, ohne dass damit das eigene Profil abgeschliffen worden wäre. Das Konzil hat also den Weg in den modernen Pluralismus geebnet. Strittig ist, ob es der Säkularisierung des Katholizismus Vorschub geleistet hat: Ist der massive Rückgang der Zahl der Gottesdienstbesucher in den 1960er und 70er Jahren eine Folge des Konzils oder hätte er sich ohnehin ereignet?

Den Katholizismus als unmodern zu verschreien, trifft also den Kern der Sache nicht. Vielmehr hat er sich jedenfalls in Teilen als Modernisierungsagentur erwiesen, die eine Integration vieler Gläubigen in die Moderne erst ermöglicht hat. Gewiss stehen dem konservative, geradezu fundamentalistische Trends gegenüber, aber es wäre abwegig, diese Trends vergröbern zu wollen – auch wenn interessierte Kreise das gerne hätten.

2.3. Zone I: Länder mit dominanten protestantischen Kirchen

Es wäre nun einfach, den Protestantismus, also die evangelischen Kirchen, als diejenigen darzustellen, die mit Pluralisierung und Säkularisierung am souveränsten umgehen. Das entspräche dem gängigen Selbstbewusstsein, das bis in die erwähnten Kulturkämpfe des 19. Jahrhunderts zurückreicht. Entgegenhalten ließe sich dem, dass Fundamentalismus ein wahrnehmbares Phänomen auch im europäischen Protestantismus ist.

Und trotzdem: Der Protestantismus scheint jene religiöse Kultur zu ermöglichen, die Pluralisierung erträgt, Säkularisierung nicht verdammt und Säkularität gar als Chance wahrnimmt, nämlich als Fundament eines Freiraums für konkurrierende Wahrheitsansprüche. Nicht umsonst ist die These in der Welt, der Protestantismus habe sich in großen Teilen selbst säkularisiert und sich in die Moderne eingeschmolzen. Diese These allerdings kann von zwei Seiten kommen: von denen, die das gut finden, und von denen, die daraus ableiten, gerade so solle man es nicht machen.

Was den Protestantismus von Katholizismus und Orthodoxie unterscheidet, ist ein hohes Maß an innerem Pluralismus: Die Reihe von Lutheranern, Reformierten, Anglikanern, Baptisten, Methodisten und so weiter ist schon einmal bemüht worden. Allerdings wurde diese Pluralismus nicht als positive Herausforderung empfunden, sondern als lästige Konkurrenz: Man stritt sich, und das änderte sich erst im 19. und im 20. Jahrhundert. »Ökumene«

war zuerst ein innerprotestantisches Unternehmen und der Versuch, die seit der Reformationszeit bestehenden Gräben zu überwinden. Europas religiöse Kulturen waren auch lutherische, reformierte, anglikanische Kulturen, ja auch waldensische und hugenottische und so weiter.

Dass der Protestantismus eine größere Nähe zur Aufklärung hatte, dann auch zum Liberalismus und dazu, die Moderne als geradezu historisch notwendig zu begreifen, ist nicht zu übersehen. Oft geschah dies im Gegensatz zum Katholizismus, den man als rückständig und kulturfeindlich denunzierte. Die sogenannte Liberale Theologie des 19. Jahrhunderts, jener Kulturprotestantismus also, der von Deutschland weit nach Europa hinein ausstrahlte, bildete das Fundament dafür. Unangefochten blieb dieses Selbstverständnis nicht, vielmehr markieren die Theologie und das kirchliche Leben der Zeit nach dem Ersten Weltkrieg eine Abkehr davon. »Dialektische Theologie« war das Programm, das Christsein und Weltsein einander gegenüberstellte. Die Herausforderung durch den Nationalsozialismus schien dem Recht zu geben: Wenn noch etwas zu retten war vor dem Totalitätsanspruch der Diktatur, dann durch den Bezug auf den Kern des christlichen Glaubens. Diese Erfahrung wurde dann mitgenommen in die zweite deutsche Diktatur.

Anders waren die Rahmenbedingungen dort, wo die gesellschaftlichen Veränderungen der 1960er Jahre sich unmittelbar auf Religion und Kirche auswirkten. Viel mehr als der Katholizismus bekam der Protestantismus diese Veränderungen zu spüren, und viel mehr als der Katholizismus machte er sich diese zu eigen. Der west- und nordeuropäische Protestantismus wurde politischer, politischer auf der Linken. Weltveränderung war angesagt, gesellschaftliches Engagement. Unumstritten war dies bei Weitem nicht, aber der Protestantismus erlebte nur, was er kannte: innere Pluralität. Auf die Spitze getrieben wurde das in der Friedensbewegung der 1980er Jahre: Religiöse Kultur auf protestantisch konnte nicht mehr sein als die Akzeptanz unterschiedlicher Entscheidungsmöglichkeiten.

3. Fazit: Europas christliche Kulturen

Die christlichen Konfessionen bringen unterschiedliche Annäherungen an die Moderne mit ihren Kennzeichen Pluralität und Säkularität mit sich. Sagen lässt sich, dass diese Annäherung, jedenfalls auf katholischer und protestantischer Seite, gelungen ist. Sagen lässt sich andererseits auch, dass Gegenkräfte fundamentalistischer Prägung sich dieser Annäherung entgegenstellen.

Was heißt das für die Zukunft? Die entscheidende Frage dürfte sein, inwieweit sich Kirchen als zivilgesellschaftliche Akteure verstehen, die ihre Anhängerinnen und Anhänger in einem konfessionellen, religiösen und weltanschaulichen Pluralismus beheimaten, ohne sie dadurch ortlos zu machen. Die christlichen Kirchen müssten insofern Agenturen der Toleranz sein, die verständlich machen, was Pluralismus eigentlich ist: nicht die Vergleichgültigung von Positionen, sondern ihr Aushalten. Insofern könnte man sogar etwas ketzerisch fragen, ob die Ökumene, also die Annäherung der Konfessionen, noch zeitgemäß ist. Die Profilierung der eigenen Position bei gleichzeitiger Anerkenntnis der Rechtmäßigkeit jeder anderen wäre ein wichtiger Beitrag zu einem Europa der Vielfalt. Dagegen spricht nicht, dass die Kirchen in Europa sich in den letzten Jahren und Jahrzehnten mehr und mehr über ihre nationalen Grenzen hinweg vernetzt haben. Dass sich andererseits die Europäische Union in den letzten Jahren vermehrt mit der Rolle der Religionsgemeinschaften befasst hat, zeigt, dass die Kirchen als Akteure auch wahrgenommen werden.

TIMOTHEUS ARNDT

Judentum: Ethnie und/als Religion

1. VORBEMERKUNGEN

Der erste Teil dieser Vorbemerkungen fällt als Situationsbeschreibung knapp aus. Der zweite Teil dient der theoretischen Grundlegung und fällt etwas ausführlicher aus.

1.1 Zur Situation

1.1.1 Die Israelitische Religionsgemeinde zu Leipzig

Der Name »Israelitische Religionsgemeinde zu Leipzig« wurde 1846 gebildet.[1] Das Wort »israelitisch« stand im 19. Jh. für die religiöse Seite, während »jüdisch« als eher nationales Attribut empfunden wurde. Diese Relation hat sich spätestens mit der Staatsgründung Israels 1948 umgekehrt. Heute bleibt in der deutschen Sprache die Unterscheidung zwischen beiden mittels des altertümlichen »it«: »Israelit« und »israelitisch« bezeichnet biblische und später vor allem religiöse Verhältnisse, »Israeli« und »israelisch« ist auf den modernen Staat Israel zu beziehen. Jüdische Gemeinde gilt uns inzwischen als Sachbezeichnung, sodass wir sagen: Die Leipziger jüdische Gemeinde heißt »Israelitische Religionsgemeinde zu Leipzig«.

Die mehrheitlich in der Sowjetunion aufgewachsenen oder geborenen Mitglieder der Israelitischen Religionsgemeinde zu Leipzig sind allerdings mit dem Ausweiseintrag »Nationalität: Jude« vertraut und durch die Verhältnisse in Deutschland erst einmal irritiert.

1.1.2 Ausweise[2]

Nach dem Verweis auf die Ausweise von Sowjetbürgern ein Blick in den deutschen Pass/Ausweis. Hier finden wir den Eintrag »deutsch« als Staats-

---

1 J. JACOBSON, Die Entstehung der Israelitischen Religionsgemeinde. Vorgeschichte des Gemeindestatuts von 1846, in: Vorstand der Israelitischen Religionsgemeinde (Hg.), Aus Geschichte und Leben der Juden in Leipzig. Festschrift zum 75jährigen Bestehen der Leipziger Gemeinde-Synagoge, Leipzig 1930 (Neuausgabe Berlin 1994 unter dem Titel: Festschrift zum 75jährigen Bestehen der Leipziger Gemeinde-Synagoge. 1855–1930, hrsg. von der Ephraim Carlebach Stiftung Leipzig), 27–43.

2 »Jüdische Papiere« sind derzeit ein Forschungsgegenstand am Simon-Dubnow-Institut.

bürgerschaft. Allerdings wird dies übersetzt mit Nationality und Nationalité. Hier sind Israelische Papiere genauer. Sie unterscheiden zwischen israelischer Staatsbürgerschaft (esrachut) und jüdischer Nationalität (lëom), die seit 2003 weggelassen wird. Dies war eine Reaktion auf ein Urteil des Obersten Gerichtes Israels, auch Konversionen durch ein Reform-Rabbinat müssten zur Eintragung als »jüdisch« führen. Den davon unterschiedenen Begriff der Religion (dat) gibt es im israelischen Pass nicht. Juden erleben sich also gelegentlich von Staats wegen religiös oder national definiert oder können sich selbst als Anhänger einer Religion als auch als Angehörige eines Volkes beschreiben. In Deutschland sind, besonders im Blick auf die Schoa, unterschiedliche Nuancen für deutsch und jüdisch im Gespräch, z.B. »Jude in Deutschland«, »deutscher Staatsbürger jüdischen Glaubens«, »deutscher Jude/deutsche Jüdin« und »Jüdische(r) Deutsche(r)«. Hierbei ist auf einen sprachlich geringen, aber sachlich riesigen Unterschied zu achten: Da ist einerseits die Zurückhaltung der Betroffenen oder deren vorsichtige Annäherung an das Land, von dem das Verbrechen ausging. Davon strikt zu unterscheiden ist eine judenfeindliche Haltung, die nicht bereit ist, Juden als Deutsche anzusehen.

1.2 Zur Aufgabenstellung

1.2.1 Ethnie

Ethnie ist lt. Brockhaus[3] ein Begriff für Menschengruppen, die kulturell, sozial, historisch und genetisch eine Einheit bilden. So gesehen umfasst die jüdische Gemeinschaft eine Vielzahl von Ethnien. Die Bezeichnung erscheint aber im Titel dieses Beitrages, um Juden als ethnische Gruppen – oft ethnische Minderheiten – in verschiedenen Ländern wahrzunehmen. Im weiteren Sinne ist das Wortfeld von Volk, Nation, Rasse, Stamm angesprochen. »Volk« (die Vielen) ist die allgemeine Bezeichnung einer Gruppe. In eine Nation wird ein Mensch meist hineingeboren, während Rasse oder Stamm stärker das Woher, die Abstammung betonen und durch Missbrauch unbrauchbar geworden sind.

Ethnie (von Ethos – man denke auch an »Welt-Ethos«) bezeichnet etymologisch eigentlich den kulturellen Zusammenhang. Kultur aber entsteht in einer Zivilisation (oder griechisch einer Politeia, einem Politeuma, das Polizei und Politik erfordert) und umfasst auch den Kult(us), mithin die Religion. Damit sind Ethnie und Religion schon einmal dicht zusammengerückt.

---

3 Brockhaus, 19. Aufl. Bd. 6. Ds – Ew und erster Nachtrag, 1988, S. 603.

1.2.2 als/und

Angesichts der Verknüpfung und/als ist ein mögliches Missverständnis abzuweisen: Jemand könnte auf den Gedanken kommen, Ethnie oder Volk könne hier »als« Gegenstand bzw. Inhalt von Religion in Frage kommen. Das sei ausgeschlossen: Es kann hier keinesfalls um so etwas wie eine »völkische Religion« gehen. Vielmehr wäre die ausgeführte Fassung der Doppelüberschrift: »Ethnie als Religionsgemeinschaft« – und umgekehrt – oder: »Ethnizität und Religion«. Alternativ hätten wir auch einfach formulieren können: »Ethnie und Religion«. Doch soll das »als« die Beziehung verstärken und darauf aufmerksam machen, dass es um mehr als ein bloßes Nebeneinander geht. Die Frage ist nach dem Miteinander von Religion und Volk als Beschreibungselemente von Judentum. In aller Vorläufigkeit kann schon einmal gelten: Judentum ist sowohl Ethnizität als auch Religion.

1.2.3 Religion

Was für eine Religion? Klassifizierungsversuche von Religionen unterliegen zu Recht starker Kritik. Einige religionsvergleichende Ausdrücke seien genannt: In der Geschichte der Religionswissenschaft ist Judentum unter den Aspekten einer *Hoch*religion, *Erlösungs*religion, *Offenbarungs*religion, *monotheistischen* Religion, *Gesetzes*religion, *Buch*religion, *abrahamitischen* Religion betrachtet worden. Sammeldarstellungen sind sich nicht einig, ob sie Judentum als »*Welt*religion« oder im Gegensatz dazu als »*Stammes*religion« bzw. – wie wir heute sagen – eine »*ethnische* Religion« bewerten dürfen und weichen daher mitunter auf eine Sammlung »*großer* Religionen« aus. Unter den Argumenten für solche Zuweisungen wird die geringe *Zahl* von Anhängern/Angehörigen einerseits, seine *weltweite* Verbreitung oder Verteilung andererseits angeführt oder die wesentliche Rolle *universaler Aspekte* in seinen Lehren oder seine Bedeutung vor allem als »*Mutter*religion« von Christentum und Islam oder einfach die große *Aufmerksamkeit*, die ihm allgemein geschenkt wird.

Außerdem sind hier von der Antike bis in die Gegenwart – von Philonos Alexandrinos bis Abraham Joshua Heschel[4] – unternommene Darstellungen von Judentum als *Philosophie* bzw. *philosophische* Religion zu erwähnen.

Im Blick auf Judentum ist Religion jedenfalls nicht einfach mit »Glaube« – wie etwa »christlicher Glaube« – zu übersetzen. Wenn wir darunter nicht gleich ein Glaubensbekenntnis – ein Credo – verstehen, ist vielleicht eher

---

4 A.J. HESCHEL: God in Search of Man, New York 1955, deutsch: A.J. HESCHEL, Gott sucht den Menschen. Eine Philosophie des Judentums, Neukirchen-Vluyn 1980. – unter Auslassung weiterer Beispiele.

noch die Bezeichnung als eine *Konfession*, ein Bekenntnis brauchbar. Von außen wird in der Religion *Ethos* gesucht, gern verkürzt als Wertevermittlung verstanden. Wir sollten etwas weiter an *Lebensführung* bzw. Lebensgestaltung und ihre Regelung denken. Da sind wir wieder bei dem, was wir gewöhnlich zur *Kultur* rechnen. Entsprechend nennt ein Gegenentwurf zur *Konfessionalisierung* – hier im Sinne von *Denominalisierung* – des Judentums dieses eine *Zivilisation*.[5]

Das hebräische Wort für Religion – *dat* – bezeichnet ursprünglich ein *Rechtsgefüge*.

1.2.4 Ethnie und Religion

Nachdem die Beschreibungen als Volk und als religiöse Gemeinschaft nicht weit von einander entfernt liegen, zeigt sich als gemeinsamer Fluchtpunkt unseres Fragens das Thema *Identität*: Was macht Judentum aus, was heißt hier Jüdischsein in seiner jeweiligen Umgebung? Ethnizität und Religion sind zwei Pole, an denen sich Judesein orientiert. Die Darstellung als Volk und als Kultgemeinde beschreibt die Zugehörigkeit nach innen und die Grenzlinien nach außen. Das eine – die *Ethnizität* – kann mehr als die Abgrenzung *nach außen* und das andere – die *Religion* – als das Wesen *im Inneren* begriffen werden. Diese Verteilung hat auch Probleme und soll nur als vorläufige Orientierung gelten.

2. ETHNIE UND RELIGION ALS ASPEKTE JÜDISCHER GESCHICHTE

2.1 Ursprungserzählungen: Aufnahmen und Abgrenzungen

Die jüdischen Ursprungserzählungen sind begleitet von den Aspekten des Auszuges, des Wegzuges einerseits und der Aufnahme in die Weggemeinschaft andererseits. Abraham und Sara setzen einen Neuanfang, *verlassen* die Eltern-Familie und *nehmen* Leute *auf*.[6] Der auch als Sonderung aus den Völkern begriffene Auszug aus Ägypten ist begleitet vom Anschluss einiger Fremder.[7] Die Mahnung, sich von den Vorbewohnern des Landes fernzuhal-

---

5 M. KAPLAN, Judaism as a civilization. Toward a Reconstruction of American-Jewish Life, New York 1934.

6 Beispielsweise ausgeführt in der Pesach-Haggada im Abschnitt »Von Anfang waren unsere Väter …« und BerR 39,14. Zu dem Erzählkomplex: T. ARNDT, Abraham aus dem ur kasdim. Midrasch-Motive, in: Theologische Fakultät Leipzig, Forschungsstelle Judentum, Mitteilungen und Beiträge Heft 18/19 April 2001, 51–74.

7 Ps 114,1 f und Ex 12,38. Zu den Angeschlossenen: T. ARNDT, EREV RAV und ASAF-SUF im Midrasch, in: H. LEHMING u.a. (Hgg.), Wendung nach Jerusalem. Friedrich-Wilhelm Marquardts Theologie im Gespräch, Gütersloh 1999, 156–172.

ten wird durchbrochen von der Verbindung der Gibeoniten mit Israel.[8] Weitere Beispiele dieser ambivalenten Beziehung sind die Erzählungen von Ruth und Naaman[9] und Ester. Im weiteren Verlaufe finden wir die Trennung von den Samariern und die Judaisierung der Idumäer. Die am Jerusalemer Tempel orientierte Kultgemeinde umfasst eine große Diaspora.

2.2 Konstitution des rabbinischen Judentums nach der zweiten Tempelzerstörung

Der Verlust des zentralen Kultortes zuletzt im Jahre 70 chr.Z. bewirkt ein – neuerliches – Exil. Die Rabbinen schaffen ein juristisches Werk, um das sie die einstige Kultgemeinde sammeln. Bemühungen um die Bewirtschaftung des Landes werden dabei besonders berücksichtigt. Der Ausbau biblischer Reinheitsregeln besonders im Blick auf Speisen stärkt die unterschiedene Eigenständigkeit. Zugehörigkeit ist durch Geburt gegeben, kann aber auch durch Aufnahme erlangt werden. Eine Art Teil-Zugehörigkeit kann der fromme Heide als *Noachit* erreichen. Neben Einzelkonversionen kommt es auch zu Gruppenkonversionen. Das prominenteste Beispiel ist das der Chasaren.[10]

2.3 Mittelalterliche Existenzen

Kaufleute sind die beweglichsten Vertreter ihrer Gemeinschaft. Ihre Verbindungen reichen über Militärgrenzen hinweg. So sind Juden als Kaufleute seit dem 9. Jh. im Frankenreich erkennbar,[11] sind im 11. Jh. in rheinischen Städten[12] begehrt[13] im 13. Jh. nach Ostmitteleuropa eingeladen – zur Förderung der Infrastruktur.[14] Juden unterstanden kaiserlicher Steuerhoheit und unter kaiserlichem Schutz.[15]

---

[8] Jos 9 f.

[9] 2 Kön 5.

[10] Dazu z.B.: K.A. BROOK, The Jews of Khazaria, New Jersey/Jerusalem 1999.

[11] Spuren davon finden sich z.B. in Einhards Annalen als auch in regionalen Konzilsdokumenten.

[12] Abgesehen von einem vereinzelten Beleg aus dem römischen Köln in konstantinischer Zeit: Codex Theodosianus XVI. Buch, Titel VIII, §§ 3 und 4 vom 11. Dezember 321. Leicht zugänglich bei J. HÖXTER, Quellenbuch zur jüdischen Geschichte und Literatur Teil III, Frankfurt am Main 1927, Reprint Zürich 1983, 3.

[13] Als Vorbild für einschlägige Urkunden gilt das Privileg von Bischof Rüdiger Houzman aus dem Jahre 1084.

[14] Hier gilt das Statut von Kalisch/Kalisz, das Boleslaw der Fromme 1264 ausstellte, als Beispiel.

[15] G. KISCH, Forschungen zur Rechts- und Sozialgeschichte der Juden in Deutschland während des Mittelalters nebst Bibliographien, 2. erw. Aufl. Sigmaringen 1978. Hervorgeho-

Analog gewährte die mittelalterliche muslimische Gesellschaft bestimmten religiösen Gruppen, die sich den Muslimen unterworfen hatten – d.h. vor allem Juden und Christen – staatlichen Schutz für steuerliche Leistungen.[16] Im Osmanischen Reich vertraten spätestens seit der Eroberung Konstantinopels bestimmte religiöse Oberhäupter ihre Gemeinschaften vor dem Sultan. Mehmed II. (1451–1481) setzte einen romäischen (d.h. byzantinischen), einen jüdischen und einen armenischen Patriarchen an die Spitze des jeweiligen *Millet.* Dieses System bestand bis 1919.[17] Das Wort »Millet« wird aus dem Koran, Sura 22,78[18] abgeleitet, wo es als »millat Ibrahim« m.E. »Beschneidung Abrahams« heißt, aber gewöhnlich als ein weiteres Wort für »Religion« interpretiert wird. Heute wird »Das osmanische Wort millet ... stets mit ›Nation‹ übersetzt.«[19] Diese Entwicklung des Wortes spricht Bände über das von uns betrachtete Thema.

2.4 Neuzeitliche Umgestaltung

Die Aufklärung lässt an die Stelle der korporativen Identität das Individuum als Staatsbürger und »Gläubigen« treten. Den aufgeklärten Staat interessiert der nützliche Bürger, nicht dessen Konfession. Juden werden aus ihrer mittelalterlichen Korporativ-Verfassung gelöst und zu Bürgern des Territorial-Staates gemacht. Die Transformation stellte auch für andere Stände ein Problem dar, wurde aber im Blick auf die Juden unter dem Vorzeichen des Antisemitismus als »Judenfrage« zusätzlich belastet. Die Entwicklung zum Nationalstaat und vollends die Entwicklung des Nationalismus zum Chauvinismus baut Verdächtigungen und Unterstellungen gegen die Juden auf.

ben wird meist das Privileg Friedrichs II. ebda. 59–61. S. a. F. BATTENBERG, Das europäische Zeitalter der Juden. Zur Entwicklung einer Minderheit in der nichtjüdischen Umwelt Europas, Darmstadt 1990, 2 Bde., bes. Bd. I103–112.

16 Die Regelung wird meist auf den sogenannten Omar-Vertrag zurückgeführt: Der Islam von den Anfängen bis zur Eroberung von Konstantinopel, hrsg. von B. Lewis unter Zugrundelegung der Originale aus dem Englischen übersetzt von H. FÄHNDRICH, Zürich/München, 1981f. 2 Bde. engl. Originalausg.: Islam from the Prophet Muhamad to the Capture of Constantinople, Die Bibliothek des Morgenlandes, New York u.a. 1974. 271–273 und weiter und der Kommentar: B. LEWIS, Die Juden in der islamischen Welt. Vom frühen Mittelalter bis ins 20. Jh., aus d. Engl. übers. von L. JULIUS, München 1987. 31 ff.

17 D. ZAFFI, Das millet-System im Osmanischen Reich, in: CH. PAN/B.S. PFEIL, Zur Entstehung des modernen Minderheitenschutzes in Europa. Handbuch der europäischen Volksgruppen Band 3, unter wissenschaftlicher Leitung von P. Pernthaler hrsg. von CH. PAN, B. S. PFEIL, Wien 2006, 132–155, hier 132 und 136.

18 Auch 2, 130 und 135 u.ö.

19 ZAFFI, millet-System (s. Anm. 17), 132.

Evyatar Friesel unterscheidet fünf Modelle der Integration von Juden in die neuzeitliche allgemeine Gesellschaft:[20]

1) das evolutionäre Modell in Großbritannien und den Niederlanden;
2) die amerikanische Variante des evolutionären Modells;
3) das revolutionäre Modell in Frankreich und obrigkeitliche Aktionen in Deutschland und Österreich-Ungarn;
4) die (übrige) östliche Hälfte Europas mit den Eckpunkten Polen, Russisches und Osmanisches Reich;
5) der Judenstaat Israel.

Ich skizziere – wie bisher die Geschichte ausdrücklich lückenhaft darstellend – zuerst die Etablierung von Religionsgemeinden und komme dann kurz auf die Anerkennung als ethnische Gruppen zu sprechen.

2.4.1 Religionsgemeinde

In *England* und den *Niederlanden* können spanische und portugiesische heimliche Juden sich nach und nach mehr und mehr zu ihrem Judentum bekennen und werden als solche geduldet.

In den *USA* wird die jüdische Gemeinschaft Anfang des 20. Jh. im Blick auf Einwanderungsregelungen als Religionsgemeinde eingestuft. Damit wandern Juden als Polen, Russen, Deutsche usw. ein.[21]

1781 schreibt Dohm seine Denkschrift für *Preußen*.[22] Auf die Frage nach möglichen feindlichen Gefühlen von Juden weist er auf die Religionsverfolgungen, so dass sie durch Religionsfreiheit erledigt werden kann. Auf diese Weise seien die Juden als »nützliche Bürger« zu gewinnen.

1789 formuliert der Jakobiner Stanislaus (früher Comte de) Clermont-Tonnerre (1747–1792), vor der französischen Nationalversammlung die scharfe Alternative: »für die Juden als einzelne alles, als Nation nichts.« 1806 legt Napoleon Vertretern der französischen Juden zwölf Fragen über das Verhältnis zwischen bürgerlicher Loyalität und jüdischen Traditionen vor. Die Antworten soll ein 1807 bestelltes Großes Synhedrion (Grand Sanhédrin) autorisieren. Ab 1808 wird die jüdische Gemeinschaft in Frankreich durch ein Consistoire mit entsprechenden regionalen Einheiten vertreten. Das Ergebnis lautet: Die französischen Juden bilden keine eigene Nation und ihre Rabbiner üben keine juristische Funktion aus.

---

[20] Vorlesungen im WiSe 1994f »Geschichte der Juden in Europa 19. u. 20. Jh.«

[21] A.R. ZOLBERG, A nation by design. Immigration policy in the fashioning of America, New York/London 2006.

[22] CH.W. DOHM: Ueber die bürgerliche Verbesserung der Juden, 2 Teile, Berlin/Stettin 1781 und 1783.

Im Gefolge der *Emanzipationsgesetzgebung* in Deutschland und Österreich-Ungarn ringen die Juden in der zweiten Hälfte des 19. Jh. um die verbleibenden Gestaltungsspielräume ihres Judentums: Reformbewegung, konservatives Zurückschrecken, Altgläubige und Neuorthodoxie entstehen auf diesem Hintergrund.[23]

In der Österreichisch-Ungarischen Doppelmonarchie wurden die Gegensätze schärfer ausgetragen als etwa in Preußen. In Preußen erlaubt das Austrittsgesetze vom 1876 die Separierung von Richtungsgemeinden, was z.B. in Sachsen nicht möglich ist.

2.4.2 Nation

Im multinationalen bzw. multiethnischen Staat liegt es offenbar näher, Juden als Nation bzw. Ethnie zu betrachten. Wir beobachteten das am Millet-Begriff im Osmanischen Reich. Wobei die Auflösung des Osmanischen Reiches seinen Nationalismus an anderen Gegenübern austrägt: zunächst den Griechen, dann den Armeniern und schließlich den Kurden.

In Polen bzw. Russland waren die mittelalterlichen Strukturen leichter in die einer ethnischen Minderheit zu überführen. Russland unterstützte zunächst Modernisierungsprogramme. 1882 veröffentlichte Leon Pinsker (1821–1891, geboren in Polen, tätig in Odessa) die Schrift »Autoemanzipation! Mahnruf an seine Stammesgenossen von einem russischen Juden« und resümiert: »Die Juden sind keine lebende Nation; sie sind überall Fremde, daher sind sie verachtet. Die bürgerliche und politische Gleichstellung der Juden genügt nicht, sie in der Achtung der Völker zu heben. Das rechte, das einzige Mittel wäre die Schaffung einer jüdischen Nationalität, eines Volkes auf eigenem Grund und Boden, die Autoemanzipation der Juden, ihre Gleichstellung als Nation unter Nationen durch Erwerbung einer eigenen Heimat.«[24] Die Sowjetunion unter Stalin wollte die Nation möglichst religionslos haben und schuf das jüdische nationale Gebiet Birobidzhan – fernab aller historischen jüdischen Siedlung.

Simon Dubnow (1860–1941, geboren in Mstislawl, ermordet in Riga) erarbeitete dagegen einen Entwurf des Diaspora-Nationalismus.[25] Mit diesem

---

[23] Für den Streit um den Budapester Kongress 1864–1868: J. KATZ, The Unhealed Breach. The Secession of Orthodox Jews form the General Community in Hungary and Germany, Jerusalem 1995.

[24] L. PINSKER, »Autoëmanzipation!« Mahnruf an seine Stammesgenossen von einem russischen Juden, mit einer Vorbemerkung von A. HAAM, Berlin ^{8}1936, 36.

[25] A. HILBRENNER, Diaspora-Nationalismus. Zur Geschichtskonstruktion Simon Dubnows, Schriften des Simon-Dubnow-Instituts, Band 7. Göttingen 2007.

Konzept nahm er Einfluss auf die Pariser Friedensverträge.[26] Der polnische Staat zwischen den beiden Weltkriegen war beauflagt, seine nationalen Minderheiten zu pflegen, unter denen die jüdische eine der großen war.

Unter dem Eindruck der Dreyfus-Affäre stellte Theodor Herzl 1895 in der Broschüre »Der Judenstaat. Versuch einer modernen Lösung der Judenfrage« fest: »Wir sind ein Volk, ein Volk. Wir haben überall ehrlich versucht, in der uns umgebenden Volksgemeinschaft unterzugehen und nur den Glauben unserer Väter zu bewahren.«[27] So entstand der politisch organisierte Zionismus als Reaktion auf eine antisemitische Eruption in Frankreich. Herzl sah – der Zeit entsprechend – die »Judenfrage« vorrangig als ein nationales Problem. 1899 ging er in einem »Zionismus« überschriebenen Aufsatz in der »North American Review« auf die Frage ein, welche Kriterien seiner Meinung nach eine Nation ausmachten: Eine Nation sei »eine historische Menschengruppe von erkennbarer Zusammengehörigkeit, die durch einen gemeinsamen Feind zusammengehalten wird.«[28] Das jüdische Volk erlebte zwei Erschütterungen: Mendelssohn begriff Judentum von innen als Konfession. Die Französische Revolution forderte die Aufgabe einer jüdischen Nation.[29] Herzls Wiederentdeckung des jüdischen Volkes führte – ebenfalls stark vereinfacht – zum jüdischen Staat, dem Staate Israel, der nun seinerseits mit dem Problem konfrontiert ist, als jüdischer Nationalstaat eine Bevölkerung jüdischer und nichtjüdischer Ethnien zu integrieren.

In Deutschland zerstörte die Naziherrschaft nachträglich die obrigkeitliche Lösung. Sie erfand eine schein-genetische Definition von Judesein und traf die Feststellung darüber mit Hilfe von Religionsregistern. Und dies ist nur ein Ausgangspunkt für das ungeheuere europaweite Vernichtungsunternehmen, das wir heute mit dem hebräischen Wort Schoa andeuten.

2.4.3 Zivilisation

Eine weitere Variante stellt Kaplans Rekonstruktionismus auf dem Boden der USA dar.[30] Er setzt sich dabei mit der Diversität des über die Welt verteilten Judentums auch in religiöser Hinsicht auseinander und bestimmt schließlich

---

[26] HILBRENNER, Diaspora-Nationalismus (s. Anm. 25), 213–215.

[27] TH. HERZL, Zionistische Schriften. Gesammelte Zionistische Werke in fünf Bänden, I. Band. Dritte veränderte und erweiterte Auflage (16.–18. Tausend). Tel Aviv 1934, 26.

[28] HERZL, Zionistische Schriften (s. Anm. 27), 372.

[29] Ebd.

[30] KAPLAN, Judaism (s. Anm. 5), 303–310, in deutscher Übersetzung bietet: M. KAPLAN, Warum wir das Problem der Religion neu orten müssen (1934), übersetzt von D. VOGEL, in: Lust an der Erkenntnis. Jüdische Theologie im 20. Jahrhundert. Ein Lesebuch, hrsg. von SCH. BEN-CHORIN/V. LENZEN. München/Zürich 1988, 391–400. Vogel übersetzt darin »civilisation« mit »Kultur«.

Judentum als eine »Civilisation« d.i. eine Größe, die neben Volk (Nation, Ethnie) Identifikation ermöglicht indem sie die Kultur und damit auch Religion einschließt. Das Erscheinungsbild der Römisch-Katholischen Kirche scheint ihm in dieser Hinsicht durchaus vergleichbar.[31] Damit ist er der Bestimmung von Judentum als Religion wieder sehr nahe – doch nur unter Einschluss der Entdeckung, dass auch die Bestimmung von (anderen) Religionsgemeinschaften sich nicht auf »Glauben« oder »Konfession« beschränken lässt.

3. GRENZEN

Die Zugehörigkeit zu einer Gemeinschaft hat für unser modernes Verständnis zwei Seiten: Die Selbstbestimmung des Einzelnen und die Anerkennung durch die Gemeinschaft. Entsprechend fragen wir nach Zugangsmöglichkeiten und Ausschlussmöglichkeiten.

3.1 Zugangsmöglichkeiten

Im Horizont des Judentums stehen die beiden Zugangsmöglichkeiten bzw. die zwiefältige Zugehörigkeitsgewinnung oder -ermöglichung von *Geburt* und durch *Konversion.*

a) Bei der Geburt kämen der Ort und die Eltern – Vater, Mutter oder beide – in Betracht. Der Ort wird nicht berücksichtigt. Im Talmud[32] wird als Grenzlinie die Geburt durch die jüdische Mutter festgelegt. Der Sachverhalt könnte bis in hellenistische Zeit zurückreichen. Die Samaritaner kennen diese Regelung nicht. Eine Entscheidung von Reformgemeinden in den USA 1983 durchbricht die traditionell geltende Festlegung: »The Central Conference of American Rabbis formally states that a Jewish identity can be passed down through either the mother and the father, thereby making official what had been the state of affairs in many Reform communities since the early twentieth century.«
b) Die Aufnahme von Applikanten (ger zedek mit dem biblischen Vorbild von Ruth) erfolgt durch Autoritäten. Hier haben sich erst jüngst folgenreiche Verwicklungen ergeben.
c) Daneben gibt es Konzepte für die übrige Welt. In der Antike werden aus biblischen Ausdrücken Positionen für Heiden entwickelt, die sich

31 KAPLAN, Judaism (s. Anm. 5), 76–79.

32 bQid 68b.

jüdischen Auffassungen und Lebensweisen anschließen, ohne vollends in die jüdische Gemeinde überzuwechseln (ger toschav bzw. griechisch foboumenos mit den biblischen Beispiel von Naaman aus 2 Kön 5). Dem Anspruch des Schöpfers gerecht werden, ohne in die jüdische Beziehung einzutreten, kann jeder Mensch als »Kind Noachs« (Noachide). Ein solcher gilt als »Gerechter unter den Völkern«. Ein Konzept zur Anerkennung von Menschen, die sich dem Vernichtungswillen der Nazis entgegenstellten, wurde aktiviert.

3.2 Ausschlussmöglichkeiten?

Ein Ausscheiden aus der Gemeinschaft ist nicht vorgesehen.[33] Es gibt jedoch Umstände, die das (weitere) Mitwirken in der Gemeinschaft hindern. Die Frage, ob ein Christ gewordener Jude weiter als Jude betrachtet werden könne, wurde am Beispiel Daniel Oswald Rufeisen (1922–1998) in den Jahren 1950–1962 durch alle Instanzen geklärt. Für das traditionelle Rabbinat gilt: Halachisch bleibt er Jude. Für den Staat Israel ist er nicht mehr Jude.[34] Was hier eine allgemein als integer angesehene Einzelperson klären ließ, steht als Frage vor allen, die sich auf irgend eine Weise christlichen Vorstellungen von Jesus anschließen.

3.3 Grenzfälle

a) Zweifel an der Gültigkeit von Konversionen: Anfechtungen von Konversionen wegen ungenügenden Lebenswandels[35] und wegen Mängel des zuständigen Rabbiners haben in letzter Zeit zu starker Verunsicherung geführt.[36] Zur Debatte steht die Möglichkeit, Konversionen rückgängig zu machen.[37]
b) Unsicherheit über die Zugehörigkeit ganzer Gruppen: Die oben zitierte Entscheidung von Reformgemeinden in den USA von 1983, auch die Jüdischkeit des Vaters als Grundlage der Zugehörigkeit zu akzeptieren, vertieft die Spaltung zwischen jüdischen Gruppen auch in dieser Frage. Die äthiopischen Juden sind nur das berühmteste Beispiel

[33] Als locus classicus dafür gilt bSanh 44a wo Achan (Jos 7) unterstellt würde, er habe wie die Hellenisierer seine Beschneidung rückgängig gemacht, aber er sei doch Israelit geblieben.

[34] D. CORBACH, Daniel – Der Mann aus der Löwengrube. Aus dem Leben von D. O. RUFEISEN, Judentum heute, 2., erw. Aufl., Köln 1993.

[35] Meldungen von Michael Krupp für den epd (folgend KRUPP, Meldungen) vom 5., 6. und 12. Mai 2008.

[36] KRUPP, Meldungen vom 25. Juli und 17. November 2008.

[37] KRUPP, Meldungen vom 5., 6. und 12. Mai 2008.

dafür, dass nach der mehr historischen Frage über die ursprüngliche Zugehörigkeit auch die Folgen der vom Hauptstrom des rabbinischen Judentums abweichenden Traditionen bedacht werden wollen. Eine zusätzliche Konversion war daher heiß umstritten.

3.4 Außerhalb der jüdischen Gemeinschaft

Die oben[38] erwähnten »Noachiden« und »Gerechten der Völker« stehen zwar in gutem Einvernehmen aber außerhalb Israels. Während dieser letzte Satz den Ausdruck »Israel« im Sinne der traditionellen Größe gebrauchte, ist das Verhältnis im Staate Israel umgekehrt: Selbstverständlich gibt es Nichtjuden mit israelischer Staatsbürgerschaft.

Den Grenzziehungen Anderer steht die Selbstbestimmung der jüdischen Gemeinschaft entgegen. So haben nazistische Bestimmungen mit ihrer Bruchrechnung keine Relevanz für die jüdische Gemeinschaft.[39] Dennoch hat sie mitunter Betroffene in eine Solidargemeinschaft geführt. Auch sowjetische Papiere stimmen oft nicht mit den traditionellen jüdischen Kriterien überein. Auch wenn das eine wie das andere – wenn auch mit wesentlichen Unterschieden – für die Betreffenden folgenreich war oder noch ist.

Erwähnt werden muss auch der Gebrauch des Wortes »Jude« als ausgrenzende Bezeichnung. Dieser Gebrauch als Schimpfwort geschieht ohne jede Rücksicht auf das Fehlen irgendeiner Beziehung der betreffenden Person zur jüdischen Gemeinschaft.

4. SCHLUSS

Jude oder Jüdin ist oder wird ein Mensch durch Geburt und Konversion – doch beide können Revisionen unterworfen werden.

Die zweifache Weitergabe des Judentums an Kinder einer jüdischen Mutter und an adoptierte Applikanten führt zur zweifachen Existenz als Religionsgemeinschaft und als Volk mit einem halboffenen Verhältnis zur Umgebung, das sowohl die normale Abgrenzung als auch die normale Aggressivität mildern kann. Traditionell ist Judentum eine Religion, die an ein Volk gebunden ist und ist die Judenheit ein Volk, das durch seine Religion bzw. religiösen Traditionen wesentlich bestimmt ist.

---

38 Unter 3.1 c).

39 Etwa nach dem auf dem Reichsparteitag der NSDAP in Nürnberg 1935 beschlossenen »Gesetz zum Schutz des deutschen Blutes und der deutschen Ehre«.

FRIEDMANN EISSLER

Islam und Islamismus

Aspekte des Islam in Europa zwischen Mythos und Minderheitenpolitik

Der Islam, das heißt muslimische Präsenz und Lebenspraxis in ihren differenzierten kulturellen, gesellschaftlichen und politischen Ausformungen, ist Teil Europas. Und dies nicht erst seit der Zuwanderung der »Gastarbeiter«, auch nicht erst seit der ersten Blüte muslimischer Gemeinden in Deutschland in der ersten Hälfte des vergangenen Jahrhunderts.[1] Wenn wir über Deutschland hinausblicken, sehen wir, dass Muslime in Europa seit 711 u. Z. eine kontinuierliche Geschichte zu verzeichnen haben. Neben der fast achthundertjährigen muslimischen Präsenz in Spanien von 711-1492 u. Z. (wenn auch seit Anfang des 13. Jahrhunderts nur noch in Granada) ist dabei insbesondere auf Bosnien zu verweisen, das von 1463-1878 osmanisch war und über die Jahrhunderte eine spezifische europäisch-muslimische Identität entwickelt hat.[2] Während das spanische Andalusien heute als Mythos mancherorts islamistische Spekulationen über die Zukunft Europas nährt, kommt den lange Zeit als eher liberal geltenden bosnischen Muslimen in den gegenwärtigen Debatten eine besondere Bedeutung als Vertretern einer autochthonen europäischen Gestalt des Islam zu.[3]

Dieser Artikel beleuchtet aktuelle Fragestellungen, die das Selbstverständnis von Muslimen in Europa und ihren Beitrag zu Europa betreffen, vor diesem Hintergrund. Dazu wird mit wenigen Hinweisen an die wechselvolle

---

[1] Neue und komparative Aspekte hierzu in J. BRUNNER/S. LAVI (Hgg.), Juden und Muslime in Deutschland. Recht, Religion, Identität, Tel Aviver Jahrbuch für deutsche Geschichte Bd. 37, Göttingen 2009. Das älteste Moscheegebäude in Deutschland ist die Ahmadiyya-Moschee in Berlin-Wilmersdorf aus den 1920er Jahren.

[2] Das Osmanische Reich selbst hat sich seit Anfang des 14. Jahrhunderts auf europäischem Boden etabliert und selbstverständlich zumindest in seinen nordwestlichen Regionen *auch* eine europäische Geschichte.

[3] Auf die Kontinuität islamischer Geschichte in Zentral-, Ost- und Nordosteuropa, der für das Gesamtthema eine weitestgehend unterschätzte Bedeutung zukommt, kann hier auch nur hingewiesen werden: Vgl. G. LARSSON (Hg.), Islam in the Nordic and Baltic Countries, New York/London 2009; DERS./E. RAČIUS, A Different Approach to the History of Islam and Muslims in Europe: A North-Eastern Angle, or the Need to Reconsider the Research Field, in: *Journal of Religion in Europe* 3 (2010), 350–373.

gemeinsame Geschichte von Muslimen und Nichtmuslimen in Europa erinnert. Dann werden in einem kurzen Überblick über die Entwicklung der christlich-islamischen Beziehungen Etappen markiert, die das Verhältnis der beiden Religionen zueinander geprägt haben und zum besseren Verständnis der heutigen Situation beitragen können. In der öffentlichen Wahrnehmung bleibt vieles, was an gelungener Integration erreicht worden ist, unterbelichtet oder wird durch Negativpresse überblendet. Zugleich sind jedoch, und darauf liegt hier der Schwerpunkt, die politischen und gesellschaftlichen Herausforderungen, die sich aus einer Reihe von islamischen Strategien zur Profilierung des Islam in Europa ergeben, in ihrer Dynamik nicht zu unterschätzen. Die verfassungsrechtliche und dialogpragmatische Ambivalenz, etwa von Bestrebungen, Schariakonzeptionen »europakompatibel« zu formulieren, gilt es zu erkennen und zu benennen. Um dies zu verdeutlichen und den aktuellen Diskussionsstand zu konkretisieren, werden in einem dritten Abschnitt zwei unterschiedlich akzentuierte Beispiele aus demselben europäisch-islamischen Milieu herangezogen: zum einen die Deklaration europäischer Muslime von Mustafa Cerić, die 2005/2006 veröffentlicht wurde und in einer eben erschienenen Publikation neu beworben wird;[4] zum anderen der Vortrag von Benjamin Idriz anlässlich des vom Wissenschaftsrat im Juni 2010 in Berlin veranstalteten Kongresses »Vielfalt der Religionen – Theologie im Plural« zur Zukunft der islamischen Theologie in Deutschland.[5]

Es gilt beides mit historischer Redlichkeit und der notwendigen Differenzierung zu würdigen: sowohl das geschichtlich gewachsene, multidimensionale und dauerhafte Beziehungsgeflecht von Muslimen und Nichtmuslimen in Europa als auch die politisch-religiöse Dimension islamischer und islamistischer Positionen zur Rolle des Islam in Europa, die freilich wiederum innerislamisch kontrovers diskutiert werden und daher selbst in dynamischer Spannung zueinander stehen können.

1. ZIVILISATION

Heute leben in Europa schätzungsweise mehr als 53 Millionen Muslime, davon die meisten im europäischen Teil Russlands. In der Europäischen

[4] B. IDRIZ/S. LEIMGRUBER/S.J. WIMMER (Hgg.), Islam mit europäischem Gesicht. Perspektiven und Impulse, Kevelaer 2010.

[5] B. IDRIZ, Islamische Theologie in Deutschland. Theologische Ausbildung an nichtstaatlichen Hochschulen – Voraussetzungen und Chancen (http://www.islam-penzberg.de/76401/192801.html; alle Internetseiten zuletzt abgerufen am 30.9.2010); s. auch die Dokumentation: Neubegründung der islamischen Theologie?, in: *Materialdienst der EZW* 73/10 (2010), 368–373.

Union sind es – alle Zahlen dieser Art sind Schätzungen – über 16 Millionen, manche Schätzungen sprechen von bis zu 23 Millionen Muslimen. Deutschland zählt mit rund 4 Millionen (etwa 5 Prozent der Bevölkerung) zu den Ländern mit einer starken muslimischen Minderheit, die ihre spezifische Prägung insbesondere durch den hohen Anteil an Zuwanderern aus der Türkei hat. Eine unübersehbare Vielzahl an organisatorischen Einheiten, Interessengruppen, ethnischen Vereinigungen und religiösen Strömungen gestaltet muslimisches Leben auf den unterschiedlichsten Ebenen. Dass der Islam als gesellschaftlicher und politischer Faktor in Europa präsent ist, an Gewicht gewonnen hat und weiter zunimmt, steht außer Zweifel. Dass externe Akteure, die Beziehungen der Migranten zu ihren Herkunftsländern und globale Effekte dabei eine nicht zu unterschätzende Rolle spielen, ist ebenso unstrittig.

Wie die neueren gesellschaftlichen Entwicklungen etwa in Deutschland zeigen, wird besonders heftig darüber gestritten, mit welchem Recht Muslime hier agieren. Und dies durchaus in der Ambivalenz dieser Formulierung. Haben die Muslime überhaupt ein genuines Recht, sich hier auszubreiten und als Partner auf Augenhöhe wahrgenommen zu werden? Passt »der Islam« nach Europa? So die wenig sophistische, allzu schnell ins Populistische, bis in die Fremdenfeindlichkeit abgleitende Anfrage aus einer Haltung der pauschalen Ablehnung des Fremden heraus. Mit welchem Recht, welcher Rechtsform, identifizieren sich Muslime im Westen? Wie verhalten sich die Scharia und die Vorstellungen, die sich Muslime über sie machen, zu den verfassungsrechtlichen Grundlagen westlicher Gesellschaften und umgekehrt? So die anspruchsvollere Fragerichtung, die ebenfalls nach Passungen unterschiedlicher kultureller, politischer, religiöser etc. Konzepte fragt, den gemeinsam zu gestaltenden und zu verantwortenden gesellschaftlichen Raum jedoch nicht infrage stellt, sondern voraussetzt.

Dabei ist nun stillschweigend ein *territorialer* Begriff Europas vorausgesetzt. Er geht von Europa als einem geographischen Raum mit all seiner Vielfalt und seinen historischen Wechselfällen aus, auch in religiöser Hinsicht. Davon unterscheidet sich ein primär *merkmalsorientierter* Ansatz, der Europa von bestimmten Werten her versteht, die etwa dem hellenistisch-römischen Erbe, dem Christentum oder auch dem Judentum zugeordnet werden. Ohne auf die erheblichen inhaltlichen Implikationen dieser Unterscheidung eingehen zu können,[6] ist im Blick auf das Thema dem primär

[6] Zu einer perspektivischen Differenzierung zwischen einer »Geschichte Europas« (Europa im geographischen Sinne, Holm Sundhaussen) und einer »Europäischen Geschichte« (orientiert an den Merkmalen antikes Erbe plus Christentum, Oscar Halecki) vgl. die einleitenden Abschnitte in H. Sundhaussen, Die Muslime in Südosteuropa: Historische Perspektiven, in:

raumorientierten Ansatz der Vorzug zu geben, ja er scheint unabdingbar für eine angemessene Würdigung der komplexen Vielfalt dessen, was Islam in Europa bedeutet. Für Europa im geographischen Sinne ist der Islam kein Fremdkörper, dem tendenziell kein Platz einzuräumen wäre.

Aber auch wenn Europa unter dem Gesichtspunkt seiner vorwiegend christlichen Prägung betrachtet wird, ist der Islam nicht nur ein äußerliches Phänomen. In der Tat war der *orbis christianus* nie in sich abgeschlossen und nach außen abgeschottet, wenngleich sich der Einfluss des Islam im historischen Überblick durchaus ambivalent darstellt. Über lange Zeit war der Islam kein wichtiger Faktor im Bewusstsein des sogenannten Westens. Man wusste über ihn als Religion so gut wie nichts, sah in ihm einen der zahlreichen Feinde des Christentums, etwa wie das Heidentum der Awaren oder der Magyaren. Bis ins hohe Mittelalter reichte *the Age of Ignorance*, das Zeitalter der Unwissenheit, wie Richard W. Southern es genannt hat,[7] mangelte es doch an grundlegenden Informationen und Informationsmöglichkeiten. Hinzu kam, dass die zunächst wenigen Berührungspunkte mit Vertretern der neuen Religion im mittelalterlichen Westeuropa das westliche Selbstbewusstsein nicht gerade förderten. Als der Kalif Harun al-Raschid um das Jahr 800 einen leibhaftigen Elefanten nach Aachen in die Kaiserpfalz Karls des Großen schickte, war sinnenfällig klar, wer hier politisches Gewicht beanspruchte.[8] Die Zeit der Kreuzzüge brachte zwar manche neue Erkenntnis, vor allem auf kulturellem Gebiet, jedoch kein vertieftes Verständnis des Islam. Ignoranz paarte sich mit Polemik. Das Wenige, das man wusste, und die meist kriegerischen Auseinandersetzungen, die man erlebte, reichten freilich dazu aus, ein über Jahrhunderte sich zäh haltendes Negativbild von Muhammad und den Sarazenen zu fixieren, das in seinen Nachwirkungen bis heute nicht völlig überwunden ist. Man deutete »Sarazenen« nach unzutreffender Etymologie theologisch abgrenzend als »die von Sara Enterbten« *(Sara kenoi)*.[9] Geldgier, lügnerische Hinterlist, sexuelle Freizügigkeit, Unberechenbarkeit und Ge-

DERS./J. KANDEL/E. PULSFORT (Hgg.), Religionen und Kulturen in Südosteuropa. Nebeneinander und Miteinander von Muslimen und Christen, Friedrich-Ebert-Stiftung, Berlin 2002, 8–21. Vgl. darüber hinaus T. ASAD, Formation of the Secular: Christianity, Islam, Modernity, Stanford 2003; N. DANIEL, Islam and the West. The Making of an Image, rev. ed., Oxford 1993; J.S. NIELSEN, Towards a European Islam, London 1999.

7 R. SOUTHERN, Western Views of Islam in the Middle Ages, 1962.

8 »Abu'l-Abbas« konnte dort jahrelang sozusagen als achtes Weltwunder bestaunt werden; vgl. etwa B. TIBI, Kreuzzug und Djihad. Der Islam und die christliche Welt, Taschenbuchausgabe, München 2001, 86–92.

9 Vgl. S. RAEDER, Antworten auf den Islam. Texte christlicher Autoren vom 8. Jahrhundert bis zur Gegenwart, Neukirchen-Vluyn 2006, 20.28, wo auch die Vermutung wiedergegeben wird, dass der Ausdruck Sarazenen von *scharqiyyun* »Orientalen« abzuleiten ist.

walttätigkeit waren Charakteristika wilder Krieger, die es mit dem Antichristen zu tun haben mussten, war doch ihr Prophet – nach einer falschen Nachricht, die im Umlauf war – im Jahr 666 gestorben.[10]

Andererseits hat es in vielen Regionen über lange Zeiträume hinweg eine erstaunlich enge Verflechtung der kulturellen Lebenswelten im Mittelalter gegeben, und zwar von Juden, Christen und Muslimen. Im Blick auf das jüdisch-muslimische Verhältnis im Mittelalter hat Shlomo Dov Goitein von einer »kreativen Symbiose« gesprochen.[11] Gerne und häufig wird auf die islamische Zeit im mittelalterlichen Spanien als ein »Goldenes Zeitalter« Bezug genommen. Der spanische Historiker Américo Castro hat für das ihm zufolge weitgehend friedliche und kulturell fruchtbare Zusammenleben vor gut sechzig Jahren den Begriff der *convivencia* geprägt.[12] Übersehen wird dabei oft nicht nur der Ursprung des idealisierenden Andalusien-Mythos in Projektionen des 19. Jahrhunderts mit denen jüdische Gelehrte wie Heinrich Graetz oder Politiker wie Benjamin Disraeli auf die beklagenswerten Verhältnisse in Mitteleuropa reagierten, sondern auch die Realität der unter wechselnden Machtverhältnissen sich an Ort und Stelle sehr unterschiedlich

---

[10] 666 ist die Zahl des Antichrist; tatsächlich starb Muhammad im Jahr 632.

[11] S.D. GOITEIN, Jews and Arabs. Their contacts through the ages, New York, 3. Aufl. 1974, 11f.

[12] Der Andalusien-Mythos wird als Blütezeit des Islam in Europa und islamischer Toleranz von unterschiedlichen konservativ-islamischen und islamistischen Kreisen aufgegriffen und genährt. Die (legale und illegale) Einwanderung aus dem Maghreb (v.a. Marokko) und Nahost hat in den vergangenen zwei Jahrzehnten mehr als eine Million Muslime nach Spanien gebracht, etwa die Hälfte lebt in Andalusien. Regelmäßig gibt es Streit um muslimische Gebete etwa in der Kathedrale von Cordoba, »La Mezquita«, der einstmals größten Moschee Europas. In Granada wurde im Sommer 2003 die Große Moschee (Mezquita Mayor) gegenüber der Alhambra eingeweiht, die »größte Moschee Europas« und zugleich die erste nach der Vertreibung 1492. Granada ist eines der Zentren der Murabitun-Bewegung des Schotten Abdulqadir as-Sufi alias Ian Dallas, die gegen die »Weltverschwörung des Kapitals« predigt und in Deutschland etwa mit dem »Rais« Abu Bakr Rieger und seiner Islamischen Zeitung vertreten ist. In Sevilla folgt derzeit die nächste millionenschwere Moschee. Elf vor allem mit Sponsorengeldern aus arabischen Ländern finanzierte Großmoscheen sind inzwischen in Spanien gebaut worden. Für viele Muslime ist dies Teil der »Rückeroberung« Spaniens für den Islam. Im Sommer 2010 ist der saudisch-wahhabitisch initiierte Fernsehkanal Cordoba TV (Madrid) auf Sendung gegangen. Aktivisten wie Abdennur Prado, Vorsitzender des Katalanischen Islamrats (Junta Islámica Catalana) und Redakteur der spanischen Website www.webislam.com, engagieren sich für die Gleichstellung des Islams und gar die »Befreiung Spaniens«. Zuletzt hat die »Cordoba-Initiative« des New Yorker Imams Feisal Abdul Rauf mit der Planung eines Moscheebaukomplexes in der Nähe des Ground Zero für Aufregung gesorgt. – Zum Problem des Mythos in Spanien vgl. E.M. MORENO/J.S. PÉREZ GARZÓN, A Difficult Nation? History and Nationalism in Contemporary Spain, in: *History & Memory* 14 (2002), 259–284.

gestaltenden Leidensgeschichten der jeweiligen Minderheiten.[13] Gleichwohl hat die in vielerlei Hinsicht gemeinsame Wissenschaftskultur – übrigens mit Arabisch als *lingua franca* – großartige Werke von bleibender Bedeutung hervorgebracht und bildet eine geistesgeschichtliche Brücke vom hellenistischen Erbe der Antike zur lateinischen Scholastik hin. Die *Summa theologica* eines Thomas von Aquin wäre ohne die Impulse des Philosophen und Arztes Ibn Sina alias Avicenna aus dem fernen Zentralasien (um 980-1037) oder des großen andalusischen Aristoteleskommentators Ibn Ruschd alias Averroes, eines Berbers aus Cordoba (1126-1198), nicht denkbar.[14] So finden wir das kosmologische Schema in der von den Muslimen formulierten neuplatonischen Synthese bei Thomas wieder – und um nur ein Beispiel für eine ideengeschichtlich wirkmächtige Weichenstellung zu nennen: Die Unterscheidung von Essenz und Existenz, von Wesen und Dasein, von Thomas in dialektischer Perfektion durchdekliniert, ist von Avicenna weit im Osten der islamischen Welt zum Thema gemacht worden. Es ist nicht nur der »Averroismus«, sondern auch der »Avicennismus« wissenschaftsgeschichtlich bedeutsam geworden. Es ruft heute Erstaunen hervor, zu sehen, dass Avicennas Gedankenexperiment des »Schwebenden Menschen« – mit der Ausblendung aller Sinneseindrücke zur Erlangung von Erkenntnisgewissheit[15] – geradezu als Vorbild für die reduktionistische Methode Descartes gedient haben könnte, der auf vergleichbare Weise zu seiner Formel *Cogito, ergo sum* gelangte. Schon der spanische Philosoph Ibn Tufail (um 1110-1185), latinisiert Abubacer, entwickelte das Experiment in seinem philosophischen Bildungsroman über die Stufen des menschlichen Erkenntnisprozesses weiter – und wurde in der europäischen Aufklärung fleißig rezipiert. Am Beispiel des auf einer einsamen Insel ohne menschliche Einflüsse aufwachsenden *Hayy ibn Yaqzan* (»Der Lebende, Sohn des Wachenden«, so auch der Titel des Werkes) wird versuchsweise die wesentliche Übereinstimmung von Vernunfterkenntnis und Offenbarung demonstriert. Die Wirkungsgeschichte des Inselmotivs

---

[13] Vgl. S. SCHREINER, Auf der Suche nach einem »Goldenen Zeitalter«. Juden, Christen und Muslime im mittelalterlichen Spanien, in: *Concilium* 39 (2003), 419–432.

[14] Averroes scheint muslimischerseits – auch zu Propagandazwecken – wiederentdeckt zu werden. Die mit Verweis auf ihn vorgebrachte Behauptung, der Islam habe nicht nur das Potenzial zur Aufklärung, sondern die westliche Aufklärung entscheidend vorbereitet (der Islam brauche also keine Aufklärung mehr), unterschlägt indes in der Regel die Tatsache, dass Ibn Ruschd seine Wirkungsgeschichte wesentlich im christlichen Mittelalter entfaltete, während er in der islamischen Welt durch die sich durchsetzende Synthese von al-Ghazali (gest. 1111) mehr und mehr in Vergessenheit geriet, um erst im 19. Jahrhundert, vermittelt durch den »Westen«, wieder mehr ins Blickfeld zu rücken.

[15] Išārāt II, 344, vgl. die Angaben bei P.O. SCHAERER/A.B. IBN TUFAIL: Der Philosoph als Autodidakt – Hayy ibn Yaqzan. Ein philosophischer Inselroman, Philosophische Bibliothek Bd. 558, Hamburg 2004, XXXIX.

und des Motivs des *Philosophus Autodidactus* – die keineswegs erst in Spanien beginnt – reicht von hier aus über Maimonides, noch einmal Thomas von Aquin, die Renaissance (Pico della Mirandola), die frühe Orientalistik und die Aufklärung tief in die europäische Geistesgeschichte. Vielleicht verdankt sich sogar die erfolgreichste literarische Verarbeitung des Inselmotivs der originellen Fiktion aus dem islamischen Spanien, Daniel Defoes Abenteuerroman *Robinson Crusoe* (1719).[16]

Ein besonders eindrückliches Beispiel für die kreative Symbiose wie auch für ihre beständige Bedrohung bietet die Lebensgeschichte des wohl bedeutendsten Gelehrten des sefardischen Judentums, des eben schon erwähnten Mosche ben Maimon, genannt Rambam, besser bekannt unter seinem latinisierten Namen Maimonides (1138-1204). Einige Jahre nach Ibn Ruschd ebenfalls in Cordoba geboren, spannt sich seine Biografie zwischen der spanischen Heimat, Nordafrika und der Levante, bis er sich in Fustat (Kairo) niederließ und dort als Gemeindeoberhaupt der Juden und Arzt mit engen Beziehungen zum Hof des ayyubidischen Sultans Salah ad-Din wirkte. Der judäo-arabische Philosoph, Arzt und Jurist, »Leuchte des Westens und des Ostens«, hat bei Bedarf hebräisch geschrieben, so das halachische Hauptwerk *Mischne Tora* (zwischen 1170 und 1180), doch sonst selbstverständlich auf Arabisch, so auch die »Wegweisung für die Ratlosen« *(Dalalat al-ha'irin)*, sein religionsphilosophisches *opus magnum*. In diesem Werk legt Maimonides mit den Mitteln der zeitgenössischen aristotelischen Philosophie die Vernunftgemäßheit der jüdischen Religion dar und tritt damit den Beweis an, dass Vernunft und Glaube, Religion und Philosophie keine Gegensätze sind, vielmehr die Philosophie das Mittel ist, die Gegenstände der Offenbarung anzueignen.[17]

Diese knappen Hinweise mögen nur in Erinnerung rufen, dass Christentum und Islam nicht nur gleichsam religionsgenetisch verbunden sind, sondern durchaus in nicht unbedeutenden Aspekten auch geistesgeschichtlich, und dies im europäischen Kulturraum. Muslimische Gelehrte ebenso wie Juden und Christen haben somit an dem wissenschafts- und kulturgeschichtlich bemerkenswerten und eben allen drei Religionen gemeinsamen Phänomen der »mittelalterlichen Aufklärung« Anteil, um einen Titel von Alexander

---

[16] Dies nimmt P.O. Schaerer nicht an und verweist auf andere Quellen. Vgl. zum Ganzen DERS., Der Philosoph als Autodidakt (s. Anm. 15), LXX–LXXXV.

[17] In der hebräischen Übersetzung von Schemuel ibn Tibbon (*Moreh ha-nevukhim* »Führer der Verwirrten«) ist das Werk bis heute wohl das wichtigste Werk der mittelalterlichen jüdischen Religionsphilosophie geblieben. Vgl. S. SCHREINER, Mose ben Maimon – Arzt, Philosoph und Oberhaupt der Juden. Eine Erinnerung anlässlich seines 800. Todestages, in: *Judaica* 60 (2004), 281–300.

Altmann aufzugreifen.[18] Auf Bereiche wie Kunst, Sprache, Musik, Medizingeschichte (in der etwa gerade Avicenna eine besonders herausragende Stellung einnimmt) sind wir dabei noch gar nicht zu sprechen gekommen.

Ohne die Geschichte verklärend von einem harmonischen Neben- oder gar Miteinander der Religionen, und ohne von einem »Goldenen Zeitalter« zu reden – ich schließe mich der Mythisierung und Idealisierung der andalusischen Blütezeit ausdrücklich nicht an –,[19] gilt es doch die Komplexität der Lage so wahrzunehmen, dass sie nicht kurzerhand auf ein »hier christliches Abendland – dort der orientalische Islam« reduziert wird.[20]

---

[18] A. ALTMANN, Von der mittelalterlichen zur modernen Aufklärung. Studien zur jüdischen Geistesgeschichte, Texts and Studies in Medieval and Early Modern Judaism Bd. 2, Tübingen 1987.

[19] Vgl. H.-R. SINGER, Der Maghreb und die Pyrenäenhalbinsel bis zum Ausgang des Mittelalters, in: U. HAARMANN (Hg.), Geschichte der arabischen Welt, München 1987, 264–322; A.T. KHOURY, Christen unterm Halbmond. Religiöse Minderheiten unter der Herrschaft des Islam, Freiburg i.Br. u.a. 1994; B. TIBI, Kreuzzug und Djihad (s. Anm. 8); B. LEWIS, Die Juden in der islamischen Welt. Vom frühen Mittelalter bis ins 20. Jahrhundert, München 2004 (amerik. Orig. 1984); M.R. COHEN, Under Crescent and Cross. The Jews in the Middle Ages, Princeton 1994; B. YE'OR, Der Niedergang des orientalischen Christentums unter dem Islam, 7.–20. Jahrhundert. Zwischen Dschihad und Dhimmitude, Gräfelfing 2002; M. TAMCKE, Christen in der islamischen Welt. Von Mohammed bis zur Gegenwart, München 2008; DERS., Koexistenz und Konfrontation. Beiträge zur jüngeren Geschichte und Gegenwartslage der orientalischen Christen, Studien zur Orientalischen Kirchengeschichte Bd. 28, Münster 2003.

[20] Die Forderung, nicht mehr von der jüdisch-christlichen, sondern der jüdisch-christlich-islamischen Kultur Europas zu sprechen (vgl. neben regelmäßigen Äußerungen muslimischer Verbandsvertreter z.B. die Initiative der sozialistischen Europaabgeordneten Gary Titley und Emine Bozkurt [www.todayszaman.com/tz-web/detaylar.do?load=detay&link=118335&bolum=102]; den Vortrag von Julian Nida-Rümelin, Europäische Identität? [www.nida-ruemelin.de/docs/europ_ident.pdf]; J. MICKSCH [Hg.], Vom christlichen Abendland zum abrahamischen Europa, Interkulturelle Beiträge Bd. 24, Frankfurt a.M. 2008), steht auf einem anderen Blatt. Sie ist wesentlich politisch motiviert und verdeckt, dass es in der Bezugnahme auf die jüdisch-christliche Überlieferung (deren Bindestrich freilich selbst eine späte, ja posttraumatische Konstruktion darstellt, um jede christliche Prägung an ihre ursprüngliche Verbundenheit mit dem Judentum zu erinnern) um die ***biblische*** Tradition und ihre Wirkungsgeschichte in Europa geht. Zwar kann der Koran religionsgeschichtlich als »Auslegung der Bibel« betrachtet werden, und eine »europäische Lektüre des Korans« (Angelika Neuwirth, s. www.wissenschaftsrat.de/download/archiv/neuwirth.pdf) ist prospektiv verheißungsvoll, wenn etwa Muslime den Koran wieder neu in seiner Verflochtenheit mit den jüdischen und christlichen Überlieferungsströmen lesen. Dies kann aber nicht ohne weiteres rückblickend in die Geschichte der christlich-islamischen Beziehungen in Europa eingetragen werden. Dass die notorisch antagonistischen Züge der Beziehungen gerade zum Islam historisch produktiv waren bei der Gestaltwerdung Europas, ist ein Faktum, das durch einen weiteren Bindestrich jedoch kaum angemessen eingeholt werden kann, sondern dadurch vielmehr nivelliert zu werden droht.

2. VOM MONOLOG ZUM DIALOG

Die christlich-islamischen Beziehungen im engeren Sinne lassen sich in aufeinander folgenden Etappen beschreiben, die in bestimmten Erinnerungen, Haltungen und Argumentationsmustern jeweils bis heute nachwirken. Unter diesem Gesichtspunkt soll das im vorigen Abschnitt Gesagte ergänzt und in groben Zügen an einige wichtige Konstellationen erinnert werden.[21]

Eine frühe Einschätzung beurteilte den Islam als *christliche Häresie.* So etwa der für die christliche Orthodoxie wichtige Theologe und Philosoph Johannes von Damaskus, der im frühen 8. Jahrhundert im Dienst des muslimischen Herrschers stand und im direkten Kontakt mit Muslimen den Islam als christliche Irrlehre bezeichnen konnte. Auch Petrus Venerabilis (gest. 1156) kann hier genannt werden, der um die Mitte des 12. Jahrhunderts die erste Koranübersetzung in eine europäische Sprache veranlasste. Angesichts der vielen biblischen Bezüge des Korans, die sich mit einem nachchristlichen prophetischen Anspruch verbanden, konnte man sich dogmatisch keinen anderen Reim auf die konkurrierende Glaubensrichtung machen. Dass sich in der Deutung theologische Nähe ausdrückt, muss nicht zugleich eine besondere Wertschätzung des Islam oder der Muslime bedeuten. *Polemik* beherrschte weithin und auf allen Seiten das Feld, die Verteidigung des Christentums und die Verurteilung des Aberglaubens. Im Rahmen der christlichen *Mission* gab es freilich immer wieder Bemühungen um Muslime, teilweise auch sehr kundige. Ein herausragendes Beispiel dafür liefert der katalanische Franziskaner Raimundus Lullus (gest. 1315), der sich auf dem Konzil von Vienne (1311/12) für die Einrichtung universitärer Lehrstühle für Arabisch und andere semitische Sprachen einsetzte. Abgesehen von Ausnahmen hatte die wechselseitige Kommunikation durch das Mittelalter

---

[21] Zur Substanz und zur Geschichte vgl. H. BUSSE, Die theologischen Beziehungen des Islams zu Judentum und Christentum. Grundlagen des Dialogs im Koran und die gegenwärtige Situation, Darmstadt 1988; H. ZIRKER, Christentum und Islam. Theologische Verwandtschaft und Konkurrenz, Düsseldorf 1989; DERS., Islam. Theologische und gesellschaftliche Herausforderungen, Düsseldorf 1993; K.-J. KUSCHEL, Juden – Christen – Muslime. Herkunft und Zukunft, Düsseldorf 2007; F. EISSLER, Gibt es eine abrahamische Ökumene? Zur Konstitution eines Begriffs und seinen religionstheologischen Implikationen, in: R. PECHMANN/ D. KAMLAH (Hg.), So weit die Worte tragen. Wie tragfähig ist der Dialog zwischen Christen, Juden und Muslimen?, Gießen 2005, 261–287; L. HAGEMANN, Christentum contra Islam. Eine Geschichte gescheiterter Beziehungen, Darmstadt 1999; S. RAEDER, Der Islam und das Christentum. Eine historische und theologische Einführung, Neukirchen-Vluyn, 2. Aufl. 2003; J. ZEHNER, Der notwendige Dialog, Studien zum Verstehen fremder Religionen Bd. 3, Gütersloh 1992; F. EISSLER, Neues Identitätsbewusstsein – Rückschritt oder Fortschritt? »Identity turn« im christlich-muslimischen Dialog, in: R. HEMPELMANN U.A. (Hgg.), Religionstheologie und Apologetik. Zur Identitätsfrage in weltanschaulichen Dialogen, EZW-Texte 201, Berlin 2009, 25–46.

hindurch jedoch vor allem monologischen Charakter, sah man im Anderen doch weniger das Gegenüber als den Gegner.

Waren im Mittelalter Mission und Polemik prägend, so wurde unter dem Eindruck der *Aufklärung* seit dem 18. Jahrhundert die Wahrheitsfrage neu gestellt. Auf der Suche nach einer natürlichen Religion richtete sich die Aufmerksamkeit auf die Konstitution des *homo religiosus*, auf die Religiosität als gemeinmenschliche Anlage, wie überhaupt die Frage nach wahrer Humanität in den Mittelpunkt rückte. Man wollte das Verbindende zwischen den Religionen finden. Die Wahrheit musste der *Vernunft* gehorchen und stellte sich wesentlich ethisch dar. Ein ebenso glanzvolles wie nachhaltig wirksames Zeugnis dieser Zeit ist das dramatische Gedicht »Nathan der Weise« von Gotthold Ephraim Lessing (1729-1781) mit der berühmten Ringparabel.[22] Was sich tolerant gab, drohte gleichwohl durch das Diktat der Vernunft, die sich die Religion(en) auf ein, auf welchem Wege auch immer, vorgefasstes erträgliches (»vernünftiges«) Maß an Humanität zurechtstutzen wollte, in den Bahnen des Monologs zu verharren – wenn auch nun eines aufgeklärten, »westlichen« und auf Harmonie bedachten Monologs.

Immerhin wurde der Islam, der eine starke rationale Seite entwickelt hat und mit Anspruch auf Verständlichkeit und ethische Klarheit auftritt, im Westen attraktiver. Verstärkt wurde dies durch die Welle des Historismus im 19. Jahrhundert, aufbauend zunächst auf eine wachsende Zahl von Reiseberichten, also konkretem Anschauungsmaterial, und die »Nebenwirkungen« der Kolonialisierungsbestrebungen. In nie dagewesenem Ausmaß wurde der damalige Horizont geweitet, was den Wissenschaften einen enormen Aufschwung bescherte. Mit der Ethnologie, der Religionswissenschaft, den entsprechenden Philologien wurden neue Wissenschaftszweige begründet. Der Islam wurde zum Gegenstand innerhalb einer eigenen neuen Disziplin, der *Orientalistik*. Dies hatte auch problematische Seiten, denn weithin blieb der Islam eben Gegenstand – übrigens auch einer Idealisierung und Romantisierung des faszinierend Orientalischen. Eine Orientbegeisterung, die schon Goethe ergriffen hatte, erreichte seit Napoleons Ägyptenfeldzug eine breite Öffentlichkeit. Man denke nur an berühmte Haremsbilder oder »Das Türkische Bad« von Jean Dominique Ingres oder die orientalisierende Bautätigkeit in deutschen Landen um die vorvergangene Jahrhundertwende. Spätestens seit Edward Saids »Orientalism« von 1978 werden die bis heute tief sitzenden Projektionen und Vorurteile einer romantisierenden und klischeebehafteten

---

22 Vgl. K.-J. KUSCHEL, Jud, Christ und Muselmann vereinigt? Lessings »Nathan der Weise«, Düsseldorf 2004; DERS., Vom Streit zum Wettstreit der Religionen. Lessing und die Herausforderung des Islam, Düsseldorf 1998.

Wahrnehmung – auch vonseiten der Wissenschaft! – unter dem Stichwort Orientalismus zunehmend selbstkritisch debattiert.

Erst in jüngerer Zeit ist die Einsicht in die Notwendigkeit eines *Dialogs* gewachsen, der sich seiner kulturellen und religiös-weltanschaulichen Kontexte bewusst wird und mit Vorurteilen, Anliegen und Zielen möglichst transparent umgeht. Eine bedeutende Zäsur bildet das Zweite Vatikanische Konzil (1962-1965). Es trifft in der Dogmatischen Konstitution über die Kirche »Lumen Gentium« und in der Erklärung über das Verhältnis der Kirche zu den nichtchristlichen Religionen »Nostra aetate« Aussagen, die in der Geschichte der katholischen Kirche bis dahin singulär sind und eine Wende in der Theologie markieren. Der Islam wird als ein Gottesglaube *in Kontinuität* zur biblischen Tradition anerkannt, der sich selbst von der Wurzel Abrahams herleitet. Die zunächst durch den Einfluss des französischen Orientalisten Louis Massignon inspirierte und bis heute diskutierte Idee einer »abrahamischen Ökumene« gewinnt von hier aus Gestalt.[23] Der Dialog wird institutionalisiert, in der Phase der nachkonziliaren Öffnung für den interreligiösen Dialog zuerst von katholischer Seite, bald auch durch den Ökumenischen Rat der Kirchen, der ab 1971 eine »Dialogue Sub-Unit« unterhielt. Zu den frühen Dialoginitiativen in Deutschland gehören die katholische Ökumenische Kontaktstelle für Nichtchristen (ÖKNI) und die ersten Christlich-Islamischen Gesellschaften (CIG) bzw. Arbeitsgemeinschaften wie Köln (1982), Ruhr-Essen (1983) und Marl (1984). Wie die JCM-Konferenzen (»Die Ständige Konferenz von Juden, Christen und Muslimen in Europa") seit Anfang der 1970er Jahre zeigen, hat die trilaterale Kommunikation zwischen Juden, Christen und Muslimen ebenfalls eine beachtliche Tradition.

In Deutschland hat der Anwerbestopp für Gastarbeiter im Jahr 1973 und die darauf folgende Regelung für die Familienzusammenführung mittelfristig zu einem grundlegenden Wandel geführt, nicht nur im Selbstverständnis der Muslime, sondern auch der Mehrheitsgesellschaft, die mit der stark wachsenden Minorität von Zuwanderern aus islamisch geprägten Ländern allzu lange nichts anzufangen wusste und sie deshalb lange marginalisierte oder gar ignorierte. Die Belastung durch Fehleinschätzungen und politische Tatenlosigkeit wirkt bis heute nach. Da die Mehrheit der Muslime aus den Armenregionen der Osttürkei zuwanderte und über kaum bis keine Bildung verfügte, ging es anfangs nicht um einen intellektuellen Dialog, sondern um sozialdiakonische Unterstützung in vielen praktischen Belangen des Alltags. Vor allem dafür setzten sich in der Phase nach 1973 kirchliche Vertreter, kleine Vereine und einzelne Initiativen ein, ohne dass die breite Öffentlich-

---

[23] Vgl. F. EISSLER, Gibt es eine abrahamische Ökumene? (s. Anm. 21).

keit groß Notiz davon genommen hätte. Hier wurde auch viel erreicht. Das Anliegen der Unterstützung der Minderheit hat seither einen festen Platz in den christlichen Dialogaktivitäten.

Es wurde noch verstärkt, als der Golfkrieg 1991 und seine Folgewirkungen dem Dialog ein größeres gesellschaftliches Interesse bescherten. Auch die massiven ausländerfeindlichen Ausschreitungen in Hoyerswerda und Rostock (1991/92) sowie die Mordanschläge in Mölln und Solingen (1992/93) trugen in Teilen der Bevölkerung zu einem Klima der Solidarität und der Annäherung im Dialog bei. Dies markiert eine weitere Zäsur im Verhältnis zwischen Christen und Muslimen. Vielerorts kam es aus der gemeinsamen Betroffenheit heraus zu einer *praxis pietatis*, vor allem in Gestalt von gemeinsamen Feiern mit multireligiösen oder interreligiösen Friedensgebeten. Die christlich-islamischen Beziehungen wurden angesichts der neuen sozialen und politischen Spannungen auf beiden Seiten intensiviert. Es entstanden eine Reihe weiterer muslimischer Organisationen und Dachverbände ebenso, wie neue Dialoginitiativen auf verschiedenen Ebenen. Die für viele neue *praxis* verlangte nach einer theologischen Reflexion. Eine Fülle von Orientierungshilfen und Arbeitspapieren zur Frage des gemeinsamen Gebets bzw. multireligiöser Feiern kam in den Folgejahren auf den Markt. Sie sollten eine spürbar gewordene Lücke schließen und stehen alle mehr oder weniger im Zeichen der Annäherung.[24]

Die damit umrissenen Entwicklungen machen die Wucht verständlicher, mit der die bisher letzte große Zäsur den christlich-islamischen Dialog in Deutschland, in Europa und darüber hinaus getroffen hat: der 11. September 2001. Was immer den Geschichtsschreibern einmal zum Jahr 2001 einfallen wird – als »Jahr des Dialogs der Kulturen« wird es wohl nicht in Erinnerung bleiben. Genau dies sollte es laut UNO jedoch sein, die das Jahr 2001 schon drei Jahre zuvor, übrigens auf Vorschlag der Islamischen Republik Iran, zum »Jahr des Dialogs zwischen den Zivilisationen« ausgerufen hatte.[25] Eine paradoxe Situation war die Folge der verheerenden islamistischen Terrorakte, auf die weitere schwere Anschläge 2004 in Madrid und 2005 in London folgten. Einerseits stand »der Islam« schlagartig im Zentrum des öffentlichen Interesses. In bis dato nicht gekannter Intensität wurden Informationen über

---

[24] Die Unterscheidung zwischen multireligiösem und interreligiösem Gebet wurde eingeführt durch die bayerische Arbeitshilfe »Multireligiöses Beten«. Eine Arbeitshilfe des Landeskirchenrates der Evangelisch-Lutherischen Kirche in Bayern, erarbeitet von der Islam-Kommission, 1992; kommentiert in: Una Sancta 2 (1993).

[25] Die Frankfurter Allgemeine Sonntagszeitung schrieb am Ende jenes Jahres dazu (Nr. 51 vom 23.12.2001, 53): »Hübsche Idee, aber entweder versäumten die Vereinten Nationen, rechtzeitig genügend Prospekte zu verschicken, oder einige Erdenbürger verfügen über ein höchst eigenartiges Dialogkonzept. ...«

den Islam abgefragt und in allen Sparten der Medien herauf und herunter gespielt, mal mehr, mal weniger seriös. Auf der anderen Seite war eine zunehmende Entfremdung zwischen vormaligen Dialogpartnern nicht zu verkennen. Vertrauen war schwieriger geworden, Ernüchterung machte sich breit und stellte den Dialog vor neue Aufgaben. Dazu gehörte eine neue Besinnung auf die eigene Identität, die eine kritische Profilierung im Blick auf das jeweils Eigene wie auf das Unterscheidende der Dialogpartner forderte und förderte.[26] Der Islamismus, freilich schon davor Gegenstand lebhafter gesellschaftlicher Debatten, und der militante Dschihadismus traten als öffentliches Diskussionsthema mit Macht in den Vordergrund. Muslime distanzierten sich von Gewalt und Terror und verwahrten sich gegen den Generalverdacht, alle Muslime seien potenziell demokratiefeindlich und gewaltbereit. Andererseits lebten einige führende Attentäter des elften September vor den Anschlägen eben gerade in Deutschland, Moscheen standen plötzlich als potenzielle Brutstätten für Radikale im Rampenlicht. Offizielle muslimische Stellungnahmen zu plural und demokratisch verfassten Gesellschaftsformen fielen nach Ansicht Vieler nicht entschieden und konkret genug aus. Es wurde deutlicher bewusst, dass der international agierende politische Islam auch hierzulande gut vernetzt ist. Zudem wächst in den vergangenen Jahren die Zahl der Deutschen, die sich dem militanten Islamismus zuwenden. Die Terrorgefahr bleibt hoch.

Die Auseinandersetzungen um den Islam in Deutschland sind hier nicht weiter nachzuzeichnen. Neben Moscheebau und der schwelenden Kopftuchdebatte sind der islamische Religionsunterricht nach GG Art. 7,3, die Ausbildung von Religionslehrkräften und Geistlichen (Imamen) sowie – damit verbunden – die Etablierung islamischer Studiengänge an Universitäten die aktuellen Hauptthemen, die zur Beheimatung des Islam in Deutschland und damit auch zur Eindämmung von Radikalisierung beitragen sollen. Doch zeichnet sich auf einer Linie, die etwa von den Attentaten über gesellschaftli-

---

[26] Von manchen als kontraproduktiv oder als überheblich betrachtet, sehen andere darin eine Chance, den Dialog auf eine zukunftsweisende und gesellschaftlich tragfähige Basis zu stellen. Vgl. zum *identity turn* im Dialog F. Eissler, Neues Identitätsbewusstsein – Rückschritt oder Fortschritt?, (s. Anm. 21). Die heftige und emotional geführte Auseinandersetzung um die EKD-Handreichung »Klarheit und gute Nachbarschaft« gehört in diesen Zusammenhang (s. dazu F. Eissler, Plädoyer für Klarheit und gute Nachbarschaft, Stellungnahme zu: *Klarheit und gute Nachbarschaft. Eine Handreichung des Rates der EKD*, hg. vom Kirchenamt der Evangelischen Kirche in Deutschland, EKD-Texte 86, Hannover November 2006, in: *Theologische Beiträge* 38/3 [2007], 353–358; J. Kandel/R. Hempelmann, »Evangelisch aus fundamentalem Grund«? Zur Kritik an der Handreichung »Klarheit und gute Nachbarschaft«, Sonderdruck Nr. 28 aus Materialdienst der EZW 1/2008 und 2/2008, Berlin 2008).

che Streitthemen wie die Kopftuchdebatte, den Karikaturenstreit, Moscheebaukonflikte, das Minarettverbot in der Schweiz bis hin zu zunehmend harschen Integrationsdebatten reicht, eine Entwicklung ab, die eine immer größer werdende Kluft zwischen Dialogbemühungen auf der einen und islamkritischen bis offen muslimenfeindlichen Haltungen auf der anderen Seite offenbart. An dieser Stelle werden große Herausforderungen für das christlich-islamische Verhältnis in der Zukunft sichtbar. Einer mehr oder weniger pauschalen Ablehnung »des Islam« und »der Muslime«, die immer häufiger öffentlich geäußert und immer salonfähiger wird, ist entschieden entgegenzutreten.[27] Dies darf jedoch nicht dazu führen, dass sachliche Kritik an islamischen Positionen, die nicht am pluralistischen Gesellschaftsmodell orientiert sind und die freiheitlich-demokratische Grundordnung mittelfristig infrage stellen, im selben Atemzug diskreditiert und die drängend notwendige Diskussion darüber verhindert wird. Muslimenfeindlichkeit (»Islamophobie«[28]) und eine im Blick auf die zivile Partizipation grundsätzlich solidarische konkrete Kritik in Sachfragen dürfen nicht in eins gesetzt werden.

Die Lage ist also unübersichtlich. Denn alles ist heute vorhanden und wird in unterschiedlicher Mischung und Profilierung vertreten: missionarische Bestrebungen, die teilweise mit einer ausgesprochenen Dämonisierung des Islam einhergehen; der aufgeklärt-vernünftige Zugriff auf *die* Religion, der die Religion*en* ethisch-moralisch (und aus eurozentrisch-westlicher Perspektive) domestizieren will und doch machtlos vor der Re-Religionisierung aktueller politischer und wirtschaftlicher Konflikte steht; die Begeisterung fürs Exotische, die mit doppelten Standards für Okzident und Orient einhergeht; Dialog auf internationaler, regionaler und lokaler Ebene mit der Bemühung um »gleiche Augenhöhe« und gesellschaftliche Anerkennung der muslimischen Minderheit; kritische Auseinandersetzung mit islamistischen Positionen und Strategien; zunehmende Ressentiments gegenüber Muslimen

---

[27] Ein nicht geringer Teil der Muslime ist subjektiv und im Blick auf die gesellschaftliche (wirtschaftliche, politische etc.) Partizipation vollkommen integriert. Vgl. S. HAUG U.A., Muslimisches Leben in Deutschland, hg. im Auftrag der Deutschen Islam Konferenz vom Bundesamt für Migration und Flüchtlinge, Nürnberg 2009; K. BRETTFELD/P. WETZELS, Muslime in Deutschland, hg. vom Bundesministerium des Innern, Berlin 2007; Jytte Klausen, Europas muslimische Eliten. Wer sie sind und was sie wollen, Bonn 2006; N. KERMANI, Wer ist wir? Deutschland und seine Muslime, München 2009.

[28] Vgl. dazu einführend J. KANDEL, Islamophobie – Zur Karriere eines umstrittenen Begriffes, Berlin 2006 (http://www.fes.de/BerlinerAkademiegespraeche/publikationen/ islamundpolitik/document s/Islamophobie.pdf). Jüngst erschien das erste »Jahrbuch für Islamophobieforschung«: F. HAFEZ (Hg.), Jahrbuch für Islamophobieforschung 2010: Deutschland – Österreich – Schweiz, Innsbruck u. a. 2010.

und Angst vor *hidden agendas*, vor einer Islamisierung der Gesellschaft und vor islamistischem Terror; wachsende Muslimenfeindlichkeit, offene Ablehung und anderes mehr.

3. ISLAM UND ISLAMISMUS IN EUROPA

Vor diesem Hintergrund haben programmatische Äußerungen von muslimischer Seite zur Zukunft des Islam in Europa besonderes Gewicht. Sie haben sich so oder so zum wachsenden Einfluss islamistischer Optionen der Gestaltung von Politik und Gesellschaft zu verhalten, die sich nicht nur durch einflussreiche Aktivisten und einschlägig profilierte Gelehrte aus der islamischen Welt, sondern vor allem auch über eine exorbitante Internetpräsenz Gehör verschaffen. Der explizit islamistische Diskurs ist Sache einer zahlenmäßig verhältnismäßig kleinen Minderheit unter den hier lebenden Muslimen, verfügt jedoch überproportional und international gestützt offensichtlich über mediale und finanzielle Ressourcen, die seinem Anspruch auf Deutungshoheit über »den Islam« und seine einzig richtige Interpretation wirkungsvoll Nachdruck verleihen. Die Resonanz unter jüngeren, auch gebildeten Muslimen sowie insbesondere jungen Konvertiten ist erheblich.

Die Unterscheidung zwischen Islam und Islamismus ist sinnvoll und notwendig. Andernfalls wäre etwa eine Differenzierung zwischen islamischen Positionen, die das geschichtlich vorhandene Reformpotenzial des Islam angesichts pluraler rechtsstaatlicher Gesellschaftsformen ausloten,[29] und einer von Islamisten geforderten »Reform« des Islam im Sinne der globalen Einung der islamischen *Umma* auf der autoritativ-legalistisch verstandenen Basis von Koran und Sunna gar nicht möglich. Man würde das Feld dem Machtdiskurs des Mainstream überlassen, der derzeit definitiv islamistisch geprägt ist.[30] Der Islamismus ist ein modernes Phänomen.[31] Er stellt eine

---

29 Vgl. etwa das Berlin Forum for Progressive Muslims (http://www.fes.de/BerlinerAkademiegespraeche/interkultureller-dialog/islam-gesellschaft/Berlin-Forum); K. AMIRPUR/L. AMMAN (Hgg.), Der Islam am Wendepunkt. Liberale und konservative Reformer einer Weltreligion, Freiburg/Basel/Wien 2006.

30 Dies wiederum zu verharmlosen, zu verschweigen oder zu tabuisieren (Stichwort »Islamophobie«), wäre realitätsfern und würde, sicher kontraintentional, islamistischen Tendenzen gerade zu mehr Einfluss verhelfen.

31 Zur Definition und zur Sache M. RIEXINGER, Islamismus und Fundamentalismus, 2007 (http://www.bpb.de/themen/SXR79M,0,0,Islamismus_und_Fundamentalismus.html); A. MEIER, Der politische Auftrag des Islam. Programme und Kritik zwischen Fundamentalismus und Reformen – Originalstimmen aus der islamischen Welt, Wuppertal 1994; P. SOOKHDEO, Global Jihad. The Future in the Face of Militant Islam, Pewsey 2007; O. ROY, Der islamische Weg nach Westen. Globalisierung, Entwurzelung und Radikalisierung, Mün-

mögliche Variante im zeitgenössischen Islam dar, die – in sich ein höchst differenziertes Phänomen – seit Mitte des vergangenen Jahrhunderts weltweit Anhänger gefunden und durch Migration und Ideologieimport auch in Europa Fuß gefasst hat.[32] Protagonisten anderer, möglicherweise offener, jedenfalls diskussionsbereiter und diskutabler Varianten des keineswegs monolithisch einheitlichen Islam sollten weder vergessen noch übersehen werden, nur weil ihre Stimmen nicht so laut vernehmlich sind. Vor allem dürfen Muslime nicht durch reduktionistisch oder essenzialistisch verkürzte Islam(miss)deutungen vonseiten der Mehrheitsgesellschaft auf radikale bzw. islamistische Positionen nachgerade festgelegt werden. Damit würden islamistische Diskursverfahren unter umgekehrtem Vorzeichen nur gespiegelt und auf diesem Wege von der Mehrheitsgesellschaft gerade gestützt.[33] Des-

---

chen 2006; J. KANDEL, Islamismus in Deutschland. Zwischen Panikmache und Naivität, Freiburg/Br. 2011; DERS., Wie »islamistisch« ist der Islam in Deutschland?, Berlin 2009 (http://www.fes.de/BerlinerAkademiegespraeche/publikationen/islamundpolitik/documents/IslamismusDeutschHerder.pdf); G. KEPEL, Das Schwarzbuch des Djihad. Aufstieg und Niedergang des Islamismus, München/Zürich 2002; E. SEIDEL/C. DANTSCHKE/A. YILDIRIM, Politik im Namen Allahs. Der Islamismus – eine Herausforderung für Europa, hg. von O. CEYHUN, MdEP für die PSE, Brüssel, 2. Aufl. 2001; H. BIELEFELDT/W. HEITMEYER (Hgg.), Politisierte Religion. Ursachen und Erscheinungsformen des modernen Fundamentalismus, Frankfurt/Main 1998.

32 J. KANDEL, Wie »islamistisch« ist der Islam in Deutschland?, a.a.O. (s. Anm. 31), 1: »Es gibt keine zwingende geschichtliche *Notwendigkeit*, dass sich aus ›dem‹ Islam der Islamismus entwickeln *muss*, aber es besteht die *Möglichkeit*. Islamisten halten sich für gläubige Muslime und ihre Version des Islam für den allein ›wahren‹ Islam. Im Blick auf die Akzeptanz der religiösen Kerndoktrin des Islam (die ›fünf Säulen‹, die sechs zu glaubenden Wahrheiten) sowie hinsichtlich der spezifischen religiösen Praxis unterscheiden sich Islamisten nicht von anderen Muslimen. Sie lesen und deuten aber Koran und Sunna als unmittelbare gesellschaftspolitische *Handlungsanleitungen* zur Transformation der, wie sie behaupten, ›unislamischen‹ Gesellschaften in der islamischen Welt und der ›ungläubigen‹ westlichen Gesellschaften in ›wahre‹ islamische Gemeinschaften. Trotz der innermuslimisch durchaus substantiellen Kritik am Islamismus hat m.W. noch kein Rechtsgelehrter Islamismus als ›unislamische‹ Ketzerei verworfen. Im Gegenteil. Hochrangige religiöse Autoritäten betrachten Islamismus als durchaus zur islamischen ›Familie‹ gehörig.«

33 Besonders problematisch ist in dieser Hinsicht der unkritische inflationäre Gebrauch des *Taqiyya*-Vorwurfs gegenüber Muslimen. Sowohl das auf Harmonie bedachte Herunterspielen der demokratiegefährdenden Potenziale aktiver islamistischer Netzwerke wie auch die auf Abgrenzung zielende Totalvereinnahmung aller Muslime für das, was man für die islamische Gefahr hält, gefährden demnach gleichermaßen eine konstruktive kritische Auseinandersetzung. Sie sind die extremen Pole ein und desselben essenzialistischen Vereinnahmungsdiskurses, der dem bevorstehenden und notwendigen gesellschaftlichen Prozess einer für alle Beteiligten annehmbaren und fruchtbaren Integration im Wege steht. Damit ist gleichwohl *nicht* infrage gestellt, dass die Frage, was unter dem islamischen Konzept der *Taqiyya* (»Vorsicht, Furcht, Verhüllung, Verstellung« bis hin zu »Täuschung, Lüge«) zu verstehen ist und welche Bedeutung sie heute hat, von Belang ist und dringend der Klärung bedarf. Der hoch umstrit-

halb sind muslimische Wissenschaftler und Gelehrte, die neue Interpretationsansätze entwickeln, wie es gerade im westlichen Kontext gut möglich ist, wichtige Botschafter. In diesem Sinne verstehen etwa maßgebliche muslimische Akademiker in Deutschland wie Ömer Özsoy, Bülent Uçar, Rauf Ceylan oder Mouhanad Khorchide ihre Arbeit, den Islam als *Religion*, die wie in Westeuropa im Gefolge der Aufklärung üblich geworden als »Privatsache« betrachtet wird, zu erforschen und darzustellen.

Wie anspruchsvoll indes die Unterscheidung zwischen Islam und Islamismus von Fall zu Fall ist, zeigt sich bei genauerem Hinsehen. Ein entscheidender Prüfstein ist die Pluralismuskompatibilität. Dabei reicht es nicht aus, den gesellschaftlichen und religiös-weltanschaulichen Pluralismus deskriptiv als (den faktisch gegebenen) Rahmen zu interpretieren, in dem dann womöglich intern religiös definierte Kollektivrechte gedacht oder etabliert werden sollen.[34] Es genügt nicht (etwa mit Verweis auf Sure 2,256 oder 4,1), Menschenrechte als der Religion inhärent zu betrachten, da in diesem Fall die Religion als ihr Garant auftritt und letztlich vorgeordnet bleibt. Es ist nicht hinreichend (etwa unter Hinweis auf Sure 5,48 oder 16,93), Pluralismus als »gottgegeben« zu definieren bzw. zu akzeptieren, weil auch dann die Religion Richterin darüber bleibt, in welcher Form sich dieser Pluralismus als solcher äußern darf und vor allem wo seine Grenzen sind. Es darf schlicht keine Nischen, keine »rechtsfreien Räume« für kommunitaristische Minderheitenrechte geben. Unabdingbar erscheint deshalb für *alle* Bürger die selbstkritische und offene Reflexion der verfassungsrechtlich gesicherten pluralen Situation gerade *als Bedingung der Möglichkeit* für Menschenrechte, Religionsfreiheit etc.[35]

---

tene Begriff ist nicht zureichend verstanden, wenn er auf ein rein religiöses Anliegen reduziert und damit als Glaubenssache behandelt wird. Er wird innerislamisch durchaus im Sinne eines Mittels der (politischen, auch militärischen) Auseinandersetzung mit Nichtmuslimen, als das er islamrechtlich legitimiert ist, lebhaft diskutiert. Vgl. den kritischen Überblick über die Quellen und die aktuelle Debatte von R. IBRAHIM, How Taqiyya Alters Islam's Rules of War, *Middle East Quarterly* 1 (2010), 3–13 (www.meforum.org/2538/taqiyya-islam-rules-of-war); zu den Grundlagen R. STROTHMANN/M. DJEBLI, Art. Taqiyya, in: Encyclopedia of Islam, 2. Aufl., Bd. 10, Leiden 2003, 134a–136a.

[34] Das geschieht häufig mit der Beteuerung, das islamische Rechtsverständnis sei mit »den hier geltenden Werten von Staat und Gesellschaft« *vereinbar*, die Prinzipien beider würden *harmonieren* – Formulierungen, die sich, vorsichtig ausgedrückt, für den Anspruch auf einen eigenen Bereich für die Scharia zumindest offen halten. Vgl. zum ganzen Problemfeld L. WICK, Islam und Verfassungsstaat. Theologische Versöhnung mit der politischen Moderne?, Würzburg 2009.

[35] Immer wieder ist es zu betonen: Christen haben in diesem Feld auch nur mit Mühe gelernt, häufig genug erst unter entsprechendem Druck von außen. Sie haben wenig Anlass, stolz und überheblich Forderungen zu stellen, dafür umso mehr Anlass, weiterhin selbstkri-

Einige Anmerkungen zu zwei programmatischen islamischen Äußerungen, die eine im Blick auf Europa, die andere im Blick auf Deutschland, beide von Vertretern eines längst in Europa – nämlich auf dem Balkan – beheimateten Islam, sollen am Ende zur Konkretion des aktuellen Diskussionsstandes dienen.

3.1 Die Deklaration europäischer Muslime von Mustafa Cerić

Der Großmufti von Bosnien-Herzegowina, Mustafa Cerić, zugleich das geistliche Oberhaupt *(Reis ul-Ulema)* der etwa zwei Millionen Muslime des Balkanstaates mit Sitz in Sarajevo, vertritt den »bosnischen Weg« des Islam, der als autochthone europäische Gestalt des Islam seit einigen Jahren besondere Beachtung findet.[36] Als Brückenbauer zwischen den Religionen hat sich der islamische Gelehrte, der Träger des Theodor-Heuss-Preises und des Eugen-Biser-Preises ist, verdient gemacht und regelmäßig aktiv für eine integrative europäische Islampolitik eingesetzt. Cerić gehört nicht nur zu den Erstunterzeichnern des Briefes von 138 islamischen Gelehrten an die Welt-

tisch zu sein. Definitiv kein Argument ist dessen ungeachtet in diesem Zusammenhang, die Christen hätten – wie die Muslime – ebenfalls ein religiöses Recht, das sie im Zweifelsfall der Staatsloyalität vorordnen würden. Natürlich gilt auch für Christen »Man muss Gott mehr gehorchen als den Menschen« (Apg 5,29), doch ist dies eine letzte Instanz der Selbstvergewisserung etwa angesichts drohender Repressalien durch den Staat, die die Gewissens- und Glaubensfreiheit tangieren. Christen würden dann – in diesem Notfall – zur Freiheitswahrung gewiss zur Entscheidung gezwungen und gegebenenfalls Opfer auf sich nehmen. Dies unterscheidet sich jedoch fundamental von einem Anspruch, einen wie auch immer konkret verstandenen Gehorsam gegenüber Gottesrecht gesellschaftlich durchsetzen zu wollen, wie es die Scharia vorsieht, und sei es für eine Minorität (Stichwort Schariavorbehalt). Von einem solchen Anspruch Abstand zu nehmen, muss in der Tat gefordert werden. Vgl. G. Wenz, Glaubensgewissheit und Gewissensfreiheit. Notizen aus evangelisch-lutherischer Perspektive, in: *Kerygma und Dogma* 54/2 (2008), 138–146 (Abdruck eines Vortrags an der muslimisch-theologischen Fakultät in Ankara).

36 Vgl. H. Schmid, Bosnischer Islam für Europa? Geschichte, Organisation, Sozialethik, in: B. Idriz u.a. (Hgg.), Islam mit europäischem Gesicht (s. Anm. 4), 50–74 (überarb. und erw. Fassung von dems., Brücke zur islamischen Welt. Was die bosnischen Muslime modellhaft macht, in: *Herder Korrespondenz* 62/2 [2008], 98–103); Islam in Bosnien und Herzegowina und Deutschland, hg. von der Friedrich-Ebert-Stiftung, Sarajevo 2008; S. Schreiner, Islamische Theologie im europäischen Kontext. Die islamisch-theologische Fakultät in Sarajevo und ihr Curriculum, in: W. Weisse (Hg.), Theologie im Plural. Eine akademische Herausforderung, Religionen im Dialog Bd. 1, Münster u.a. 2009, 41–48; F. Karčić, What is »Islamic tradition of Bosniaks«? (http://www.rijaset.ba/en/index.php?option=com_content&task=view&id=221&Itemid=1); E. Karić, Essays (on behalf) of Bosnia, Sarajevo 1999; I. Dzafić, Der Korankommentar von Husein Djozo (1912–1982). Moderne Koraninterpretation in Bosnien, Wissenschaftliche Beiträge aus dem Tectum Verlag; Reihe Religionswissenschaften Bd. 1, Marburg 2008.

christenheit (»A Common Word«),[37] er ist unter anderem auch Gründungsmitglied des in Dublin ansässigen *European Council for Fatwa and Research* (ECFR, Europäischer Rat für Fatwa und Forschung), der 1997 von der der Muslimbruderschaft zugerechneten Föderation Islamischer Organisationen in Europa initiiert worden ist. Vorsitzender und *spiritus rector* dieses Rates ist der 85-jährige in Qatar lebende und lehrende »Global Mufti« Yusuf al-Qaradawi, der als einflussreichster sunnitischer Gelehrter der Gegenwart und als Symbolfigur der weltweiten islamischen Erweckung gilt.[38]

2005/2006 hat Mustafa Cerić unter dem Eindruck der Terroranschläge in New York, Madrid und London eine Erklärung europäischer Muslime (A Declaration of European Muslims) aus seiner Feder veröffentlicht. Sie ist jüngst in einer Buchpublikation erneut der Öffentlichkeit zugänglich gemacht und kommentiert worden.[39] Sie besteht ursprünglich aus einer umfangreichen Einleitung und der eigentlichen Erklärung, die analog zur Einleitung entsprechend den drei Adressaten – Europäische Union, Muslime in Europa und die islamische Welt – in drei Abschnitte gegliedert ist, als solche jedoch weniger als ein Drittel des Textumfanges ausmacht. Bedauerlicherweise verzichtet das Buch von Benjamin Idriz, Stephan Leimgruber und Stefan J. Wimmer darauf, die gewichtige Einleitung wiederzugeben, und nimmt sich damit die Gelegenheit, Intention und Tragweite der Deklaration unver-

---

[37] Vgl. dazu F. Eissler (Hg.), Muslimische Einladung zum Dialog. Dokumentation zum Brief der 138 Gelehrten (»A Common Word«), EZW-Texte 202, Berlin 2009.

[38] Vgl. C. Polanz, Yusuf al-Qaradawi und sein Konzept der Mitte, in: *Materialdienst der EZW* 73/5 (2010), 170–179; F. Eissler, Wasatiyya – ein islamischer »Mittelweg«, *a.a.O.*, 163–170. Yusuf al-Qaradawi gilt auch als geistiger Vater von *IslamOnline*, dem meistbesuchten arabisch-englischen Islamportal (um dessen Ausrichtung jüngst allerdings ein interner Streit entbrannt ist, so dass es nicht mehr in der bisherigen Form besteht, vgl. jetzt die konkurrierende Website http://www.OnIslam.net). Hoch umstritten ist al-Qaradawi, insbesondere im Westen, weil er den einen angesichts seiner Offenheit für pragmatische Lösungen als moderat (auch als moderat islamistisch) gilt, andere in ihm hingegen einen Radikalen im Gewand der Mäßigung sehen, dessen Vorstellungen über Menschenrechte, Rolle und Rechte der Frau sowie islamisch legitimierter Gewalt vollkommen unvereinbar mit der freiheitlich-demokratischen Grundordnung westlicher Gesellschaften sind. Al-Qaradawi hat mehrfach Selbstmordattentate in Palästina gerechtfertigt, in welchen sich die »höchste Form des Dschihad« manifestiere. J. Kandel spricht im Blick auf al-Qaradawi von »kaum verhüllter islamistischer ›*Scheinmodernisierung*‹« (Wie »islamistisch« ist der Islam in Deutschland?, a.a.O. [s. Anm. 31], 6). Vgl. weiter al-Qaradawis Hauptwerk Das Erlaubte und das Verbotene im Islam, München 1989 (1. Aufl. 1960); ferner B. Gräf u.a. (Hg.), Global Mufti – The Phenomenon of Yusuf al-Qaradawi, London 2009.

[39] B. Idriz u.a. (Hg.), Islam mit europäischem Gesicht (s. Anm. 4). Dazu meine Rezension in *Materialdienst der EZW* 73/11 (2010), 435–437 .

kürzt darzustellen.[40] Bei genauerem Hinsehen stellt man allerdings fest, dass die Einleitung neuerdings überhaupt kaum greifbar ist.[41] Auf der offiziellen Internetseite der Riyasat der Islamischen Gemeinschaft in Bosnien und Herzegowina ist die Erklärung zwar in fünf Sprachen eingestellt (Bosnisch, Arabisch, Englisch, Französisch, Deutsch), davon enthalten jedoch nur die bosnische und die arabische Version die genannte Einleitung.[42] Dass dies gerade so verteilt ist, lässt wiederum vermuten, dass es sich nicht um einen Zufall handelt, sondern um eine Vorentscheidung, wem die Einleitung gelten soll und wem eher nicht. Wie dem auch sei, die Deklaration ist als Ganze ein aktueller und moderner Entwurf »mit Manifest-Charakter«,[43] der mit Klarstellungen und Forderungen zur Klärung des Verhältnisses von Muslimen und Nicht-Muslimen in Europa beitragen will und sich selbst als Diskussionsgrundlage versteht.

Eine zentrale Botschaft des Großmuftis lautet, dass der von wechselseitigen Missverständnissen geprägte Antagonismus zwischen Ost und West, Orient und Okzident, der islamischen und der nichtislamischen Welt in Zeiten der Globalisierung überwunden werden muss – und kann. Der Islam habe die integrative Kraft dazu. Sie sei bisher nur unzureichend zum Zug gekommen, auch in der islamischen Welt. Die islamische Welt habe islamische Werte (Islamic ideals) wie Freiheit, Demokratie und Menschenrechte (!) nicht verwirklicht, während der Westen Werte und Moralität vermissen lasse. Doch so wie in »Bagdad« (gemeint sind die kulturellen Errungenschaften rund um das »Haus der Weisheit« unter al-Ma'mun) und in »Andalusien« Muslime gleichsam als Katalysatoren bedeutender weltgeschichtlicher Entwicklungen gewirkt hätten, so stünde Europa jetzt, glaubt Cerić, vor der

[40] Dies gilt auch für die Erstveröffentlichung der Deklaration auf Deutsch von Stefan J. Wimmer und der Islamischen Gemeinde Penzberg (wohl B. Idriz) in: *Blätter Abrahams. Beiträge zum interreligiösen Dialog* 6 (2007), 7–15.

[41] Zumindest in mitteleuropäischen Sprachen. Bisher war die Deklaration wenigstens über Umwege unter http://www.islamicpluralism.org/texts/2006t/bosnianclericsdeclaration.htm vollständig auf Englisch abzurufen, auf diese Seite wurde auch von anderen Seiten verlinkt. Inzwischen hat das Center for Islamic Pluralism den Text offensichtlich aus dem Netz genommen. Entsprechendes gilt für http://www.livingincommunity.org/Declaration%20of%20European%20Muslims_Ceric.pdf. Die Ausführungen im Folgenden beziehen sich auf den erstgenannten Text und die arabische Übersetzung.

[42] http://www.rijaset.ba/en/index.php?option=com_content&view=article&id=66&Itemid=1. Zum gegenwärtigen Zeitpunkt bringt eine Internetrecherche eine einzige Adresse ans Licht, die eine zwar unformatierte, aber doch mit Einleitung versehene Reproduktion des Textes auf Englisch bietet. Es handelt sich um eine Seite des malaysischen Institute of Diplomacy and Foreign Relations: http://www.idfr.gov.my/en/index2.php?option=com_content&do_pdf=1&id=144.

[43] B. IDRIZ U.A. (Hg.), Islam mit europäischem Gesicht (s. Anm. 4), 10.

dritten großen Interaktion zwischen Ost und West. Es fällt auf, dass trotz und in der Überwindungsmetaphorik der Deklaration die essenzialistische Gegenüberstellung von »Islam« und »Europa« (sic) konstant aufrechterhalten und dadurch gerade untermauert wird.

Worin liegt die integrative Kraft des Islam, die auf eine Überwindung des Antagonismus durch Vermittlung der europäischen Muslime hoffen lassen soll? Allein der Islam, so Cerić, sei »die Lebensweise«, die sowohl die westlichen Werte inklusive Vernunftorientierung als auch die moralische und geistige Humanität und die Weisheit des »Ostens« zusammenbringen kann. Der Islam stehe mithin *über* bzw. *jenseits* von Ost und West. Der Westen, wie er heute ist, sei materialistisch und (sozial-)darwinistisch ausgerichtet, beklagt Cerić, man könnte wohl auch sagen: gottlos. Die islamische Welt hingegen sei bis heute in Stammesmentalität, in ethnischen und nationalistischen Diskursen gefangen. So missbrauche der Osten den Islam, um damit seine eigenen Fehler und Defizite zu verdecken; der Westen missbrauche den Islam, um ihn als rückständig zurückzuweisen und als Gefahr anzuprangern. Der unmissverstandene, wahre Islam hingegen, so die Konsequenz, muss von beiden Seiten erst (wieder-)entdeckt werden und liegt daher gewissermaßen noch vor uns, in der Zukunft Europas. Von daher überrascht es nicht, dass Cerić Sätze formuliert wie »Unsere Religion ist unsere Lebensweise«, »Wir müssen Europa lehren, die islamischen Werte anzuerkennen«,[44] der Islam sei »sowohl aufrichtiger Glaube wie rechtmäßige Religion«, »sowohl attraktive Kultur wie friedliche Politik«, und: »Die wichtigste Feststellung, die in der Erklärung für in Europa lebende Muslime enthalten sein sollte, ist deren Verpflichtung, den Islam dem westlichen Publikum als eine universale *Weltanschauung* zu präsentieren, und nicht als eine Stammes-, Volks- oder Nationalkultur.«[45] Die Europäer sollen die universale Botschaft des Islam verstehen und schätzen lernen (können), die sich nicht verheddert im Klein-Klein innermuslimischer Auseinandersetzungen, etwa zwischen den verschiedenen Rechtsschulen. Die Argumentation Cerićs passt insoweit ganz in die Linie der Politik des »Mittelweges« neuerer islamistischer Reformbewegungen und in das Umfeld des von der Muslimbruderschaft geprägten ECFR. Betont wird die Kompatibilität des Islam mit der Moderne und mit dem Westen, betont wird insbesondere auch die rechtsschulen- und nationenübergreifende Bedeutung der *Einheit* der weltweiten muslimischen *Umma*, der Gemein-

---

[44] Im Blick auf die Muslime stellt der Mufti dagegen klar, sie müssten den Westen, seine Kultur und seine Philosophie *verstehen*, aber »Verstehen bedeutet nicht Anerkennen« (»understanding is not accepting«, Mustafa Cerić, Declaration [s. Anm. 41], 4).

[45] »... their obligation to present Islam to the western audience as a universal *Weltanschauung*, and not as a tribal, ethnic, or national culture«: Mustafa Cerić, Declaration (s. Anm. 41), 2; in leicht abgeschwächter Form ebenso in der eigentlichen Erklärung, a.a.O., 15.

schaft der Muslime, für die Lösung der anstehenden Probleme. Dazu hat die *Umma* eine Mission, auch darüber lässt die Deklaration keinen Zweifel. Explizit zitiert Cerić Sure 16,125, den *locus classicus* des Korans zur Einladung *(da'wa)* zum Islam.[46]

Doch wie soll nun das Verhältnis des Islam zu den westlichen Gesellschaftsformen konkret aussehen? Hier greift ein weiterer zentraler Begriff des Ansatzes von Cerić: der Gesellschaftsvertrag. Im Zuge der Globalisierung zerfällt die Welt nicht mehr wie nach der klassischen islamischen Gesellschaftslehre in *Dar al-Islam* und *Dar al-Harb*, das »Haus des Islam« und das »Haus des Krieges«, vielmehr gibt es auch »islamfreundliches« Land, *Dar as-Sulh* »Haus des Friedens«.[47] Hier können Muslime in Frieden und Freiheit leben, sich niederlassen und ihre Religion ungehindert ausüben. Wo das der Fall ist, halten sich die Muslime dafür an die Gesetze des Landes, gleich einem Vertrag, der einzuhalten und nicht zu brechen ist, so die Ansicht, die unter anderen Vorzeichen auch schon im Mittelalter Anhänger fand. In diesem Sinne übernimmt auch Mustafa Cerić die Erweiterung des klassischen Dualismus um die Kategorie *Dar as-Sulh*, was er allerdings bevorzugt, unter Verweis etwa auf John Rawls‹ Theory of Justice[48], mit »Haus des (Gesellschafts-)Vertrages« wiedergibt. Damit greift er ein seit der Aufklärung bedeutsames Konzept westlicher Staatstheorien auf, bezieht sich damit jedoch nicht, wie man zunächst vermuten sollte, auf einen Interessenausgleich individueller und freier Bürger, sondern auf »die Muslime«, die die westliche Rechtsordnung quasi-vertraglich anerkennen, um im Gegenzug gemäß dem unverfügbaren »Bund« zwischen Gott und Mensch, der in der Scharia seinen Ausdruck findet, ihr Leben gestalten zu können.[49] Im mehrheitlich nichtis-

[46] Sure 16,125: »Rufe zum Weg deines Herrn mit Weisheit und schöner Ermahnung, und streite mit ihnen in bester Weise. Gewiss, dein Herr kennt sehr wohl, wer von seinem Weg abirrt, und er kennt sehr wohl die Rechtgeleiteten.«

[47] Auch »Haus der Versöhnung, der Sicherheit«; ein weiterer Begriff, der von anderen ganz ähnlich verwendet wird: *Dar al-'ahd* »Haus des Bundes«.

[48] J. RAWLS, A Theory of Justice, Oxford 1972.

[49] Das Konzept des »Bundes« (d.h. der Gewissensbindung des Menschen im Verhältnis zu Gott, deren ewiger, unveränderlicher Ausdruck die Scharia ist) im Verhältnis zum »Vertrag« (d.h. der gesellschaftlichen Ebene, die menschlich gestaltbar ist und von kontingenten Faktoren abhängig ist) erläutert M. CERIĆ in seinem Artikel The Challenge of a single Muslim authority in Europe, der Ende 2007 in dem CDU-nahen Brüsseler Magazin *European View* (6/2007, 41–48) erschienen war und in der Folge für eine heftige Debatte sorgte. Grund dafür waren nicht zuletzt Äußerungen Cerićs, die die Chance einer »Neuauflage des weltweiten Imamats thematisierten, das auf universaler islamischer Identität basiert« und das in Europa langfristig über alle Grenzen (auch zwischen Sunniten und Schiiten!) hinweg Gestalt gewinnen könne. Link zum Text: http://springerlink.com/content/40280g3825750494/full text.pdf. Zur Diskussion: http://www.welt.de/politik/article1987988/Aufsatz_in_CDU-naher

lamischen, aber für Muslime offenen Raum des *Dar as-Sulh* hat darüber hinaus die »Einladung« zum Islam Platz.[50] Vorbild für den Gesellschaftsvertrag sind für Cerić ausdrücklich die Verträge, die Muhammad in der Frühzeit des Islam mit Nichtmuslimen geschlossen hat, so der Vertrag von Hudaibiyya und der Vertrag von Medina.[51] Spätestens hier wird indes deutlich, wie sehr der Begriff des Gesellschaftsvertrags umgebogen bzw. neu gefüllt wird. Die Anschlussfähigkeit des Islam in Europa sieht das Oberhaupt der bosnischen Muslime nicht in einer näher zu bestimmenden Integration oder gar Inklusion, sondern in einer Art Partnerschaft. Er stellt sich dies offenkundig nicht transformativ, sondern komplementär vor; er denkt gruppenbezogen. In der Tat geht Cerićs Entwurf von *Ausnahme-* bzw. *Erweiterungs*regelungen in Bezug auf die Scharia aus, die für Muslime im Westen greifen sollen und die auf den Ideen des von Taha Jabir al-'Alwani (USA) und anderen formulierten Minderheitenrechts für Muslime im Westen aufbauen.[52] Die in diesem Umfeld diskutierten unterschiedlichen Ansätze laufen auf ein religiös definiertes Kollektivrecht für Muslime in Europa hinaus, *weil* und *sofern* Muslime nicht die Mehrheit ausmachen.

Unter diesen Voraussetzungen kann Cerić folgerichtig bekennen, dass »die europäischen Muslime den folgenden gemeinsamen europäischen Werten umfassend und vorbehaltlos verpflichtet sind: a) der Rechtsstaatlichkeit, b) den Prinzipien der Toleranz, c) den Werten von Demokratie und Menschenrechten, d) der Überzeugung, dass jedem einzelnen Menschen das Recht auf fünf grundlegende Werte zukommt: Leben, Glauben, Freiheit,

_Zeitschrift_fordert_Scharia.html; http://www.spiegel.de/politik/deutschland/0,1518,553231,00.html; F. EISSLER, Bosniens Großmufti für europäische Islam-Autorität, in: *Materialdienst der EZW* 71/8 (2008), 310f.

[50] Dies hebt Tariq Ramadan hervor, der in einer analogen Begriffsbildung von *Dar asch-Schahada*, dem »Haus der Bezeugung (des Islam)« spricht. Die beiden Konzeptionen berühren sich in vielen Punkten. Im Grunde rechtfertigt die missionarische Verbreitung des Islam den Aufenthalt von Muslimen im nichtislamischen Land. – Zu dem »Reformsalafisten« Tariq Ramadan: T. RAMADAN, Muslimsein in Europa. Untersuchung der islamischen Quellen im europäischen Kontext, hg. von Muslim Studenten Vereinigung in Deutschland, Marburg 2001; DERS., Radikale Reform. Die Botschaft des Islam für die moderne Gesellschaft, München 2009; R. GHADBAN, Tariq Ramadan und die Islamisierung Europas, Berlin 2006.

[51] Vgl. M. CERIĆ, Declaration (s. Anm. 41), 3.

[52] Arabisch *fiqh al-aqalliyyat*; T. J. al-'Alwani ist der Gründer und vormalige Vorsitzende des Fiqh Council of North America. Vgl. zu den Rechtsreformbestrebungen al-'Alwanis und Yusuf al-Qaradawis die wichtige Studie von J. SCHLABACH, Scharia im Westen. Muslime unter nicht-islamischer Herrschaft und die Entwicklung eines muslimischen Minderheitenrechts für Europa, Islam in der Lebenswelt Europa Bd. 7, Münster 2009; ferner R. GHADBAN, Ist ein Euro-Islam möglich?

Eigentum und Würde.«[53] Es bleibt am Ende nur die Frage, wie dies unter eben den genannten Voraussetzungen genauerhin zu verstehen ist. Mindestens drei Gesichtspunkte dürften bei der Beantwortung dieser Frage von Bedeutung sein:

a) Zum Stichwort »vorbehaltlos«: Die Deklaration spricht nicht allgemein von den Menschenrechten, der Demokratie, der Toleranz usw., sondern von *Grundwerten* (basic values) der Menschenrechte und der Demokratie, *Prinzipien* der Toleranz u.Ä. Dies scheint gerade nicht Ausdruck einer *vorbehaltlosen*, sondern vielmehr einer im juristischen Sinne *grundsätzlichen* Zustimmung zu sein – das heißt »vom Grundsatz her«, Ausnahmen bzw. Interpretationen, beispielsweise aufgrund von islamrechtlichen Prinzipien, sind möglich.
b) Der Begriff »Rechtsstaatlichkeit« ist für mitteleuropäisches Verständnis mit einer Reihe von signifikanten Merkmalen ausgestattet. Die englische Fassung der Deklaration hat an der Stelle »rule of law«, der arabische Text liest »Geltung/Herrschaft des *gerechten Gesetzes*« *(hukm al-qanun al-adil)*. Inwieweit die Bedeutungsgehalte übereinstimmen, geht aus der Formulierung nicht klar hervor.[54]
c) Die Deklaration nennt konkret die Verpflichtung auf das jedem Menschen zustehende Recht, »dass seine fünf notwendigen Rechte verteidigt werden«, so die in Teilen klarere arabische Fassung. Diese »fünf Rechte« wahren Leben, Glauben (wörtlich: Religion, *din*), Freiheit (wörtlich: Vernunft, *aql*), Eigentum und Würde (auch: Ehre; traditionell insbesondere der Frauen, weshalb auch mit »Nachkommenschaft« übersetzt wird). Welche Nuancierung hier im – für westliche Ohren – unauffälligen, ja selbstverständlichen Duktus konkreter Grundrechte mitgehört werden muss, wird erst erkennbar, wenn die Herkunft der Fünferreihe aus der klassischen islamischen Rechtslehre bewusst wird. So besteht aus diesen fünf Prinzipien *(nafs, din, 'aql, mal, 'ird)* nach klassischer Lehre die *Intention* der Scharia. Die Bewahrung dieser Intention ist *maslaha*, das Eintreten für das Gemeinwohl der muslimischen *Umma*. Das friedfertige Bemühen um die Bewahrung dieser

---

[53] M. CERIĆ, Declaration (s. Anm. 41), 1 und 14; B. IDRIZ U.A. (Hgg.), Islam mit europäischem Gesicht (s. Anm. 4), 94.

[54] Für »Rechtsstaatlichkeit« hätte man im Arabischen doch wohl einen Hinweis auf den *nizam dusturi* erwartet, etwa *hukm ad-dasatir* oder *hukm al-qawanin*, oder auch *hukm al-qawanin al-mar'iyya*. Das Attribut »gerecht« in der religiös konnotierten Formulierung kann hingegen als Einschränkung oder doch als Qualifizierung gelesen werden, die ihre inhaltliche Bestimmung wiederum aus anderen Quellen als dem »Gesetz« selbst beziehen muss.

fünf essenziellen Grundpfeiler des Lebens wird von vielen Muslimen auch als eine Form des Dschihads verstanden.[55]

Von daher ist die Einschätzung, Cerićs – wie übrigens auch auf seine Weise Tariq Ramadans – Entwürfe seien von einem »ambivalenten Pragmatismus bei Festhalten an der globalen Geltung der Scharia« geprägt, verständlich und zutreffend.[56] Die Deklaration europäischer Muslime geht in der Tat nicht in erster Linie auf europäische Werte zu, sondern reinterpretiert europäische Werte islamisch, indem ihre moralische und gesellschaftsformende Kraft konkret aus ihrer Einbindung in den schariatischen Gesamtkontext erklärt wird. Eine Reinterpretation traditioneller Begrifflichkeiten im modernen Kontext ist als *theologischer* Prozess selbstverständlich nicht das Problem – ganz im Gegenteil –, sondern die gesellschaftspolitische Relevanz und die Konsequenz des damit verbundenen ganzheitlichen Anspruchs, die bisher nicht in der nötigen Klarheit diskutiert worden sind. Deren Crux könnte wohl so zusammengefasst werden: Mustafa Cerićs »integrative europäische Islampolitik« läuft darauf hinaus, nicht Muslime, sondern einen modernen Scharia-Islam in Europa zu integrieren.

3.2 Der Vorstoß zu einer Neubegründung der islamischen Theologie von Benjamin Idriz

Benjamin Idriz, gebürtiger Mazedonier und Imam der Islamischen Gemeinde Penzberg in Bayern,[57] ist mit seinem Inspirator und Förderer Mustafa Cerić eng verbunden, setzt jedoch durchaus auch eigene Akzente. Anlässlich

[55] Manche gehen so weit, zu behaupten, aus *diesem* Bemühen sei letztlich auch der moderne Katalog der Menschenrechte hervorgegangen, vgl. z.B. die dem türkischen Prediger Fethullah Gülen und seiner Bewegung nahe stehende Zeitschrift *Die Fontäne* 45 (2009), 47. – Vgl. zu dem zumal in der Diasporasituation wichtigen islamrechtlichen Konzept der *maslaha*, das zur flexiblen Anpassung von Schariabestimmungen an kontingente Erfordernisse dient, T. Nagel, Das islamische Recht. Eine Einführung, Westhofen 2001, 84–89.253–275; R. Ghadban, Tariq Ramadan und die Islamisierung Europas (s. Anm. 50), 126–135.

[56] J. Kandel, Wie »islamistisch« ist der Islam in Deutschland? (s. Anm. 26)], 6.

[57] Die Islamische Gemeinde Penzberg (IGP) ist nicht nur durch eine architektonisch aufsehenerregende Moschee sowie das Projekt »Zentrum für Islam in Europa – München« (ZIE-M), dessen Vorsitzender Idriz ist, überregional bekannt geworden. Der Verfassungsschutz wirft dem Verein Kontakte zu Islamisten vor. Die Gemeinnützigkeit wurde entzogen. Im Mai 2010 wurde der Antrag der IGP auf Unterlassung der Erwähnung im bayerischen Verfassungsschutzbericht 2008 durch das Verwaltungsgericht München abgelehnt. Die beanstandeten Aussagen entsprächen der Wahrheit und konnten veröffentlicht werden. Die IGP, die sich als »unabhängige, multinationale, neutrale und offene religiöse Gemeinde« versteht, dementierte.

einer vom Wissenschaftsrat in Kooperation mit dem Stifterverband für die Deutsche Wissenschaft und der Stiftung Mercator veranstalteten Fachtagung in Berlin sprach er sich für eine Neubegründung der islamischen Theologie aus.[58] In gebotener Kürze sollen die Eckpunkte vorgestellt werden.

Es sei zunächst nur darauf hingewiesen, dass Idriz vergleichbar mit Cerić von der mittelalterlichen Theorie der »Ziele der Scharia« *(maqasid asch-Scharia)* ausgeht, deren Hauptziel der Schutz der fünf Grundrechte »Glaube, Leben, Vermögen, Nachkommen und Vernunft« ist. Dies wirft dieselben schon erwähnten Fragen auf, die etwa die formale und inhaltliche Ausgestaltung der Menschenrechte betreffen.

Darüber hinaus zeigt Idriz jedoch ein weiterführendes Verständnis der hermeneutischen Situation, in der sich die heutige Koranwissenschaft und die islamische Theologie befinden und vor neuen Herausforderungen stehen. *Kontextbezug* ist denn auch ein zentrales Stichwort, mit dem die Hauptintention des Imams wohl benannt werden könnte. Abschied von einem absoluten, ahistorischen, »vertikalen« Verständnis der grundlegenden theologischen Topoi der islamischen Tradition – hin zu einem die historische Dimension berücksichtigenden, hermeneutisch bewussten, »horizontalen« Verständnis, zugespitzt in der fast schon wieder missverständlichen Formulierung: »Eine dogmatische Theologie ist im 21. Jahrhundert nicht lebensfähig.«[59]

Die Offenbarung sei nicht »nur vom Himmel herab« gefallen, »sondern sie wuchs auch vom Boden hoch«.[60] Idriz reflektiert das historische Werden der Lehre von der Unveränderlichkeit der beiden Glaubensquellen Koran und Sunna und die Differenz zwischen der Verkündigung der Religion und der Lösung von sozialen und politischen Fragen durch Muhammad. Für ihn ist klar: Muhammads Lösungen für die praktischen Fragen, »also die Scharia«, sind »historisch bedingt«.[61] Deshalb muss nach Idriz die klassische Theologie zugunsten einer »anthropologischen Theologie« zurücktreten, in deren Zentrum die Menschenrechte zu stehen kämen. Der Koran sei geoffenbartes Gotteswort, richte sich aber an den Menschen und handle wesentlich vom Menschen. Der Theologie müsse es daher darum gehen, »eine auf die Bedingungen unserer Zeit passende Antwort auf die Frage zu finden, was Gott gemeint hat, statt zu wiederholen, was Gott gesagt hat«. So müsse die Theologie auf eine neue Grundlage gestellt werden, die auf einer »vierfachen

---

58 B. IDRIZ, Islamische Theologie in Deutschland (s. Anm. 5); s. auch die Dokumentation F. EISSLER, Neubegründung der islamischen Theologie?, in: *Materialdienst der EZW* 73/10 (2010), 368–373. Ich beziehe mich im Folgenden auf den Text der auf der Internetseite der Penzberger Gemeinde eingestellten Langfassung des Vortrags.

59 B. IDRIZ, a.a.O. (s. Anm. 5), 1.

60 Ebd.

61 Ebd.

Neubegründung der islamischen Theologie« beruhe: Viermal sei ein »vertikales Verhältnis« durch ein horizontales zu ersetzen. Das vertikale Verhältnis 1. zwischen Gott und Mensch, 2. zwischen Text und Vernunft, 3. zwischen Diesseits und Jenseits sowie 4. zwischen Religion und Staat sei in jedem Falle durch ein horizontales zu ersetzen, so die Hauptpunkte der Gliederung.

Gott und Mensch seien Partner, Gott nicht eine zu fürchtende Obrigkeit, sondern Freund. Das ist die erste Dimension. Mit der zweiten sieht es auf den ersten Blick komplizierter aus. Um die Priorität der Vernunft in der Schriftauslegung zu begründen, greift Idriz auf Argumente der mittelalterlichen Mu‹taziliten zurück, die dasselbe Anliegen hatten. Die Vernunft war dem Menschen schöpfungsgemäß schon gegeben, bevor die Texte geoffenbart wurden. Gotteserkenntnis, die Erkenntnis von Gut und Böse wie von Rein und Unrein seien rational möglich. Deshalb sei der Vernunft vor der Tradition der Vorrang zu geben. Gleich an zweiter Stelle kämen dann die erwähnten »Ziele der Scharia« *(maqasid asch-Scharia).* Deren Schutzbereich seien »modern ausgedrückt« die Grundrechte und -freiheiten der Menschen. »Wir müssen die religiösen Texte im Einklang mit diesen fundamentalen Zielen interpretieren, um sie für unsere Gegenwart fruchtbar zu machen.«[62] Das beinhaltet laut Idriz eine Revision etwa der Erbschaftsregelungen, der Bestimmungen zu Frauenrechten und der *Hudud*-Strafen, die nicht buchstabengetreu, sondern »im Hinblick auf ihre Zielsetzung und im Einklang mit der Natur des Menschen« zu interpretieren seien. Ein Glaubensverständnis, das nicht im Einklang mit dem Gewissen und der Vernunft des Menschen steht, erzeuge Fanatismus. Mit seinem dritten Punkt setzt sich Idriz von einer »Überbewertung alles Jenseitigen«, die sich im Islam entgegen dem koranischen Befund breit gemacht habe, ab und für eine Zuwendung zur Schöpfung, zum sozialen Handeln (»der Menschheit dienliche Taten«) und zum Umweltschutz im weitesten Sinne ein. Schließlich beschreibt der Penzberger Imam das Verhältnis von Religion und Staat explizit auf der Basis der freiheitlich-demokratischen Grundordnung und des Rechtsstaats. Die Errichtung eines Glaubensstaates oder sogenannten Gottesstaates dürfe nicht zum Ziel gemacht werden, vielmehr sei das Ziel die Wahrung der Freiheit und der Menschenrechte. »Was heute zu tun ist, besteht darin, die überkommenen Staatsmodelle wie das Kalifat und Imamat in der Geschichte zu begraben und die wesentlich islamischen Werte wie Gerechtigkeit, Recht, Freiheit, gemeinsame Beratung und Kompetenz so neu zu interpretieren, dass sie ein institutionelles Gewicht erlangen (Demokratie).«[63] Auch mit dieser Forderung rückt Idriz von Mustafa Cerić ab, der in seinem Artikel in

62 A.a.O., 3.

63 A.a.O., 5.

European View[64] gleichsam Eckpunkte für eine gemeinsame muslimische Autorität in Europa entwickelt hatte, die auf drei theologischen Grundpfeilern aufbauen solle: auf *'Aqida* (Glaubensbekenntnis), *Scharia* (umfassende religiöse Rechtsordnung, »Bund«) und *Imamat* (innerweltliche Autorität, Führerschaft der muslimischen *Umma*) – mit dem Ziel der Legalisierung der Anwesenheit von Muslimen in der Diaspora, die mit der Institutionalisierung des Islam in Europa einhergehen soll. Idriz wird den Bund zwischen Gott und Mensch sicher nicht bestreiten, doch die Scharia hat ihm zufolge ihren Ort in der historischen Entwicklung der islamischen Rechtsprechung, und so soll das Verhältnis zwischen Religion und Staat nicht ein autoritäres oder eines gegenseitiger Kontrolle sein, sondern von einer horizontal angelegten, neutralen Zusammenarbeit geprägt werden.

Das von Idriz umrissene hermeneutische Programm ist sicherlich interpretationsfähig und interpretationsbedürftig. Es markiert jedoch eine Position, die durch die klare Unterscheidung des Wortlauts der Grundtexte von deren vernunft- und zeitgemäß zu analysierenden Zielen und die damit als möglich und nötig behauptete Revision von Schariabestimmungen weit über das hinaus geht, was in dieser Hinsicht weithin vertreten wird. Sie verdient Aufmerksamkeit, um von hier aus weitere Klärungen des Stellenwertes und der Bedeutung der Scharia im Westen zu erreichen.

Der Islam ist in den dargestellten Dimensionen religiöse Kultur und kultureller Teil Europas. Europa wird es auch in Zukunft ohne Islam nicht geben. Die Bewahrung und Entwicklung einer Kultur, die – im fortwährenden Wandel aller Kultur – der Freiheit des Denkens, Glaubens und Handelns, dem demokratischen Rechtsstaat und den individuellen, unveräußerlichen Menschenrechten dient, ist jedoch keine Selbstverständlichkeit mehr, wie es in der Vergangenheit noch scheinen konnte. Kultur wird immer mehr zum offenen Projekt, ihre Gestaltung gesamtgesellschaftliche Aufgabe. Diese Aufgabe wird durch Tendenzen der Ethnisierung, der Kommunitarisierung rechtlicher Sphären und der Isolierung sozialer Räume torpediert. Damit sind Inhalte und Werte angesprochen. Umso dringlicher erscheint es für die zukunftsfähige Bewältigung eben dieser Aufgabe, dass über den territorialen Begriff Europas hinaus eine inhaltliche Werteorientierung Europas stark gemacht wird. Anders wird eine Klärung der tatsächlichen Optionen und ihrer Alternativen nicht gelingen und der Kulturwandel dem Kräftespiel globalisierter Machtinteressen überlassen.

Doch dies ist ein anderes Thema, dem hier nicht weiter nachgegangen werden kann.

---

64 Vgl. M. CERIĆ, The Challenge of a single Muslim authority in Europe (s. Anm. 49).

Monika Eigmüller

Der Grundsatz religiöser Neutralität der Europäischen Union im Spiegel der Debatte um den Beitritt der Türkei[1]

Einleitung

Seit dem Bestehen der Europäischen Gemeinschaft ist die Frage, wer Mitglied werden darf, eine höchst umstrittene. Dabei standen zumeist strategische und ökonomische Interessen im Vordergrund der Diskussion. Geht es um die Frage des Beitritts der Türkei zur EU, so treten in den öffentlichen Auseinandersetzungen genau diese Fragen in den Hintergrund und kulturelle Unterschiede, insbesondere aber religiöse Unterschiede zwischen der Türkei und den EU-Mitgliedstaaten werden betont.

Diese Betonung religiöser Unterschiede erscheint gerade vor dem Hintergrund der strikten laizistischen Ausrichtung des türkischen Staates einerseits und der zunehmenden Säkularisierung der europäischen Gesellschaften andererseits verwunderlich. Und doch war es gerade die Debatte um den Beitritt eines Landes mit einer mehrheitlich islamischen Bevölkerung, die der Diskussion um gemeinsame religiöse und kulturelle Wurzeln in den Mitgliedstaaten der EU, kurz: der Frage nach einer gemeinsamen europäischen Identität, Auftrieb gab. Dabei wurde allerdings einmal mehr deutlich, dass Europa in genau dieser Frage deutlich gespalten und uneins ist.[2]

In politisch-soziologischer Perspektive ist diese Debatte nun besonders vor dem Hintergrund der spezifischen Erweiterungsdynamik, die der Entwicklung der Europäischen Union zugrunde liegt[3] von Interesse. Und vor diesem Hintergrund stellt sich die Frage, ob (und für wen) denn die religiöse Prägung der Bevölkerung eines Landes tatsächlich eine entscheidende Größe bei der Frage nach den Erweiterungsperspektiven dieses Landes ist? Behandelt die EU sie als eine solche? Und mit welchen Konsequenzen?

---

[1] Ich danke Gert Pickel und Georg Vobruba für diverse anregende Kommentare und Hinweise.

[2] J. Casanova, The Long, Difficult, and Tortuous Journey of Turkey into Europe and the Dilemmas of European Civilization, in: Constellations 13/2 (2006), 233–247.

[3] G. Vobruba, Die Dynamik Europas, Wiesbaden 2005, 93.

Um mich diesen Fragen zu nähern, werde ich im Folgenden zunächst das Selbstverständnis der EU selbst ins Zentrum der Analyse stellen und nach dem Selbstverständnis der EU in religiöser Hinsicht fragen. Es zeigt sich, dass die EU sich selbst als eine säkulare Gemeinschaft begreift. Demnach dürfte genau das Argument der anderen religiösen Ausrichtung der Bevölkerung eines Landes keine Rolle in den Überlegungen eines Beitritts spielen. Aber ist das so? Das werde ich am Beispiel der Debatte um den Beitritt der Türkei zur EU nachverfolgen. Wir werden sehen, dass in der Debatte um den Türkeibeitritt genau dieses Postulat religiöser Neutralität der EU nachhaltig verletzt wird.

Die Frage, ob die Türkei zur EU beitreten wird oder nicht ist allerdings letztlich eine politische. Zu erkennen ist, dass es zwischen den politischen Interessen der Union einerseits und dem in einigen Mitgliedstaaten angestrengten normativen Beitrittsdiskurs andererseits ein Spannungsverhältnis gibt, das vermutlich nicht folgenlos bleiben wird.

1. ZUM RELIGIONSVERSTÄNDNIS DER EU

Wollen wir etwas über den Stellenwert von Religion im politischen Gefüge der Europäischen Union erfahren, so bietet es sich zunächst an, die rechtlichen Grundlagen von Religion in Europa zu untersuchen.

Bis Mitte der 1990er Jahre spielte Religion in Politik und Recht der EU eine eher marginale Rolle, wie alles, was über die Schaffung eines einheitlichen Binnenmarktes hinausging. Dies änderte sich allerdings nach In-Kraft-Treten des Vertrags von Maastricht 1997, der ja mit dem Ziel verabschiedet wurde, der europäischen Wirtschaftsgemeinschaft auch eine Wertegemeinschaft zur Seite zu stellen. Und dieses Bemühen wurde schließlich im Zuge der Verhandlungen um die Formulierung einer Präambel für eine europäische Verfassung seit 2001 besonders deutlich sichtbar, wurde doch nun die Frage diskutiert, welche Rolle das Christentums für Europa und die Europäische Gesellschaft heute spielt.[4]

Aber nicht nur auf der diskursiven Ebene kam der Auseinandersetzung mit religiösen Themen seit Ende der 1990er Jahre ein neuer Stellenwert zu; zugleich lässt sich auch eine deutliche Ausweitung europäischer Rechtsmate-

---

[4] C. LAUDRUP, A European Battlefield: Does the EU Have a Soul? Is Religion In or Out of Place in the European Union? in: Religion, State and Society 37/1 (2009), 51–63; R. POTZ/S. BERLINGO/A. VON CAMPENHAUSEN/F. MARGIOTTA BROGLIO/F. ROBBERS/S. FERRARI, God in the European Constitution: opinions of members of the European Consortium for Church and State Research, in: European Consortium for Church and State Research, Newsletter 4/2004, 4–110.

rie, die sich mit religiösen Fragen beschäftigt, beobachten.[5]. Dabei reicht die Bandbreite von Empfehlungen, Richtlinien und Gesetzen, die die Kernbereiche religiösen Lebens betreffen, wie etwa die uneingeschränkte Möglichkeit zur Gottesdienstgestaltung oder das Verbot religiöser Diskriminierung, bis hin zu ganz speziellen Rechten, die sich aus dem besonderen Schutz der Religion ergeben, etwa die Regelung, dass »Mobile Kirchen« von den Erfordernissen der Harmonisierung auf dem Automobilmarkt ausgenommen sind[6] bis hin zur Regelung, dass religiöse Dienstleistungen bzw. die Bereitstellung religiöser Gegenstände von Mehrwertsteuerzahlungen befreit sind.[7]

Da es uns aber nicht um einen religionsrechtlichen *Aquis Communautaire* im Allgemeinen geht, sondern vielmehr um die Frage nach der Selbstdarstellung der EU in religionsrelevanten Fragen, beschränke ich mich im Folgenden auf Aussagen, die in die Richtung der Nichtdiskriminierung religiöser Gruppen, der Gleichbehandlung verschiedener Religionen und der Selbstbeschreibung der EU als einer säkularen Wertegemeinschaft zielen. Hierzu empfiehlt es sich, einen Blick in die entsprechenden europäischen Gesetzestexte, Richtlinien, Stellungnahmen und Empfehlungen in Hinblick auf entsprechende Verweise zu werfen. Grundsätzlich bieten sich verschiedene Quellen an: Neben den einschlägigen Abschnitten in Verträgen und Richtlinien der EU und der Gesetzgebung des EuGH ist es vor allem die Europäische Menschenrechtskonvention (EMRK), die mit Festschreibung des Rechts auf Religionsfreiheit in Art. 9 bereits 1950 Religion als einen besonderen Schutzbereich der in Europa geltenden Grundrechte hervorhob.[8]

Vier wesentliche Grundsätze können dabei ausgemacht werden: Erstens die religiöse Neutralität der EU, zweitens die damit einhergehende Anerkenntnis religiöser Gleichheit, drittens das Bekenntnis religiöser Freiheit und schließlich viertens der Grundsatz der Subsidiarität auch in Fragen der Religion.

1.1 Der Grundsatz religiöser Neutralität der EU

Vor allem in den Diskussionen um die Ausgestaltung des europäischen Verfassungsvertrags zeigte sich der Grundsatz religiöser Neutralität sehr

---

[5] M. SÖBBEKE-KRAJEWSKI, Der religionsrechtliche Aquis Communautaire der Europäischen Union. Ansätze eines systematischen Religionsrechts der EU unter EU-Vertrag, EG-Vertrag und EU-Verfassungsvertrag, Berlin 2006.

[6] Richtlinie 2001/85/EG., 1.3.2.

[7] Richtlinie 77/388/EWG.

[8] N. TIETZE, Religionssemantiken in europäischen Institutionen – politische Dynamiken einer semantischen Topographie, in: M. KOENIG/J.-P. WILLAIME (Hgg.), Religionskontroversen in Frankreich und Deutschland, Hamburg 2008, 404 ff.

deutlich: Während verschiedene Staaten bemüht waren, ihren Einfluss dahingehend geltend zu machen, in der Präambel einen Verweis auf die christlichen Werte der europäischen Gesellschaft unterzubringen und einen eindeutigen Gottesbezug herzustellen, setzte sich schließlich doch ein neutraler, säkularer Text durch. Mit dem Verweis auf das »kulturelle, religiöse und humanistische Erbe Europas« werden auch Nicht-Christen in die Gemeinschaft einbezogen, trägt der Verfassungstext der religiösen und weltanschaulichen Vielfalt Europas Rechnung. Zugleich werden jedoch die wesentlichen Einflüsse, die Europas Gesellschaften prägten und prägen auch in der Religion verortet.[9] Damit ist der Verfassungsvertrag einen wesentlichen Schritt über den EU-Vertrag hinausgegangen, ohne jedoch den geltenden Grundsatz religiöser Neutralität zu verletzten.

Die Union nennt in keinem ihrer Vertrags- und anderen Rechtssetzungswerke eine bestimmte Religion beziehungsweise Glaubensrichtung, sondern spricht grundsätzlich von Religion und religiösen Überzeugungen im Allgemeinen.[10] Dies gilt für Gruppen insgesamt, aber ebenso auch für den Einzelnen und begründet damit den Grundsatz der individuellen religiösen Gleichheit, die die Grundlage des Antidiskriminierungsgebots bildet.

1.2 Der Grundsatz religiöser Gleichheit/ Antidiskriminierungsgebot

Der Grundsatz religiöser Gleichheit beziehungsweise das Antidiskriminierungsgebot wird mit dem Vertrag von Amsterdam 1997 in Form des Art. 13 I EG-Vertrag in das Vertragsrecht eingeführt. Damit findet erstmals eine Vorschrift Aufnahme in das Primärrecht der Union, die explizit Religion erwähnt.[11]

> Unbeschadet der sonstigen Bestimmungen dieses Vertrags kann der Rat im Rahmen der durch den Vertrag auf die Gemeinschaft übertragenen Zuständigkeiten auf Vorschlag der Kommission und nach Anhörung des Europäischen Parlaments einstimmig geeignete Vorkehrungen treffen, um Diskriminierungen aus Gründen des Geschlechts, der Rasse,

---

[9] N. DOE, Towards a ›Common Law‹ on Religion in the European Union, in: Religion, State and Society 37/1 (2009), 147–166.

[10] G. ROBBERS, Diversity of state-religion relations and European Union unity, Ecclesiastical Law Journal 7 (2004), 304–316.

[11] SÖBBEKE- KRAJEWSKI, Der religionsrechtliche Aquis Communautaire (s. Anm. 5). Und erstmals wurde ein Antidiskriminierungsverbot nicht mit Verweis auf den freien Binnenmarkt und die Notwendigkeit, Wettbewerbsverzerrungen zu vermeiden begründet (wie etwa in Art. 119 EGV und Art. 6 EGV), sondern explizit mit dem Hinweis auf die Achtung von Menschenrechten und die Einhaltung der Grundfreiheiten gemäß Art. 6 Abs. 2 EUV (vgl. M. TRIEBEL, Das europäische Religionsrecht am Beispiel der arbeitsrechtlichen Anti-Diskriminierungsrichtlinie 2000/78/EG. Frankfurt a.M. 2004, 30 ff.).

> der ethnischen Herkunft, der Religion oder der Weltanschauung, einer Behinderung, des Alters oder der sexuellen Ausrichtung zu bekämpfen.[12]

Auch hier steht die Neutralität der Formulierung im Vordergrund, ist von Religion im Allgemeinen die Rede. Zudem fällt auf, dass Religion lediglich als ein möglicher Grund der Diskriminierung unter vielen genannt wird. Zugleich stellt Art. 13 EGV aber genau im Bereich der Religion die Sicherung individueller Religionsfreiheit her: Durch den Abbau hindernder Diskriminierung kann Religionsausübung nun gefördert werden.[13]

1.3 Der Grundsatz religiöser Freiheit

Auch der Grundsatz der Religionsfreiheit ist sowohl ein Individual- als auch ein korporatives Recht.

Die individuelle Religionsfreiheit ist bereits in der Europäischen Menschenrechtskonvention verankert gewesen, die, wenngleich nicht EU-Recht im engeren Sinne, sich doch als Selbstbeschreibung europäischen Selbstverständnisses gut interpretieren lässt, da sie immerhin von allen EU-Mitgliedstaaten unilateral ratifiziert wurde. Hervorgegangen aus dem Europarat wurde sie 1950 unterzeichnet und trat 1953 in Kraft. In den Grenzen liberaler demokratischer Prinzipien garantiert sie individuelle Meinungs-, Gewissens- und Religionsfreiheit – wobei letzteres auch die Freiheit des Einzelnen auf Wechsel der Religion beziehungsweise das Recht auf Ablehnung jeglicher Religiosität beinhaltet.

Benachteiligung aufgrund von Religionszugehörigkeit ist verboten, ebenso wie die Diskriminierung der Ausübung von Religion. Der freien und ungehinderten Ausübung von Religion ist nur durch die freiheitlich demokratische Grundordnung Grenzen gesetzt, um das höher stehende Gebot der öffentlichen Sicherheit und Ordnung zu wahren.[14]

Aus der individuellen Religionsfreiheit lässt sich schließlich auch die korporative Religionsfreiheit ableiten. In Art. 9, Abs. 1 der Europäischen Menschenrechtskonvention heißt es:

> »Jede Person hat das Recht auf Gedanken-, Gewissens- und Religionsfreiheit. Dieses Recht umfasst die Freiheit, die Religion oder Weltanschauung zu wechseln, und die Freiheit, seine Religion oder Weltanschauung einzeln oder gemeinsam mit anderen öffentlich oder privat durch Gottesdienst, Unterricht, Bräuche und Riten zu bekennen.«

---

[12] Art. 13 I EG-Vertrag.

[13] DOE, Towards a ›Common Law‹ on Religion (s. Anm. 9).

[14] J.-P. WILLAIME, European Integration, Laïcité and Religion, in: Religion, State and Society 37/1 (2009), 23–35.

Der individuelle Schutzbereich wird somit auf eine Gruppe ausgeweitet, ebenso wie auch auf juristische Personen, etwa Kirchen und Glaubensgemeinschaften.

Zudem bezieht sich der Grundsatz der Religionsfreiheit auch auf die Freiheit, die Religion zu wechseln und das heißt, Religion wird als etwas interpretiert, das nicht angeboren, festgelegt und für immer in einen Menschen eingebrannt, sondern wechselbar und wählbar ist.[15)]

1.4 Der Grundsatz der Subsidiarität auch in Fragen der Religion

Grundsatz allen EU-Rechts ist das Prinzip der Subsidiarität. Auch Fragen der Religion unterstehen ihm, nach Verabschiedung des Vertrags von Lissabon mehr denn je. So heißt es hier in Art. 16c., Abs. 1: »Die Union achtet den Status, den Kirchen und religiöse Vereinigungen oder Gemeinschaften in den Mitgliedstaaten *nach deren* Rechtsvorschriften genießen, und beeinträchtigt ihn nicht.« (eigene Hervorhebung)

Religiöse Angelegenheiten sind demnach in erster Linie Sache des nationalen Rechts und nationaler Gesetzgebung. So ist etwa das, trotz eines einheitlichen freien und zumeist wirtschaftsliberalen Grundsätzen verpflichteten Binnenmarkts, in einigen Ländern nach wie vor geltende sonntägliche Ladenöffnungsverbot zu erklären. Ebenso schlugen aber auch Versuche fehl, den Sonntag EU-weit zum Ruhetag zu erklären.[16] Die je spezifische Ausgestaltung des religiösen Raums in den einzelnen Mitgliedstaaten der EU ist also nach wie vor von entscheidender Bedeutung.

Zusammenfassend können wir festhalten, dass sich die EU in ihrer Selbstbeschreibung *erstens* als eine säkulare Wertegemeinschaft versteht, die *zweitens* die individuelle und kollektive Religionsfreiheit und Toleranz als gestaltendes Prinzip lebt und *drittens* deren Herstellung sicherstellt und gegen Diskriminierungen und Einschränkungen dieser Rechte vorgeht.

Soweit so gut. Aber sind diese geschriebenen Grundsätze tatsächlich die Handlungsgrundlage aktueller europäischer Politik? Insbesondere das selbstgegebene Gebot religiöser Neutralität, wie oben beschrieben, soll im Folgenden überprüft werden. Als Beispiel dient die Diskussion um den Beitritt der Türkei zur EU. Wird in der Frage des Beitritts auf religiöse Fragen Bezug genommen? Wie und in welcher Weise?

---

15 TIETZE, Religionssemantiken (s. Anm. 8), 405.

16 DOE, Towards a ›Common Law‹ on Religion (s. Anm. 9),149.

2. Wie religionsneutral ist die EU? Die Debatte um den Türkeibeitritt

Soll die Türkei Mitglied der EU werden? Seitdem der Europäische Rat im Dezember 2004 die Aufnahme von Beitrittsverhandlungen mit der Türkei beschlossen hatte, erregt kaum eine andere politische Frage so sehr die Gemüter. Und das, obwohl die Verhandlungen explizit »ergebnisoffen« geführt werden, ohne also einen auf die Verhandlungen folgenden Beitrittsautomatismus auszulösen. Dabei können zum einen verschiedene Akteure in der Debatte identifiziert werden, angefangen bei den EU-Institutionen, über die Nationalstaaten mit ihren verschiedenen politischen und auch gesellschaftlichen Akteuren, bis hin zu einem weit gediehenen wissenschaftlichen Diskurs; zum anderen, und damit einhergehend, können ganz unterschiedliche Themenfelder der Debatte ausgemacht werden.

So werden sowohl geographische, geopolitisch-strategische und wirtschaftliche als auch demokratietheoretische, historische und kulturelle Argumente aufgebracht und interessanterweise dienen alle Argumente dabei sowohl den Befürwortern als auch den Gegnern eines Beitritts, nur dass die Argumente jeweils unterschiedlich gewendet werden.[17]

Weniger erstaunlich ist hingegen, dass viele der angeführten Argumente dabei auf die Frage nach dem Selbstverständnis der EU selbst zurückführen – sowohl in räumlicher als auch in identitärer Hinsicht. Im Folgenden werde ich die an der Debatte beteiligten Akteure und ihre Argumente kurz beleuchten, insbesondere aber jene, die explizit Bezug auf Religion und religiöse Traditionen nehmen, um anschließend die Frage nach der religiösen Neutralität der EU wieder aufzugreifen. Ist die Union in ihrer Debatte um den Türkeibeitritt tatsächlich neutral? Welche Rolle spielen das Christentum und der Islam in der Diskussion?

2.1 Die EU-Institutionen

Das Verhältnis der Europäischen Gemeinschaft zur Türkei ist bereits Thema, seit die Türkei 1959 einen Antrag auf assoziierte Mitgliedschaft, 1987 dann auf Vollmitgliedschaft in der EWG stellte. Seit 1996 besteht eine Zollunion zwischen der EG und der Türkei, die bereits damals unter dem Vorzeichen einer möglichen späteren Vollmitgliedschaft der Türkei in der EU auf den Weg gebracht worden war. Auf dem EU-Ratstreffen in Luxemburg 1997

[17] Für einen Überblick seien empfohlen: C. Leggewie (Hg.), Die Türkei und Europa. Die Positionen, Frankfurt a.M. 2004; A. Giannakopoulos/K. Maras, Der Türkei-Diskurs im Europäischen Parlament 1996–2003, in: Dies. (Hgg.), Die Türkei-Debatte in Europa. Ein Vergleich, Wiesbaden 2005.

wurde schließlich die generelle Eignung der Türkei zur Mitgliedschaft in der Union festgestellt und zwei Jahre später offiziell zum Beitrittskandidaten erklärt, wenngleich die Aufnahme von Beitrittsverhandlungen schließlich doch noch einige Jahre hinausgezögert wurde; erst auf der Sitzung des Europäischen Rates am 16. und 17. Dezember 2004 in Brüssel wurde beschlossen, ab Oktober 2005 in Beitrittsverhandlungen mit der Türkei zu treten. Diesem Beschluss war ein Bericht und eine Empfehlung seitens der Europäischen Kommission zur Aufnahme offizieller Verhandlungen vorangegangen (vgl. SEK (2004) 1201; KOM (2004) 656).

Stellungnahmen der EU-Kommission zu Fragen des Türkeibeitritts lassen sich in verschiedenen Dokumenten finden, angefangen bei den Arbeitsberichten, die die Kommission für das Europäische Parlament und den Rat jährlich erstellt und in denen die Fortschritte der Türkei auf dem Weg in die EU beobachtet und beschrieben werden.[18] Zudem finden sich Stellungnahmen in Strategiepapieren und sogenannte Screening Reports der Kommission. Die Analyse der Dokumente zeigt dabei, dass sich die Kommission maßgeblich auf die Frage der Einhaltung der Kopenhagener Kriterien konzentriert, also auf Fragen der Gewährleistung von Demokratie, Rechtsstaatlichkeit, Menschenrechten und des Schutzes von Minderheiten.[19]

Dabei finden sich in den Texten keinerlei Äußerungen zum Islam, sondern ausschließlich Beobachtungen zur Stellung nicht-islamischer (oder, um genauer zu sein: nicht-sunnitischer) Gruppen bzw. Individuen in einer mehrheitlich sunnitischen Gesellschaft. Und insbesondere der Frage religiöser Freiheit wird hier ein recht großer Stellenwert eingeräumt. Allerdings geht es in allen Stellungnahmen immer um den Abbau von Diskriminierungen und die Herstellung von Gleichheiten im Land selbst – nie wird die Abwesenheit dieser Gleichheit mit dem Islam in Verbindung gebracht, zumal die massive Benachteiligung der Aleviten als nicht sunnitische Muslime in der Türkei prioritäres Thema aller diesbezüglichen Kommissionsberichte ist.

Zudem stellt die EU die Frage religiöser Freiheit in den allgemeinen Kontext des Minderheitenschutzes und thematisiert sie damit letztlich außerhalb eines religiösen Zusammenhangs. In der Türkei auftretende Probleme werden nicht im Islam verortet, sondern im Umgang des türkischen Staats mit Nicht-Sunniten, da der religiöse Pluralismus als eines der wesentlichen Gebote der EU in der Türkei nicht garantiert wird. Diese religiöse Intoleranz des Staates wird allerdings auf der gleichen Ebene thematisiert wie auch

---

[18] Zu finden insbesondere unter http://europa.eu.int/enlargement/index.en.

[19] In der Analyse beziehe mich insbesondere auf folgende Dokumente: COM (2008) 674; SEC (2008) 2699; COM (2007) 663; SEC (2007) 1436; SEC (2006) 1390; SEC (2005) 1426; COM (2005) 290; SEK (2004) 1201; SEK (2004) 1202; COM (2004) 656.

andere Missachtungen von Minderheitenrechten. Das heißt aber nicht, dass die EU-Kommission die Probleme religiöser Minderheiten in der Türkei bagatellisieren würde. Sie stellt sie nur in einen umfassenderen Kontext. So finden sich in jedem der Kommissions-Berichte über die Türkei detaillierte Darstellungen der Diskriminierung nicht-sunnitischer Religionsgemeinschaften bzw. einzelner Andersgläubiger (vgl. etwa SEC (2007) 1436: 16).

Auch andere EU-Institutionen, wie etwa der Ausschuss der Regionen, zeigen ähnliche Positionen wie die Kommission. Auch hier wird Religion als nur ein Problemfeld unter vielen auf dem Weg der Türkei in die EU benannt, niemals der Islam als solcher problematisiert und als Quelle von Problemen dargestellt, sondern Religion lediglich in Bezug auf fehlende Religionsfreiheiten thematisiert.[20]

In den Debatten des Europäischen Parlaments[21] finden sich entsprechend der verschiedenen Fraktionen und entlang nationaler Herkunft recht unterschiedliche Positionen hinsichtlich der Frage eines Beitritts der Türkei zur EU, wobei die Abgeordneten konservativer Parteien einer Vollmitgliedschaft eher skeptisch, linke Abgeordnete hingegen einem Beitritt der Türkei eher offen gegenüberstehen. Zugleich lassen sich abhängig vom jeweiligen Herkunftsland auch quer zu Parteilinien liegende Voten erkennen, etwa konservative britische Abgeordnete, die einem Beitritt der Türkei sehr offen gegenüberstehen.[22] Interessanterweise finden sich aber sowohl auf der Seite der Gegner eines Beitritts wie auch auf der Seite der Befürworter insbesondere solche Argumente, die die mehrheitlich islamische Prägung der türkischen Bevölkerung in den Vordergrund der Debatte rücken. So wird zum einen argumentiert, dass gerade die islamische Prägung der Türkei zum Prüfstein der Glaubwürdigkeit des europäischen Wertesystems werden könne. Erst die Aufnahme eines islamischen Landes würde die Gültigkeit der universellen

---

20 COMMITTEE OF THE REGIONS, Opinion of the Committee of the Regions of 6 July 2005 on the Recommendation of the European Commission on Turkey's progress towards accession. RELEX-026, Brüssel 06. October 2004; COMMITTEE OF THE REGIONS, Opinion of the Committee of the Regions on the 2007 Enlargement Strategy and main Challenges 2007-l-2008 in the Candidate Coutries. RELEX IV-009, 74th Plenary Session, 9.–10. April 2008.

21 Ich beziehe mich vor allem auf die Plenardebatten vom 13.12.2004, 28.9.2005, 24.10.2007, 21. Mai 2008, in denen über die Fortschritte der Türkei auf dem Weg in die EU einerseits und das Verhältnis zwischen EU und Türkei andererseits debattiert wurde.

22 F.R. PFETSCH, Das neue Europa, Wiesbaden 2007, 174; Dabei zeigt sich, dass diejenigen Abgeordneten, die einen föderalen europäischen Bundesstaat strikt ablehnen, einem Beitritt der Türkei tendenziell offener gegenüberstehen, als solche, die eine weitere Integration im Innern der EU fordern (vgl. A. WIMMEL, Transnationale Diskurse in Europa. Der Streit um den Türkei-Beitritt in Deutschland, Frankreich und Großbritannien, Frankfurt a.M. 2006, 217 f.).

Werteansprüche der EU nachhaltig belegen, so etwa die Meinung der Fraktion der Sozialdemokraten:

> Ich weise die Argumente derjenigen zurück, die die türkische Mitgliedschaft mit der Begründung ablehnen, die Türkei sei nicht »europäisch«. Dieser Streit wurde vor Jahren geklärt, als wir die Mitgliedschaft der Türkei im Europarat akzeptierten. Die Gegner des türkischen Beitritts versuchen, »europäisch« mit »christlich« gleichzusetzen. Doch spielt der Islam seit Jahrhunderten eine Rolle in der europäischen Geschichte und Kultur. Auf jeden Fall lautet das Motto der Europäischen Union »Einheit in Vielfalt«. Wir wollen nicht die Kulturen harmonisieren, sondern Möglichkeiten der Zusammenarbeit finden, bei der gleichzeitig die unterschiedlichen Identitäten beibehalten werden. *Indem wir der Türkei die Hand entgegenstrecken, machen wir deutlich, dass sich die EU auf eine europäische Identität gründet, die nicht ausgrenzt, sondern offen ist.* [23]

Demgegenüber betonen vor allem konservative Parlamentarier, dass gerade die islamische Prägung der Türkei für einen weiteren Anpassungsprozess problematisch sei – und berufen sich dabei gerne auf den (vermeintlichen) Willen der Bürgerinnen und Bürger der EU. So argumentiert etwa der Abgeordnete Mogens Camre (UEN):

> Die Bürger Europas heißen die Türkei nicht in der EU willkommen. Wenn dieses Parlament für die Aufnahme der Beitrittsverhandlungen stimmt, stellt es sich gegen die Wünsche der Bürger, die uns in dieses Haus gewählt haben. Die Bürger der EU wollen kein nichteuropäisches Land und keine nichteuropäische Kultur in der EU haben. Unsere Bürger wollen nicht, dass der Koran Einfluss auf die europäische Demokratie hat.[24]

Interessanterweise wird in beiden Positionen die Türkei als etwas sich von den europäischen Mitgliedstaaten durchweg unterscheidendes konzipiert, wobei sich die Wahrnehmung dieser vermeintlichen Andersartigkeit oftmals auf die andere Religiosität bezieht, und dies unabhängig davon, ob die Abgeordneten von der Vorstellung der EU als einem »Christlichen Club« oder einer laizistischen Gemeinschaft ausgehen.[25]

2.2 Die Nationalstaaten

Auch die Positionen der EU-Mitgliedstaaten sind sehr heterogen und unterscheiden sich sowohl von Land zu Land, als auch innerhalb der einzelnen Mitgliedstaaten entlang der verschiedenen Parteienlinien.

So spielte etwa in der überwiegend sozialdemokratisch geprägten Öffentlichkeit Schwedens die islamische Prägung der Türkei bei der Beitrittsdebatte überhaupt keine Rolle. Ein Parlamentsabgeordneter der SAP brachte die mehrheitliche Position auf den Punkt: »Wenn wir eine Mitgliedschaft der

---

23 R. CORBETT, PSE, 28.09.2005, Hervorhebungen durch die Autorin.

24 28.09.2005.

25 GIANNAKOPOULOS/MARAS, Die Türkei-Debatte in Europa, (s. Anm. 17).

Türkei nicht zulassen, dann sollte das sein, weil sie die Menschenrechte nicht beachten, nicht weil sie Muslime sind.« [26]

Ganz anders hingegen die Diskussion in Deutschland, Frankreich und Österreich. Hier erfasste die Debatte um den Türkeibeitritt nicht nur die verschiedenen politischen Fraktionen, sondern ebenso kontrovers wurde hier in Wissenschaft und breiter Öffentlichkeit diskutiert.[27] Allerdings lässt sich auch zwischen diesen Ländern ein wesentlicher Unterschied feststellen: Während in Frankreich die Rolle der Religion kaum thematisiert wurde und mehr auf grundsätzliche historisch-kulturelle Unterschiede zwischen Europa und der Türkei verwiesen wurde, kam in Österreich und Deutschland gerade der Religion ein wesentlicher Stellenwert in der Debatte zu.[28] So zeigt eine Aussprache im Deutschen Bundestag am 16. Dezember 2004, kurz vor der Entscheidung über die Aufnahme von Beitrittsverhandlungen durch die EU, dass nicht nur von den konservativen christlichen Parteien, sondern von allen Rednern die Frage des Türkeibeitritts als Frage des Beitritts eines islamischen Landes zur EU als mehrheitlich christlicher Gesellschaft thematisiert wird. So wirft etwa Claudia Roth, Bündnis 90/ Die Grünen, die Frage nach dem Zusammenhang zwischen Demokratie und Islam auf:

> Eine demokratische Türkei in der Europäischen Union zeigt Integrationsbereitschaft und Integrationsfähigkeit. Sie wäre ein Beweis dafür, dass die Behauptung, Islam und Demokratie seien per se ein Widerspruch, falsch ist. Außerdem wäre es ein sehr wichtiges Signal in die islamische Welt, in die arabische Welt und ein enormer Sicherheitszugewinn für uns alle.[29]

Die Redner von CDU/ CSU teilen diese Auffassung nicht. Vielmehr äußert etwa Friedberg Pflüger die Sorge, dass genau die Demokratisierung der Türkei zu einer Islamisierung des Landes führen könnte; schließlich würde der bislang vor allem vom Militär kontrollierte säkulare Staat dann die Freiheit bekommen, mit den Mitteln der Demokratie einen islamischen Staat zu bilden. Den entscheidenden Akteuren in der Türkei, maßgeblich Premierminister Erdogan und der regierenden AKP, wird unterstellt, einen islamischen Staat zu wollen. Und dies träfe zudem auf die Interessen der Mehrheit

---

[26] F. LANGDAL, Die Schwedische Debatte über einen EU-Beitritt der Türkei: Im Kern eine Frage der Konditionalität, in: GIANNAKOPOULOS/MARAS, Die Türkei-Debatte in Europa. (s. Anm. 17), 131.

[27] Dies traf zudem mit dem Erscheinen des Bandes »The Clash of Civilization« von Samuel P. Huntington Mitte der 1990er Jahre zusammen, was den Diskurs wesentlich bestimmte (S.P. HUNTINGTON, The Clash of Civilizations and the Remaking of World Order, New York 1996; vgl. J. FOX, Paradigm Lost: Huntington's Unfulfilled Clash of Civilizations Prediction into the 21st Century, in: International Politics 42/4 (2005), 428–457.).

[28] WIMMEL, Transnationale Diskurse in Europa (s. Anm. 22).

[29] Plenarprotokoll 15/148: 13799.

der Türkinnen und Türken zu, deren Kultur islamisch geprägt und deren Identität damit eine andere als die aller anderen Europäer ist.

Zum einen wird also der Islam selbst quasi als die Quelle des Übels benannt: Der Islam sei es, der zu religiöser Intoleranz führe, der Minderheitenschutz verhindere, der Diskriminierungen hervorbringe. Und zugleich ist der Islam nicht nur Quelle, sondern auch Ergebnis und Endpunkt der Andersartigkeit der türkischen Gesellschaft von der europäischen:

> Ich meine die Frage, ob sich ein Christenclub und der Islam vertragen. [...] Es ist gar keine Frage, dass das möglich sein kann. Aber ich glaube, Europa hat auch mit kultureller Identität, Geschichte und Traditionen, die über Jahrhunderte gewachsen sind, zu tun. Das hat mit Christentum und Christenclub erst einmal gar nichts zu tun – das wäre sehr oberflächlich betrachtet –, sondern damit, dass gerade in der globalisierten Welt jede Organisation bzw. jeder Zusammenschluss, der eine politische Union sein will, so etwas wie ein Wirgefühl benötigt. Dieses Wirgefühl ist mehr als das Bekenntnis zu Demokratie und Menschenrechten. Es beruht auf jahrhundertealter Geschichte, die man gemeinsam durchlebt haben muss: die griechische Antike, das römische Recht, der Investiturstreit, die Reformation, die Aufklärung, das alles prägt Europa.[30]

Ähnliche Stimmen lassen sich auch im öffentlichen und medialen Diskurs finden. Interessanterweise wird auch hier mit Verweis auf den Islam als wesentliche Quelle der Unterschiede zu den anderen Mitgliedstaaten der EU argumentiert. Etwa wenn es heißt:

> Die Befürworter des EU-Beitritts der Türkei verdrängen die Tatsache, dass die AKP Erdogans nicht in der Tradition Atatürks steht, sondern einen islamistischen Hintergrund hat. *Ihre Vertreter verdecken ihn zur Zeit mit dem Deckmantel der Modernisierung, um ihr Ziel zu erreichen.*[31]

Um welche Ziele es sich dabei handelt, liegt für einige Kommentatoren klar auf der Hand:

> Andererseits gibt es Leute in der Partei von Premierminister Erdogan, *die glauben, die Mitgliedschaft in der EU könnte ihnen helfen, die dritte Schlacht um Europa zu gewinnen.* Die erste Schlacht ging mit der Reconquista von Spanien verloren; die zweite Schlacht war die Belagerung von Wien. Die dritte Schlacht, so spekulieren diese Leute, könnte siegreich sein: *als Schlacht der Demographie, die es ihnen erlaubt, Zitadellen des Dschihad in Europa zu errichten.*[32]

---

30 Plenarprotokoll 15/148: 13803.

31 FAZ, 23.12.2004, nach E. MADEKER, Türkei und europäische Identität: Eine wissenssoziologische Analyse des Diskurses um den EU-Beitritt der Türkei, Wiesbaden 2008, 167.

32 Die Welt, 2.12.2004 nach MADEKER, Türkei und europäische Identität (s. Anm. 31) 168; Das hier in der WELT gezeichnete Bild ist allerdings kein neues; bereits in den 1950er und 60er Jahren wurde in der deutschen Medienberichterstattung das Bild *»einer gesichtslosen, gewaltbereiten, primitiv- religiösen türkischen Masse gezeichnet, die auf dem Lande nur auf den Moment lauere, in dem sie die türkischen Städte stürmen könne, um dort die westlich-orientierte*

Dieser kurze Blick in die bundesdeutsche Debatte zeigt, dass *erstens* die Türkei hier, anders als auf EU-Ebene, mit dem Islam gleichgesetzt wird. Die Türkei ist, wenngleich der Verfassung nach ein säkularer Staat, so doch untrennbar mit dem Islam verbunden und somit eigentlich ein islamischer. *Zweitens* wird argumentiert, dass die Türkei in ihrem Bestreben nach Beitritt zur EU getragen ist von hintergründigen Überlegungen, den Einfluss des Islam auf die Politik und den eigenen Staat so schließlich ausweiten zu können. Doch damit nicht genug: Diese islamische Türkei muss *drittens* Anlass zur Sorge geben, denn sie würde sich nicht mit einem bloßen Beitritt in die EU begnügen, sondern eben diesen als Möglichkeit zur Überformung des christlichen Europa mit muslimischen Werten und Gesetzen nutzen[33]. Und auch dort, wo nicht mit solch drastischen Bildern argumentiert wird, finden sich dennoch die Unterscheidung zwischen den Europäern und den Türken; und »diese Unterschiede haben etwas mit Christentum und Islam zu tun«, wie die FAZ 2002 bemerkt. Der Islam ist es letztlich, der als nichteuropäisch wahrgenommen wird.[34]

Dieser recht knappe Blick auf den nationalen Diskurs zeigt sehr deutlich, dass die in den Stellungnahmen der EU-Organe zu findende Neutralität in Bezug auf die Türkei und die mehrheitlich islamische Prägung ihrer Gesellschaft sich in den hier betrachteten mitgliedstaatlichen Diskursen nicht wiederfinden lässt.[35] Während sich die Kritik der EU-Kommission vor allem darauf bezieht, dass sich die Türkei selbst nicht religionsneutral verhält und es zu Diskriminierungen religiöser Minderheiten kommt, wird in den natio-

---

Elite zu beseitigen.« (J. WALTER, Die Türkei – ›Das Ding auf der Schwelle‹. (De-) Konstruktionen der Grenzen Europas, Wiesbaden 2008, 147)

33 WALTER, Die Türkei – ›Das Ding auf der Schwelle‹ (s. Anm. 32), 194 ff.; Gerne wird in diesem Kontext auch das demographische Argument bemüht, wonach die Türkei einerseits nach einem Beitritt das bevölkerungsreichste Land der Union sein würde und zudem die Geburtenraten im Gegensatz zu allen anderen EU-Mitgliedstaaten nach wie vor sehr hoch seien. Die Islamisierung Europas sei demnach nur eine Frage der Zeit. Vgl. hierzu etwa HUNTINGTON, The Clash of Civilization (s. Anm. 27).

34 Vgl. ausführlich zur bundesdeutschen Debatte: D. OZAN, Parteiliche Kommunikation am politischen Wendepunkt. Der EU-Beitritt der Türkei in deutschen und türkischen Parlamentsdebatten, Wiesbaden 2009.

35 Und wenngleich genau in dieser Frage nicht von einer einheitlichen europäischen Debatte gesprochen werden kann, da hierfür die verschiedenen Debatten in den unterschiedlichen Mitgliedstaaten zu sehr von nationalen Deutungsmustern geprägt sind (vgl. z.B.: S. PAASCHE, Europa und die Türkei. Die Konstruktion europäischer Identität in deutschen und französischen Parlamentsdebatten, Saarbrücken 2007; WIMMEL, Transnationale Diskurse in Europa (s. Anm. 22)), es sich also um spezifische Diskurse in nur einigen EU-Mitgliedstaaten handelt, so ist ihre generelle Wirkung auf die Einstellung der EU-Bürgerinnen und -Bürger in Bezug auf einen Türkeibeitritt doch nicht zu unterschätzen, wie etwa die Umfragedaten des Eurobarometers belegen.

nalstaatlichen Diskursen ebenso wie im europäischen Parlament teilweise die Auffassung vertreten, es sei der Islam selbst, der nicht zu Europa passe. So zeigt das Beispiel der deutschen Diskussion sehr deutlich, dass sich hier anders als im EU-Diskurs das Bild Europas als einer christlich-religiösen Wertegemeinschaft etablieren konnte. Problematisch ist diese Bezugnahme auf christlich-religiöse Werte, weil damit alles nicht-christliche per se ausgeschlossen ist.[36] Oder anders gesagt: Wird ein Ausschluss der Türkei aus der EU deshalb verlangt, weil sie das religionsrechtliche Skript der EU, das Neutralität verlangt, nicht erfüllt, dann könnte die Türkei daran politisch arbeiten. Wird allerdings ein Beitritt der Türkei mit dem Argument verwehrt, dass es der Islam sei, der nicht zur EU passe, eine mehrheitlich islamische Gesellschaft also nicht Europa-tauglich sei, dann liegt es nicht mehr in türkischer Hand, daran etwas zu ändern.

2.3 Die EU-Bürgerinnen und Bürger

Wie die Bürgerinnen und Bürger Europas zu einem EU-Beitritt der Türkei stehen, lässt sich am einfachsten den entsprechenden Umfrageergebnissen des Euro-Barometers entnehmen.[37] So spricht sich etwa im Jahr 2006 eine Mehrheit (55%) gegen eine Mitgliedschaft der Türkei in der EU aus. Ihrer Ansicht nach muss die Aufnahme der Türkei in die Europäische Union zwingend von zwei Garantien abhängig gemacht werden: Erstens der systematischen Respektierung der Menschenrechte (83%) und zweitens der nachhaltigen Verbesserung des Zustands ihrer Wirtschaft (76%). Immerhin ist eine ebenso große Mehrheit der Befragten (54%) der Auffassung, dass die Türkei aufgrund ihrer geografischen Lage zu Europa gehört. Allerdings geben 55% der Befragten an, dass die kulturellen Unterschiede zwischen der Türkei und den Mitgliedstaaten für einen Beitritt zu groß seien. Nur 38% sind der Meinung, dass die Mitgliedschaft der Türkei das gegenseitige Verständnis für europäische und muslimische Werte fördern würde, fast die Hälfte aller Befragten (47%) geht hingegen vom Gegenteil aus. Ähnlich fallen auch die Umfrageergebnisse der kommenden Jahre aus.

Auf die Frage, »in case the European Union would consider accepting new member countries in the future, according to you, what should be the two issues from the following list to be taken into account by Europe as a whole/by [OUR COUNTRY]/for you personally when making a decision?« geben allerdings lediglich die Bewohner eines Landes mehrheitlich an, dass

---

36 WALTER, Die Türkei – ›Das Ding auf der Schwelle‹ (s. Anm. 32), 36.

37 Zu finden unter http://ec.europa.eu/public_opinion/index_en.htm; ich beziehe mich auf folgende Umfragen: EB 65 (2006); Special EB 255 (2006); EB 66 (2007); EB 257 (2009).

kulturelle und religiöse Motive für ihre Entscheidung eine Rolle spielen: Italien. Generell sind es lediglich zwischen 10% und 25% der EU-Bürger, die die kulturell/religiöse Ausrichtung eines Landes als wichtigen Faktor für einen Beitritt bewerten.[38]

Dem allerdings widerspricht das Ergebnis auf die Frage, ob die Türkei, sollte sie alle Vorgaben der EU erfüllt haben, dann Mitglied der Union werden können. 48% aller Befragten verneinen dies, lediglich 39% befürworten einen Beitritt unter diesen Bedingungen. Noch deutlicher fällt das Ergebnis auf diese Frage in Frankreich, Deutschland und Österreich aus: In Frankreich lehnt eine gute Mehrheit (54%) einen Beitritt nach Erfüllung aller Beitrittskriterien ab, in Deutschland 69% und in Österreich gar 81%.

Da die Frage explizit die Erfüllung aller Beitrittskriterien vorsieht, scheint der Grund für die dennoch so hohen Ablehnungswerte in einer grundsätzlichen Ablehnung der Türkei zu liegen: Es geht nicht mehr um Defizite, die beseitigt werden könnten, sondern es zeigt sich, dass sich ein Bild der Türkei als »das Andere«,[39] das nicht zu integrieren ist, etabliert hat. Dabei verwundert es nicht, dass die ablehnenden Werte genau in den Ländern so hoch sind, in denen Medien, Politik und auch Wissenschaft über einen langen Zeitraum den Diskurs dahingehend bestimmt haben.

Das ist im Ergebnis in zweierlei Hinsicht folgenreich und hochproblematisch: Erstens (und darauf ist in der Debatte selbst vielfach hingewiesen worden) macht ein solches Bild des Islam in der europäischen Gesellschaft eine erfolgreiche Integration der bereits in den Mitgliedstaaten der EU lebenden Musliminnen und Muslime faktisch unmöglich. Und zweitens, und darauf möchte ich mich im Folgenden konzentrieren, erschwert, bzw. verunmöglicht diese Argumentation eine erfolgreiche Integration der Türkei, sollte es schließlich doch zu einem Beitritt zur EU kommen. Hat sich im Zuge dieses Diskurses erst einmal das Bild verfestigt, wonach die Türkei und die Türkinnen und Türken aufgrund ihrer kulturell-religiösen Andersheit in erster Linie ein Problem und eine Gefahr darstellen – und darauf weisen die Umfrageergebnisse des Eurobarometer deutlich hin – wird es schwer sein, nach einem Beitritt genau diesem Bild politisch entgegenzusteuern.

---

[38] European Commission, Flash Eurobarometer 257: Views on European Union Enlargement. Analytical Report, Brüssel 2009.

[39] WALTER, Die Türkei – ›Das Ding auf der Schwelle‹ (s. Anm. 32).

3. DIE FRAGE DES TÜRKEIBEITRITTS IM KONTEXT DER EU-ERWEITERUNGSDYNAMIK

Werfen wir einen Blick auf die Erweiterungsgeschichte der EU, dann zeigt sich Eines sehr deutlich: Fragen der Erweiterung sind seit jeher politische Fragen. Seit jeher reproduziert sich die Union nach einem gleichbleibenden Muster, indem nämlich jeweils die um den Kern der Union liegenden Peripherien in die Union integriert wurden.[40] Die dahinter stehenden Logiken sind leicht zu dechiffrieren: Kern und Peripherie sind immer durch ein gewisses Wohlstandsgefälle voneinander getrennt, wobei sich die Peripherie selbst wiederum auch von ihrer eigenen Peripherie durch ein gewisses abfallendes Wohlstandsniveau unterscheidet. Wohlstandsgefälle nun produzieren spezielle Problemlagen, namentlich lassen sie ganz spezielle Dynamiken hinsichtlich von Arbeitsmärkten und Personenmobilitäten entstehen. Auf die hieraus resultierenden Probleme wird mit zweierlei Mittel reagiert: Erstens mit verstärkter Abgrenzung nach Außen und dem Versuch, Grenzüberschreitungen zu unterbinden. Oder zweitens mit dem Versuch, mittels eines politischen Einwirkens in der jeweiligen Peripherie, die Probleme dort vor Ort zu lösen und sich so des Problems selbst zu entledigen, also quasi eine Politik der Inklusion zu betreiben, wobei eine »Politik der Inklusion [in dem Maße dominiert], in dem sich herausstellt, dass Exklusions-Politik nicht oder nur vorübergehend geeignet ist, den Interessen des wohlhabenden Kerns zuzuarbeiten. Dies ist immer dann der Fall, wenn es um die Bewältigung von technisch oder politisch nicht aufhaltbaren grenzüberschreitenden Problemen der Peripherie geht: grenzüberschreitende Umweltbelastung, illegale Migration, kriegsbedingte Instabilitäten« [41]. Genau dies lässt sich empirisch sowohl in Bezug auf die Süd- als auch auf die Osterweiterungen der EU detailliert zeigen.[42]

Wie nun verhält es sich mit dem Fall der Türkei? Auch hier, so meine Vermutung, setzt sich die spezifische Erweiterungslogik der EU fort, allerdings nach einer etwas anders gearteten Problemlage als in den bisherigen Erweiterungsfällen. Denn neben den spezifischen grenzüberschreitenden Problemen, wie die über die Grenzen der Türkei in die Mitgliedstaaten der Union stattfindende illegale Migration, sind es vor allem wirtschaftspolitische

---

40 G. VOBRUBA, Integration + Erweiterung. Europa im Globalisierungsdilemma, Wien 2001.

41 VOBRUBA, Integration + Erweiterung (s. Anm. 40), 93.

42 M. EIGMÜLLER/G. VOBRUBA, Selektive Grenzöffnung im Rahmen der Europäischen Nachbarschaftspolitik, in: M. MÖLLERS/R. VAN OOYEN (Hgg.), Jahrbuch Öffentliche Sicherheit, Frankfurt 2008, 359–369; M. EIGMÜLLER, Grenzsicherungspolitik. Funktion und Wirkung des europäischen Außengrenze. Eine Untersuchung am Beispiel spanischer Migrations- und Arbeitsmarktpolitik, Wiesbaden 2007.

Anliegen der EU, vor deren Hintergrund die Möglichkeit einer Mitgliedschaft der Türkei in der EU recht plausibel erscheint. Denn ganz im Sinne eines politischen Tauschgeschäfts wird mittlerweile die Frage der Mitgliedschaft der Türkei in der EU im Tausch gegen wichtige wirtschaftspolitische, und insbesondere energiepolitische Zugeständnisse seitens der Türkei verhandelt. So äußert sich etwa der damalige amtierende Ratsvorsitzende Alexandr Vondra in einer Debatte im Europäischen Parlament am 11. März 2009: »We would like to take this opportunity to stress the strategic importance of Turkey. The Presidency shares the opinion of the Parliament that Turkey needs to be commended for the progress achieved in the field of energy. We continue to assess ways forward in this crucial area particularly in terms of full support to the Nabucco pipeline project.«

Dieses Projekt der Nabucco-Pipeline entspringt dem Wunsch der EU, eine größere Unabhängigkeit vom bisherigen russischen Hauptgaslieferanten, der Gazprom, zu erreichen. Die Pipeline soll die Pipelines aus dem kaspischen Raum, Zentralasien, dem Irak und dem Iran zusammenführen und über den Balkan quer durch die Türkei nach Mitteleuropa lenken. Dieses Projekt hat einmal mehr an Bedeutung gewonnen, nachdem im Zuge des Gasstreits zwischen Russland und der Ukraine im Januar 2009 die Gaslieferungen in die EU zusammenbrachen. Der Zugang zu Gas aus dem kaspischen Raum wird daher als ein wesentlicher Garant der Unabhängigkeit der EU von Russland verstanden. Allerdings ist dieses Projekt nicht ohne die Türkei zu verwirklichen, liegt doch mehr als die Hälfte der Pipeline auf türkischem Gebiet. So erklärt etwa der PSE-Abgeordnete Hannes Swoboda in einer Plenardebatte des Europäischen Parlaments am 16. Januar 2008, dass »wer von Russland nur ein bisschen weniger abhängig sein möchte, schauen [muss], dass es auch andere Kanäle gibt, und die gehen einmal über diese Region und insbesondere auch über die Türkei. Was immer man jetzt über die Mitgliedschaft denkt – ich weiß, dass es da unterschiedliche Meinungen gibt –, die Türkei bleibt für die Europäische Union ein wichtiger Partner in diesem Raum und daher muss man die Türkei natürlich mit einbinden.«

Ebenso sieht es auch der türkische Premierminister Erdogan, der genau diesen Zusammenhang mehrfach deutlich machte. Und wenngleich auf Seiten der EU die Beitrittsfähigkeit der Türkei zwar letzlich nicht von den Gasgeschäften abhängig gemacht wird und hier nach wie vor die festgelegten Kriterien, die die Türkei für einen EU-Beitritt erfüllen muss, im Vordergrund stehen, geht es doch daneben auch immer um den Aufnahmewillen der Mitgliedstaaten – und der wird sicherlich maßgeblich durch eben solche Fragen beeinflusst. Denn die Frage, ob die EU die Türkei letztlich aufnehmen wird oder nicht, ist letzten Endes die Frage, ob die Türkei der EU etwas anzubieten hat, was all die »Kosten« eines Beitritts der Türkei, sowohl in ökonomischer als auch in gesellschaftlicher und politischer Hinsicht, aufzuwiegen vermag.

4. FAZIT

Die Frage, ob die Türkei Mitglied der Europäischen Union wird oder nicht, wird also auf der politischen Bühne letztlich doch als eine politische Frage verhandelt. Dabei stehen den wirtschafts- und energiepolitischen Argumenten auf Seiten der Befürworter eines Beitritt verschiedene Argumente entgegen, vornehmlich solche, die sich aus den von der EU selbst festgelegten Kriterien in wirtschaftlicher, politischer und gesellschaftlicher Hinsicht ergeben. Zugleich können wir aber feststellen, dass auch den Diskursen, die die identitären Fragen Europas und die kulturellen und religiösen Unterschiede zwischen der Türkei und Europa in den Vordergrund des Interesses stellen, ein bedeutender Stellenwert zukommt, prägen sie doch nachhaltig die Debatten in einigen Mitgliedstaaten der EU.

Problematisch ist dies, da sich selbst nach einem Beitritt der Türkei zur EU dieses in dem Diskurs hergestellte Gegensatzpaar – Europa bzw. der Okzident versus der Nahe/ Mittlere Osten bzw. der Orient, verbunden mit den dazugehörigen Zuschreibungen (hier: christliche Wertegemeinschaft, Rechtsstaat, Stabilität, Demokratie; dort: islamische Gesellschaft, Rückständigkeit, Instabilität, Autokratie, Willkür) - nicht selbstverständlich auflösen wird. Gerade die Verknüpfung der identitären Zuschreibung an die religiösen Prägungen der jeweiligen Gesellschaften erschwert dies und verunmöglicht so selbst nach einem Beitritt der Türkei ihre Integration in die EU. Denn solange »man für Europa als das Produkt christlicher Werte und Prägungen [argumentiert], kann die islamische Türkei nicht europäisch sein. Man ist europäisch oder eben nicht.«[43]

Letztlich führt die Diskussion um den Beitritt der islamischen Türkei zu der grundsätzlichen Frage nach den eigenen identitären Wurzeln der EU zurück – dies allerdings ohne rechten Erfolg: »One wonders whether Turkey represents a threat to Western civilization or simply an unwelcome reminder of a barely submerged, yet inexpressible and anxiety-ridden, «white» European Christian identity. The widespread public debate in Europe over Turkey's admission showed that Europe [is] actually the torn country, deeply divided over its cultural identity, unable to answer the question of whether European unity, and therefore its external and internal boundaries, should be defined

43 WALTER, Die Türkei – ›Das Ding auf der Schwelle‹ (s. Anm. 32), 61.

by the common heritage of Christianity and Western civilization or by its modern secular values of liberalism, universal human right, political democracy and inclusive multiculturalism. Publicly of course, European liberal secular elites could not share the Pope's definition of European civilization as essentially Christian. But they also could not verbalize the unspoken ›cultural‹ requirements that make Turkey's integration into Europe such a difficult issue.«[44] Indem man also einen türkischen EU-Beitritt aufgrund einer anderen religiösen und historisch-kulturellen Prägung ablehnt, definiert man andersherum Europa gleichsam als ein in der Geschichte festgeschriebenes Gebilde, dessen Charakteristika unveränderbar und dessen Gestalt letztlich unwandelbar ist.[45] Allerdings zeigt doch gerade der bestehende Widerspruch zwischen selbstauferlegter »religiöser Enthaltsamkeit« einerseits und leidenschaftlichen Debatten um religiöse bzw. religionsrelevante Themen andererseits sehr deutlich, dass genau in dieser Frage nach Gestalt und Charakter Europas durchaus noch Klärungsbedarf besteht. José Casanova schlägt vor, eben jene selbstauferlegte religiöse Enthaltsamkeit, also das strikte säkulare Verständnis unserer modernen, liberalen Gesellschaft aufzukündigen und gegen eine offene Religiosität einzutauschen. Nur so hätten einerseits die in den europäischen Mitgliedstaaten lebenden Muslime die faire Chance auf Integration, andererseits würde aber auch der Beitritt eines religiös anders geprägten Landes zur EU weniger problematisch sein.[46] Da nun aber die Frage von Religiosität beziehungsweise Säkularisierungsgrad einer Gesellschaft keine ist[47], die so ohne Weiteres politisch beeinflusst werden kann, liegt die zweite Lösung des Problems vielleicht näher: Nämlich die europäischen Grundsätze religiöser Neutralität, religiöser Gleichheit und religiöser Freiheit ernst zu nehmen und zur Grundlage politischen und gesellschaftlichen Handelns zu machen und die spezifische religiöse Prägung einer Gesellschaft nicht trotzdem sondern aufgrund dieser Grundsätze anzuerkennen.

---

[44] J. CASANOVA, Religion, European Secular Identities and European Integration, in: K. MICHALSKI (Hg.), Religion in the New Europe, Budapest 2006, 29.

[45] M. BACH, Die Konstitution von Räumen und Grenzbildung in Europa. Von verhandlungsresistenten zu verhandlungsabhängigen Grenzen, in: M. EIGMÜLLER/S. MAU (Hgg.), Gesellschaftstheorie und Europapolitik. Sozialwissenschaftliche Ansätze zur Europaforschung, Wiesbaden 2009, 169 ff.

[46] J. CASANOVA, Europas Angst vor der Religion, Berlin 2009.

[47] Zur Frage der Säkularisierung der europäischen Gesellschaften vgl. insbesondere G. PICKEL, Religionen und Religiosität in Europa zu Beginn des 21. Jahrhunderts – Unumkehrbare Säkularisierung? (in diesem Band), sowie: O. MÜLLER/G. PICKEL (Hgg.), Church and Religion in Contemporary Europe, Wiesbaden 2009.

Matthias Pöhlmann

Populäres Geheimwissen

Wandlungsprozesse moderner Esoterik in der Religionskultur

Säkularisierung, Pluralisierung und Individualisierung prägen die religiös-weltanschauliche Signatur der Gegenwart. Ein weiterer Faktor kommt ins Spiel: Zunehmend wird die heutige Weltsituation von der Globalisierung bestimmt. Ursprünglich stammt der Begriff aus den Bereichen Politik und Ökonomie. Bezeichnet wird damit der fortschreitende Prozess weltweiter Arbeitsteilung. Verbunden mit der Globalisierung ist eine Dynamik der Entgrenzung, die alle territorialen Grenzen in Frage stellt. Globalisierung beschränkt sich daher nicht nur auf wirtschaftliche und finanzielle Transaktionen, sondern betrifft zunehmend auch die Religionen und religiös-weltanschaulichen Bewegungen.[1] Sie führt zu Prozessen einer beschleunigten Pluralisierung im Bereich der individualisierten spirituellen Sinnsuche. Ausdrucksform und Spiegelbild dieser Entwicklung ist die moderne Esoterik. Sie ist mittlerweile zu einem festen Trend in unserer Religionskultur geworden.[2] In ihren unterschiedlichen Ausdrucksformen artikulieren sich u.a. »Protestbewegungen gegen eine sich weitgehend areligiös bestimmende wissenschaftlich-technische Zivilisation, die allerdings in vielfach variierende Beziehungen zu dieser technologischen Zivilisation eintreten.«[3] Ungebrochen ist weithin die Popularität esoterischer Weltdeutungen und Heilungsangebote. Zukunftsprognosen rechnen auch für das Jahr 2020 mit der Esoterik als festem Bestandteil einer bedürfnisorientierten Wellness- und Entspannungskultur.[4] Es ist davon auszugehen, dass esoterische Angebote weiterhin den individualisierten Synkretismus ihrer Nutzer prägen werden.

Der Begriff »Wandel« bezeichnet herkömmlich gesamtgesellschaftliche Veränderungsprozesse, die sich über einen längeren Zeitraum erstrecken. Ein

---

[1] P.L. Berger, Sinnsuche in einer Zeit der Globalisierung, in: StZ 12/2000, 805–814.

[2] Vgl. hierzu insgesamt R. Hempelmann/M. Pöhlmann, Esoterik als Trend. Analysen – Phänomene – Einschätzungen (EZW-Texte 198), Berlin 2008.

[3] C. Schwöbel, Christlicher Glaube im Pluralismus. Studien zu einer Theologie der Kultur, Tübingen 2003, 5.

[4] H.W. Opaschowski, Deutschland 2020. Wie wir morgen leben – Prognosen der Wissenschaft, Gütersloh [2]2006, 135.

Wandel lässt sich zweifelsohne auch für die moderne Esoterik beobachten. Er lässt sich am Bedeutungswandel des Begriffs und nicht zuletzt am Wesen heutiger Esoterik ablesen.

Im Folgenden soll der Wandlungsprozess anhand der Geschichte esoterischer Weltanschauungsentwürfe des 19. und 20. Jhs. bis in die Gegenwart – am Beispiel aktueller Phänomene – grob skizziert werden. Zunächst stehen Definitionsprobleme zur Frage »Was ist Esoterik?« im Vordergrund. Ein zweiter Punkt nimmt begriffsgeschichtliche Klärungen vor. Der dritte Abschnitt befasst sich mit der Entstehung und geschichtlichen Entwicklung systemesoterischer Entwürfe des 19. und 20. Jhs. Mit den nachfolgenden Punkten 4 bis 6 kommt die aktuelle Situation in den Blick: Die Esoterik-Szene mit ihren vielfältigen Offerten wird als »Trendspiritualität« beschrieben. Dabei soll deutlich werden, dass aus einem ursprünglichen Geheimwissen eine inzwischen populäre religionsartige Erscheinung geworden ist, die sich als marktförmig und damit als äußerst anpassungsfähig an gesamtgesellschaftliche wie individuelle Bedürfnislagen erweist. Abschließend wird eine Einschätzung des aktuellen Phänomens Esoterik aus theologischer, d.h. dialogisch-kritischer Perspektive vorgenommen. Dabei soll deutlich werden, dass in diesem breiten Spektrum von Esoterik-Angeboten nicht ausschließlich handfeste kommerzielle Interessen der Anbieter dominieren und dass sich bei den Nutzern esoterischer Angebote Suchbewegungen widerspiegeln, die Theologie und Kirche vor neue Herausforderungen stellen.

1. INTERPRETATIONSVIELFALT UND UNTERSCHIEDLICHE ZUGANGSWEGE

Für »Esoterik« gibt es – selbst aus religionswissenschaftlicher Sicht – keine allgemein anerkannte bzw. grundlegende Definition.[5] In seinem 2004 erschienenen Buch »Was ist Esoterik? Kleine Geschichte des geheimen Wissens« konstatiert der Religionswissenschaftler Kocku von Stuckrad: »Für den Begriff der Esoterik gilt wie für kaum einen anderen, dass die in den Medien und der Öffentlichkeit verwendeten Attribute keineswegs denen entsprechen, die in der wissenschaftlichen Forschung diskutiert werden. In den letzten zehn bis fünfzehn Jahren kristallisierte sich, von der breiteren Öffentlichkeit unbemerkt, eine akademische Forschungslandschaft heraus, die sich intensiv mit der Esoterik beschäftigt.«[6] In der gegenwärtigen Esoterik sieht man oftmals nur ein breites Nachwirken vom Gedankengut der in den 1970er

[5] So z.B. J. IWERSEN, Wege der Esoterik. Ideen und Ziele, Freiburg im Breisgau 2003, 14.

[6] K. VON STUCKRAD, Was ist Esoterik? Kleine Geschichte des geheimen Wissens, München 2004, 9.

Jahren aufkommenden New-Age-Bewegung, in der man allenfalls »eine von heterogenen Momenten geprägte Suche nach spiritueller Entwicklung« zu erblicken vermag: »Wenn heute im populären Jargon von E[soterik] die Rede ist, so ist oft fälschlicherweise nur jenes rezente Konglomerat gemeint, das eine erhebliche Breitenwirkung entfaltete, sowohl in Bezug auf spirituell-religiöse Optionen jenseits der etablierten Religionen als auch auf Philosophie und Wissenschaft.«[7]

Im wissenschaftlichen Sprachgebrauch wird Esoterik als Suche nach absolutem Wissen betrachtet – ein Wissen, das allerdings verborgen ist und das es auf besondere Weise zu enthüllen gilt. Historische Untersuchungen profilieren Esoterik hingegen als »Strukturelement der Europäischen Religionsgeschichte«, als eine besondere Form der Welterklärung, die auf naturphilosophische, religiöse und literarische Traditionen rekurriert. Die eigentlichen Wurzeln esoterischen Denkens liegen demnach in der Antike, in Neuplatonismus und Stoizismus, in ägyptisch-hellenistischem Gedankengut, in Hermetik und Gnosis und ihrer späteren Rezeption wie z.B. dem Corpus Hermeticum.

Seit dem 19. Jh. hat jedoch infolge der Popularisierung ein radikaler Bedeutungswandel eingesetzt. Aus religionswissenschaftlicher Sicht werden zur näheren Gegenstandsbestimmung für »Esoterik« herkömmlich drei Bedeutungsvarianten vorgeschlagen:[8]

a) spezielle Sonder- bzw. Geheimtraditionen in den Religionen
b) eine abgrenzbare Strömung innerhalb der westlichen Religions- und Geistesgeschichte
c) Sammelbezeichnung für die in den letzten Jahrzehnten aufkommenden neureligiösen Phänomene, die sich wiederum auf die zuvor genannten Bereiche beziehen

Von Stuckrad ist im Blick auf die in der Öffentlichkeit vorgenommene Einordnung aktueller Phänomene unter dem Stichwort »Esoterik« eher skeptisch: »Denn was, so könnte man fragen, hat Teebaumöl mit Esoterik zu tun? Oder Zen-Meditation für Manager? Oder Beckenbodengymnastik für Frauen? Oder die ›Prophezeiungen von Celestine‹? Oder ›Ein Kurs in Wundern‹? Oder indianische Visionssuche im Schwarzwald? – Alle genannten Stichworte bilden, mit wechselnden Schwerpunkten, einen festen Bestandteil

---

[7] K. VON STUCKRAD, Art. Esoterik, in: C. AUFFARTH/H.G. KIPPENBERG/A. MICHAELS (Hgg.), Wörterbuch der Religionen, Stuttgart 2006, 135.

[8] H.G. Hödl, Alternative Formen des Religiösen, in: Johann Figl (Hg.), Handbuch Religionswissenschaft. Religionen und ihre zentralen Themen, Innsbruck/Wien/Göttingen 2003, 485.

im Angebot von esoterischen Fachbuchhandlungen, doch mit Esoterik haben sie im Grunde wenig zu tun.«[9] Es gilt zu differenzieren. Nicht alles, was alternativ oder ungewohnt erscheint, darf vorschnell als Esoterik identifiziert werden. Doch die beiden bei von Stuckrad letztgenannten Phänomene – »Die Prophezeiungen von Celestine« oder »Ein Kurs in Wundern« – spielen in der Gegenwartsesoterik unter dem Stichwort »Channeling« bzw. »Offenbarungserlebnisse« eine nicht unwesentliche Rolle.[10] Und es darf nicht übersehen werden, dass hinter den vielfältigen, bisweilen widersprüchlichen Offerten doch ein weltanschaulicher Hintergrund erkennbar wird. So heißt es im religionswissenschaftlichen »Lexikon der Esoterik«: »Hauptsächlicher Inhalt der Esoterik ist eine Alleinheitslehre, die dazu neigt, die in der Welt zu beobachtende Vielheit von einem universalen göttlich-geistigen Prinzip herzuleiten.«[11]

Dieser Hiatus zwischen rein historisch orientierter bzw. religionswissenschaftlicher Esoterik-Forschung und öffentlicher bzw. medial vermittelter Wahrnehmung und kirchlich-theologischer Einschätzung[12] zeitgenössischer Esoterik-Phänomene bleibt weiterhin bestehen. Auch innerhalb der Religionswissenschaft gibt es eine Deutungsvielfalt. So subsumiert der Berliner Religionswissenschaftler Hartmut Zinser unter dem Stichwort Esoterik »alle jene Schriften, Lehren und Praktiken [...], die 1. entweder, soweit es sich um Religiöses handelt, mit den erklärten Lehren der Kirchen in Widerspruch stehen, oder 2., soweit sie sich als Wissen verstehen, mit den Erkenntnissen und Methoden der Wissenschaften nicht zu vereinbaren sind und deshalb als ›höheres Wissen‹ ausgegeben werden, oder 3., was auf dem Markt der Esoterik schlicht als esoterisch verkauft werden kann.«[13] Doch sind weitere Differenzierungen und inhaltliche Abgrenzungen und Näherbestimmungen notwendig. Eine oft zitierte Beschreibung esoterischen Denkens stammt von dem französischen Esoterik-Forscher Antoine Faivre. Er wendet sich gegen zu eng gefasste Definitionen und nennt als charakteristische Komponenten für »Esoterik als Denkform«:[14]

a) die Deutung von Zusammenhängen als »Entsprechungen«, als Korrespondenz von Makro- und Mikrokosmos, wobei von der Grundan-

---

9 VON STUCKRAD, Was ist Esoterik? (s. Anm. 6), 9.

10 Vgl. B. GROM, Hoffnungsträger Esoterik?, Regensburg 2002, 107 f.

11 J. IWERSEN, Lexikon der Esoterik, Düsseldorf/Zürich 2001, 7.

12 So z.B. W. THIEDE, Esoterik und Theologie. Eine gegenseitige Herausforderung (ThLZ.F 20), Leipzig 2007 und J. SCHNABEL, Das Menschenbild der Esoterik, Neukirchen-Vluyn 2007.

13 H. ZINSER, Art. Esoterik, religionswissenschaftlich, in: RGG^4, Bd. 2, Tübingen 1999, 1580–1581.

14 A. FAIVRE, Esoterik, Braunschweig 1996, 22–32.

nahme ausgegangen wird, im Äußeren würde sich das Innere, im Sichtbaren das Unsichtbare widerspiegeln

b) die Vorstellung einer »lebenden Natur«, die vom inneren Feuer oder Licht beseelt sei
c) Erkenntnis durch »Imagination« und »Mediation« (Vermittlung): Dabei handelt es sich demzufolge um eine Form von Gnosis der Seele durch Entschlüsselung der Hieroglyphen der Natur den Aufstieg in höhere Realitätsebenen ermöglichen würde
d) Die Veränderung des Menschen infolge »erleuchteter« »Transmutation« bzw. infolge von erleuchtetem Wissen, das über die Initiation durch Meister erlangt wird

In dieser Auflistung fehlen jedoch – darauf hat der Wissenschaftshistoriker Helmut Zander in seiner umfassenden Studie zur Anthroposophie zu Recht hingewiesen[15] – Aspekte wie die des Geheimen oder der in der Esoterik oftmals vertretene transreligiöse Wahrheitsanspruch sowie der Spiritismus als einer wirkungsmächtigen Strömung um 1900. Erschwerend kommt hinzu, dass die gegenwärtige Bedeutung und der Stellenwert heutiger Esoterik in der gegenwärtigen Religionskultur nicht oder nur unzureichend erfasst werden können. Schon im »Lexikon des Geheimwissens« wird auf den inzwischen ausufernden Missbrauch des Begriffes Esoterik bzw. auf dessen problematische Instrumentalisierung hingewiesen.[16] Insofern erscheint es sinnvoll, zunächst einen Blick auf die Begriffsgeschichte zu werfen, um vor diesem Hintergrund die Wandlungsprozesse der Esoterik aufzuzeigen.

2. BEGRIFFSGESCHICHTLICHE BEFUNDE

Die Begriffsgeschichte von »Esoterik« ergibt einen ersten allgemeinen Hinweis. Hierbei ist das griechische Adjektiv ἐσωτερικός von dem Substantiv Esoterik zu unterscheiden.[17] Folgt man dem griechischen Adjektiv ἐσωτερικός (dt. »nach innen gewandt« bzw. »zum inneren Kreis gehörig«), so handelt es sich um ein verborgenes, geheimes Wissen, das nur Eingeweihten, Erleuchteten zugänglich ist. In diesem Sinne begegnet es zuerst bei Lukian von Samosata (ca. 120–180), der mit »esoterisch« das eingeweihte

[15] H. ZANDER, Anthroposophie in Deutschland. Theosophische Weltanschauung und gesellschaftliche Praxis 1884–1945, Bd. 1, Göttingen 2007, 17 f.

[16] H.E. MIERS, Lexikon des Geheimwissens, München ^{3}1993, 204.

[17] W.J. HANEGRAAFF, Art. Esotericism, in: DERS./A. FAIVRE/R. VAN DER BROEK/J.-P. BRACH (Hgg.), Dictionary of Gnosis and Western Esotericism, Bd. 1, Leiden 2005, 336–340, hier 336 f.

und nicht öffentlich zugängliche Wissen von Philosophenschulen bezeichnet hatte.[18] In der Folgezeit setzt die »esoterische« Sichtweise eine verborgene Innenseite aller Dinge, einen wahren Wesenskern jenseits des rational Erfassbaren voraus. Verbunden ist damit das Prinzip der Geheimhaltung. An diese Definition schließt heute ein Verständnis von Esoterik an, das damit »innere Wege« spiritueller Erfahrung bezeichnen möchte. So greifen z.B. heutige Freimaurer den Begriff positiv auf, um damit das innere Erleben im Rahmen eines Rituals oder die individuelle Vertiefung des freimaurerischen Gedankens zum Ausdruck zu bringen.[19]

Das Substantiv Esoterik ist wesentlich jüngeren Unsprungs und tauchte erstmals 1828 in der Schrift des Franzosen Jacques Matter auf (L'ésotérisme). Dieser hatte den Begriff in einer historischen Abhandlung über die Gnosis verwendet. Das Werk erschien 1833 in deutscher Übersetzung unter dem Titel »Kritische Geschichte des Gnosticismus und seines Einflusses auf die religiösen und philosophischen Secten der sechs ersten Jahrhunderte christlicher Zeitrechnung« in einem Heilbronner Verlag.[20] Dabei klang bereits die Bedeutung von »Geheimwissen« mit an. Dafür sorgten nicht zuletzt die Schriften des französischen Okkultisten Alphonse Louis Constant alias Èliphas Lévi Zahed (1810-1875)[21], der »Esoterik« und »Okkultismus« bereits synonym gebrauchte.[22] Darunter subsumierte er kabbalistische und hermetische Traditionen antiker Mysterien. Es gibt gute Gründe, Okkultismus und

---

18 H. CANCIK, Art. Esoterik, in: Ders./B. GLADIGOW/M. LAUBSCHER (Hgg.), Handbuch religionswissenschaftlicher Grundbegriffe, Bd. II, Stuttgart/Berlin/Köln 1990, 345 f.

19 Vgl. hierzu meinen Beitrag: Dem Wahren, Schönen – und Geheimen? Zur Verhältnisbestimmung von Freimaurerei und Esoterik, in: M. BEYER/U. LIEDKE (Hgg.), Wort Gottes im Gespräch (FS Matthias Petzoldt), Leipzig 2008, 379–394 sowie meine Studie: Verschwiegene Männer. Freimaurer in Deutschland (EZW-Texte 182), Berlin ^{5}2011.

20 J. MATTER, Kritische Geschichte des Gnosticismus und seines Einflusses auf die religiösen und philosophischen Secten der sechs ersten Jahrhunderte christlicher Zeitrechnung, Heilbronn 1833.

21 J.-P. LAURANT, Art. Lévi, Èliphas, in: W.J. HANEGRAAFF/A. FAIVRE/R. VAN DER BROEK/J.-P. BRACH (Hgg.), Dictionary of Gnosis, Bd. 2, Leiden 2005, 689–692.

22 Lévi verlor wegen seiner häretischen Auffassungen alle kirchlichen Ämter. Infolge seiner sozialistischen Agitation wurde er zu einer Gefängnisstrafe verurteilt. In dieser Zeit kam er mit den Schriften des schwedischen Visionärs Emanuel Swedenborg (1688–1772) in Kontakt. IWERSEN, Lexikon (s. Anm. 11), 140 urteilt: »Er interessierte sich insbesondere für die spätantike, mit dem hermetischen Weltbild in Verbindung stehende Magie. Seine Berühmtheit und Bedeutsamkeit in der Geschichte der Esoterik verdankt er weniger seiner philosophisch-theologischen Originalität, als der maßgeblich von seiner Person durchgeführten Zusammenschau verschiedener esoterischer Traditionen auf der Grundlage des im 19. Jahrhunderts vorhandenen Wissens um diese Bereiche.«

Esoterik inhaltlich nicht voneinander zu trennen[23]: »Okkultismus betont mehr das nach außen gerichtete Tun, etwa das zielgerichtete magische Handeln, während ›Esoterik‹ eher die konzentriert nach innen gerichtete Weltanschauung meint, wie sie im Zeichen spiritueller Autonomie begegnet. Das wahre ›Selbst‹ will der Esoteriker ergründen und kraft dessen göttlicher Qualität auch seine eigentliche kosmische Erstreckung realisieren.«[24]

»Esoterik« wurde im 19. Jahrhundert mit der einsetzenden esoterischen Antikenrezeption zum Synonym für ein elitäres Sonder- oder Geheimwissen, wie etwa bei den gnostischen Mysterienkulten der Antike, der klassischen Hermetik[25] oder »Geheimwissenschaften«. Die Augsburger Ethnologin Sabine Doering-Manteuffel konstatiert in ihrem Buch »Das Okkulte. Eine Erfolgsgeschichte im Schatten der Aufklärung«: »Theosophische und gnostische Bewegungen und das Aufkommen von Geheimorden erweckten den Eindruck, als handle es sich um die Wiedergeburt unterdrückter heidnischer Kulte. Diese sollen irgendwann einmal in den weltanschaulichen Untergrund verdrängt worden sein. Sie seien der Christianisierung in der Grauzone der Völkerwanderungszeit zwischen Antike und Frühmittelalter entkommen und hätten als Schattenreligionen oder geheimes ›Erbe der Alten‹ in christlich-paganen Mischreligionen überlebt. Ihre Praktiken sollen in den folgenden Jahrhunderten stets nur Eingeweihten bekannt gewesen sein.«[26]

---

[23] Vgl. C. BOCHINGER, »New Age« und moderne Religion. Religionswissenschaftliche Analysen, Gütersloh 1994, 373 Anm. 7: «[…] Theorie und Praxis esoterisch-okkulter Phänomene sind nicht zu trennen. […] Sinnvoller ist es daher, beide synonym zu verstehen.«

[24] W. THIEDE, Esoterik und Theologie (s. Anm. 12), 26.

[25] »Hermetik« bezieht sich auf eine Gruppe von Schriften, das Corpus Hermeticum des Hermes Trismegistos. Die ältesten davon stammen aus dem 2./3. Jahrhundert. Nach SCHNABEL, Menschenbild (s. Anm. 11), 47 wurden die Schriften auf eine mythische Gestalt des Hermes Trismegistos zurückgeführt: »Dieser Name entstand in hellenistischer Zeit durch die Gleichsetzung des ägyptischen Gottes Thot mit dem griechischen Gott Hermes, der den Beinamen ›der dreimal Größte‹ erhielt. Was den Inhalt dieser Schriften anbelangt, so handelt es sich um eine Fülle von unterschiedlichen Gedanken, die sich aus ganz verschiedenen Traditionen speisen. […] Jedenfalls lässt sich der dualistische Einschlag der hermetischen Texte nur schwer mit der monistischen Ausrichtung gegenwärtiger Esoterik vereinbaren. Doch selbst unter Absehung inhaltlicher Unterschiede, erscheint es nicht angebracht, Esoterik und Hermetik gleichzusetzen.«

[26] S. DOERING-MANTEUFFEL, Das Okkulte. Eine Erfolgsgeschichte im Schatten der Aufklärung. Von Gutenberg zum World Wide Web, Berlin 2008, 24 f.

3. ESOTERISCHE WELTANSCHAUUNGSENTWÜRFE IM 19. UND 20. JAHRHUNDERT

In der Esoterik-Forschung hat sich die Bezeichnung »Western Esotericism«, westlicher Esoterizismus, eingebürgert. Zwei Ereignisse spielen in der Geschichte der modernen Esoterik eine wichtige Rolle: Das Jahr 1848 wird herkömmlich als Beginn des neuzeitlichen Spiritismus datiert. Die merkwürdigen Klopflaute im Haus des US-amerikanischen methodistischen Farmers John Fox, die seine beiden Töchter vernommen hatten, wurden als Geistermitteilungen gedeutet. In den 1850er Jahren kam es dadurch in den USA zu einer regelrechten spiritistischen Erweckung. Ein zweites wichtiges Datum für die Geschichte der modernen Esoterik ist das Jahr 1875, in dem die Deutschrussin und überzeugte Spiritistin Helena Petrowna Blavatsky mit Henry Steel Olcott (1832-1907) in New York die Theosophische Gesellschaft (TG) ins Leben rief. Der Esoterikforscher Nicholas Goodrick-Clarke hat in seinem 2008 erschienen Werk »The Western Esoteric Traditions« noch einmal aufzeigen können, dass die Theosophie eine Schlüsselrolle für die Verbreitung westlicher esoterischer Traditionen in der modernen Welt gespielt hat. Dabei verweist er auf theosophische Vorstellungen wie Mitteilungen von aufgestiegenen Meistern, spirituelle Hierarchien, die Schilderung postmortaler Zustände und auf den Gedanken einer spirituellen Evolution. Diese Ideen sind, wie er konstatiert, inzwischen zu Gemeinplätzen in Glaubenssystemen neureligiöser Bewegungen geworden.[27] Zum anderen ist auch die im 19. Jh. einsetzende Bestrebung zu beobachten, die Esoterik zu »verwissenschaftlichen«. Insofern war der Versuch Blavatskys, den Evolutionsgedanken Darwins auch für das spirituelle Feld fruchtbar zu machen, nicht zufälliger Natur.

Die Theosophische Gesellschaft hatte die Struktur einer esoterischen Schule mit einem äußeren exoterischen Kreis: »Die hauptsächlichen Zwecke der TG sind, deren Programm entsprechend, der Kern einer brüderlichen Glaubensgemeinschaft zu sein, ohne Klassen-, Rassen-, Religions-, Nationalitäts- oder Geschlechtsunterschiede, das vergleichende Studium der Religionen, Philosophien und der Wissenschaften zu fördern, die unerklärten Naturgesetze, die verborgenen Kräfte im Menschen zu erforschen und die Begrenzungen der Menschen durch Nationalität und Religion zu überwinden. In ihren Schriften beanspruchte sie, Teile der Geheimlehre der Vorzeit ans Licht zu bringen.«[28] Diese anglo-indische Theosophie wollte die Synthese zwischen westlicher und fernöstlicher Religion auf der Grundlage einer

[27] N. GOODRICK-CLARKE, The Western Esoteric Traditions. A Historical Introduction, Oxford/New York 2008, 229.

[28] HÖDL, Alternative Formen (s Anm. 8) 499.

Essenz aller Religionen bzw. vor dem Hintergrund eines Urwissens der Menschheit vollziehen. Deshalb nahmen die Theosophen (oft von ihnen missverstandene) hinduistische und buddhistische Vorstellungen und Methoden auf. Rückblickend erweist sie sich jedoch als entscheidende Triebfeder für das Entstehen neureligiöser Phänomene am ausgehenden 19. und beginnenden 20. Jahrhundert. Prägend für die moderne Esoterik wurde auch auch der theosophische Gedanke einer spirituellen Evolution der Menschheit, die durch neue Offenbarungen höherer Wesenheiten vorangetrieben wird – eine Grundüberzeugung, die in der heutigen Esoterik eine nicht unbedeutende Rolle spielt.[29]

In theosophischer Tradition steht auch die Anthroposophie Rudolf Steiners.[30] Steiner amtierte seit 1902 als Generalsekretär der deutschen Sektion der Theosophischen Gesellschaft. An der Jahreswende 1912/13 vollzog er wegen inhaltlicher Differenzen offiziell die Trennung und gründete die Anthroposophische Gesellschaft. Von Beginn an entfaltete Steiner ein reiches literarisches Schaffen und eine intensive Vortragstätigkeit. Wenngleich er für den inneren Kreis esoterische Schulungen anbot, legte er von Anfang an großen Wert auf eine publizistische Verbreitung des anthroposophischen Anliegens. Anthroposophie sollte »Geisteswissenschaft« sein. Seine neuen Erkenntnisse entnahm er der geistigen Schau. Ein fünftes Evangelium mit einer eigenwilligen Christologie entnahm er der sog. Akasha-Chronik, eine immateriell gedachte Weltchronik, in der Steiner »gelesen« haben will. Anthroposophie ist damit letztlich ein Produkt eines höheren Erkenntnisanspruches. Dies schlug sich auch in seinen Lehrvorträgen nieder, die nur für die »Esoterische Schule« und nicht für eine breitere Öffentlichkeit bestimmt waren.

Doch gleichzeitig gab Steiner auf praxisrelevanten Feldern zahlreiche Impulse: Zu erinnern ist dabei an Waldorfpädagogik, anthroposophische Medi-

---

29 Heutige Vertreter der Theosophie begründen den Schritt vom »Geheimwissen« hin zur Öffentlichkeit mit folgender Behauptung, wie sie etwa B. FLEMMING, Das Theosophische Weltbild. Fundamente des Urwissens in allen Zeiten und Ländern, Bd. 1, München [2]1987, 13 f. vertritt: »Um die Menschheit nicht ohne Beistand in dieser krisenreichen Zeit zu lassen, wurde vor 100 Jahren – durch Gründung der Theosophischen Bewegung – ein Teil der esoterischen Urwahrheiten, die vorher wegen der menschlichen Unreife verhüllt waren, der Öffentlichkeit zugänglich gemacht. [...] Die ›Adepten‹ leiteten als Hüter des ›Geheimwissens‹ damit (speziell in der Europäischen Geistesgeschichte) eine neue Ära ein. Denn bisher waren nur einzelne Teile der geheimen Lehre in den ägyptischen, chaldäischen, persischen, griechischen und römischen Mysterienschulen unter Schweigegebot gelehrt worden – so wie später in den gnostischen, freimaurerischen und rosenkreuzerischen Geheimbünden. Oder einzelne wurden durch ihren initiierten Lehrer geschult.«

30 Zum Ganzen H. ZANDER, Anthroposophie in Deutschland. Theosophische Weltanschauung und gesellschaftliche Praxis 1884–1945, 2 Bde., Göttingen 2007.

zin, biologisch-dynamische Landwirtschaft und auf dem religiösen Feld für die Christengemeinschaft. Für heutige Anthroposophen gilt Steiner als »erster moderner Wissenschaftler des Übersinnlichen«[31]. Er habe stets nur das gelehrt, »was er aus persönlicher Erfahrung geben und verantworten konnte.«[32] Marie Steiner, enge Mitarbeiterin und später die zweite Ehefrau Steiners, schreibt: »Rudolf Steiner ist der bahnbrechende Führer geworden auf dem Gebiete der Esoterik, auf dem durch ihn der Mensch der Freiheit übergeben werden sollte.«[33] Mehr noch: In anthroposophischer Literatur ist gar von neuen Offenbarungen die Rede.[34]

Mit dem Aufkommen der Theosophischen Bewegung setzte eine Systematisierung des Geheimwissens ein. Damit vollzog sich auch eine Erweiterung der herkömmlichen Natur- und Menschenerkenntnis in okkulte Bereiche hinein. Elemente von gnostischen und magischen Systemen wurden, nachdem sie während der Aufklärung in den Volksaberglauben abgesunken waren, zunehmend mit in der Kolonialzeit zugänglich gewordenen fernöstlichen Importen kombiniert, woraus sich der neuzeitliche Okkultismus entwickelte und neue Weltanschauungssysteme hervorbrachte, so z.B. Theosophie, Anthroposophie, Rosenkreuzergruppen und Spiritismus. Diese Esoterik im engeren Sinn – sie wird auch als Systemesoterik – bezeichnet, besteht noch heute in Gestalt einzelner Gruppen und Bewegungen.

Zusammenfassend lässt sich festhalten: Esoterik bezeichnet – im Blick auf Wesen und Begriff – ein ursprünglich exklusives Sonderwissen, ein Elitedenken, ein Geheimwissen von »Eingeweihten«. Die »inneren Kreise« dieser Gemeinschaft, der dieses Sonderwissen vorbehalten ist, nennen sich »Orden«, »Logen« oder »Esoterische Schulen«. Zu den esoterischen Überlieferungen

---

31 H. WIESBERGER, Rudolf Steiners esoterische Lehrtätigkeit. Wahrhaftigkeit, Kontinuität, Neugestaltung, Dornach 1997, 13.

32 Ebd.

33 M. STEINER, Vorwort zu Rudolf Steiner »Die Stufen der höheren Erkenntnis«, in: Rudolf-Steiner-Gesamtausgabe (= GA) 12.

34 So heißt es bei der Anthroposophin H. WIESBERGER, a.a.O., 17 f. über »Rudolf Steiners esoterische Lehrtätigkeit«: »Darum versteht sich die Anthroposophie aus sozialer Notwendigkeit als Instrument neuer Geistesoffenbarungen, die mit dem Persönlichkeitsbewusstsein rechnen. Diese neuen Offenbarungen, wie sie insbesondere seit dem Ablauf des Kali Yuga im Jahre 1899 eingesetzt haben, der Menschheit verständlich zu machen und durch sie den Sinn des größten Menschheitsereignisses, des Mysteriums von Golgatha neu zu erschließen, war zu einer kulturgeschichtlichen Aufgabe geworden, der sich Rudolf Steiner stellte und von der er einmal sagte: ›Wer die Anthroposophie nicht in diesem Sinne versteht, der versteht sie überhaupt nicht.‹ (Dornach, 20.12.1918, GA 186).« – S. hierzu meinen Beitrag: Ein neuer Offenbarer? Zur Rolle Rudolf Steiners in der Anthroposophie, in: Reinhard Hempelmann (Hg.), Religionsdifferenzen und Religionsdialoge. Festschrift – 50 Jahre EZW, EZW-Texte 210, Berlin 2010, 238–252.

gehören also – wie bereits erwähnt – die Lehren der Gnosis, Hermetik, Kabbala, Alchemie, Rosenkreuzertum, der Magie u.a. Seit den letzten 150 Jahren steht die Rezeption dieser Überlieferungen im Zeichen des Okkultismus: Dieser esoterische Okkultismus will die traditionellen esoterischen Anschauungen und Praktiken auf der Basis eines modernen Monismus und spirituellen Evolutionismus u.a. als Ausdruck einer esoterischen »Ur-Weisheit« hinter den verschiedenen Religionen vereinheitlichen – ein Gedanke, der in der Theosophie eine maßgebliche Rolle spielt. Damit erweist sich die Esoterik als universalreligiöse Bewegung. Sie erhebt den Anspruch, über den traditionellen Religionen zu stehen bzw. diese auf einer neuen Ebene zusammenzuführen.[35]

4. ESOTERIK ALS BEWEGUNG, MARKT UND SZENE

Neben den bereits genannten systemesoterischen Entwürfen – Theosophie, Anthroposophie und modernem Rosenkreuzertum – hat sich seit den 1990er Jahren eine spezielle Esoterik herausgebildet, die besonders am Bildungsbürgertum orientiert ist. Für die religiöse Gegenwartskultur ergibt sich als paradoxer Befund, dass mit dem Aufkommen der »Esoterik-Welle« seit den 1980er Jahren ein ursprüngliches Geheimwissen bzw. elitäres Wissen nun öffentlich und für die breite Masse zugänglich, kommerzialisiert und damit marktförmig wird. Esoterik bzw. Esoterika werden nun zu einem wichtigen Geschäftszweig. Das Sortiment der esoterischen Offerten erweitert sich stetig. Vieles von dem, was uns heute unter dem Etikett »Esoterik« begegnet, hat den ursprünglichen Charakter des Esoterischen verloren: »Esoterik« ist inzwischen zur Exoterik, zur »Esoterik für alle« geworden. Kritische Beobachter verorten die Esoterik »zwischen Krisenkult und Modewelle«[36] oder beschreiben sie als »Religion des Übersinnlichen«[37], als »Suche nach Erkenntnis und Erleuchtung«[38] oder insgesamt als »postreligiöse Dauerwelle«.[39] Andere erbli-

---

[35] Siehe hierzu meinen Beitrag: Globalisierte Sinnsuche. Die moderne Esoterik als universalreligiöse Bewegung, in: R. HEMPELMANN/F. EISSLER/M. UTSCH/M. PÖHLMANN, Religionstheologie und Apologetik. Zur Identitätsfrage in weltanschaulichen Dialogen (EZW-Texte 201), Berlin 2009, 63–78.

[36] T. KÖRBEL, Zwischen Krisenkult und Modewelle. Konturen esoterischer Weltanschauungen, in: Grenzgebiete der Wissenschaft 52 (2003), 291–312.

[37] J. SCHUMACHER, Esoterik – die Religion des Übersinnlichen. Eine Orientierungshilfe nicht nur für Christen, Paderborn 1994.

[38] H.-J. RUPPERT, Esoterik – Suche nach Erkenntnis und Erleuchtung, in: R. HEMPELMANN U.A. (Hgg.), Panorama der neuen Religiosität. Sinnsuche und Heilsversprechen zu Beginn des 21. Jahrhunderts, Gütersloh ²2005, 201–303.

[39] W. THIEDE, Esoterik – die postreligiöse Dauerwelle (R.A.T. 6), Neukirchen-Vluyn 1995.

cken in ihr gar »eine eklektizistisch-synkretistische Religion« bzw. eine »Spiritualität auf der Grundlage einer mehr oder minder magischen Weltauffassung«[40]. Theosophen, Anthroposophen und Anhänger moderner Rosenkreuzervereinigungen[41] distanzieren sich bewusst von den Erscheinungsformen dieses Esoterik-Marktes. Dementsprechend lässt sich die zeitgenössische Esoterik unterteilen in: Systemesoterik (Entwürfe des 19./20. Jhs.), Auswahlesoterik (Esoterik als Mittel zu individueller Lebenshilfe und Lebensbewältigung sowie zu Heilungszwecken) und Gebrauchsesoterik (Esoterik-Messen, Workshops, Utensilien).[42]

Neben inhaltlichen Klärungen sollte im Blick auf die beiden letzten Aspekte auch das für die Verbreitung einschlägiger Vorstellungen und Praktiken typische »kultische Milieu«[43] in den Blick genommen werden. Selbst wenn dabei – wie etwa bei sog. »Sekten« oder neureligiösen Bewegungen – nur selten typische Gemeinschaftsformen oder starre Organisationsgrade festgestellt werden können, so spielen in der gegenwärtigen Esoterik besonders Formen eines Publikums- und Klientenkults eine Rolle.[44] Im Anschluss an den Soziologen Winfried Gebhardt kann man von einer »Esoterik-Szene« sprechen.[45] »Szenetypisch« für die Esoterik ist: Es gibt offene Zugangsbedingungen, eine zeitliche Begrenzung, begrenzte Wahrheitsansprüche, keine verbindlichen Lehrinhalte (gemeinsames Credo) und sog. Events, die das Wir-Gefühl steigern sollen: »Daraus folgt, dass der Einzelne diese kleinen ›Teilzeit-Welten‹ nicht mehr aufdringlich, mit dem Anspruch auf Alternativlosigkeit erlebt, sondern als wähl- und abwählbare Option.«[46] Mit »Esoterik-

---

40 M. KUMLEHN, Art. Esoterik. Spätmoderne Religiosität / Mystik / New Age / Gnosis, in: W. GRÄB/B. WEYEL (Hgg.), Handbuch Praktische Theologie, Gütersloh 2007, 239.

41 Zu Geschichte, Lehre und Praxis der verschiedenen Rosenkreuzerorganisationen vgl. H. LAMPRECHT, Neue Rosenkreuzer. Ein Handbuch (KKR 45), Göttingen 2003.

42 B. GROM, Esoterik, in: U. RUH (Hg.), Handwörterbuch religiöser Gegenwartsfragen, Freiburg im Breisgau 1986, 89 ff.

43 Von einem »kultischen Milieu« spricht D. POLLACK, Wiederkehr des Religiösen? Neue religiöse Bewegungen im Kontext des religiösen und gesellschaftlichen Wandels, in: Sociologia Internationalis 38 (2000), 13–45, hier 19.

44 Manche esoterischen Anbieter sind dazu übergegangen, aus einem anfänglichen Publikumskult eine »Klientenreligion« zu entwickeln – mit der Folge, dass vom Einzelnen ein größeres zeitliches Engagement erwartet wird und aus dem Esoterik-Rezipienten ein »Klient« wird.

45 W. GEBHARDT, Die Verszenung der Gesellschaft und die Eventisierung der Kultur. Kulturanalyse jenseits traditioneller Kulturwissenschaften und Cultural Studies, in: U. GÖTTLICH/C. ALBRECHT/R. WINTER/W. GEBHARDT (Hgg.), Populäre Kultur als repräsentative Kultur. Die Herausforderung der Cultural Studies, Köln 2002, 287–305.

46 W. GEBHARDT, Jugendkultur und Religion. Auf dem Weg zur religiösen Selbstermächtigung, in: M. PÖHLMANN (Hg.), Sehnsucht nach Verzauberung. Religiöse Aspekte in Jugendkulturen (EZW-Texte 170), Berlin 2003, 12.

Szene« kann die »unüberschaubare Vielzahl der im neureligiösen Bereich suchenden Menschen« bezeichnet werden, »die mit der Mentalität eines ›Surfers‹ von Konversion zu Konversion, von Wochenendworkshop zum Tagesseminar springen, ohne sich irgendwo auf längere Zeit zu binden.«[47]

5. TRENDSPIRITUALITÄT ESOTERIK

In der gegenwärtigen Religionskultur werden traditionelle Begriffe wie Frömmigkeit oder Religiosität zunehmend durch das eher unverbindliche Modewort »Spiritualität« abgelöst. Nach Auffassung des Soziologen Hubert Knoblauch weist der moderne Spiritualitätsbegriff mehrere Aspekte auf:[48] (1) Die Spiritualität richtet sich nicht an dem aus, was die Experten eines religiösen Systems vorgeben. (2) Sie weist eine Distanz zu den Kirchen auf. (3) Sie vertritt einen Ganzheitlichkeitsanspruch als Reaktion auf das Problem der »Departmentalisierung des Lebens in einer differenzierten Gesellschaft«.

Zunehmend geht es um eine religiöse Zentrierung des Subjekts und um individuelle Erfahrung.[49] Spiritualität ist inzwischen auch zum Schlüsselbegriff moderner Esoterik geworden, mitunter ist dort lediglich vom ›Spirituellen‹ die Rede. Im Mittelpunkt steht dabei die Selbstermächtigung oder Erleuchtungserfahrung des spirituellen Subjekts. Gleichzeitig hat »Spiritualität« eine enorme Ausweitung erfahren: Es gibt inzwischen kaum noch ein Angebot, das auf die Edelvokabeln »spirituell« oder »Spiritualität« verzichten kann:

»Das Spektrum reicht von eindeutig religiös gemeinten Exerzitien über die auch Agnostikern zugänglichen Treffen der Anonymen Alkoholiker, ähnlicher 12-Schritte-Selbsthilfegruppen bis hin zur rein persönlichkeitsbasierten ›spirituellen Partnersuche‹ im Internet und der ›spirituellen Beratung‹ durch Kartenlegen. Spiritualität macht sich überall gut: Bei Gesprächen über Religion ersetzt sie das bieder gewordene Wort Frömmigkeit, während sie Lebenshilfe- und Wellness-Angeboten einen unbestimmten Mehrwert verleiht und diese damit adelt.«[50]

Der ursprünglich christliche Sinn des Begriffs im Sinne eines geistgewirkten Glaubens, der in der persönlichen Erfahrung und Lebenswelt des Chris-

---

[47] T. KÖRBEL, Hermeneutik der Esoterik. Eine Phänomenologie des Kartenspiels Tarot als Beitrag zum Verständnis von Parareligiosität, Münster/Hamburg/London 2001, 22.

[48] H. KNOBLAUCH, Populäre Religion. Auf dem Weg in eine spirituelle Gesellschaft, Frankfurt am Main/New York 2009, 125 f.

[49] M.N. EBERTZ, »Spiritualität« im Christentum und darüber hinaus. Soziologische Vermutungen zur Hochkonjunktur eines Begriffs, in: ZfR 13/2005, 193–208.

[50] B. GROM, Spiritualität ohne Grenzen, in: StZ 3/2009, 145–146.

ten verwurzelt ist, tritt damit in den Hintergrund. Spiritualität heute meint nunmehr »Selbstakzeptanz, Suche nach Sinn und Fähigkeit zur Hingabe an Werte und Personen; als intensives Erleben der Schönheit bzw. Heiligkeit der Natur; als allgemeines Verbundensein mit Menschen, Natur und Kosmos; als Meditationserfahrung, Achtsamkeit, Vorahnungen, ›psychokosmische Energie‹; als Verbundenheit mit Gott, dem All-Einen, oder einer Gottheit.«[51] So heißt es auf der Internetseite eines Esoterik-Anbieters:

> Spirituelles und persönliches Wachstum kann sich nur in Liebe und Freude entwickeln. Wo Freude fehlt, fehlt Licht. Wo Licht fehlt mangelt es an Liebe. Wo Liebe fehlt, ist das Leben leer, mit Urteil behaftet, voller Bewertung und einsam. Ein lohnendes, erfülltes Leben ist möglich, wenn reine Spiritualität, die wieder erfahrene eigene Göttlichkeit im täglichen Leben entdeckt und die klare, lichtvolle Identität ins Leben integriert wird.[52]

Grob lässt sich Esoterik als Sammelbegriff für weltanschaulich-religiöse Strömungen, Richtungen, Praktiken und Angebote verstehen, die meist auf übersinnlich-intuitivem Wege entwickelt werden. Ein Charakteristikum gegenwärtiger Esoterik sieht Bernhard Grom in seinem Buch »Hoffnungsträger Esoterik?«[53] vor allem in ihrem Erkenntnisanspruch. Diese besondere Erkenntnis soll sich demzufolge nur einem Innenkreis von Sensitiven, Erleuchteten, spirituell Fortgeschrittenen und entsprechend Eingeweihten erschließen. Dabei wird rekurriert auf alte Geheimüberlieferungen der Druiden, Ägypter, Kelten und Indianer, auf vorwissenschaftliche Welt- und Menschenbilder, auf Offenbarungserlebnisse in Trance oder durch Vision, Audition oder über Channeling mit höheren Wesenheiten, Außerirdischen oder Aufgestiegenen Meistern:

Vom nichtesoterischen Standpunkt aus ist also die Esoterik eine grundlegende Tendenz zur Verabsolutierung subjektiver Intuitionen (Intuitionismus), eine Geringschätzung rationaler Überprüfung und Argumentation (Irrationalismus) und eine ausgeprägte Leichtgläubigkeit gegenüber parawissenschaftlichen Anschauungen und Methoden zu vermuten.[54]

Die moderne Esoterik ist zudem als modernitätskritische Bewegung zu begreifen.[55] Sie wendet sich zum einen gegen den Rationalismus der moder-

---

51 Ebd.

52 S. hierzu etwa die Internetpräsenz www.omkara.de.

53 S. Anm. 10.

54 Grom, Esoterik (S. Anm. 10), 13.

55 Vgl. hierzu die Untersuchung von T. JUNG, Esoterik und Konservativismus (Passagen und Transzendenzen, Bd. 12), Konstanz 2002, 163, worin der Esoterik ein »konservativer Denkstil« bescheinigt wird.

nen Wissenschaften,[56] zum anderen gegen die angeblich dogmatische und institutionelle Erstarrung der Religionen, insbesondere des Christentums. Die von der Esoterik vertretenen Meinungen, Wirkungen, Praktiken und Erfahrungen repräsentieren die Form einer stark eklektizistisch-synkretistischen wie auch stark individualisierten Religiosität, die mit den Begriffen »Patchwork-Religiosität«, »vagabundierende Religiosität« oder »Auswahlspiritualität« charakterisiert wird. Erlebnisintensive Seminare und Kursangebote sollen das optimistische Lebensgefühl des entgrenzten Verbundenseins mit der Alleinheit aller Dinge vermitteln. Wesentliche Merkmale heutigen esoterischen Denkens sind nach Jens Schnabel[57]:

a) Spiritualistischer Monismus: Esoterisches Denken geht von der Grundannahme aus, dass hinter der Vielheit der Phänomene eine geistige Grundsubstanz verborgen sei.
b) Die Polarität der Wirklichkeit: Alles, was ist, bewegt sich zwischen zwei konträren Polen.
c) Verbunden ist damit ein zyklischer Denkansatz, wonach sich die Entwicklung des Menschen von der Einheit über die Polarität hin zur Einheit vollzieht.
d) Das Denken in Analogien und der enge Zusammenhang von Mikrokosmos und Makrokosmos, von Mensch und Kosmos.
e) Die Welt wird als Maya, als Täuschung menschlicher Sinne aufgefasst.

5.1 Nachwirkungen von New Age

Wesentliche Impulse für die zeitgenössische Esoterik gingen im angelsächsischen Bereich von der sog. New-Age-Bewegung Ende der 1970er Jahre aus. Dabei handelt es sich um eine Sammelbezeichnung für neureligiöse Bewegungen. Wichtige Kristallisationspunkte für die Verbreitung des neuen Gedankengutes waren das kalifornische Esalen-Institut (gegr. 1962) und die Findhorn-Gemeinschaft in Schottland (gegr. 1962). Bekannte Buchtitel sorgten in Deutschland für die Popularisierung von »New Age« – wie etwa »New Age – die Geburt eines neuen Zeitalters« von David Spangler, »Die sanfte Verschwörung« von Marylin Ferguson sowie zahlreiche thematische Veröffentlichungen der Schauspielerin Shirley MacLaine. Für Furore sorgte der 1982 erschienene Fantasy-Roman »Die Nebel von Avalon« der amerikanischen Schriftstellerin Marion Zimmer Bradley.[58] Darin wird der Untergang

[56] Anders verhält es sich etwa mit dem Anfang des 20. Jahrhunderts entwickelten systemesoterischen Entwurf der Anthroposophie, die ihr »Entdecker«, Rudolf Steiner, als »Geisteswissenschaft« verstanden wissen wollte.

[57] SCHNABEL, Menschenbild (s. Anm. 12), 308.

[58] M. FERGUSON, Die Nebel von Avalon, Frankfurt/Main ^{27}1999.

Avalons, der heiligen Insel der keltischen Priesterinnen beschrieben. Avalon gilt darin als heiliger Ort zwischen den Welten der Götter und der Sterblichen. Den Rückgang der Bedeutung dieses Zentrums der keltischen Religion beschreibt Marion Zimmer Bradley als ein »Hinweggleiten in die Nebel der Zeit«, woraus sich auch der Titel ableitet.

Die Erwartung eines auf astrologischen Berechnungen beruhenden neuen Zeitalters, das Zeitalter des Wassermanns, konzentrierte sich auf das Entstehen des Neuen Menschen und führte zum Entstehen einer fortschrittsoptimistischen Spiritualität, die sich aus ganz unterschiedlichen alternativen religiösen, spirituellen und kulturellen Quellen speiste. Rückblickend sprechen Forscher wie etwa Haanegraff von New Age als einer Form säkularisierter Esoterik, da darin Traditionen westlicher Esoterik des 18. und 19. Jhs. in säkularisierter Form aufgegriffen wurden. Dominant waren dabei insbesondere der Rückgriff auf säkulare Elemente wie Psychologie und Evolution, mit denen die »New Age«-Spiritualität synkretistisch angereichert wurde.

Heute, rund drei Jahrzehnte später, findet sich in esoterischen Büchern erneut der Versuch, Themen und Überzeugungen des klassischen New Age wiederzubeleben oder unter dem Begriff »neue Spiritualität« zu verbreiten.[59] Im tieferen Sinn handelt es sich bei »New Age« um die letzte »Globalutopie« des 20. Jahrhunderts.[60] An dieser Stelle sei an wesentliche Grundüberzeugungen des New Age erinnert[61]:

a) Der Glaube an das kosmische Bewusstsein, das transindividuell gedacht wird; der Mensch gilt in dieser Perspektive als göttlich, da er ein Akzidenz dieses kosmischen Bewusstseins ist.
b) Ziel der spirituellen Praxis ist es, das eigene Ich zu transformieren. Mit anderen Worten: Das individuelle Ich soll überwunden und eine Vereinigung mit dem allgemeinen kosmischen Bewusstsein angestrebt werden.
c) Leitend ist ein holistischer Ansatz: Mensch, Natur und Kosmos sind miteinander verwoben.

---

59 Vgl. H. KNOBLAUCH, Populäre Religion. Auf dem Weg in eine spirituelle Gesellschaft, Frankfurt am Main/New York 2009, 103: »Die esoterische Kultur im Umfeld des New Age wird vielmehr in den verschiedensten Medien, in populären Fernsehsendungen, Filmen, Büchern und Buchserien einem breiten Publikum zugänglich gemacht und liefert damit wichtige Impulse für breite kulturelle und soziale Erneuerungsprozesse.«

60 B. GROM, Hoffungsträger Esoterik?, Regensburg 2002, 91.

61 Vgl. hierzu G. KÜENZLEN, Der Neue Mensch. Zur säkularen Religionsgeschichte der Moderne, München 1994, 251f.

d) Um die Transformation des Ich zu erreichen, bedarf es des entsprechenden Wissens und der Praktiken, die ihm diese Göttlichkeit bewusst machen.

5.2 Topografie und Statistik

Im Blick auf die Präsenz von Esoterik in Deutschland gibt es regionale Unterschiede, zwischen Nord und Süd und West und Ost. Insgesamt finden sich esoterische Offerten in der alten Bundesrepublik häufiger als im östlichen Teil Deutschlands. Offensichtlich scheint Esoterik dort stärker auf Resonanz zu stoßen, wo Religion bzw. Kirche im öffentlichen Bewusstsein noch stärker vertreten sind und die Esoterik von ihren Nutzern als willkommene Chance für die Entwicklung einer kreativen, undogmatischen Spiritualität betrachtet wird. Dies trifft besonders für die alte Bundesrepublik zu. Eine empirische Regionalstudie zur religiösen Vielfalt in Nordrhein-Westfalen konnte im Jahr 2008 über 1000 Esoterik-Zentren, Institute und Heilpraxen ermitteln. In den Offerten verschmelzen Heilsversprechen aus teilweise raum-zeitlich weit auseinander liegenden Traditionen europäischer, amerikanischer, afrikanischer und fernöstlicher Provenienz. Die Forscher konstatieren:

»Vor allem die unter dem Etikett ›Esoterik‹ firmierenden Angebote erfreuen sich zurzeit eines vergleichsweise großen Zuspruchs. So hat sich in den letzten 20 Jahren nicht nur in Nordrhein-Westfalen eine schillernde Szene von alternativen Heilslehren herausgebildet. [...] Die neuen Heilsversprechungen verheißen geradezu ›jedermann schnell zum Experten‹ zu machen. Der ›Psychoboom‹ mit seinen verschiedenen religiös beladenen Therapieformen und Selbsterfahrungstechniken hat längst dazu beigetragen, ehemals exotische Namen und Wissensbestände über magische und religiöse Praktiken im Alltagsbewusstsein vieler Menschen zu verankern. [...]

In Nordrhein-Westfalen hat im Verlaufe der letzten Jahre eine Vielzahl von spirituellen Lehrinstituten, Verlagen, Therapiezentren und Buchläden und Esoterik-Geschäften ihre Arbeit aufgenommen. Vor allem in den städtischen Ballungszentren ... finden sich zahllose neu geschaffene Institutionen und Zentren, die der ›Entwicklung des Bewusstseins‹, der ›Persönlichkeit‹, der Erlangung ›spiritueller Erfahrungen‹ oder der ›Wiederherstellung des Einklangs mit den natürlichen Kräften der Schöpfung‹ dienen sollen.«[62]

---

[62] M. HERO, Auf dem Weg zum religiösen Markt? Neue Religiosität und Esoterik, in: DERS./V. KRECH/H. ZANDER (Hgg.), Religiöse Vielfalt in Nordrhein-Westfalen. Empirische Befunde und Perspektiven der Globalisierung vor Ort, Paderborn 2008, 170f.

So hat die Studie ergeben, dass die neuen Sinnstiftungsofferten landesweit von rund 90 000 Personen nachgefragt werden. Das sind 0,5 Prozent der Gesamtbevölkerung.[63] Andere religionstopografische Untersuchungen, wie etwa die für die Städte Halle[64] oder Leipzig[65], nehmen ausschließlich religiöse Gemeinschaften in den Blick. Die Esoterik-Szene bleibt hingegen unerwähnt. Ist Esoterik in Ostdeutschland kein Thema? Auch in größeren Städten wie z.B. in Leipzig und Dresden finden sich durchaus Esoterikanbieter, Buchhandlungen und einzelne Geschäfte. Durch Verkaufsangebote im Internet wird das Angebot überregional und noch marktförmiger: www.esoterikshopping.de heißt die Internetseite eines Nürnberger Anbieters, der ein großes virtuelles »Esoterik-Kaufhaus« betreibt. Im Sortiment führt er: Altar-, Kelten- und Runentücher, Duftlampen und Engelkarten, Heilsteine, Buddhafiguren, Elfen, Pendel und geomantische Werkzeuge, Tarotkarten, Kristallkugeln, Witchboards und weiteres Ritualzubehör für die eigene magische Praxis.

In der Untersuchung »Religion in Berlin« findet sich ein Abschnitt mit dem Titel »Esoterik der Gegenwart als postmoderne Religiosität«. Nach grundsätzlichen Klärungen zum Begriff und Verhältnisbestimmungen heißt es zur Berliner Esoterik-Szene:

»Berlin bietet keine anderen esoterischen Strukturen als der sonstige deutschsprachige Raum. Die Stadt birgt große Vielfalt, vergleichbar sind nur noch München und Hamburg. [...] Nur wenige leben hauptsächlich von ihren Angeboten im Bereich Esoterik. Es gibt einige Dutzend Einrichtungen – Läden, Veranstaltungszentren, Praxen, Einzelanbieter –, die im esoterischen Bereich zu verorten sind. Aber nur etwa zehn Geschäfte können als eigentliche Esoterik-Läden bezeichnet werden. Bestehende Läden laufen stabil, ein Wachstum gibt es seit der Jahrtausendwende nicht mehr. Einige Einrichtungen wurden und werden mit Wellness-Angeboten ausgebaut. Auch in Berlin ist der stärkste esoterische Teilbereich der Heilung, Therapie und Ernährung.«[66]

---

[63] Ebd., 171.

[64] D. CYRANKA/H. OBST, »...mitten in der Stadt«. Halle zwischen Säkularisierung und religiöser Vielfalt, Halle 2001.

[65] RE.FORM LEIPZIG (Hg.), Religionen in Leipzig, Leipzig 2003.

[66] S. RADEMACHER, Esoterik der Gegenwart als postmoderne Religiosität, in: N. GRÜBEL/S. RADEMACHER (Hgg.), Religion in Berlin. Ein Handbuch, Berlin 2003, 591–602, hier 600f.

6. Marktförmigkeit, Popularisierung und Alltagsrelevanz der Esoterik

Wie aufgezeigt treten im Bereich der modernen Esoterik Pluralisierungs- und Individualisierungstendenzen besonders deutlich hervor und ermöglichen dem Einzelnen Zugang zu einer Form von »Patchwork-Religiosität«. Den traditionellen Religionen bzw. den religiösen Institutionen, den Kirchen, wird keine echte Spiritualität mehr zugestanden. Sie gelten mitunter als Repräsentanten einer dogmatischen, »verkopften« Tradition, die keine authentische oder vollmächtige Spiritualität mehr vertreten würden. Doch die Nutzer der Konsumesoterik sind nicht alle kirchenfeindlich eingestellt. Es finden sich auch unter Kirchenmitgliedern Esoterik-Konsumenten, die in der esoterischen Spiritualität eine Chance zur individuellen Erweiterung des Denkens und Fühlens sowie der persönlichen Reifung sehen. Insofern ist die Esoterik schon lange kein Phänomen »extra muros ecclesiae« mehr. Selbst TV-Pfarrer Jürgen Fliege bietet in seiner Publikumszeitschrift »Fliege« Raum für esoterische Angebote.[67] Auf »Service-Seiten« finden sich Werbeanzeigen von kommerziellen Wahrsagern www.kartenleger-live.de sowie »Birgits Lichtwege – Gespräche mit der göttlichen Ebene« für 1,24 Euro pro Minute bzw. Werbeanzeigen des bekannten Hamburger Esoterik-Veranstalters »Wrage« mit Hinweisen auf verschiedene Esoterik-Kongresse zum Thema Engel oder Channeling, für die Esoterik-Tage sowie für die esoterische Rosenkreuzer-Vereinigung »AMORC«.

Besonders drei Eigenschaften sind für den Wandlungsprozess der modernen Esoterik verantwortlich: zum Ersten die Marktförmigkeit, zum Zweiten die Popularisierung esoterischer Offerten und zum Dritten die Beobachtung, dass Esoterik zunehmend das Freizeitverhalten ihrer Nutzer prägt.

6.1 Konsumesoterik

Die Marktförmigkeit esoterischer Angebote, insbesondere im Bereich der sog. Esoterik-Messen, ist nicht zu übersehen. Es wird offeriert, kommerzialisiert und konsumiert. Anders als traditionelle Religionen befindet sich die Esoterik in schneller Entwicklung und Veränderung. Sie ist durch Vielfalt und Individualismus geprägt. In ihrem Buch »Schnellkurs Esoterik« kommt die Autorin, eine Religionswissenschaftlerin, zu der Feststellung:

Die Esoterik ist in fast allen Lebensbereichen präsent und fast jeder ist auf die eine oder andere Art schon einmal damit in Berührung gekommen. Das esoterische Spektrum reicht von der teilweisen Partizipierung wie Wellness,

[67] S. hierzu z.B. die Ausgabe »Fliege«, Ausgabe 9/2008.

Yoga, I Ging, Astrologie oder Bachblütentherapie bis hin zum alles bestimmenden Lebenskonzept und religiöser Weltanschauung, etwa im Neuheidentum, Schamanismus oder Hexenkult. Die Grenzen sind fließend, auch zum Christentum, zu Philosophie und Psychoanalyse sowie zu den Naturwissenschaften gibt es Berührungspunkte und Gemeinsamkeiten.[68]

Die Popularisierung der Esoterik hat mittlerweile viele Lebensbereiche erfasst: von Bewusstseinsübungen und Meditation über gesunde Ernährung, esoterische Erziehungsratgeber mit Zauberworten wie »Indigo- oder Kristall-Kinder«, astrologische Beratungsangebote über Zeitschriften, Bücher, Internet oder TV-Spartenkanäle wie AstroTV bis hin zu esoterischen Heilungsangeboten wie Bachblüten- und Heilstein-Therapie oder Geistheilung. Die Klientel der Esoterik-Nutzer bilden neueren Umfragen zufolge Frauen aus Westdeutschland im Alter zwischen 30 und 50 Jahren. Es gibt einen »spielerischen Umgang«, besonders im Bereich der Konsumesoterik, ohne dass man bei der Nutzung der Offerten automatisch die weltanschaulichen Grundlagen der Esoterik übernimmt. Daneben gibt es jedoch eine ernsthafte und lebensrelevante Sehnsuchtsreligiosität, die – manchmal auch leichtfertig – tiefer in die esoterische Weltanschauung eindringt. Aus Esoterik-Nutzern können, wie viele Internetseiten zeigen, auch Esoterik-Anbieter werden.

Derzeit dominieren in den Esoterikangeboten stark individualisierte Formen, die vom Gedanken einer synkretistischen Verschmelzung geprägt sind. Gemeinschaftsbildungen und feste Strukturbildungen sind in dieser Szene hingegen die Ausnahme. Bei den Rezipienten esoterischer Offerten überwiegt – je nach Intensität - ein konsumorientierter Religionsvollzug. Hinzu kommt als weiteres Kennzeichen eine Auswahlspiritualität, die – je nach individueller Bedürfnislage – auf esoterische Angebote unter dem Aspekt des persönlichen Nutzwertes zurückgreift. Die Angebote, Kurse, Seminare, Workshops und neuerdings auch »Ausbildungen« zum Geistheiler, Channel-Medium oder spirituellen Lehrer, sind mittlerweile unüberschaubar geworden. Dadurch gelingt es den Gründern solcher »Ausbildungsgänge«, ein deutschlandweites Netzwerk mit Vortrags- und Kursangeboten zu etablieren. Die in einer esoterischen Methode Ausgebildeten werden zu Lizenznehmern. Viele Esoterik-Anbieter sind inzwischen dazu übergegangen, ihre jeweilige Methode auch rechtlich schützen zu lassen.

Die moderne Esoterik mit ihrem umfangreichen Buch-, Kurs- und Workshopangeboten erreicht besonders die höhere Bildungsschicht, die zeitlich und finanziell in der Lage ist, sich diesem Angebot zuzuwenden. Esoterik ist inzwischen Teil der Alltagskultur geworden. Sie kommt mit ihren vielfältigen Offerten der Sehnsucht nach einer erfahrungsbezogenen und erlebnisintensi-

---

[68] U. Peters, Schnellkurs Esoterik, Köln 2005, 7.

ven Spiritualität entgegen. Es geht um Kontaktmöglichkeiten zu Engeln und höheren Wesenheiten, um innere und äußere Heilung durch die Kraft von Farben und Steinen, durch Bachblüten und Aurareinigung, durch Geistheilung[69] und energetische Kraftübertragung (z.B. Reiki). Die spirituelle Suche nach authentischen religiösen Überlieferungen führt die Einen in die Welt der Kelten und der Germanen. Andere erblicken im neuen Hexenkult einen verlässlichen naturreligiösen Weg, fernab überkommener Pfade den Zugang zu einer individuellen Spiritualität zu finden.«[70]

»Der Okkulthandel im Internet ist Teil eines gigantisch angewachsenen Wirtschaftszweiges, in dem Kleinunternehmer ihre Ware ausschließlich über den digitalen Vertriebsweg anbieten. [...] Aus den einstigen Jahrmarktsensationen sind virtuelle Kaufhallen geworden, denen von Experten eine große Zukunft vorausgesagt wird. Sie bedienen weltanschauliche Interessenten verschiedener Richtungen.«[71]

Davon profitiert die moderne Esoterik in besonderer Weise, weil mit den Offerten suggeriert wird, es gebe einen leichten und unverstellten Zugang zu einem verborgenen, geheimen und unergründlichen Wissen. Derzeit tragen zwei weitere Entwicklungen zur Popularisierung und medialen Verbreitung esoterischer Offerten bei.

6.2 Bücher, Zeitschriften, Fernsehen und Internet

Die Verbreitung esoterischer Ideen und Praktiken geschieht nicht nur im persönlichen Umfeld, sondern auch über Bücher und Zeitschriften. Wie der Börsenverein des deutschen Buchhandels mitteilt, lag im Jahr 2005 der Anteil esoterischer Bücher im Bereich Sachbuch bei 13,4 Prozent. Im Vergleich zum Vorjahr konnte eine Wachstumsrate um 8,7 Prozent verzeichnet werden.[72] Für die ersten Quartale 2008 wurden ebenfalls Umsatzsteigerun-

---

[69] Zu den vielfältigen Varianten und weltanschaulichen Hintergründen des Geistigen Heilens vgl. B. WOLF, Geistiges Heilen als Lebenshilfe zwischen Therapie und Spiritualität. Religionskulturelle Orientierungen, in: W.H. RITTER/B. WOLF (Hgg.), Heilung – Energie – Geist. Heilung zwischen Wissenschaft, Religion und Geschäft (BThS 26), Göttingen 2005, 126–151.

[70] Auf der Internetseite einer neuen Hexe (www.trudimonia-shop.de/DerWegzumHexen kult.php; abgerufen am 10. Mai 2009) heißt es: »Das Göttliche wohnt in deinem Herzen. Es ist deine Wurzel! Es ist der höchste und innerste Kern deines Wesens. Durch dein inneres Selbst, durch deine spirituelle Natur, erkennst du einen Weg, der zum innersten Herzen des Universums führt.«

[71] DOERING-MANTEUFFEL, Das Okkulte (s. Anm. 25), 286 und 288.

[72] Branchen-Monitor Buch, 2. Quartal 2005, vgl. www.boersenverein.de/de/96641; abgerufen am 15.5.2009).

gen erzielt.[73] Nach einer Meldung der Wirtschaftswoche Ende 2007 erbringt der Umsatz an Büchern des Esoterikbereiches einen Umsatz von 500 Millionen Euro in Deutschland.[74] Im Sortiment finden sich Ratgeber zum spirituellen Erwachen, Magietipps für Hexen, Lehrbücher für Heiler oder Anleitungshilfen für Kontakte zu Engeln und Geistwesen. In Deutschland gibt es rund zwei Dutzend Magazine, die das Marktsegment Esoterik/Grenzwissenschaften/Neue Spiritualität bedienen. Die Auflagenhöhe pro Printmedium variiert zwischen 1.500 und bis zu 50.000 Stück. Eine beträchtlich höhere Auflage können indes astrologische Zeitschriften erzielen (zwischen 50.000 und 140.000), die ihrerseits zunehmend andere esoterische Themen wie Hexenkult oder die Jenseitskontakte in ihr Programm aufgenommen haben.

Zu einer weiteren Popularisierung tragen neuerdings auch US-amerikanische Esoterik-Dokumentarfilme und -Spielfilme wie »Bleep« oder »Gespräche mit Gott« bei. Sie werden in Deutschland im Rahmen des »Spirituellen Kinos« gezeigt und zum Kauf auf DVD angeboten. Besonders im Bereich der Astrologie, einem besonders populären Feld der Esoterik, lassen sich interessante Entwicklungen feststellen. Zwei Beispiele sollen dies im Folgenden illustrieren.

6.2.1 Astro-Beratungen im Fernsehen, über Telefon und im Internet

Während die Zeitungshoroskope meist auf unterhaltsame Weise Prognosen, die vieldeutig wie nichtssagend nach dem Motto »Vermeiden Sie Extreme!« gehalten sind, gibt es vielfältige Beratungsformate über Fernsehsatellitenprogramme, Telefonhotlines oder im Internet. Nun gilt es im Blick auf Astrologie-Angebote zu unterscheiden. Es lassen sich derzeit sog. vulgärastrologische Angebote finden, die sich lediglich auf die zwölf Tierkreiszeichen beschränken. Davon zu unterscheiden ist die fachlich ausgerichtete Astrologie, die bei der Erstellung eines individuellen Horoskops wesentlich mehr persönliche Daten zu Grunde legt. Ein dritter Zweig ist die medial inszenierte Konsum-Astrologie, in der Unterhaltung und Beratung miteinander verschmelzen. In diesem Sektor lassen sich derzeit zwei Tendenzen beobachten: Menschen aller Schichten sind offenbar immer öfter bereit, astrologische Beratungsangebote auf multimedialem Wege in Anspruch zu nehmen. Sie sind leichter zugänglich und damit für den Nutzer im Blick auf die Kosten noch unkalkulierbarer. Es gibt inzwischen mehrere kostenpflichtige Astro-Hotlines, bei

[73] Im Bereich Sachbuch, das 8,3 Prozent am Gesamtumsatz in der Buchbranche ausmacht, erzielten die Themen Psychologie, Esoterik, Spiritualität, Anthroposophie ein Plus von 14,3 Prozent; vgl. hierzu die Mitteilung des Börsenvereins des Deutschen Buchhandels im Internet: www.boersenverein.de/de/portal/Oktober_2008/295240, abgerufen am 15.5.2009.

[74] Vgl. die Meldung in »Wirtschaftswoche« 51/2007, 136 ff.

denen Telefon-Lebensberatungen für 1,50 Euro pro Minute angeboten werden. Ein Anbieter verspricht: »Mit Hilfe der Kunst der Astrologie machen wir Ihnen zuverlässig Aussagen über Ihre ganz persönlichen Zukunfts-Tendenzen. Unsere seriösen und vertrauensvollen Kartenleger helfen Ihnen gerne rund um die Uhr Chancen wahrzunehmen, die richtigen Entscheidungen zu treffen und somit Ihr Schicksal selbst zu lenken und zu bestimmen.«

Neu hinzugekommen sind in den letzten Jahren umstrittene Spartenprogramme wie Astro TV oder der über Internet empfangbare »Kanal Telemedial« des Medienunternehmers Thomas Hornauer. Die Zukunft astrologischer Beratungsangebote in den Medien steht keineswegs in den Sternen, sondern wird in nächster Zeit ein ebenso lukratives wie hart umkämpftes Geschäftsmodell ausgebuffter Astro-Unternehmer bleiben. Der neueste Trend heißt »crossmedialer Marketingmix«. Gemeint ist damit der Versuch, die eigenen Horoskopangebote im Verbund mit Radio-Astro-Shows und Kooperationen mit Verlagen oder Internetportalen wie T-Online oder Lycos weiter zu verbreiten. Dabei wird ein Ausbau sowie eine noch engere Verzahnung medial-astrologischer Offerten angestrebt. Damit eröffnen sich neue Marktchancen. Die Zielgruppe der Angebote sind nach Angaben des Betreibers, der Questico AG, besonders Frauen zwischen 30 und 50 Jahren, die über »AstroTV«, Telefonhotlines, die Zeitschrift »Zukunftsblick« und einen angeschlossenen »AstroShop« erreicht werden. Damit ist deutlich, dass sich die moderne Esoterik in den letzten Jahren mehr und mehr zu einem selbstverständlichen medial inszenierten Alltagsphänomen im Leben von Menschen entwickelt hat. Dazu tragen nicht zuletzt auch die bereits erwähnten relativ hohen Auflagen von Astrologie-Zeitschriften bei.

6.2.2 Neuer Hexenkult zwischen Selbstinszenierung und Selbstinitiation

Die Esoterik hat seit den letzten Jahren auch das Thema Neue Hexen für sich entdeckt und weiter popularisiert. Im Unterschied zur neuen Hexen-Bewegung der 1970er und 1980er Jahre werden bisher streng gehütete Hexenrituale und das hierfür notwendige Wissen zunehmend popularisiert und individualisiert. So gibt es inzwischen Hexen-Ritualratgeber im Taschenbuchformat und Anleitungen für die Selbsteinweihung. Während man früher in einen Zirkel initiiert wurde, kann man sich jetzt zuhause selbst initiieren und sich dann als »freifliegende Hexe« bezeichnen. Die neue Hexe wird zur Identifikationsfigur der selbstbewussten und durchsetzungsstarken Frau. Es geht um Selbstermächtigung mit Hilfe von Magie und Okkultismus – nach dem Motto »Jeder ist sein eigener Priester!«[75] Die Zielgruppe der potenziellen

[75] Vgl. meinen Beitrag »Jeder ist sein eigener Priester«. Neue Hexen zwischen Esoterik und Neuheidentum, in: GYMNASIALPÄDAGOGISCHE MATERIALSTELLE DER EVANG.-LUTH. KIRCHE

Hexen ist in den letzten Jahren jünger geworden. Das Angebot an Büchern oder Jugendcomics wie das Disney-Magazin »W.I.T.CH.« richtet sich zunehmend an Kinder im Alter von 9 bis 14 Jahren, sodass man – nicht zuletzt durch flankierende Magieratgeber für »Junghexen« inzwischen vom Phänomen eines Girlie-Hexentums sprechen kann. Ohnehin ist für Jugendliche und junge Erwachsene das Internet das zentrale Medium, um sich mit Gleichgesinnten auszutauschen und neue Kontakte zu knüpfen.

Das World Wide Web erschließt für Okkultisten, Esoteriker und neue Hexen im Blick auf die Popularisierung und nicht zuletzt für die Vernetzung als »virtuelle Gemeinschaft Gleichgesinnter« neue Möglichkeiten, wie die neue Internetplattform www.magisches-deutschland.net zeigt. Sie soll vorrangig dem gegenseitigen Austausch unter den verschiedenen magischen Richtungen dienen. Gleichzeitig sollen neue »Magie-Interessierte« gewonnen werden. Mittlerweile weist das Netzwerk 800 Einträge auf. Die eingestellten Texte sind mit Pseudonymen (sog. Nicknames) versehen. Zur Begründung heißt es: »Durch das Internet, in dem sich der verbreitete Wunsch nach Diskretion durch Pseudonyme (Nicknames) und alternative Email-Adressen erfüllen lässt, ist es viel leichter geworden Gleichgesinnte zu finden. Hier kann man nach Herzenslust Kontakte knüpfen, verschiedene Magierichtungen kennen lernen und sich aussuchen, was zu einem passt. Dadurch ist bereits eine große ›Szene‹ entstanden, in der sich Zehntausende Magie-Interessierte austauschen, verteilt über unzählige Foren und Social-Networking-Seiten.«[76]

Für Nordrhein-Westfalen, Baden-Württemberg und Bayern gibt es die meisten Veranstaltungshinweise und Kontaktadressen von esoterischen und okkult-magischen Zirkeln: Neben esoterischen Rosenkreuzer-Gruppen wie AMORC oder Lectorium Rosicrucianum finden sich auch Einträge von neugermanisch-heidnischen und neodruidischen Kreisen, von Hexen- und Heidenstammtischen, aber auch von Internetshops, die magische Utensilien und Devotionalien vertreiben. Zahlreiche Verweise führen auf Internetseiten von einzelnen Magiern und Okkultisten in der Region. Sieht man sich die Interneteinträge in den einzelnen Bundesländern näher an, so fällt auf, dass neben bekannteren Gruppen und – teilweise sehr umstrittenen Vereinigungen – nun auch okkult-magische Kleinstzirkel an die Öffentlichkeit treten, über deren Existenz bislang selbst langjährige Weltanschauungsexperten nichts wussten. Sorgten bislang die so genannten Heiden- und Hexenstammtische in verschiedenen Städten Deutschlands auf regionaler Ebene für den

IN BAYERN (Hg.), Arbeitshilfe für den evangelischen Religionsunterricht an Gymnasien, Folge 2007 (Gelbe Reihe), Erlangen 2007, 1–9.

76 http://www.magisches-deutschland.net/netzwerk.html

gegenseitigen Austausch, so können sich für Suchende mit dem neuen Portal neue Kontaktmöglichkeiten erschließen. Damit wird die Grenze zwischen dem Privaten und Öffentlichen zunehmend überschritten: »Was thematisch privat ist, kann öffentlich zugänglich gemacht werden, und die öffentliche Zugänglichkeit kann selbst in einer Präsenzöffentlichkeit mit Anderen geschehen oder eben alleine.«[77] Doch auch Internetseiten von Okkultgruppen haben passwortgeschützte, »esoterische Bereiche«, zu denen der einzelne durch offizielle Aufnahme Zugang zu einem Insiderwissen erhält, das der Öffentlichkeit hingegen verschlossen bleibt.

7. DIE ZEITGENÖSSISCHE ESOTERIK ALS SUCHBEWEGUNG UND ZEITGEISTPHÄNOMEN

Die heutige Esoterik-Szene reagiert auf vielfältige Bedürfnisse und Sehnsüchte von Menschen. Dabei hat sie – wie oben aufgeführt – ein spezielles Sensorium für die Bedürfnislagen westlicher Gesellschaften entwickelt. Gleichzeitig werden an den aktuellen Themen und Tendenzen der Esoterik-Szene die gravierenden Veränderungen der gegenwärtigen Religionskultur deutlich: »Eventisierung«, Individualisierung, religiöse Technisierung sowie die zunehmende religiöse Pluralisierung bei gleichzeitigen Säkularisierungsprozessen. Infolge des Traditionsabbruchs schwindet beim Einzelnen das religiöse Unterscheidungsvermögen. Gefragt sind neuerdings schnell und leicht erlernbare Techniken. Der weltanschaulich-religiöse Hintergrund bzw. die damit korrespondierenden Gottes- oder Menschenbilder sind hingegen bei vielen Rezipienten nur von sehr geringem Interesse.

Für den Einzelnen verheißt die Esoterik-Szene erlebnisintensive Erfahrungen, besonders auf den Gebieten Heilung und praktischer Lebenshilfe. Dabei erlebt die Magie im Blick auf die einschlägige Literatur neue Konjunktur. Sie verheißt Machtgewinn, aber auch Möglichkeiten zur ein- und ausdrucksvollen Selbstinszenierung. Das derzeitige Esoterik-Angebot bewegt sich damit im Spannungsfeld zwischen Kommerzialisierung, Unterhaltung und einer okkult-magischen Weltsicht, die dem ich-zentrierten Freiheitssinn des säkularen Menschen scheinbar entgegenkommt, ihn aber in Wirklichkeit neuen meist selbstproduzierten »Zwängen« unterwerfen kann: die Gefahr des Verlusts sozialer Kompetenz, die Selbstüberschätzung eigener – oft suggestiv erzeugter – magischer Fähigkeiten und nicht zuletzt die Abhängigkeit von bestimmten Anbietern oder Channel-Medien, die ihre mangelnde fachliche bzw. therapeutische Kompetenz mit dem Anspruch kaschieren, »Kanal« für

[77] KNOBLAUCH, Populäre Religion (s. Anm. 57) , 209.

Mitteilungen aus höheren oder höchsten Ebenen zu sein. Im Einzelfall können hierbei fatale Folgen für die unmittelbar Betroffenen und für ihr persönliches Umfeld entstehen. Durch die Erlebnisintensität mancher geschickt inszenierter Angebote können Menschen, die sich intensiv auf magische Rituale einlassen, die kritische Distanz verlieren und sich ausschließlich innerhalb eines magischen Weltbildes bewegen.

Die in der Esoterik vielfältig angebotenen und teilweise auch gesammelten Erfahrungen entziehen sich meist einer kritischen Überprüfung. Hierbei kommt es zu einer Überhöhung subjektiver Erlebnisse und zu einem ausgeprägten Irrationalismus. In manchen Fällen lässt sich ein »Erfahrungsfundamentalismus« beobachten, insbesondere dann, wenn sich sensible, erleuchtete Menschen auf unmittelbare göttliche Eingebungen oder intuitive Erfahrungen berufen, die höchste religiöse Autorität beanspruchen.

Nachdem der Leitstern der Aufklärung, die Vernunft des Menschen, angesichts globaler Krisen und Gefahren fragwürdig geworden ist, lässt sich in der Postmoderne eine verstärkte Hinwendung zum spirituellen Erfahrungsraum des Menschen beobachten. Schnabel weist in seiner umfassenden theologischen Analyse des esoterischen Menschenbildes auf erhebliche Unterschiede zum christlichen Glauben hin: »Es handelt sich bei allen Gemeinsamkeiten ... um zwei gänzlich verschiedene Menschenbilder und damit auch um zwei gänzlich verschiedene Daseinsorientierungen. Esoterik ist kein Christentum und Christentum keine Esoterik, auch wenn in Einzelfragen genauere Differenzierungen angebracht sind, und es sehr wohl Bezugnahmen und Beziehungen gibt.«[78] Zugleich mischen sich in den Esoterikangeboten spirituelle mit säkularen Inhalten.

Für Theologie und Kirche stellt sich die Aufgabe, nicht nur abwehrend, sondern dialogisch-kritisch mit der Esoterik als Herausforderung umzugehen. Gefragt sind Begegnung und Auseinandersetzung, Dialog und Unterscheidung. Gleichzeitig wird die Theologie an eigene vergessene und vernachlässigte Themen der eigenen Tradition erinnert.

Eine nüchtern-sachliche Analyse zeitgenössischer Esoterik muss Folgendes im Blick behalten: Nicht alles, was sich in der Esoterik-Szene mit einem religiösen Mantel umgibt, ist etwas, was den Menschen »unbedingt angeht« (Paul Tillich). Trotz vieler und sicherlich auch ernst gemeinter religiöser Sehnsüchte und esoterischer Suchbewegungen drängt sich dem kritischen Beobachter der Esoterik-Szene bisweilen der Eindruck auf: Viele der in der Esoterik-Szene derzeit besonders gefragten Techniken, Angebote und Methoden spiegeln einen Zeitgeist wider, der sich religiöser gibt, als er in Wirklichkeit ist.

---

[78] SCHNABEL, Menschenbild (s. Anm. 12), 454.

Pirmin Stekeler-Weithofer

Die »Wiederkehr« der Religion – und der Religionskritik

Nulla ethica sine aesthetica
(Aufschrift am Museum für Musik, Madrid)

In der Zeit der »Romantik« wurde von Schriftstellern und den Philosophen der klassischen deutschen Epoche wie Hölderlin und Hegel davor gewarnt, dass eine bloß »wissenschaftliche« Aufklärung und Religionskritik gerade deswegen problematisch sind, weil sie kein funktionales Äquivalent für die Orientierungsleistungen tradierter Religionen mitliefert. Daher bleibt auch die regelmäßig wiederkehrende Religionskritik des Darwinismus, der sich nur gegen ein kosmologisches Gottesbild richtet, wenig nachhaltig – sodass, wie Heidegger sieht, eine vernünftige Säkularisierung sowohl religiöser Redeformen als auch wissenschaftlicher Weltbilder eine dauernde Aufgabe bleibt.

1. Nachfrage nach Religion und Religionskritik

Ein amerikanischer Philosoph, Hubert Dreyfus, erhielt vor Kurzem das Angebot von einem Publikumsverlag, ein Buch mit dem Titel »The Lure of the Gods«, also »Die Anziehungskraft der Götter«, zu schreiben und zwar für eine Vorausgage von $ 200.000,00. Es gibt offenbar ein erwartet hohes Interesse an der Religion und ihrer Wiederkehr. Diese wird aus anderer Sicht befürchtet und bekämpft, nämlich wo, wie in Großbritannien oder jetzt auch in Deutschland, Busse durch die Länder fahren mit der Aufschrift, es sei wissenschaftlich gesehen äußerst unwahrscheinlich, dass Gott existiert. Dabei fällt auf, dass diese Werbung für Religionskritik schon eine Vorstellung von Gott unterstellt, den es so geben soll wie einen Berg oder den Mond, vielleicht als guten alten Vater mit Bart oder als Weltarchitekt mit Zirkel. Welcher Wissenschaft es bedarf, die Nichtexistenz dieses Gottes nachzuweisen, das wäre wohl allererst zu fragen. Sind es die Physik und Biologie, wie Professor Dawkins, einer der Organisatoren der Buswerbung, meint oder doch eher die Theologie und die Philosophie, deren Aufgabe es ja ist, den Sinn unserer Rede über Gott zu klären? Die Religionskritik des Biologen Dawkins ähnelt ohnehin verdächtig der des Kosmonauten Gagarin, welcher bekanntlich nach seiner Erdumkreisung zum besten gab, er habe im Himmel keinen Gott angetroffen. Freilich gibt es auch bekannte theologische Philosophen, wie Richard Swinburne oder Alvin Plantinga, welche, wie schon Blaise Pascal, eine vermeintlich wissenschaftliche Rede von »Wahrscheinlichkeiten« und »rationalen Wettentscheidungen« dazu benutzen wollen, die Vernünftigkeit eines Glaubens an Gott zu beweisen. Noch Charles Taylor bleibt in seinem neuesten Buch »A Secular Age« diesem in der englischsprachigen Welt fast allgemein unterstellten ontischen Gottesbild verhaftet, das als solches mit Recht die Kritik derer auf sich zieht, welche die Rede von einem Weltenschöpfer und Weltenrichter längst schon als einen rein allegorischen Mythos erkennen und im Übrigen die Spannungen dieser Mythen zu einer wissenschaftlichen Entwicklungsgeschichte des Kosmos, der Erde und der Menschenwelt betonen. Es ist hier allerdings nicht der Ort, die basalen logischen und methodischen Fehler eines jeden ontischen Begriffs von Gott, als einer Art Großperson hinter den Kulissen, nachzuweisen, wie wir sie sowohl in jedem Glauben an einen solchen Gott finden, etwa noch bei Taylor, als auch in den üblichen Thesen von »Atheisten« oder »Agnostikern«. Wichtig ist nur, dass auf beiden Seiten der Debatte unklar ist, worüber eigentlich geredet wird. Indem wir dies feststellen, lässt sich schon eine ganze Klasse von »Argumenten« für oder wider einen Gottesglauben aus dem Bereich ernst zu nehmender Verständnisse von Religion in den Bereich ernst zu nehmender Unverständnisse verschieben. Die Aufgabe des Verstehens von Religiosität und religiöser Rede ist entsprechend abzutrennen von der Aufgabe, basale Fehldeutungen aufzuweisen und aufzuheben.

Dabei ist insbesondere unklar, ob die Gretchen-Frage nach Gott bzw. nach dem Glauben an die Existenz eines Gottes mit der Frage nach der Religion zusammenfällt. Daher haben wir erst einmal zu fragen, was Religion ist oder sein soll, um zu sehen, ob es wirklich ein Interesse an Religion ist, das angeblich oder wirklich zunimmt. Nimmt es vielleicht doch eher ab, und zwar selbst dann, wenn ein Interesse an so etwas wie Spiritualität zunehmen sollte? Eine solche Spiritualität ist im Allgemeinen so verblasen wie alles Esoterische. Wie unterscheiden wir Religion außerdem von eher nationalpolitischen Bewegungen, welche an tradierte Religionen anknüpfen und offenbar ein sozialhistorisches, staatstheoretisches und ideengeschichtliches Phänomen der Moderne sind? Diese Moderne wiederum ist durchaus eine Bewegung hin zur Demokratie, zur republikanischen Selbstherrschaft des jeweiligen Staatsvolkes. Sie führt zunächst in eine spannungsvolle Herrschaft von (lokalen) Mehrheiten über Minderheiten bzw. von Mehrheitsmeinungen über Minderheitsvoten. Dabei hat gerade die Reformation, die sich, freilich unintendiert, zu einem Aufstand gegen die Einheit der katholischen Christenheit entwickelte, die Zersplitterung der Herrschaften in Mitteleuropa gefördert und sie wurde auch durch sie befördert. Die Großmächte Spanien, England und Frankreich im Westen haben sich bekanntlich etwas erfolgreicher aus den Fragmentierungstendenzen der Reformation herausgehalten, obgleich auch dort die lokale Selbstbestimmung des aufstrebenden Stadtbürgertums eine wichtige Rolle spielte. Die Kritik an den Kriegsfolgen der kirchen- und eben damit staatspolitischen Reformation führt dann in der philosophischen Aufklärung des 18. Jhs. zu einem ersten Höhepunkt der Religionskritik, samt der Kritik der Legitimation von Herrschaft durch Religion. Diese wiederum spielt eine zentrale Rolle für die republikanische Revolution in Frankreich.

Es folgt eine Entwicklung, die gewissermaßen wellenartige Bewegungen wie bei Ebbe und Flut aufweist. Daher lässt sich aus den Phasen des Rückzugs und des Vormarsches der tradierten Religionen einerseits, der Säkularisation andererseits, keine unmittelbare Diagnose für die längerfristige Bedeutsamkeit der religiösen Tradition für Staat und Gesellschaft ablesen. So folgt zum Beispiel auf Napoleons Waterloo 1815 überall in Europa eine ›christliche‹ Restauration. Entsprechendes geschah 1945 und 1989: Die Befreiung vom Nationalsozialismus in Westdeutschland führt zu einer Art Rückzug in die Familie. Das Leben in der Familie gehört aber zum Kernbereich des Religiösen, mit seinen privaten ›Penaten‹ und Familienfesten, natürlich eingebettet in das Leben einer durch Religion sozusagen verwalteten Gemeinde. Zuvor war die in einer opernartigen Massenchoreographie publikumswirksam inszenierte und von allzu vielen allzu lange mitgetragene Ideologie der Nazis mit dem Kriegsende sofort ins Nichts zusammengebrochen. Diese Pseudozivilreligion wollte eine Weltanschauung für das deutsche ›Volkstum‹ sein. Sie stützte ihren Rassismus durchaus auf sozialdarwinistische und biologistische Thesen. Man meinte tatsächlich, die Unterwerfung angeblich weniger weit entwickelter Völker oder vorgeblich überhaupt nicht überlebenswerter Kulturen rechtfertigen zu können, in einer Art Appell an eine pervertierte ›Ethik‹ des ›Vorrechts‹ der vermeintlich ›höheren‹ Völker. Dieser Krieg gegen alles ›Niedere‹ wurde dabei gerade auch von den Mandarinen der deutschen Wissenschaft und ›Intelligenz‹ im Namen einer vermeintlichen deutschen ›Kultur‹ (*horribile dictu*) teils gegen eine angeblich materialistische Zivilisation des Westens, teils mit dem Hinweis auf den ›biologisch‹ ohnehin immer ›notwendigen‹ Kampf ums Überleben als unvermeidbar ausgegeben.

Die Bewegung des (leninistischen) Kommunismus argumentierte immerhin nicht rassistisch, rechtfertigte aber den inneren Kampf gegen vermeintliche Klassenfeinde ebenfalls über eine religionsartige Eschatologie, die atheistische Utopie einer klassenfreien Gesellschaft, und unter extensiver Beanspruchung von ›Wissenschaft‹ und ›wissenschaftlicher Philosophie‹. Das geschah mit nicht weniger christenfeindlichem Elan als im Nationalsozialismus. Kein Wunder, dass es heute in Mittel- und Osteuropa eine kleinere Renaissance der christlichen Kirchen gibt, zumal diese am Zusammenbruch des »real existierenden Sozialismus« aktiv mitgewirkt haben.

In grundsätzlichen Aspekten ähnlich kann die gegenwärtige Rolle des Islam in den ehemaligen türkischen und französischen bzw. britischen Gebieten im Süden und Osten des Mittelmeerraums betrachtet werden. Auch hier folgt aus der Abkehr von den ›Werten‹ des imperialen Westens eine Rückkehr zu den eigenen Traditionen. Die tradierte Religion dient als Bindekraft, und zwar von Marokko bis in den Irak. Dabei sehen sich relativ säkular ausgerichtete Länder, wie Algerien, Libyen, Ägypten, Syrien, auch Palästina oder die Türkei, der Gefahr eines Islamismus ausgesetzt, der ein Projekt der Errichtung einer Theokratie, genauer, der politischen Selbstermächtigung von ›religiösen‹ Predigern verfolgt, wie der fundamentalistische Iran und der Taliban-Staat in Afghanistan zeigt.

Religion ist in allen genannten Fällen immer schon Einheit von Glaubensdogmatik und kirchenanaloger Organisationsform. Sie fungiert als ideologische Stütze einer ›Mehrheitsgesellschaft‹ bzw. der zugehörigen Staatsmacht. Die Wiederkehr der Religion kann dabei als eine Folge des Zusammenbruchs zweier im 19. und 20. Jh. miteinander konkurrierender Modelle staatsbildender säkularer Zivilreligionen begriffen werden. Das eine Modell ist die Zivilreligion des *nationalen Volkstums*, wie sie sich besonders schön in der krypto-politischen Kunstmusik des ausgehenden 19. Jhs. dokumentiert, etwa bei Guiseppe Verdi, Bedřich Smetana oder auch Richard Wagner. Das zugehörige Modell eines sich auf diese Zivilreligion einer nationalen Kultur stützenden Staates löst aber nicht den Widerspruch zwischen dem Streben nach Autonomie nationaler Gruppen und der Notwendigkeit der Integration von nationalen Minderheiten. Hinzu kommt die Notwendigkeit transnationaler Öffnung, nicht zuletzt zur Vermeidung kultureller Selbstprovinzialisierung. Zunächst führte der Nationalismus ja auch in den europäischen Bürgerkrieg des sogenannten 1. Weltkriegs, der nur halb begriffen wäre, wenn man nur den Irrsinn wilhelminischer und österreichisch-ungarischer Politik vor 1914 als seine alleinige Ursache ansähe und nicht auch die zivilreligiösen bzw. ›nationalkulturellen‹ Spannungen in den Vielvölkerimperien Mittel-, Süd- und Osteuropas, unter Einschluss der Türkei, samt entsprechender Destabilisierungsakte durch Russland und die Westmächte. Das zweite gescheiterte Modell ist die Zivilreligion eines *egalitären*

Sozialismus mit seiner *kommunistischen Utopie* vermeintlich heiler Familien in einer vermeintlich solidarischen internationalen Arbeitergesellschaft.

Im Unterschied zu diesen Formen von traditionaler Religion und atheistischer Zivilreligion ist nun aber unbedingt auch eine relativ politikfreie Religiosität zu betrachten, die nicht schon *per se* Bestandteil einer politischen Agenda ist. Es bedarf daher noch eines ganz anderen, subjektiv viel direkteren, damit vermeintlich emotionaleren Zugangs zu unserem Thema als über die politische Rolle von traditionalen und modernen Religionen in entsprechend formierten Gesellschaften. Wir finden einen solchen Zugang bei Dichtern eher als etwa in der Religionssoziologie oder gar in der Religionswissenschaft.

2. DICHTERISCHER AUFRUF ZU NEUER RELIGIOSITÄT

Dazu müssen wir ganz neu beginnen, auf ganz anderer Ebene, in einer ganz anderen Sprache. Es ist die Sprache der Dichtung. Das Gedicht, das ich zu diesem Zweck ausgewählt habe, trägt den Titel »Ermunterung«. Einer solchen aufmunternden Ermahnung bedarf es, wenn die Stimmung dunkel ist, die Gegenwart düster erscheint und die Zukunft schwarz. Doch hören wir erst einmal, was uns Hölderlin, denn von ihm habe ich das Gedicht genommen, zu unserem Thema zu sagen hat:

ERMUNTERUNG

Echo des Himmels! Heiliges Herz! Warum,
Warum verstummst du unter den Lebenden,
Schläfst, freies! Von den Götterlosen
Ewig hinab in die Nacht verwiesen?

Wacht denn, wie vormals, nimmer des Aethers Licht?
Und blüht die alte Mutter, die Erde nicht?
Und übt der Geist nicht da und dort, nicht
Lächelnd die Liebe das Recht noch immer?

Nur du nicht mehr! Doch mahnen die Himmlischen,
Und stillebildend weht, wie ein kahl‹ Gefild,
Der Othem der Natur dich an, der
Allerheiterende, seelenvolle.

Beim Jova! bald, bald singen die Haine nicht
Des Lebens Lob allein, denn es ist die Zeit,
Daß aus der Menschen Munde sie, die
Schönere Seele sich neuverkündet.

Dann liebender im Bunde mit Sterblichen
Das Element sich bildet, und dann erst reich,
Bei frommer Kinder Dank, der Erde
Brust, die unendliche, sich entfaltet

Und unsre Tage wieder, wie Blumen, sind
Wo sie, des Himmels Sonne sich ausgetheilt
Im stillen Wechsel sieht und wieder
Froh in den Frohen das Licht sich findet,

Und er, der sprachlos waltet und unbekannt
Zukünftiges bereitet, der Gott, der Geist
Im Menschenwort, am schönen Tage
Kommenden Jahren, wie einst sich ausspricht.

Friedrich Hölderlin

Gedichte sagen, was sie sagen in dichter Form. Das heißt nicht, dass sie verbieten, ausgelegt, also verbal auseinandergelegt, zu werden. Im Gegenteil. Sie wollen und sollen so auseinandergelegt werden. Nur entsteht dann nicht wieder ein Gedicht. Und die Auslegung gibt auch nicht das ganze Gedicht wieder. Denn das ist der Sinn des Gedichts – es ist zumindest *ein* Sinn des Gedichts –, dass wir uns über verschiedene Auslegungen unterhalten können. Das ist allgemein auch der Sinn jeder echten Kunst, zumindest ein Sinn. Auch noch für die wortlose, absolute, Musik, die Malerei oder die bildende Kunst gilt: Kunst stellt immer auch ein Angebot dar, über sie zu reden, sie gemeinsam zu kommentieren, ästhetische Urteile über ihre Schönheit zu fällen oder auch nur expressiv auszudrücken, über sie zu streiten oder gemeinsam zu schweigen, wo und wann es angebracht ist.

Unser Herz sei der Widerhall des Himmels, wird nun im Gedicht gesagt. Und es wird das Herz als etwas Heiliges angesprochen, als religiöser Kern und Wesen des Menschen. Das Herz wird befragt, warum es verstummt, warum das Heilige, also die Religion, nichts mehr zu sagen hat unter den jetzt Lebenden, wie man die Zeile wohl deuten muss. Vom Herz wird gesagt, dass es schläft. Es schläft, obwohl es frei wäre, etwas anderes zu tun. Was es zu tun hat oder zu tun hätte, ist wohl dieses: Auf das Göttliche und Himmlische zu hören und das Gehörte wieder erklingen zu lassen.

Wer sind dabei die Götterlosen, welche das Herz »ewig hinab in die Nacht verwiesen« haben? Es sind offenbar wir selbst, die Sterblichen der ersten Version des Gedichts, die heute Lebenden in der schöneren Endversion. Es ist vielleicht auch die wissenschaftliche Aufklärung und die Säkularisation bzw. die Menschen aus dieser Epoche, die in diesen Deutungs- und Denkmustern sozusagen leben. Eine Folge nicht dieser Deutung von Wissenschaft, sondern der Wissenschaft selbst ist die manchem Betrachter als sich scheinbar beschleunigende Entwicklung der Technik mit ihrem tätigen Willen zur Macht über die Welt.

In der ursprünglichen Version des Gedichts wird dem Herz *täglich* die Nacht zugewiesen. Dem Herz gehört damit bestenfalls noch der kraftlose Traum. Die Nacht korrespondiert mit der Stummheit des Herzens, seinem Schlaf, wo es doch um das Leben am Tag geht. Ginge es nach den Götterlosen, dauerte diese Nacht aber ewig. Das erklärt die Ersetzung der täglichen Nacht durch die ewige Nacht in der umgearbeiteten Fassung des Gedichts.

Die Nacht als letztes Refugium des Herzens in Entgegensetzung zum Tag der Götterlosen nennt eine zentrale Spannung im Gedicht. Das Gedicht dementiert nicht bloß partiell Goethes Spruch »Noch ist es Tag, da rühre sich der Mann, die Nacht bricht an, da niemand wirken kann«, in dem offenbar ein ganz anderes Problem thematisch ist. Goethe spricht sozusagen vom Werktag, Hölderlin vom Sonntag. Hölderlin geht es in der Tat um einen Tag der Kontemplation, die Schau der Sonne oder Helle des Himmels. Er fragt, ob denn nie wieder so ein Tag werden wird. Das ist die Kernfrage des Gedichts, dessen Titel »Ermunterung« die Frage freilich schon vorab positiv beantwortet. Jedenfalls kann es wieder Tag werden. Das heißt, *es kann die Religion wiederkehren.* Das eben sagen die ›rhetorischen‹ Fragen, welche ja immer verkappte Aussagen, Versicherungen sind: Natürlich wacht, wie eh und je, des Äthers Licht, die Sonne, der Tag der Sonne. Und es blüht, wie eh und je, die ›alte‹ Mutter Demeter, die Erde. Und manchmal, da und dort, gibt es auch noch einen sich übenden Geist. Und da und dort übt Liebe das Recht aus. Der Geist tut damit das Richtige, und zwar lächelnd, das heißt insbesondere: nicht angespannt, nicht, wie am Werktag, abgekämpft. Sonst wäre er nicht Geist, der als solcher Liebe ist. Das wiederum heißt, dass der Geist des Menschen immer der Geist der Gemeinschaft und Solidarität ist. Damit aber ist er der Geist der Religion, ja er ist die Religion. Diesen Geist gibt es noch, da und dort, keineswegs überall und keineswegs häufig. Aber es gibt ihn.

Nur du übst das alles nicht mehr aus! Du nimmst daran nicht mehr teil. Du: das ist nicht bloß Augusta von Hessen-Homburg, welcher Hölderlin die erste Version des Gedichts zum Geburtstag geschenkt hatte. Du: das ist der je Angesprochene. Das sind wir alle. In der ersten Version des Gedichts gerät diese Gegenüberstellung des Geistes der Liebe und der angesprochenen Person freilich noch allzu subjektiv. In der zweiten Version wird klarer: Wir sind nicht, oder nicht mehr, diejenigen, welche sich im Geiste des solidarischen Vertrauens und der gemeinschaftsbildenden Religion lächelnd üben. Wir sind vielmehr die, welche im Alltag aufgehen und das Herz der Nacht vorbehalten, dem Schlaf, in dem jeder allein ist. Das Herz ›lebt‹ dann bestenfalls im bloß subjektiven Traum. Im Alltag sind wir dagegen Teil einer immer auf weitere Ziele hin ausgerichteten götterlosen Arbeits- und Konkurrenzwelt, in der wir immer ein anderes wollen, und uns eben daher nie über die Gegenwart freuen. Eben dazu mahnen uns aber die Himmlischen.

Gerade als die Geschäftigen, die nach irgend einer Macht über die Erde streben – falls das die Welt der Götterlosen ist, und ich meine, sie genau ist es –, weht uns der Hauch der still, also wortlos, Welt bildenden Natur nicht etwa warm und lächelnd an, sondern kalt. Genauer sagt das Gedicht: Es ist nicht der still bildende Hauch der Natur, der kalt ist. Wir sind kalt. Wir sind das »kahle Gefilde«, das die seelenvolle Natur aufzuwärmen, zu erheitern, also zu beseelen sucht. Die im Gedicht damit aufgebaute Spannung ist wohl klar: Der technische Blick sieht die Natur als tot und kalt an, als bloße Ressource an Bodenschätzen und zu verwertender Energie. Der technische Blick vermeint, wirklich beseelt sei nur der Mensch. In diesem Blick wird die Natur zu einem kahlen Gefilde, zu einer Art totem Ort. Man denke durchaus an eine Art Mondlandschaft. Denn in der Tat hinterlässt der Mensch Natur oft als solche, wie z.B. im offenen Tagebau oder in verlassenen Industriegebieten. Doch in Wirklichkeit, im Gedicht, sind die Verhältnisse umgekehrt. Die Natur ist beseelt und der Mensch ist seelenlos. Die Hoffnung für den Menschen liegt damit zunächst in der lebendigen Natur.

Hölderlin ruft dann mit einem Ausdruck von Kloppstock –»Jova« – Jupiter an oder Jehova, es ist einerlei, es geht ja nur um den Ruf! Denn »bald, bald«, also möglichst bald, kaum erwartbar bald, sind es nicht mehr bloß die Haine der Natur, welche das Lob des Lebens singen. Sondern bald ist es Zeit, dass die Menschen selbst, die Dichter vielleicht und sicher auch die Philosophen, dieses Lob der Natur und des Lebens gegen eine vermeintlich wissenschaftliche, entgöttlichte und entzauberte Sicht auf Natur und Leben aufs Neue und in neuer Weise verkünden.

Diese neue Religion, diese Wiederkehr der Religion, besteht offenbar in einem sonntäglichen Fest, in der Feier des Lebens. Es ist der Mund der Dichter, welcher dieses Fest besingt. Die Sprache, besonders aber die Sprache des Dichters, feiert das Fest des Lebens. Das ist für Hölderlin die wahre Wiederkehr der Religion, in welcher nicht bloß eine Kritik an einer götterlosen ›Wissenschaftlichkeit‹ mit ihrem ›Materialismus‹, ›Instrumentalismus‹ und ›technizistischen Pragmatismus‹ enthalten ist, sondern auch eine Religionskritik. Denn es geht Hölderlin gerade nicht um die alte Seele der Christen, sondern es soll eine schönere Seele sich neu verkünden lassen.

Diese neue Religion soll liebender sein, noch liebender als die alte Religion, das Christentum. Dessen Liebe mag groß sein, aber sie umfasst bloß die Caritas, die Nächstenliebe, die freilich über die bloße Nachbarschaftshilfe hinaus eine Freundesliebe ist, sogar bis in den Tod, und dann durchaus auch eine Feindesliebe, die Versöhnlichkeit auch mit persönlichen oder politischen Gegnern. So kann und sollte man die christliche Lehre durchaus lesen, unter Einschluss all des Überschwangs in ihrem Lobpreis der Liebe, vom Apostel Paulus bis Bernhard von Clairveaux.

Welche größere Liebe erwartet sich Hölderlin nun aber von einem neuen Bunde mit Sterblichen? Ein solcher soll offensichtlich sowohl den Alten Bund des Volkes Israel mit Jahwe ersetzen als auch das neue Testament, also den Bund zwischen den Menschen und Gott über die Vermittlung des Menschensohns, des Gesalbten oder Christus. Was ist das für ein neuer liebender Bund mit Sterblichen?

Es ist die Liebe als Feier der Gemeinschaft des menschlichen Daseins. Und es die Liebe zum Leben als endlichem Leben. Dabei hat die Entzauberung der Natur und die Entgöttlichung der Welt durch die naturwissenschaftliche, oder besser szientistische Weltanschauung und technizistische Welthaltung offenbar die Wahrheit der Endlichkeit des Daseins verwechselt mit der bloß vermeintlichen Wahrheit des Instrumentalismus, der am Ende in einen Nihilismus führt, in die Sinnleere der Betrachtung von allem und jedem als Mittel für einen weiteren Zweck.

Die neue Religiosität besteht gerade in der *Anerkennung der Endlichkeit* und der *Betonung der Gegenwart.* Sie ist auch, aber ganz anders als die Naturwissenschaft, Absage an alle Unsterblichkeit. Damit enthält sie Spinozas und Nietzsches ›*Amor Fati*‹, die Liebe zum Geschick, die Anerkennung des Faktischen. Sie ist damit selbst schon, in Kontrast zur »großen Verzweiflung«, der »Jubel des Herzens«, wie Martin Heidegger zu Beginn seiner *Einführung in die Metaphysik* sagt, nämlich über die Tatsachen des Lebens, dass es also die Erde und auf ihr das Leben, besonders aber menschliches Leben gibt. Erst in dieser Haltung kann man erfahren, dass und wie sich ›jedes Element bildet‹, wie sich also das Leben aus den Elementen bildet, und wie reich die Erde dabei ist. Dafür, dass es die Erde gibt, haben wir wie fromme Kinder zu danken, der Erde selbst sozusagen, die unsere Mutter ist, die ›unendliche‹, jedenfalls relativ zu unserem endlichen Leben, wie sie sich entfaltet. Man muss offenbar nicht auf Nietzsche warten, um hier schon seinen Ruf ahnungsvoll zu hören »Bleibt mir der Erde treu«.

In der Haltung, zu welcher das Gedicht ermuntert, werden unsere Tage wieder wie Blumen sein, so schön und so endlich. Des Himmels Sonne hat die Blumen ausgeteilt und der stille Wechsel betrifft natürlich ebenso die Jahres- wie die Lebenszeiten. Nicht Macht, sondern Schönheit ist zu erstreben. Nicht Sorge um ein ewiges Leben, sondern Fröhlichkeit im Zusammenleben mit Frohen sollte uns leiten. Nur in den Frohen spiegelt sich das Licht der Sonne und findet sich das Licht, das zu suchen ist, wenn wir der Nacht der Götterlosen entkommen wollen.

Die letzte Strophe bindet diese neue Religion der Schönheit von Kultur und Natur zurück an die alte Religion: Gott ist der, welcher sprachlos waltet. Er ist die Macht, welche unbekannt Zukünftiges bereitet. Gott ist das Fatum, das Geschick. Die Liebe zu Gott ist der *Amor Fati*, die Anerkennung des Geschicks des Lebens, die freudige Gelassenheit und die lächelnde, nicht etwa entsagungsvolle, Demut. Gott ist dieser Geist. Und dieser Geist als Haltung zum Leben ist göttlich, so wie Hölderlin, in pathetischer Überhöhung und durchaus partieller Verfälschung der realen Figur des jungen Achill in der Ilias, eben diesen Achill gerade wegen der freudig-tätigen Annahme seines Schicksals erneut vergöttlicht hat.

Dieser Gott, dieser Geist, ist am Ende dann doch keineswegs stumm. Denn als Geist, als Haltung zum Geschick, spricht er sich im Menschenwort aus, ja ist er Sprache oder wird er Sprache am schönen Tage für die kommenden Jahre, und zwar wie einst, wie in den alten Religionen.

3. Darstellungsformen des Religiösen

Das Besondere der Darstellungsform des Gedichts ist dieses: Das Gedicht behauptet nichts oder kaum etwas. Das Gedicht ruft auf, schlägt vor, erinnert, appelliert. Der Leser muss dabei selbst nicht bloß verständig lesen, sondern mitdenken und miturteilen. Er muss auch etwas ›fühlen‹, wobei dieses ›Fühlen‹ ohnehin immer auf eine implizite Haltung samt der zugehörigen Stimmung verweist und damit bedeutet, dass man in einem impliziten Urteilen involviert ist. Fühlen ist daher immer auch schon tätige Rezeption, Performation unmittelbaren Verstehens, das als solches kein bloß physiologischer Vorgang und auch nicht rein psychologisch untersuchbar ist.

Was das Gedicht sagt, ist dabei gar nicht unabhängig davon, wie sich der Leser von ihm ansprechen lässt. Freilich sagt das Gedicht nichts Beliebiges. Es sagt all das, was es einem guten Leser auf der Grundlage der Lektüre zu denken und zu sagen gibt, und nicht etwa all das, was ein Leser zufällig beiherdenken mag. Doch es lässt dem Leser immer eine große Freiheit. Das ist wesentlich für die Sprachform echter Dichtung. Sie ist nämlich nie Predigt, die dem Volk etwas vorsetzt, dieses erziehen will, was auch immer ein

Bert Brecht oder der pädagogische Impetus unserer Medien dazu meinen mag. Bloß vorgesetzte Bildung führt am Ende statt zur Autonomie des Selbstdenkens zu Heteronomie auf beliebig hohem Niveau. Das Gedicht verlangt vielmehr Selbständigkeit. Daher ist das Gedicht eine genuin philosophische Reflexionsform. Wo der Mensch »dichterisch wohnet«, wie Hölderlin sagt, lebt er selbstbewusst. Eben das erkennt bekanntlich auch Martin Heidegger. Die Sprach- und Bildform des Gedichts ist daher gerade nach Hölderlin die wesentliche ästhetische Ausdrucksform der neuen Religion. Die Wiederkehr der Religion in der Poesie ist denn auch das geheime Programm der deutschen Romantik, von Novalis und Clemens Brentano bis Joseph von Eichendorff oder auch bis zum dichterischen Maler Caspar David Friedrich.

Doch was ist der Inhalt dieser in der Poesie verwandelt wiederkehrenden Religion? Was ist die Bedeutung der Religiosität? Worin besteht sie? Was ist der Sinn religiöser Rede und Praxis?

Wir können mit Hölderlin an durchaus bekannte Vorstellungen der religiösen Sphäre anschließen: Es geht in ihr um die Feier zentraler Momente des menschlichen Lebens, von der Tatsache, dass es die Erde und Leben auf ihr gibt, bis hin zur Tatsache, dass es Menschen und ihre besondere Seinsform gibt, samt der für diese notwendigen Sprache. Die religiöse Haltung zu diesen fundamentalen Tatsachen ist nicht die der bloßen Konstatierung oder gar der genetischen Erklärung, sondern die des Dankes, jedenfalls der positiven Haltung zu ihnen, unter Einschluss der zentralen Institutionen des sozialen Lebens, als den konstitutiven Momenten des individuellen personalen Lebens. Das alles geschieht in den Feiern von Geburt und Geburtstagen, von Adoleszenz und Hochzeit, aber auch von Tod, Begräbnis und Gedenken. Zu feiern ist auch die Heimat, besonders die Natur der Heimat, wie sie Hölderlins neue religiöse Oden besingen. Zu feiern sind die Jahreszeiten und besonders die Feiertage selbst, die Hölderlin in einem seiner größten Gesänge mit dem Beginn »Wie wenn am Feiertage ...« zu den Tagen des Dichters erklärt, auch wenn er nicht auch noch, wie später Eichendorff, das Weihnachten der Wintersonnenwende besingt oder das Ostern des Frühjahrs. Auch das Zungenreden der Urgemeinden könnte dann dazugehören, also die heute gerade wieder in Pfingstgemeinden aufgegriffene Form dionysischer Ekstasen. Pfingsten ist freilich inzwischen längst mit der Übersetzung des Neuen Testaments ins Griechische und Lateinische und damit mit der Internationalisierung einer zunächst bloß jüdischen Sekte durch Paulus und seine Anhänger in Verbindung gebracht worden.

Zu feiern sind dann auch allerlei Vorbilder, Helden und Heilige. Form und Bedeutung ihrer poetischen Mythisierung kennt Hölderlin von Homer und Pindar her, der bekanntlich gerade auch profane und ephemere Olympiasieger in seinen Oden verewigt. Wir alle kennen diese Erhöhung von Märtyrern und Bekennern zu Symbolen ganzer Bewegungen. Man denke etwa an die Gründer der Mönchsbewegungen, von Gautama Buddha über Benedikt, Dominikus, Franziskus bis zu Ignatius. Eine analoge Praxis der Verwandlung von Menschen in heroenartige Symbole findet sich auch in allen Zivilreligionen, wie in den durchaus peinlichen Geschichten über den Jugendheros Lenin oder Mao für den sozialistischen Nachwuchs, oder in der ›Liturgie‹ für gefallene ›Kämpfer‹, gerade auch bei den Nazis. Man denke aber auch an die Heroisierung von Künstlern und Wissenschaftlern, von Shakespeare bis Goethe oder von Newton bis Einstein.

Mit dem Gedicht in vielfacher Weise verwandt ist dann auch das Gebet, jedenfalls soweit es kein Bittgebet ist bzw. die Bitte nicht wirklich als Bitte zu begreifen ist, sondern als Vergegenwärtigung dessen, worum wir bitten würden, wenn es denn etwas zu bitten gäbe. Denn Gott um etwas bitten ist keineswegs von der Art, wie einen Menschen um etwas bitten. Die Sprachform des Gebets, den Begriff des Gebets, in seiner Vielfalt auszulegen, vom Lobpreis bis zum Ritual etwa eines Rosenkranzes, vom Beten des Kreuzwegs bis zur Gewissenserforschung und Sündenbekenntnis, ist hier freilich nicht der Ort. Nur dieses sei dazu gesagt: Die Praxis des Gebets ist immer auch eine autonome Reflexionspraxis. Das Gebet ist sozusagen ein stilles, zunächst also erst bloß mündliches Tagebuch. Es wird praktiziert in der Form der Anrede an Gott, wie in den schon schriftlichen ›Bekenntnissen‹ des Augustinus, die bekanntlich ein einziges großes Gebet sind und ganz bewusst so in ihrer Anrede an Gott stilisiert sind.

4. Der Sinn der Religion

Was ist aber der Sinn der Religion? Geht es nur um gemeinsame Feiern und um Reflexion? Oder ist Religion in ihrem Kern nicht gerade das Gegenteil, nämlich ein vorzugsweise verbaler (und eben damit übrigens von vornherein untauglicher) Versuch der Bewältigung unserer Endlichkeiten? Die Prämisse der Deutung von Religion als eine solche ›Kontingenzbewältigung‹, wie unter anderem Hermann Lübbe zu sagen pflegt, ist nun aber ebenso bemerkenswert wie problematisch. Sie unterstellt nämlich schon die Haltung der Götterlosen als angeblich natürliche Haltung: das Streben, sich und seine Zukunft in der Hand zu behalten und möglichst nichts dem Zufall zu überlassen. Wenn es dann doch Unfälle und Sündenfälle gibt und wir uns mit ihnen abfinden müssen, dann scheinen wir ein Bedürfnis zu spüren, diese durch eine eigene Praxis, eben der Kontingenzbewältigung, wenigstens gefühlsmäßig abzufedern.

Demgegenüber fordert Hölderlin etwas ganz anderes. Er ermuntert zu einer heiteren Anerkennung der Endlichkeit des Daseins und zu Gelassenheit. Er ermuntert dazu, ein allzu aktives Sorgen und Bitten einfach zu lassen. Religion ist ja auch kein Heilmittel gegen Angst, Furcht und Zittern. Das meinen zwar alle, welche nur noch in Kategorien von Mittel und Zweck zu denken vermögen und einen Sinn der Religion nur erkennen können, wenn diese für etwas als Mittel gut ist. Das aber ist der wohl tiefste, sowohl theologische wie atheistische, Aberglaube, den es gibt. Er geht weit über den Aberglauben hinaus, es könne ein höheres Wesen uns von irgend etwas erlösen oder es könne wenigstens der Glaube an ein solches Wesen nach Art eines Heilands oder Heliand uns von irgend etwas erretten. Echte religiöse Demut und Gelassenheit lassen derart instrumentelle Vorstellungen weit hinter sich. Wohl aber kann Religion gerade als künstlerisch geformtes Gemeinschaftsleben den Einzelnen Trost geben, durch die demonstrative Vergegenwärtigung nämlich, dass sie sich selbst weiter in der Gemeinschaft der Lebenden befinden.

Zu den anzuerkennenden Endlichkeiten gehören besonders auch Sünde und Verfehlung. Sie führen dazu, dass eine explizite Wiederaufnahme in die Gemeinschaft oft nötig ist. Um diese muss man freilich bitten. Dazu muss man bitten können. Der eigentliche Adressat ist dabei nicht ein Gott, sondern es sind die anderen Menschen, obgleich oft nur in Vertretung durch einen Vertrauten, Freund oder ›Beichtvater‹. Die erbetene Verzeihung ist dann grundsätzlich auch zu gewähren, obwohl es durchaus Grenzen der Zumutbarkeit für ein individuelles Verzeihen gerade durch die Betroffenen selbst gibt, wie Klaus-Michael Kodalle mit Recht bemerkt.

Gott und Götter kamen bisher kaum unter den ›Gegenständen‹ oder ›Inhalten‹ des Religiösen vor. Und in der Tat, die Rede über Götter gehört gerade auch nach Hölderlin zu einer inzwischen abgelegten Form der Religion. So lässt sich auch die bis heute relevante Kritik an jeder positiven Religion seines Studienfreundes Hegel lesen, und das trotz dessen Kritikkritik an den üblichen Einwänden gegen den berühmten ontologischen Gottesbeweis. Hegel säkularisiert sowohl die Rede von Gott als auch den ›Beweis‹ seiner Existenz radikal, weit über Kant hinaus. Denn es geht in der Rede von Gott immer ›bloß‹ um die ›spekulative‹ Redeform im Sinne der sprachlichen Vergegenwärtigung der Welt und des eigenen Lebens als ein begrenztes Ganzes. Das so genannte Problem des Absoluten betrifft konkret denn auch die Anerkennung der für uns Menschen selbst nicht verfügbaren Voraussetzungen der Tatsachen unseres Lebens, und das durchaus parallel zu Hölderlins Gedanken. In der Tat ist in einem gewissen Sinn Hölderlin der Dichter Hegels und Hegel der Philosoph Hölderlins. Freilich haben das Kritiker wie Kierkegaard nicht wahrhaben wollen. Sie bemängeln bei Hegel eine angeblich bloß ›vernünftige‹ Thematisierung der Endlichkeit des Daseins, als ginge es Hegel nicht auch um die radikale Anerkennung dieser Endlichkeit, die ›Versöhnung‹, die der ›Ermunterung‹ entspricht.

Hegel thematisiert die ›religiöse‹ Haltung des *Amor Fati* freilich philosophisch-rational, während Hölderlin emotional zu einer gemeinsamen Feier des Daseins aufruft. Hegel erkennt andererseits die Gefährdung einer Kunst, die aus der Liturgie, der vom Volk selbst bewerkstelligten religiösen Feier, ausgegliedert und privatisiert wird, bis herunter zu einem Gewerbe, in welchem sogenannte Kunst für private Sammlungen und sogar als Geldanlage zur Aufbewahrung in Tresoren hergestellt wird. Schon die Vitrinisierung der Kunst in Museen und Konzertsälen stellt ein Problem dar, besonders aber die Schließung der öffentlichen Räume, beginnend mit den Kirchen. Insbesondere aber bedeutet die Privatisierung der Stadt- und Land-Architektur, der Königin aller Künste, das Ende großer Kunst. Diese Einsicht Hegels hat sich noch kaum herumgesprochen. Noch weniger scheinen wir das Ziel der romantischen Kunst zu begreifen, vom Scheitern der nationalen Post-Romantik, der Nationalkunst als neuer Kunstreligion, gar nicht zu reden.

In der verfehlten Idee einer Nationalkultur schließt sich der Kreis: Wir kehren damit zurück zu den politischen Zivil-Religionen des 19. Jhs. Die Religion der Nation definiert sich dabei über das Ziel der ›Befreiung‹ vom ›Joch‹ internationaler Großstaaten, die Religion der Rasse in einer Überhöhung des Biologismus im Rahmen einer Gegenrechtfertigung der imperial herrschenden Nationen. Die eschatologische Religion der Gleichheit im sozialistischen Utilitarismus verfolgt eine kommunistische Utopie. Gegen diese neuen Religionen ist Nietzsche bekanntlich zu Felde gezogen, und zwar ebenso vehement wie gegen das Christentum. Angesichts des sich ebenso weit überschätzenden wie dann auch unterschätzenden Europa, sagen wir zwischen 1849 und 1949, erscheint dann aber die alte Religion des naiven protestantischen Christentums, besonders in den Vereinigten Staaten, als geradezu aufgeklärt und fortschrittlich, jedenfalls den neuen Religionen der Stammes-Nation und Rasse und des kommunistischen Egalitarismus gegenüber.

Aber man täusche sich nicht über die Begrenztheiten des ›amerikanischen‹ Modells einer christlichen Republik. Das Modell wird zwar von Verfechtern einer entsprechenden ›Leitkultur‹ auch in unserem Lande verfochten. Der Untergang des Christentums als Bindekraft in einer liberalen Gesellschaft liegt aber schon längst hinter uns, freilich ohne dass eine tragfähige Zivilreligion entstanden wäre. Die Vereinigten Staaten haben diese Entwicklung erst noch vor sich. Wir befinden uns daher überall eher in einer Art labilem Schwebezustand.

In jedem Fall gibt es eine gewisse Unvermeidlichkeit der Religion, die es konkret zu begreifen gilt. Hier setzt Hegels Philosophie der Religion und seine Forderung nach Ablösung von Glaubensreligion durch eine universale Philosophie als das Selbstbewusstsein über unsere Seinsweise als Personen im Rahmen unserer eigenen kulturellen Institutionen, von der Familie und einer informellen Ethik bis zum Staat, seinem Rechtssystem und der durch dieses erst möglichen bürgerlichen Gesellschaft, von der Religion bis zu Kunst und Wissenschaft an. Es handelt sich um nichts anderes als um die verbesserte Fortsetzung von Kants Programm einer Religion in den Grenzen der Vernunft. Ihr Hauptproblem ist, wie Hölderlin sieht, die ästhetische Formgebung der Gemeinschaft des menschlichen Lebens in einer republikanischen und eben damit freien und pluralen Gesellschaft.

Die Hauptthemen der Religion sind dabei seit der Antike die obersten Ideen des Wahren, Guten und Schönen in ihrem Verhältnis, also der Institutionen, erstens von Bildung und Wissenschaft, zweitens von Ethik, Recht und Staat und drittens von Kunst und Kultur. Gerade im Bereich einer allgemeinen Kultur der Ästhetik hat die Moderne kläglich versagt, sowohl im Blick auf Kunst und Poesie als auch auf die behutsame Pflege der uns umgebenden Natur, die nach Kant und Hölderlin der Urbereich des Schönen ist. Gerade das erkennt unter vielen anderen romantischen und spätromantischen Dichtern auch Adalbert Stifter, besonders im schwierigen Werk *Nachsommer* oder der noch seltsameren Erzählung *Der fromme Spruch*.

Dabei hat schon Platon nicht bloß die Bedeutung der genannten Zentralideen hervorgehoben, sondern auch die Funktion *aller* Ideale als richtungweisende Orientierungen für das *gute* Urteilen und Handeln. Kein Wunder daher, dass die *Idee des Guten* als oberste Idee mit *Gott* identifizierbar wird. Freilich führt die Personifizierung oder Ontisierung Gottes aus logischen Gründen zur Theodizee, zur Anklage Gottes, wie sie aus dem Hellenismus bis in das Buch Hiob reicht. Denn es gibt notwendigerweise Widersprüche zwischen den aus endlichen Begriffen ins Absolute hochstilisierten Idealen, die sich nicht schematisch aufheben lassen. So widerspricht dem Ideal absoluter Autonomie und Herrschaft sowohl das Ideal der Demut und Gelassenheit des *Amor Fati* als auch das der Anerkennung der Freiheit anderer. Realiter schränkt die Freiheit anderer und erst recht die Endlichkeit des Daseins meine Autonomie und Macht massiv ein. Das Ideal der absoluten Vorhersagbarkeit ist dann aber ebenfalls widerspruchsvoll. Genauer gilt: Der absoluten Macht und dem absoluten Vorherwissen, wie sie einem personal vorgestellten Gott zugeschrieben werden, widerspricht die immerhin reale Tatsache unseres partiell immer auch freien Handelns. Durch diese Tatsache wird auch die Idee einer vermeintlich absoluten, die Zukunft angeblich völlig determinierenden Kausalkraft einer Natur an sich eingeschränkt. Auch diese

Idee ist eine *bloße Vorstellung*. An sie einfach zu glauben, trotz unserer realen Erfahrungen im freien Handeln, ist nicht besser, als an Geister zu glauben und eben damit reiner Aberglaube. Entsprechend widerspricht dann auch das Ideal der Gleichheit aller Menschen in allen Belangen der konkreten Idee freier Selbstverantwortlichkeit und damit einer proportionalen Gerechtigkeit.

Aufgeklärte Philosophie und Theologie kann eben daher, weil es um Ideale der genannten Art geht, immer nur negative Philosophie und atheistische Theologie sein. Ein ironisch mehrfach verdrehtes Christentum, wie bei Kierkegaard, hilft hier gerade nicht weiter. Sinnkritische Religion muss sich daher auch klar sein über die kategoriale Differenz zwischen den von uns selbst sprachlich entworfenen idealen Utopien und den endlichen Tatsachen. In der Hochstilisierung von Idealen und Utopien versucht die Religion zwar, verschiedene Aspekte oder Momente der personenübergreifenden Gesamtteleologie unserer *condition humaine* auf den Begriff zu bringen. Es geht dann aber auch immer, und immer notwendigerweise, um die Anerkennung der Endlichkeit der realen Verfassung des menschlichen Lebens und die Unverfügbarkeit und endliche Gegebenheit des Lebens für den je Einzelnen. Es geht daher um die Versöhnung mit unserer Geworfenheit in die nicht von uns gemachten und kaum veränderbaren Bedingungen des Lebens.

Das Absolute aus der Perspektive des subjektiven Lebens des Menschen ist, wie Hegel und Hölderlin klar sehen, das Ich, und das heißt: die Tatsache, dass je ich *als Person* lebe und *teilnehmen kann* an einem *gemeinsamen menschlichen Leben*. Der tradierte Mythos von der Seele und die von Sokrates aufgegriffene Selbstsorge um die eigene Psyche versucht, diese Tatsache durch Erzählungen über eine Transzendenz oder ›Unsterblichkeit‹ in ihrer Struktur etwas aufzuhellen. Auch der auf Platon zurückgehende Mythos von Gott als dem Richter je meiner Taten weist in diesem Zusammenhang darauf hin, dass wir Menschen tatsächlich unser Leben als ein Ganzes betrachten können. Dabei beurteilen uns auch andere, möglicherweise noch nach unserem Tod. Das geschieht auch dann, wenn nicht alle Details unseres Lebens bekannt sind. Ich selbst kann mir in Gedanken bis zu meinem eigenen Tod ›vorlaufen‹ (Heidegger) und mich so aus der endlichen Perspektive der Gegenwart zu mir als ein Ganzes tätig verhalten. Und das tue ich tatsächlich auch immer schon, obwohl ich es keineswegs immer bewusst tue. Denn all mein Tun hat faktisch Wirkungen auf mich selbst, darauf nämlich, wer ich später sein kann.

Um das Thema der Religion zu verstehen, sind offenbar Status und Grenzen der religiösen Sätze zu allererst angemessen zu begreifen, unter Einschluss des Sinns der religiösen Praktiken und Liturgien. Es sind Sätze und Praktiken, in denen wir das Ganze des Lebens explizit thematisieren und dazu basale Formen und wesentliche Ideale als Orientierungen des Lebens vergegenwärtigen. Die Leitfrage ist dabei, wie Feuerbach mit Hegel und dieser mit Kant erkennt, zugleich die Grundfrage der Philosophie: *Was ist der Mensch?* Wie platzieren wir uns selbst in die uns umgebende und zum Teil in ihrem So-Sein von uns mitverantwortete Welt? Und wie weit erkennen wir dabei an, dass wir schon längst platziert sind?

Gemeinsames Thema der Religion und Philosophie sind daher, wie gerade auch Heidegger analysiert, die basalen Formen des In-der-Welt-Seins: das präsentische *Dasein*, die *Sorge* als Grund für alles Mittel- und Zweckdenken und das *Mitsein* als institutioneller Rahmen unseres Handeln-Könnens. Gemeinsam ist auch die Einsicht, dass ein Denken über diese Grundformen in ein Danken übergeht. Der Lobpreis Gottes wird daher zur Vergegenwärtigung der Haltung einer heiteren Gelassenheit im Umgang mit den Unverfügbarkeiten und Endlichkeiten des Daseins.

Die götterlose Gegenwart des instrumentellen Zweckdenkens findet aber offenkundig nicht zu dieser Haltung. Das dokumentiert wenig so klar, wie die Hysterie der sich abwechselnden Ängste. Dabei gab und gibt es zwar immer auch hinreichend Gründe, sich etwa vor einem Atomkrieg, vor Terror oder vor den Folgen des Klimawandels zu fürchten. Doch der Platz, den diese zu einer kollektiven Angst überhöhten Befürchtungen im geistigen Haushalt der Gegenwart einnehmen, steht am Ende in keinem Verhältnis zu dem, was eigentlich zu tun wäre. Überdramatisierungen führen nämlich, statt zu tätiger und damit notwendigerweise gelassen-kooperativer Veränderung der Welt, bloß in ein allgemeines Jammern über allerlei Unvollkommenheiten der Welt. Oder sie führen zu ungeduldigen, am Ende sogar terrorähnlichen Akten, nur um etwas zu tun oder sein eigenes Gewissen zu retten, genauer, um sich selbst wichtig zu machen. Mit religiöser Demut im Blick auf das sinnvoll zu Machende hat das nichts zu tun, eher mit der manischen Depression abwechselnder Selbstüberschätzung und Selbstunterschätzung.

Demgegenüber gibt es aus der religiösen Tradition eine Art eiserne Ration der Ermunterung, die gerade auch der radikal sinnkritische Philosoph Ludwig Wittgenstein bekanntermaßen immer wieder aufgriff. Es geht um Sätze der Art »Wir sind alle in Gottes Hand« oder um das Bild von einem Vater-Gott. Leo Tolstoi entwirft ein solches Bild in seiner kurzen Einführung in das Evangelium. Die Übersetzung in einem berühmten Reclam-Bändchen hat Wittgenstein, ›den Mann mit dem Evangelium‹, bekanntlich den ganzen Ersten Weltkrieg über begleitet. Zentraler Punkt dieser Säkularisierung von Religion ist ein Appell an ein Gefühl der Sicherheit gegen die Angst, der Aufruf zu einer Art Glauben an sich selbst, an eine nicht überheblich oder selbstgerecht gemeinte Überzeugung: »Mir kann nichts geschehen«. Denn alles, was bloß kontingenterweise geschieht, berührt mich in einem gewissen Sinn nicht in meinem humanen Kern. Religion rückt in diesem Sinn bei

Wittgenstein, wie schon bei Kant, nahe an die Ethik heran, nur nicht bloß an eine Moral des guten Willens, eher an den Versuch der Aktualisierung der Idee eines guten und richtigen Lebens. Faith oder der Glaube an Gott ist am Ende die nicht nachlassende Hoffnung, auf diesem Wege voranzukommen.

5. UNIVERSALER MONOTHEISMUS?

Die Götter unserer politischen Projekte stehen dann aber einander gegenüber. Die Verwendung des Singulars »Gott« ist hier daher nach wie vor leider ganz irreführend: Der Gott der Juden ist nicht der der Christen und nicht der des Islam, jedenfalls solange nicht *wirklich* anerkannt ist, dass es nur einen Gott geben kann, den Gott aller Menschen als Idee des menschlich Guten und Schönen, nicht etwa des Guten und Schönen bloß in der Sicht arabischer oder europäischer Traditionen. Das hindert nicht, dass es verschiedene Formungen des Schönen gibt, ja dass das Schöne diese Verschiedenheit braucht.

Unter Gesichtspunkten dieser Idee ist ein nationaler Henotheismus keine Religion, die als allgemeines Muster taugt, denn sie schließt die Grenzen des gemeinsamen Lebens aufgrund Herkunft und Rasse nach außen ab. Das Projekt einer Nationalreligion sollte ohnehin spätestens seit ihrem Kollaps in den Katastrophen des 20. Jhs. bis in die Gegenwart Nordirlands oder des Balkan als gescheitert gelten. Es mag nicht politisch korrekt sein, eine entsprechende Gefahr gerade auch für den jüdischen Staat Israel zu nennen. Sie besteht darin, dass eine illusionäre Bindung an eine nicht auf Dauer haltbare Volksreligion, gerade bei zunehmendem Abstand von der Shoa, den Staat selbst langfristig von innen her gefährdet, mehr vielleicht als jeder Druck von außen. Anders gesagt, eine echte Erneuerung einer jüdischen Zivilreligion und Säkularisierung Israels erscheint nicht bloß im Hinblick auf die Integration von Arabern und Palästinensern im eigenen Land überfällig, sondern gerade auch im Hinblick auf die große religiöse Kultur eines Martin Buber oder Franz Rosenzweig.

Der internationalistische Islam in seiner nationalistischen Fragmentierung hat freilich kein geringeres Problem, zumal ihm eine Reformation, und das heißt, der bewusste Umgang mit der genannten Fragmentierung, erst noch bevorsteht. Wie die Geschichte des Sozialismus zeigt, wird sich kein religionspolitisches Projekt auf die Dauer negativ gegen andere Projekte definieren und erhalten lassen, sondern muss als eigenes Projekt überzeugen. Die Probleme der Nachhaltigkeit des Islam als integrativer Bindekraft in einer freien demokratischen Gesellschaft lassen sich dabei unmittelbar erkennen: Die Entwicklung hin zu einer wirklich gewaltenteiligen, also republikanischen, Gesellschaftsverfassung lässt sich nämlich nur mit Gewalt aufhalten, gerade auch gegen Frauen, oder mit den Mitteln der infantilisierenden Manipulation ungebildeter Massen. Eben daher scheint sich der Islam ohne innere Reform und partielle Säkularisierung auf einige Zeit hin in einen hoffnungslosen Defensivkampf gegen eine vermeintlich gottlose westliche Welt zu bewegen. Dieser Defensivkampf berechtigt durchaus die Warnungen vor einem möglichen Kampf der Kulturen, wie sie Samuel Huntington formuliert hatte, freilich aus etwas anderen als den dort angegebenen Gründen: Der Islamismus ist nämlich am Ende kein Zeichen für eine Wiedererstarkung des Islam, sondern für seine Schwäche als Religion der freien Anerkennung von Bindungen an eine offene Gesellschaft. Das Ressentiment der islamischen Nationalismen speist sich daher durchaus aus falschen Gründen und führt gerade nicht zurück in eine ›spirituelle‹ Religion, und das trotz aller möglicherweise berechtigten Kritik an Momenten dekadenter Unkultur des ›Westens‹.

Der nihilistische Atheismus im Buddhismus ist ebenfalls keine zukunftsweisende Option, auch wenn dessen Mönchtum längst schon zu einem weltweit erfolgreichen Muster kulturell organisierter Gelassenheit geworden ist. Die Grenzen der Attraktionskraft des Buddhismus zeigen sich dabei am deutlichsten in Japan und China, aber das ist nun in der Tat nicht mein Thema und Terrain.

Der wegen der schwierigen Trinitätslehre häufig unverstandene Monotheismus des Christentums ist trotz aller problematischen Erbschaften aus den Zeiten des europäischen Imperialismus wirklich und radikal transnational. Er möchte dies zumindest sein. Das Christentum setzt auch durchaus konsequent auf die freie Anerkennung freier Assoziationen einzelner Personen. Es krankt am Ende aber an der Fixierung auf theologische Dogmen und damit an einem Aberglauben, in dem die Rede von Gott ontisch hypostasiert wird. Mit dem Kernanliegen der Religion hat das wenig zu schaffen. Außerdem ist eine gewisse Verwahrlosung unserer ästhetischen Kultur nicht zu übersehen, am Ende durchaus auch die der Wissenschaften, aber das ist ein anderes, wenn auch verwandtes, Problem. Der auf bloße Innerlichkeit setzende Protestantismus hat nämlich die äußere Form einer gemeinsamen Kultur durchaus beschädigt. Man hat in Verkennung des Sinns von sakraler Kunst bloß auf das Wort (und Volkslied) gesetzt, in Verkennung der Heldenverehrung von ›Heiligen‹ bloß auf Erbauung und in einer Art Bildersturm jede vermeintlich bloß äußere Schönheit und damit die Schönheit selbst abgeschafft. An die Stelle des vermeintlich barocken, also überladenen, äußeren Festes als Dokumentation eines sowohl gemeinsamen als auch je eigenen Strebens nach dem perfekten Schönen und Guten, wird eine bloße Innerlichkeit vermeintlich ehrlicher Absichten gesetzt. Diese maßlose Überschätzung der Innerlichkeit und dieser Hass auf den Barock findet sich auch noch, freilich säkularisiert, bei Kant. Diese protestantische Überschätzung des Innerlichen wird von Hegel, der hierin der durchaus barocken Gestalt des großen Leibniz nahe kommt und mit ihm eine Art »katholische« Säkularisation des Protestantismus und protestantischen Subjektivismus betreibt, entsprechend aufgehoben, freilich ohne selbst katholisch zu werden, wie viele andere ›Aristoteliker‹ in der philosophischen Kritik am atomistischen Individualismus des Protestantismus, von Friedrich Schlegel und Clemens Brentano in Deutschland bis zu Elizabeth Anscombe und anderen Wittgenstein-Schülern im Vereinigten Königreich.

Am Ende ist auch die Wissenschaft von der Verfolgung einer *allgemeinen* Idee der *gemeinsamen* Arbeit an der Entwicklung der Möglichkeiten eines guten Lebens, in einer nur durch eine gemeinsame Ordnung ermöglichten Freiheit, zu einer individualistischen Idee bloßer systemischer ›Selbststeuerung‹ kollektiven Verhaltens übergegangen, das sich aus dem einzelnen Verhalten sozusagen zufällig summiert, bis auf den moralischen Appell an die Einzelnen, dessen Fruchtlosigkeit freilich mehr und mehr sichtbar wird. Eine bloß konsensuelle Akklamation und die ökonomisch-technische Nachfrage entscheiden demnach am Ende darüber, was als richtig gilt, nicht mehr die Verfolgung und Kontrolle der hinreichenden Erfüllung eines akklamations-, ruhm-, und damit zeitunabhängigen *gemeinsamen* Ideals der Wahrheit. Dass ein solches gemeinsames Leitbild der Perfektion in seinem ›absoluten‹ Status und seiner je ›konkreten‹ Orientierungsfunktion äußerst schwer zu verstehen ist, soll und muss allerdings zugestanden werden.

Immerhin kommt das Christentum insgesamt der Idee der Religion im Singular noch am nächsten, mit ihrer freien Bindung von freien Personen an ein gemeinsames Leben, auch wenn die Analogie zur *Umma* des Islam offenkundig ist. Diese Umma ist die Gemeinschaft derer, die an einen einzigen Gott glauben und die eben damit, wie man diesen ›Glauben‹ als ›Haltung‹ säkular interpretieren müsste, die Einheit des Menschseins anerkennen. Offen bleibt dabei freilich immer, wie weit dabei die Ansprüche der Einzelpersonen und Gruppen auf plurale Besonderheit anerkannt sind. Es sind dazu also die unvermeidlichen Subjektivitäten und teils traditionalen, teils freien Gruppenzugehörigkeiten in einem hegelschen Sinn kritisch ›aufzuheben‹, also ohne sie in ihrer Bedeutung zu beschädigen, aber auch ohne durch sie die Bindung an das Projekt einer einigen Menschheit in Gefahr zu bringen. Es gilt dazu, das für jede gute Gemeinsamkeit geradezu konstitutive Ideal der Freiheit zu verteidigen, und zwar nicht gegen, sondern zusammen mit den Idealen des allgemeinen Guten, Wahren und Schönen.

REINHARD HEMPELMANN

Verschärfungen des religiösen und weltanschaulichen Pluralismus

Woran zeigen sich die Verschärfungen des religiösen und weltanschaulichen Pluralismus und auf welche Phänomene ist zu verweisen, um sie zu beschreiben? Darauf wird im Folgenden in sechs Schritten geantwortet. Es schließen sich Reflexionen zum Thema »Voraussetzungen weltanschaulicher Vielfalt« an. In einer abschließenden Überlegung wird ein Fazit gezogen.

1. DIE GLEICHZEITIGKEIT DES GEGENLÄUFIGEN

Der weltanschauliche Wandel in pluralistischen Gesellschaften lässt sich nicht mithilfe eines einzigen Mottos beschreiben. Bezeichnend sind vielmehr die Gleichzeitigkeit, das Nebeneinander und die Gegenläufigkeit unterschiedlicher Entwicklungen: fortschreitende Säkularisierung und Wiederkehr der Religion, Relativierung und Fundamentalisierung religiöser Wahrheit, Individualisierung und neue Gemeinschaftsbildung. Die geistige Situation der Zeit ist gekennzeichnet durch gegenläufige Tendenzen:

a) Kulturaustausch und Internationalisierungsprozesse führen dazu, dass Toleranzbereitschaft und Intoleranz gleichzeitig wachsen. Aus diesen Entwicklungen beziehen gleichermaßen kulturrelativistische Plädoyers wie auch die These von einem zu erwartenden Zusammenprall der Kulturen (Clash of Civilisations) ihre Plausibilität.[1]
b) Fortschreitende Säkularisierungsprozesse kennzeichnen die weltanschauliche Situation. Andererseits hat sich das ereignet, was – reichlich unbestimmt – als »Wiederkehr der Religion«, »Respiritualisierung« oder als »neue Aufmerksamkeit für Religion« in der Moderne bzw. Postmoderne bezeichnet wird.[2] Bereits nach 1968 – auch hier das Einschnittsdatum – spricht man vom Aufkommen neuer religiöser Bewe-

[1] Vgl. S.P. HUNTINGTON, The Clash of Civilisations?, in: Foreign Affairs 72 (1993), Nr. 3, 22–49; B. TIBI, Europa ohne Identität. Die Krise der multikulturellen Gesellschaft, München 2000; Ralf Konersmann, Kulturphilosophie, Leipzig 1996.

[2] H. JOAS, Braucht der Mensch Religion? Über Erfahrungen der Selbsttranszendenz, Freiburg i. Br. 2004.

gungen oder der Suche nach einer neuen Religiosität, die sich inhaltlich weithin an christlichen Orientierungen vorbei vollzieht. Zugleich tritt die vor allem durch Migrationsprozesse bedingte buddhistische und muslimische Präsenz zunehmend in das Licht der Öffentlichkeit.[3]

c) Im Zusammenhang fortschreitender Säkularisierungsprozesse wird Religion vielfach als Privatsache betrachtet. Gleichzeitig kann beobachtet werden, dass in dem Maße, in dem Religion in den Bereich des Privaten abgedrängt wird, die Lebenswelt immer religiöser wird, was sich am eindrücklichsten an Tendenzen der Sakralisierung des Profanen in der Werbung zeigt.[4] Der Privatisierung des Religiösen stehen Prozesse der Popularisierung von Religion gegenüber. Zugleich breiten sich religiös-säkulare Mischphänomene aus. Religiöses wird säkular »verpackt«, beispielsweise als Entspannungstechnik oder Therapieangebot, oder Nichtreligiöses umgibt sich aus strategischen Gründen mit dem Schein des Religiösen.

d) Gesellschaftlichen Individualisierungsprozessen stehen kommunitaristische Bewegungen gegenüber, die angesichts der negativen und zerstörerischen Folgen eines »exzessiven Individualismus« westlicher Gesellschaften mit dem Anliegen an die Öffentlichkeit treten, das Verhältnis zwischen individuellen Rechten und der Verantwortung des Einzelnen gegenüber der Gemeinschaft neu auszubalancieren.[5] Sie streben gesellschaftliche Erneuerung an, indem sie von einer Idealisierung des autonomen Individuums Abschied nehmen und die Stärkung des Gemeinsinns und der zivilgesellschaftlichen Institutionen, z. B. der Familie, erstreben.

e) Einer Tendenz zur Ausbreitung naturalistischer Weltanschauungen steht der »wachsende politische Einfluss religiöser Orthodoxien« gegenüber.[6]

f) Religiös-säkulare Hoffnungen, verbunden mit Fortschrittserwartungen, werden fortgeschrieben; zugleich gibt es Skepsis gegenüber sol-

---

3 Vgl. dazu R. HUMMEL, Religiöser Pluralismus oder christliches Abendland. Herausforderung an Kirche und Gesellschaft, Darmstadt 1994; E. HERMS, Zusammenleben im Widerstreit der Weltanschauungen. Beiträge zur Sozialethik, Tübingen 2007.

4 Vgl. dazu M. NÜCHTERN, Kirche in Konkurrenz. Herausforderungen und Chancen in der religiösen Landschaft, Stuttgart 1997.

5 A. ETZIONI, Die Entdeckung des Gemeinwesens. Ansprüche, Verantwortlichkeiten und das Programm des Kommunitarismus, Stuttgart 1995 (amerik. Originalausgabe 1993). DERS., Die Verantwortungsgesellschaft. Individualismus und Moral in der heutigen Demokratie, Berlin 1999 (amerik. Originalausgabe 1996).

6 So mit Recht J HABERMAS, Zwischen Naturalismus und Religion, Philosophische Aufsätze, Frankfurt a. M. 2005, 7.

chen Hoffnungen und entsprechende Alternativbewegungen dazu. Der wissenschaftlich-technische Fortschritt auf den Gebieten Gentechnik und Stammzellenforschung nährt optimistische Visionen von einer heilen Welt und einem unbeschädigten, von Krankheit und Leid verschonten Leben. Für andere ist er Anlass zum Protest gegen die tiefgreifenden Eingriffe des Menschen in die Natur.

g) Im Blick auf religiöse Endgültigkeitsansprüche wird die Forderung nach Wahrheitsverzicht und Selbstrelativierung erhoben; einige Religionstheologen und Kulturphilosophen sprechen von der Deabsolutierung von Wahrheitsansprüchen und sehen Absolutheitsansprüche nur noch im privaten Kontext als legitim an.[7] Andererseits lässt sich im Kontext pluralistischer Gesellschaftssysteme eine intensive Suche nach Gewissheit beobachten. Die Kompliziertheit und »neue Unübersichtlichkeit« des Lebens verstärkt die Suche nach Verbindlichkeit, Klarheit und Wahrheit.

h) Religiöse Identitätssuche erfolgt nicht einlinig, sondern in mindestens zwei gegenläufigen Mustern: als Anpassung an Individualisierungsprozesse in Formen spiritueller Selbststeigerung mit einem konsumorientierten, wenig organisierten und synkretistisch geprägten Religionsvollzug, aber auch als Protest gegen die moderne Individualisierung, als Ich-Aufgabe und Ich-Verzicht, u. a. in religiösen Gruppen, die radikale Hingabe und ein genormtes Verhalten von ihren Mitgliedern erwarten.

Zur Signatur pluralistischer Gesellschaften gehört es, dass verschiedene religiöse und geistige Orientierungen gleichzeitig nebeneinander existieren, die in ihrer Ausrichtung divergieren und in einem Verhältnis der Koexistenz und Konkurrenz stehen.[8] Es ist nahe liegend, angesichts einer solchen Situation die Fragen aufzuwerfen: »Was treibt die Gesellschaft auseinander«[9] und »Was

---

[7] Vgl. W. WELSCH, Unsere postmoderne Moderne, Weinheim 1987. Zur Debatte über die pluralistische Religionstheologie vgl. M. VON BRÜCK/J. WERBICK (Hgg.), Der einzige Weg zum Heil? Die Herausforderung des christlichen Absolutheitsanspruchs durch pluralistische Religionstheologien, QD 143, Freiburg/Basel/Wien 1993. Zur Debatte über den Fundamentalismus vgl. M. MARTY/R. S. APPLEBY, Herausforderung Fundamentalismus. Radikale Christen, Moslems und Juden im Kampf gegen die Moderne, Frankfurt a. M. 1996; M. RIESEBROTH, Die Rückkehr der Religionen. Fundamentalismus und der »Kampf der Kulturen«, München 2000.

[8] Vgl. dazu CHR. SCHWÖBEL, Christlicher Glaube im Pluralismus. Studien zu einer Theologie der Kultur, Tübingen 2003.

[9] W. HEITMEYER (Hg.), Was treibt die Gesellschaft auseinander? Bundesrepublik Deutschland: Auf dem Weg von der Konsens- zur Konfliktgesellschaft, Band 1, Frankfurt a. M. 1997.

hält die moderne Gesellschaft zusammen? «[10] In abgewandelter Form stellen sie sich auch für die Kirchen. In pluralistischen Gesellschaften reicht eine einzige Formel nicht aus, um das Typische zu beschreiben. Der Slogan »Religion: ja – Kirche: nein« greift etwas Richtiges auf, insofern er den antiinstitutionellen Affekten junger Menschen, ihrer Distanz zu verfasster Religiosität Ausdruck verleiht. Die verbreitete Religions- und Konfessionslosigkeit erfasst er jedoch kaum.[11] Mithilfe von Begriffen wie »Multioptionsgesellschaft«, »Erlebnisgesellschaft«, »Einwanderungsgesellschaft« werden charakteristische Entwicklungen zur Sprache gebracht. Sie lassen sich alltagsbezogen veranschaulichen und enthalten Hinweise dafür, warum in verschiedenen – keineswegs jedoch in allen – gesellschaftlichen Milieus das Individuum als Sinnkonsument und Subjekt biographischer und religiöser Inszenierungen in den Vordergrund tritt.[12] Wo dies geschieht, werden religiöse Orientierungen auf individuellen Wegen gesucht und sind häufig mit Rationalitätsskepsis und einem Hunger nach erlebbarer Transzendenz verbunden. Der gefühllose Alltag sucht einen gefühlsstarken Ausgleich. Außergewöhnliche Ergriffenheitserfahrungen sind gefragt. In christlichen Milieus bekommen Mystik und Enthusiasmus einen wachsenden Stellenwert. Wo die Selbstverständlichkeit christlicher Glaubensinitiation zurückgeht und immer mehr Menschen in ihren Familien eine gelebte Spiritualität nicht kennen lernen, werden erfahrungsorientierte Zugänge zum christlichen Glauben häufiger und plausibler.

2. DIE NEUE INNERCHRISTLICHE VIELFALT – DER RELIGIONSINTERNE PLURALISMUS

Religionsführer von Großstädten (Hamburg, Bonn, Leipzig, ...) und wissenschaftliche Publikationen dokumentieren eine zunehmende innerchristliche Vielfalt. Einerseits haben sich innerhalb der großen Kirchen unterschiedliche Gruppen und Milieus gebildet. Sie lassen Fragen des Umgangs mit dem innerkirchlichen Pluralismus virulent werden, mit seinen Chancen und Grenzen. Evangelische Kirchentage und Katholikentage dokumentieren diese Vielfalt. Gleichzeitig bilden sich zunehmend außerhalb und neben den bekannten kirchlichen und freikirchlichen Strukturen alternative Formen

---

10 E. TEUFEL (Hg.), Was hält die moderne Gesellschaft zusammen?, Frankfurt a. M. 1996. Vgl. auch W. HEITMEYER (Hg.), Was hält die Gesellschaft zusammen? Bundesrepublik Deutschland: Auf dem Weg von der Konsens- zur Konfliktgesellschaft, Band 2, Frankfurt a. M. 1997.

11 Vgl. dazu D. POLLACK, Säkularisierung – ein moderner Mythos? Studien zum religiösen Wandel in Deutschland, Tübingen, 2003.

12 H.-J. HÖHN, Zerstreuungen. Religion zwischen Sinnsuche und Erlebnismarkt, Düsseldorf 1998.

christlicher Frömmigkeit, die ihren Ausdruck in eigenständigen Denominationen und Konfessionen suchen, insbesondere im evangelikal-charismatischen Bereich.

Durch Migration breitet sich ein orthodoxer Kirchentypus aus, äthiopisch-, griechisch-, assyrisch-, koptisch-orthodox, der zahlenmäßig durchaus bedeutsam ist.

Seit den 1980er Jahren ist die Zahl von Migranten- bzw. Einwandererkirchen sowohl aus dem europäischen Ausland als auch von Menschen asiatischer und afrikanischer Herkunft kontinuierlich gewachsen. Die christliche Landschaft in Europa verändert sich. Ein Teil der weltweiten Christenheit lebt mitten unter uns. Es entwickelt sich eine neue stilistische Vielfalt des Christlichen. In Städten wie u. a. Berlin, Frankfurt, Zürich, Wien gehören koreanische, indonesische und afrikanische Gemeinden zum Erscheinungsbild einer zunehmenden innerchristlichen Pluralisierung. Viele dieser Gemeinden praktizieren in ihren gottesdienstlichen Versammlungen charismatische Ausdrucksformen ihres Glaubens und verstehen sich als unabhängige Kirchen (»independent churches«).

Darüber hinaus artikuliert sich die Ausdifferenzierung christlicher Frömmigkeit in zahlreichen eigenständigen Aussiedlergemeinden, die sich auch dort, wo sie eine spezifische konfessionelle Orientierung (z. B. baptistisch, mennonitisch, lutherisch) verkörpern, weithin unabhängig von bestehenden kirchlichen Strukturen etabliert haben. Die Gottesdienste in einzelnen Aussiedlergemeinden gehören zu den bestbesuchtesten im deutschsprachigen Bereich.

In der Taufpraxis ist die Mehrheit der neuen Gemeinden baptistisch orientiert. Christsein aufgrund von persönlicher Entscheidung gewinnt an Bedeutung. Auch wenn zahlreiche Gemeindeneubildungen ihre Zukunftsfähigkeit noch unter Beweis stellen müssen, hat das freikirchliche Spektrum des Protestantismus in den letzten Jahrzehnten zahlenmäßig an Gewicht gewonnen. Präzise statistische Daten liegen nicht vor, es wird jedoch deutlich, dass sich vor allem ein evangelikaler und pfingstlich-charismatischer Frömmigkeitstyp ausbreitet, dessen weltweite Erfolgsstory auch in Europa zunehmend erkennbar wird.

3. Die Präsenz anderer Religionen

Mit einer gewissen Gleichzeitigkeit zu innerchristlichen Pluralisierungsprozessen hat sich eine nicht zu übersehende religiöse Vielfalt entwickelt. Mehr als 4 Millionen Muslime leben in Deutschland. Die zahlenmäßig größte Gruppe kommt aus der Türkei und gehört in religiöser Hinsicht zum sunnitischen Islam. In der gesellschaftlichen Öffentlichkeit sind in den letzten

Jahren immer häufiger Fragen des praktischen Zusammenlebens mit Muslimen diskutiert worden. Die Anzahl der jüdischen Mitbürgerinnen und Mitbürger hat sich in den letzten Jahren vervielfacht. Vor allem aus Osteuropa sind zahlreiche Juden nach Deutschland eingewandert. In einzelnen Städten ist neues jüdisches Leben entstanden.

Wachsend ist auch die hinduistische (ca. 95 000) und buddhistische (v. a. aus Vietnam und Thailand) Präsenz in Deutschland (ca. 250 000), die u. a. durch Migrationsbewegungen hervorgerufen wird. Die Situation religiös-weltanschaulicher Vielfalt führt dazu, dass sich Menschen verschiedener religiöser Überzeugung und kultureller Prägung unausweichlich näher kommen: in einer Kindergartengruppe, in einer Schulklasse, im Sportverein, im Betrieb, im Krankenzimmer. Die offene Gesellschaft der Bundesrepublik wird religiös vielfältiger, auch wenn sich bisher nur ein begrenzter religiös-weltanschaulicher Pluralismus entwickelt hat und die großen Kirchen, zu denen knapp zwei Drittel der bundesdeutschen Bevölkerung gehören, ihre Prägekraft im öffentlichen Leben weiterhin entfalten und keineswegs eingebüßt haben. Zunehmend bewusst wird, dass das Leben in pluralistischen Gesellschaften anstrengender ist, als euphorische Plädoyers für eine multikulturelle Gesellschaft es nahe legten und nahe legen. Ein Zusammenleben angesichts kultureller Differenzen erfordert von allen Seiten die Bereitschaft, aufeinander zuzugehen. Interreligiöser und interkultureller Realismus sind dafür ebenso nötig wie die Achtung vor dem Fremden und der Respekt gegenüber Demokratie, Rechtsstaatlichkeit und diejenigen Werte, die den religiöser Pluralismus erst ermöglichen. Weltweite Migrationsbewegungen und zunehmende Vielfalt stellen für alle Staaten Westeuropas eine Schlüsselaufgabe für politisches Handeln dar, welches darauf ausgerichtet sein muss, den Zusammenhalt der Gesellschaft zu stärken. Langfristig ist der liberale Verfassungsstaat dabei »auf Mentalitäten angewiesen, die er nicht aus eigenen Ressourcen erzeugen kann.«[13]

4. FORTSCHREITENDE SÄKULARISIERUNGSPROZESSE

Säkularisierungsprozesse können als begrüßenswerte Folge der Unterscheidung zwischen Religion und Politik angesehen werden. Im historisch ursprünglichen Sinn bezeichnete Säkularisierung den Übergang des Kirchengutes in weltliches Eigentum.[14] Die »weltliche ›Beerbung‹ ursprünglich christlicher ›Güter‹« ist aus theologischer Perspektive nicht zu problematisie-

[13] J. HABERMAS, Zwischen Naturalismus und Religion (s. Anm. 6), 9.

[14] Vgl. dazu F.-X. KAUFMANN, Wie überlebt das Christentum?, Freiburg/Basel/Wien 2000, 81ff.

ren, sondern zu unterstützen. »Die weltliche Hochschätzung der Freiheit des Gewissens [...], die weltliche Behauptung der Unverletzlichkeit der Person, die weltliche Selbstverpflichtung zum Schutz des beschädigten Menschenlebens, die allgemeine Schulpflicht und viele andere Errungenschaften des modernen Rechtsstaates sind säkularisierte Schätze der Kirche [...]. Die Kirche sollte diese ihre weltlichen Kinder segnen, statt sie gewissermaßen in den Mutterschoß zurückzufordern«.[15]

Freilich gibt es Säkularisierung auch als Entkirchlichung der Gesellschaft, »die der positiven Religion ihren Sitz im Leben zu rauben droht«.[16] Prozesse einer zunehmenden Verdiesseitigung des Lebens, die sich verbinden mit dem Verzicht auf alltagsrelevante religiöse Orientierungen sind kennzeichnend für viele Menschen europäischer Gesellschaften. Freilich zeigt sich auch, dass der säkularisierte Mensch an den Rändern des Lebens – in den lebenszyklischen und jahreszyklischen Übergangssituationen – auf Religion nicht verzichten will, wobei die Beliebtheit der Jugendweihe in den neuen Bundesländern zeigt, dass die Kirchen, sofern sie zivilreligiöse Funktionen wahrnehmen, nicht unersetzbar sind.

Mit Säkularisierungsprozessen gehen Hand in Hand die Privatisierung der Religion, aber auch Bindungsverluste gegenüber den Kirchen und Geltungsverluste des christlichen Glaubens, ein innerer und teilweise auch äußerer Auszug aus der Kirche als Institution.

Bezeichnet Inkulturation das Eingehen und Heimischwerden des Evangeliums in einem kulturellen Kontext, so ist im Blick auf die heutige Situation zu fragen, ob sich das Christentum in europäischen Gesellschaften im Zeichen der Exkulturation befindet. Jedenfalls hat das Christentum in vielen Milieus seine Selbstverständlichkeit verloren.[17] Exkulturation meint in diesem Zusammenhang den Vorgang, dass die gesellschaftlichen Stützmechanismen für das Christentum in Europa im Schwinden begriffen sind, dass sich die über Jahrhunderte selbstverständliche Verknüpfung von Volkszugehörigkeit und Kirchenmitgliedschaft lockert, dass die konstantinische Gestalt des Christentums zurücktritt. Nirgends sind diese Prozesse weiter fortgeschritten als in den neuen Bundesländern, wo das Verschwinden der Religion durch ihre staatlich reglementierte Verdrängung als einer der größten Erfolge der SED bezeichnet werden kann.

---

[15] E. JÜNGEL, Untergang oder Renaissance der Religion, in: E. TEUFEL (Hg.), Was hält die moderne Gesellschaft zusammen? (s. Anm. 10), 176–197, hier 183.

[16] Ebd., 183.

[17] M. WOHLRAB-SAHR, Forcierte Säkularität: Religiöser Wandel und Generationendynamik im Osten Deutschlands, Frankfurt a. M., 2009.

Das Fortschreiten von Prozessen der Säkularisierung zeigt sich auch darin, dass die Zahl der Konfessionslosen zu- und nicht abnimmt. In den Mitgliedszahlen so genannter säkularer Organisationen spiegelt sich dieser Vorgang zwar fast gar nicht wider. Atheistische Organisationen melden sich in der Medienwelt jedoch deutlicher zu Wort. Eine den weltanschaulichen Pluralismus verschärfende Tendenz zeigt sich etwa darin, dass der so genannte »neue Atheismus« nicht nur als ein mediales Ereignis zu begreifen ist, sondern mit dem Bemühen verbunden ist, die öffentliche Stimme derjenigen zu stärken, die sich als konfessionsfrei und »religionsfrei« verstehen. Am 16. November 2008 wurde in Berlin der »Koordinierungsrat säkularer Organisationen« (KORSO) gegründet: Gründungsmitglieder waren elf Verbände, Stiftungen und Akademien, die sich unter dem Dach des Koordinierungsrates versammelt und sich eine politische Interessenvertretung gegeben haben. Derzeit gehören dazu: Deutscher Freidenkerverband (DFV) mit Sitz in Dortmund, Dachverband Freier Weltanschauungsgemeinschaften (DFW), Humanistischer Verband Deutschlands (HVD), Internationaler Bund der Konfessionslosen und Atheisten (IBKA), Jugendweihe Deutschland (JwD), ebenso die Giordano Bruno Stiftung (gbs), Humanistische Akademie Deutschland (HAD), Stiftung Geistesfreiheit Hamburg, Stiftung UNITATES, Humanismus Stiftung Berlin, Roter Baum Dresden. Freidenkerische Organisationen sehen sich gegenüber den christlichen Kirchen als benachteiligt an. In der zur Gründung des Rates verabschiedeten Resolution heißt es: »Mehr als ein Drittel der deutschen Bevölkerung ist derzeit konfessionsfrei. Mehr als drei Viertel der Konfessionsfreien orientieren sich an humanistischen Lebensvorstellungen. Diese Menschen haben in Deutschland keine angemessene Interessenvertretung. Der Koordinierungsrat säkularer Organisationen (KORSO) will hier eine Wende herbeiführen.« Auf der politischen Ebene geht es um »die konsequente religiöse bzw. weltanschauliche Neutralität des Staates«, »ein integratives Pflichtfach zur Wertevermittlung« (wie in Berlin »Ethik« und in Brandenburg »LER«), darüber hinaus um die »Autonomie am Lebensende und die volle rechtliche Gültigkeit von Patientenverfügungen«, eine »Reform der öffentlichen Erinnerungs-, Gedenk- und Trauerkultur«, »Respekt gegenüber den Formen der Fest- und Feierkultur säkularer Organisationen«. Zu den Aktivitäten, etwa der Giordano Bruno Stiftung, gehört auch die Forderung nach Einführung eines Evolutionstages anstelle des Himmelfahrtstages oder auch die Busaktion (»Es gibt mit an Sicherheit grenzender Wahrscheinlichkeit keinen Gott«), die aber auch zeigt, dass die Türen für Werbung in öffentlichen Verkehrsmitteln nicht automatisch aufgehen.

Bemerkenswert ist, mit welcher Zurückhaltung der Atheismusbegriff verwandt wird. Das Selbstverständnis wird eher mit den vieldeutigen Begriffen humanistisch, säkular, weltanschaulich ungebunden, aufgeklärt, autonom, konfessionsfrei zum Ausdruck gebracht. Die Meinung und Überzeugung, dass der Koordinierungsrat mehr als ein Drittel der Bevölkerung vertritt, ist allerdings nicht zutreffend. Sie stellt eine Vereinnahmung dar. Zwar gibt es zahlreiche Menschen, die keiner Religion oder Weltanschauung angehören. Nur sehr wenige von ihnen vertreten jedoch die weltanschaulichen und ethischen Orientierungen der so genannten säkularen Organisationen. Konfessionsfreie dürfen nicht pauschal als »anonyme Humanisten oder Atheisten« im Sinne säkularer und freidenkerischer Verbände angesehen werden, so wenig wie Christen und Kirchen anders Glaubende als anonyme Christen vereinnahmen sollten.

5. Kombinatorische Formen von Religion

Auf der individuellen Ebene gibt es unverkennbar eine Zunahme von kombinatorischen Formen von Religion. In pluralistischen Gesellschaften stehen Religionslosigkeit, Religionsfundamentalismus und Religionsfaszination gleichzeitig nebeneinander. Immer mehr Menschen praktizieren einen überaus individuell geprägten, auswählenden Religionsvollzug. Er kann als »expressiver Individualismus«[18] beschrieben und gedeutet werden, der allerdings »keineswegs nur eine individuelle Anpassung an den religiösen Pluralismus darstellt«.[19] Denn er bleibt auf kulturelle Vorgaben bezogen, insbesondere auf Modelle und Agenten eines esoterischen, meist theosophisch geprägten Synkretismus. Zahlreiche Menschen schöpfen in Sachen Religion aus verschiedenen Quellen, vermeiden die Beheimatung in einer einzigen Tradition und weichen vor endgültigen Festlegungen aus. Einzelne religiöse Elemente und Rituale werden aus ihren ursprünglichen Zusammenhängen »entwendet« und in lebenspraktischer Hinsicht aufgegriffen und ausprobiert. Verschiedenes wird miteinander verbunden und vermischt: japanische und chinesische Heilungspraktiken, buddhistische Meditation, schamanistische Ekstasetechniken, mit religiösen Versprechen aufgeladene alternative Therapieangebote usw. Soziologen sprechen von »Religions-Bricolage« oder vom religiösen Flickenteppich. Auch zahlreiche Mitglieder unserer Kirchen zeigen sich fasziniert vom Fremden und Unbekannten, zum Beispiel vom Buddhismus. Nur bei wenigen entwickelt diese Faszination eine Kraft, die zur Bekehrung führt. Die Buddhismusbegeisterung ist groß, die Anzahl der Konversionen bleibt gering. Heutige Religionsfaszination verkennt den

[18] C. TAYLOR, Die Formen des Religiösen in der Gegenwart, Frankfurt a. M. 2002, 71.79.

[19] R. HUMMEL, Wie gehen die Kirchen des Westens mit dem Synkretismus der Menschen um?, in: MD der EZW 2/99, 33–40, hier 33.

bindenden Charakter der religiösen Überlieferung und versteht Religionen und Weltanschauungen anders als diese sich selbst verstehen. Die spielerisch ästhetische Annäherung an religiöse Rituale kann ein erster Schritt zu einer tieferen Bindung sein, muss es aber nicht. Die Sozialgestalt kombinatorischer Religiositätsformen zeigt sich weniger in festen Gruppenbildungen, sie ist vielmehr als Netzwerk organisiert, das nur lockere Verbundenheit ermöglicht. An verbindlich gestalteter Gemeinschaft und einer kontinuierlichen Glaubensvergewisserung durch symbolische Handlungen besteht kein Interesse. Ein punktuelles Zusammenkommen, ein Kommen und Gehen ist kennzeichnend. Kombinatorische Religiosität spielt sich in Netzwerken und Szenen ab. Sie ist als »Publikum« und »Kundschaft« organisiert. Die Kraft ihrer Gemeinschaftsbildungen ist begrenzt, ebenso ihr Beitrag zur religiösen Identitätsbildung.

Erst eine Lebenswelt, die durch weltanschaulich-religiöse Vielfalt gekennzeichnet ist, hat diese Religiosität möglich gemacht. Moderne Kommunikationsmedien, religiöser Tourismus, ein neu erwachtes Sendungsbewusstsein nichtchristlicher Religionen und neuer religiöser Bewegungen verstärken den kulturellen Austausch und tragen zur Pluralisierung religiöser Orientierungen bei. Die Globalisierung ist nicht allein ein ökonomisches, sondern auch ein religiöses Phänomen. Sie schafft universale Gleichzeitigkeit und lässt die Menschen aus der Raumdimension sozusagen herausfallen. Kombinatorische Religiosität ist Teil des heutigen religiösen Pluralismus, zugleich Protest gegen die Rationalitätsdominanz unserer Kultur, Einspruch gegen das geheimnisleere Wirklichkeitsverständnis der Moderne und den kirchlichen und theologischen Arrangements mit ihm. Die anhaltende Nachfrage nach spirituellen Erfahrungen deutet gleichermaßen auf elementare Bedürfnisse wie auf unübersehbare Defizite der modernen Kultur hin. Kombinatorische Religiosität antwortet auf Ermüdungserscheinungen rationaler Weltbewältigung und artikuliert den spirituellen Hunger der Menschen. Die Suchbewegungen zielen auf außergewöhnliche Ergriffenheitserfahrungen, auf Kommunikation mit dem Göttlichen, Selbstfindung, Körpererfahrung, Bewusstseinserweiterung, Erleuchtung. Der weitgehende Ausfall einer gelebten christlichen Spiritualität unterstützt die Empfänglichkeit für religiöse Alternativen. So lassen sich viele Zeitgenossinnen und Zeitgenossen die Hände lieber von einem Reiki-Meister als von einer Pfarrerin oder einem Pfarrer auflegen. Kombinatorische Religiosität profitiert von den antiinstitutionellen Affekten der Menschen und steht im Zeichen der Verarbeitung religiöser Vielfalt und weltanschaulicher Differenzerfahrungen. Man ist darum bemüht, eine nichttheistische, in vielen Fällen nachchristliche religiöse Erfahrung zu vermitteln und schreibt zugleich die Kategorien Emotionalität und Intuition groß. Die religiöse Erfahrung zielt auf Überwindung von

Grenzen; zum Beispiel auf die Entgrenzung des Ichs in ein kosmisches Bewusstsein, ebenso auf die Revitalisierung archaischer Kulte und Riten.

6. FUNDAMENTALISMUS UND FUNDAMENTALISMUSVERDACHT

Das vielleicht deutlichste Beispiel für Verschärfungen des religiösen und weltanschaulichen Pluralismus sind fundamentalistische Bewegungen. Sie antworten auf die Krise der Moderne, die Erschütterung ihrer Gewissheiten. Als zentrale Ursache dieser Erschütterung wird die Emanzipation der Vernunft vom Glauben angesehen. Das Rezept zur Überwindung dieser Krise finden fundamentalistische Bewegungen darin, »auf der Grundlage der heiligen Texte eine neue Gesellschaft aufzubauen«.[20] Fundamentalismus ist ein weltweites Phänomen, das in allen Religionen vorkommt, jedoch in den unterschiedlichen Religionen verschiedene Ausprägungen hat. Fundamentalistische Bewegungen wollen eine Antwort geben auf die Unsicherheiten der modernen Zivilisationsdynamik. Ihr Entstehungszusammenhang belegt, dass sie ein Kind der Moderne sind. Unter dem Einfluss rapider Urbanisierung und Pluralisierung entwickeln sie sich als Reaktionsbildung auf den säkularen Humanismus und die ambivalenten Folgen von Modernisierungsprozessen. Der Fundamentalismus beantwortet die Frage nach religiöser Identität primär abgrenzend: antipluralistisch, antihermeneutisch, antifeministisch, antievolutionistisch, bei gleichzeitiger Aufrichtung von patriarchalischer Autorität.

Modernisierung und Fundamentalismus können als globale Gegenkonzepte verstanden werden, wobei die Moderne mit ihren Chancen und Ambivalenzen zuerst vorhanden war. Fundamentalistische Strömungen verkennen zumeist ihre innere Abhängigkeit von der Moderne. Sie verweigern einerseits Modernität, andererseits beschleunigen sie Modernisierungsprozesse. Die Segnungen des Medienzeitalters werden vom Fundamentalismus ganz ungehemmt in Anspruch genommen, auch wenn das Weltbild, das er vermittelt, antimodern ausgerichtet ist. Insofern ist es korrekt, vom Fundamentalismus als »modernem Antimodernismus«[21] zu sprechen. Fundamentalistische Bewegungen sind Antwortversuche auf die Vergewisserungssehnsucht des Menschen in modernen pluralistisch geprägten Lebenskontexten. Sie bieten unumstößliche Überzeugungen an in Fragen des Glaubens, der Lebensführung, auch in Fragen der Politik und reagieren auf Identitätsgefährdungen religiöser und kultureller Art. Der Abbruch bzw. das Nachlassen religiöser

[20] G. KEPEL, Die Rache Gottes, München 1991, 271.

[21] G. KÜENZLEN, Feste Burgen: Fundamentalismus und die säkulare Kultur der Moderne, in: MD der EZW 55 (1992), 313–326, hier 316.

Bindungen, die Relativierung von Wahrheits- und Sinnfragen, die Probleme weltanschaulicher und religiöser Vielfalt sind das Erfahrungsfeld, auf das der Fundamentalismus eingeht. Er vermittelt Eindeutigkeit im Meer der Vieldeutigkeit, er setzt dem Ethos der Skepsis, der modernen Kultur des Zweifels, eine feste Position entgegen. Fundamentalistischer Protest zeigt, dass es Sehnsüchte gibt, die nicht genügende Beachtung finden.

Der antimodernistische Affekt, der dem Fundamentalismus anhaftet, hat zu den Weiterungen beigetragen, die den Begriff in seiner gegenwärtigen Verwendung äußerst unbestimmt gemacht haben: Nicht jede modernitätskritische Bewegung ist eo ipso fundamentalistisch. In der Medienöffentlichkeit wird heute z. T. jede Form religiöser Hingabe unter Fundamentalismusverdacht gestellt. Insofern gibt es in unserer Kultur nicht nur das Phänomen fundamentalistischer Verfestigungen, sondern auch »die Kälte und geheime Gewalttätigkeit der säkularen Welt«[22]. Fundamentalismuskritik nimmt schnell und manchmal unbemerkt die Gestalt grundsätzlicher Religionskritik an. Atheistische Kirchenkritiker vertreten die These, dass der Fundamentalismus nicht eine verzerrte Form des Christlichen darstelle, sondern dessen wahres, unterdrückerisches Gesicht zeige. Aus einer solchen Perspektive müssen alle Formen christlicher Frömmigkeit – von liberal bis evangelikal – auf die Anklagebank gesetzt werden. Jede monotheistische Religion, zu deren Offenbarungsverständnis Endgültigkeitsansprüche gehören, wird als fundamentalistisch angesehen. Der Verdacht wird ausgesprochen, dass die Anhänger der christlichen Religion Wahrheitsansprüche vertreten, die letztlich inhuman sind. Der Fundamentalismus im Kontext einer spezifischen Religion erscheint dann als Folge dessen, was im Grundsatz der Religion bereits angelegt ist. Solche Zuspitzungen machen deutlich, dass das Thema, das im Zusammenhang der Fundamentalismusdebatte mit zu behandeln ist, nicht allein dieser selbst sein dürfte, sondern auch »die moderne Welt« mit ihren Ambivalenzen und Fragwürdigkeiten und ihrem ungeklärten Verhältnis zu religiösen Wahrheitsansprüchen. »Die Neuzeit setzt mit der Befreiung durch die Religion ein. Die Moderne dagegen versteht sich als Befreiung von der Religion.«[23] Das Aufkommen neuer religiöser Bewegungen und die Zunahme fundamentalistischer Strömungen zeigen, dass das Projekt Moderne die religiöse Thematik nicht einfach hinter sich lassen kann. Fundamentalistische Tendenzen nehmen in dem Maße zu, in dem ein unverbindlicher und »weicher« Beliebigkeitspluralismus oder eine pointierter Atheismus zuneh-

[22] K. KARDINAL LEHMANN, Glauben bezeugen, Gesellschaft gestalten, Freiburg i.Br. 1993, 616.

[23] W. HUBER, Der Protestantismus und die Ambivalenz der Moderne, in: Religion der Freiheit, München 1990, 29–65, 32.

men. Gegenüber stehen sich heute: ein intoleranter und missionarischer Atheismus, der das religiöse Bewusstsein pathologisiert, und auf der anderen Seite ein in den öffentlichen Raum drängender Kreationismus, der unter Berufung auf ein fundamentalistisches Schriftverständnis die Evolutionstheorie ablehnt und im Namen der Religion die Rücknahme der Ausdifferenzierung der Gesellschaft in Recht, Politik, Ethos, Wissenschaft und Religion fordert. Der Attraktivität fundamentalistischer Strömungen steht eine pointierte Monotheismuskritik gegenüber, die davon ausgeht, dass monotheistische Religionen mit ihren Wahrheitsansprüchen intolerant und Brutstätte des Fundamentalismus und der Ausgrenzung von Andersglaubenden sind.

7. Voraussetzungen religiös-weltanschaulicher Vielfalt

Grundlage und Voraussetzung der skizzierten Entwicklungen ist der Sachverhalt, dass moderne Gesellschaften in allen Lebensbereichen Entwicklungen unterstützen, die zu einer Angebotsvervielfältigung führen. Modernität pluralisiert. »Die zentrale Veränderung für das Leben moderner Menschen besteht im Verlust der Selbstverständlichkeit des Vorgegebenen und in der Entstehung von Alternativen«.[24] Mit diesem Satz charakterisiert der Religionssoziologe Miklós Tomka die Situation westlicher Gesellschaften unter den Bedingungen von Modernität. Es fällt nicht schwer, seine Beobachtung vielfach bestätigt zu finden. Pluralisierungs-, Globalisierungs- und Internationalisierungsprozesse bestimmen das Leben der Menschen in Wirtschaft, Politik und Recht. Sie schaffen Konkurrenzsituationen und schwächen traditionelle Bindungen. Auch im religiös-weltanschaulichen Bereich gibt es den Markt vielfältiger Angebote, der religiöse Monopole aufhebt. Das bisher Übliche wird begründungspflichtig: die Kreuzzeichen in öffentlichen Räumen, der Religionsunterricht, die Theologischen Fakultäten, die Kirchenmitgliedschaft, die vor allem bei jungen Menschen zunehmend an Selbstverständlichkeit einbüßt. Im religiösen Pluralismus entsteht religiöse Konkurrenz, eine Konkurrenz religiöser Bekenntnisse, heiliger Schriften, religiöser Riten. Es entwickelt sich ein missionarischer Wettstreit.

Die wichtigste rechtliche Voraussetzung für diese Entwicklungen ist die durch das Grundgesetz gewährte Freiheit in der Religionsausübung. In der europäischen Grundrechtecharta wird dies unterstrichen: »Jede Person hat das Recht auf Gedanken-, Gewissens- und Religionsfreiheit. Dieses Recht umfasst die Freiheit, seine Religion oder Weltanschauung zu wechseln, und die Freiheit, seine Religion und Weltanschauung einzeln oder gemeinsam

[24] M. Tomka, Die Fragmentierung der Erfahrungswelt in der Moderne, in: Concilium 33 (1997), 297.

mit anderen öffentlich oder privat durch Gottesdienst, Unterricht, Bräuche und Riten zu bekennen.« (Art.10,1) In einem engen Zusammenhang stehen Migration und religiöser Pluralismus. Wer ja sagt zur Religionsfreiheit und zu einem Europa, das sich gegenüber Fremden und Flüchtlingen aus anderen Ländern nicht abschottet, sagt ja zu kulturellen und religiösen Pluralisierungsprozessen. Religiöse Vielfalt nimmt in dem Maße zu, in dem Einwanderungsbestimmungen gelockert werden. Migration verändert und erweitert den religiösen Pluralismus. Auswanderung und Flucht sind in der Religionsgeschichte Faktoren der Ausbreitung religiöser Traditionen. Das Ausmaß der Migration und ihre Folgewirkungen werden oft unterschätzt. »Einwanderer aus allen Himmelsrichtungen haben das Gesicht der großen Städte verändert. Die Welt hat sich in unseren Stadtvierteln eingenistet, und dies ist eine verwirrende und schockierende Erfahrung. Die Märkte, die Gotteshäuser, die Schulen und die Sportvereine: Alles und jeder ist von der Völkerwanderung berührt, die gerade stattfindet und deren Ende noch längst nicht absehbar ist.«[25] Globalisierung ist nicht nur ein ökonomischer Vorgang. Verschärfungen des religiösen und weltanschaulichen Pluralismus sind auf dem Hintergrund von Globalisierungsprozessen und der missionarischen Präsenz nichtchristlicher Religionen in Europa zu sehen. Die Religionsbegegnung vollzieht sich dabei auf drei verschiedenen Ebenen: der Ebene des friedlichen Zusammenlebens bzw. der Konvivenz, des Dialoges und der Mission.

Schlussüberlegungen

Ein sich fortschreitender religiös-weltanschaulicher Pluralismus ist der Kontext, in dem die religiösen Gemeinschaften, auch die christlichen Kirchen, leben und auf den sich das christliche Zeugnis heute beziehen muss. Dabei besteht die zentrale Veränderung für das Leben moderner Menschen »im Verlust der Selbstverständlichkeit« des Vorgegebenen und im Entstehen von Alternativen.[26] Die Weichenstellung in Richtung einer weiteren Entwicklung von religiöser Vielfalt ist erfolgt. Religionsfreiheit und Religionsvielfalt sind allerdings auch Folge des christlichen Glaubens und der Christentumsgeschichte. Denn die christliche Glaubensüberzeugung, dass das Zeugnis des Evangeliums sich ohne weltliche Gewalt allein durch die einladende Verkündigung durchsetzt (sine vi humana, sed verbo), hat ihrerseits den gesellschaftlichen Pluralismus mit seiner Gewissensfreiheit und Religionsfreiheit mit

[25] P. Scheffer, Die Eingewanderten. Toleranz in einer grenzenlosen Welt, München 2007, 12.

[26] Vgl. P. L. Berger/Th. Luckmann, Modernität, Pluralismus und Sinnkrise, Gütersloh 1995, 44ff.

vorbereitet. Allerdings lebt der religiöse Pluralismus einer demokratischen Kultur von gemeinsamen Werten und einem gemeinsamen Rechtsbewusstsein, dessen Bewahrung nicht automatisch geschieht und auch mitbestimmt wird durch die religiöse Verwurzelung des Rechts und der Moral. Mit Jürgen Habermas kann darauf hingewiesen werden, dass der moderne Verfassungsstaat erfunden wurde, »um einen friedlichen religiösen Pluralismus zu ermöglichen.«[27] Dieser Verfassungsstaat »kann freilich nur dann seine religiösen und nicht-religiösen Bürger voreinander in Schutz nehmen, wenn diese im staatsbürgerlichen Umgang miteinander nicht nur einen Modus Vivendi finden, sondern aus Überzeugung in einer demokratischen Ordnung zusammenleben. Der demokratische Staat zehrt von einer rechtlich nicht erzwingbaren Solidarität von Staatsbürgern, die sich gegenseitig als freie und gleiche Mitglieder ihres politischen Gemeinwesens achten.«[28]

Religiöse Vielfalt schafft für das christliche Zeugnis eine Vielzahl von Gesprächssituationen. Der säkulare Zeitgenosse ist nur einer unter anderen. Noch vor wenigen Jahrzehnten sah es so aus, als sei er der einzige Partner im theologisch-hermeneutischen Diskurs. Die religiöse Gegenwartslage zeichnet sich dadurch aus, »dass die christlichen Konfessionskirchen zum ersten Mal seit der Spätantike wiederum mit der Anwesenheit pluraler Religionskulturen konfrontiert sind, mit denen sie im Hinblick auf die individuelle Wahl religiöser Einstellungen konkurrieren«.[29]

Die Situation fordert dazu heraus, die unterschiedlichen religiösen Geltungs- und Wahrheitsansprüche aufeinander zu beziehen. Für das Gespräch der Religionen miteinander ist beides wichtig, Hörfähigkeit und Auskunftsfähigkeit im Blick auf die eigenen Glaubensgrundlagen. Verschmelzungswünsche und Harmonisierungsstrategien sind als Antwort auf die Situation religiöser Vielfalt ebenso untauglich wie fundamentalistische Abwehrreaktionen, die von starren Wahrnehmungsmustern ausgehen und vor allem an scharfen Abgrenzungen interessiert sind. Die Religionsbegegnung hat unterschiedliche Ebenen, die zusammengehören: Zusammenleben, Dialog, Mission. Eine erkennbare Identität ist nicht Störung, sondern Voraussetzung für eine weiterführende Begegnung mit Vertretern anderer Religionen. Differenzen zwischen den unterschiedlichen Glaubensüberzeugungen dürfen weder heruntergespielt werden noch das Ende der Kommunikation bedeuten. Selbstrelativierung stellt keine überzeugende Strategie dar, Unterschiede

---

[27] J. HABERMAS, Zwischen Naturalismus und Religion (s. Anm. 6), 8.

[28] Ebd., 9.

[29] Darauf hat mit Recht der verstorbene Wiener Systematiker F. WAGNER hingewiesen. DERS., Gott – Ein Wort unserer Sprache? in: Wenn Gott verloren geht. Die Zukunft des Glaubens in der säkularisierten Gesellschaft, hg. von T. FAULHABER/B. STILLFRIED, QD 174, Freiburg/Basel/Wien 1998, 222.

auszuhalten und Toleranz einzuüben. Zum Dialog gibt es keine Alternative. Er ist ein hilfreiches Instrument, Gemeinsamkeiten wahrzunehmen, Unterschiede zu erkennen und Auseinandersetzungen im gegenseitigen Respekt zu führen.

Es gehört in bestimmten Milieus zur political correctness in Sachen Religion, sich kirchenapokalyptisch zu äußern. Zu den kirchlichen Festen sind einzelne Medien und Illustrierte – mit Unterstützung von medienpräsenten Theologinnen und Theologen – damit befasst, den bevorstehenden Untergang der etablierten Kirchen bzw. Traditionskirchen im Zusammenhang zunehmender religiöser Pluralisierung zu prognostizieren, wobei der Erfolg alternativer religiöser Gruppen den sich leerenden Kirchen gegenüber gestellt wird. Solche vordergründigen und verzerrenden Wahrnehmungen lenken davon ab, unter welchen Rahmenbedingungen und Kontexten gemeindliches und kirchliches Leben heute geschieht. Natürlich wandelt sich die religiöse Landschaft. Die über Jahrhunderte selbstverständliche Verknüpfung von Volkszugehörigkeit und Kirchenmitgliedschaft lockert sich. Die Verflechtung und Abgrenzung von Kirche und abendländischer Kultur ist in eine neue Phase getreten.[30] Religiössein und Christsein treten auseinander. Es gibt zahlreiche Anzeichen dafür, dass sich die Religion in einem irreversiblen Prozess der Pluralisierung befindet. Man kann diesen Prozess freilich auch als Anpassung der religiösen Situation in Deutschland an die ökumenische Gesamtsituation sehen. Und keinesfalls muss dies bedeuten, »dass die alten Stellungen einfach verschwänden: Es könnte sehr wohl der Fall sein, dass sich – nachdem einmal eine neue, konkurrierende Form von Religiosität aufgetaucht ist – die alten religiösen Establishments Europas als hervorragende Konkurrenten auf dem religiösen Markt herausstellen werden«.[31]

[30] Formuliert im Anschluss an M. KEHL, Wohin geht die Kirche. Eine Zeitdiagnose, Freiburg/Basel/Wien 1996, 19ff.

[31] D. MARTIN, Europa und Amerika. Säkularisierung oder Vervielfältigung der Christenheit – Zwei Ausnahmen und keine Regel, in: O. KALLSCHEUER (Hg.), Das Europa der Religionen, Frankfurt 1996, 161–180, hier 170.

MATTHIAS PETZOLDT

Christliche Theologie im pluralistischen Kontext

Konzeptionsfragen im Horizont von Religionsdialogen

An den Beiträgen des vorliegenden Bandes wird ein tiefgreifender Wandel sichtbar. Zur Zeit der Universitätsgründung in Leipzig vor über sechshundert Jahren war Europa weitgehend christlich. Geographisch zeigten sich andere Religionen entweder nur an den Grenzen wie der Islam (das osmanische Reich im Südosten und die Nasriden im Südwesten) oder mitten in der christlichen Gesellschaft, aber ghettoisiert, die jüdischen Gemeinschaften. Und politisch war die Gesellschaft von der christlichen Kultur geprägt, wie beispielsweise an dem Zusammenspiel des Landgrafen von Thüringen und des Markgrafen von Meißen mit der päpstlichen Kurie bei der Universitätsgründung deutlich wird.[1] Im Unterschied dazu ist für das gegenwärtige Europa eine Pluralität kennzeichnend. Dabei handelt es sich unter anderem um eine Vielfalt von Religionen, die oft in enger Nachbarschaft gelebt wird, sowie um das Nebeneinander der Religionen sowohl mit Weltanschauungen, die erklärtermaßen als naturalistische oder als atheistische auftreten, als auch mit Lebenspraxen in religiöser Indifferenz.

Wie dialogfähig ist christliche Theologie in dieser Situation? Als systematisch-theologische Problemstellung führt diese Frage in konzeptionelle Debatten um eine Theologie der Religionen im Dialog der Religionen. Die Terminologie, die hierbei gebräuchlich ist, zeigt schon starke Abnutzungserscheinungen. Deshalb ist es für die nachfolgenden Ausführungen notwendig, die eigenen konzeptionellen Überlegungen mit begrifflichen Klärungen zu versehen, welche in gebotener Kürze vorausgeschickt werden (1). Die konzeptionellen Debatten dominiert ein Dreierschema zur Kategorisierung der Positionen. Dieses soll vorgestellt (2.1.) und einer Prüfung unterzogen werden (2.2.). Schließlich werden die Überlegungen zu einem eigenen Entwurf präsentiert (3.). Aus Platzgründen müssen sich die Ausführungen auf die Erläuterung der Konzeptionsskizze und auf eine Auswahl exemplarischer Problemstellungen konzentrieren.

---

[1] Vgl. den Aufsatz von J. MIETHKE in diesem Band (13–38).

1. DIALOG UND MISSION AUS CHRISTLICHER SICHT

Wenn der Dialog mit Religionen zum Thema wird, ist es ratsam, zuvor zu erläutern, in welchem Verhältnis dieser zum missionarischen Anliegen des christlichen Glaubens steht. Allein diese Fragestellung löst heutzutage bereits Widerspruch aus, insofern nach weit verbreiteter Auffassung Dialog und Mission einander ausschließen. Im Kontext von interreligiösen Dialogen sei für Mission kein Platz mehr. Belastende Beispiele aus der Geschichte mögen Gründe für solche Ablehnung bieten. Eine derartige Auffassung wird in diesem Beitrag nicht vertreten Allerdings gilt es aus christlicher Sicht deutlich zwischen Mission und Dialog zu unterscheiden.[2]

1.1. Mission in Unterscheidung zum Dialog

Diese personale Wahrheit, welche den christlichen Glauben begründet – die vorbehaltlose Annahme eines Menschen durch Jesus Christus –, ist missionarisch. Sie setzt in Gang, auch anderen die Christus-Begegnung weiterzuvermitteln. Dieses Widerfahrnis für sich selbst behalten zu wollen, würde einen Widerspruch des Christlichen in sich selbst bedeuten.[3]

Solches Weitergeben – auch an Menschen anderer Religionen – kann aber nicht heißen, das Christen*tum* in einer Volks- oder in der Weltgemeinschaft durchsetzen zu wollen oder zu meinen, es durchsetzen zu müssen; etwa in einem kulturpolitischen Missverständnis von Mission als Durchsetzung einer einzigen Religion und Kultur in der Gesellschaft.

Das eben genannte Missverständnis ist eine typische Denkweise im lebensweltlichen Kontext vorpluralistischer Gesellschaften. Auf christlicher Seite beruht solches Missverständnis unter anderem auf einer mangelnden Unterscheidung der zwei Reiche[4], und es entstellt das Wirken Christi (seine *vorbehaltlose* Annahme des Menschen) selbst. Schon die Jünger Jesu erlagen solchem Missverständnis, als sie über die Samaritaner Feuer vom Himmel herabwünschten, weil diese Jesus nicht aufnahmen (Lk 9,51ff). Er aber bedrohte seine Jünger und wies sie scharf zurecht: »Wisset ihr nicht, welches Geistes Kinder ihr seid?« (9,55)

---

[2] Für die folgenden Ausführungen vgl. M. PETZOLDT, Christlicher Wahrheitsanspruch im Missionsauftrag und im Dialog der Religionen, in: M. BÖHME u.a. (Hgg.), Mission als Dialog. Zur Kommunikation des Evangeliums heute, Leipzig 2003, 61–89.

[3] Jesu vorbehaltlose Achtung macht frei von Selbstbezogenheit und öffnet den Menschen für andere (vgl. Röm 15,7).

[4] Glaube und Kultur, Religion und Politik; in Rückwärtsgewandtheit auf den ordo des mittelalterlichen corpus christianum, der maßgeblich durch die Reformation und ihre Zwei-Reiche-Unterscheidung aufgelöst wurde.

Wenn überhaupt jemand Glauben (Christusvertrauen) ›durchsetzt‹, dann ist es Gott selbst im Wirken des Heiligen Geistes und nicht frommer Menschenwille oder -zwang. Gottes Geist wirkt, »wo und wann es Gott gefällt«[5]. Er bedient sich dabei des äußeren Wortes menschlicher Weitergabe von Jesu Zusage. Dass dieses aber ans Ziel kommt und Personen erfasst, ist sein Wirken und nicht frommer Durchsetzungszwang von Menschen.

So fließend in der Praxis die Übergänge zwischen Mission und Dialog auch sein mögen, darf beides aus der Sicht christlicher Religion nicht vermischt werden. Missionierend ist der christliche Glaube einladend. Als solcher macht er das Angebot des Evangeliums. Er redet an. Beim Dialog hingegen ist der christliche Glaube antwortend, Rechenschaft gebend, allerdings auch zurückfragend. So steht bei allen fließenden Übergängen in der Praxis die prinzipielle Verschiedenheit von Anrede und Antwort hinter dem Unterschied von Mission und Dialog. Daraus folgt für Christen, dass sie sich nicht ständig in der Situation missionarischer Anrede befinden. Wer dafür kein Gespür hat, merkt nicht, wie ständiges Anreden zum penetranten Einreden wird. Dies blockiert geradezu missionarisches Wirken. Geschieht dagegen das Rechenschaftgeben über den christlichen Glauben im Dialog mit anderen Religionen überzeugend, kann das Antworten auch missionarisch eine Wirkung entfalten. Der Dialog ist dann aber das eigentliche Ziel und die missionarische Wirkung im überzeugenden Zeugnis vom eigenen Glauben höchstens eine Nebenwirkung.

1.2. Dialog der Religionen

»Dialog der Religionen« ist ein zusammenfassender Begriff für die vielfältigsten Gesprächsfäden, die zwischen Menschen unterschiedlicher religiöser Prägung durch konkrete Anlässe geknüpft werden. Nach dem Zweiten Weltkrieg kam in Westdeutschland das Gespräch zwischen Christen und Juden in Gang, um die Ursachen aufzuarbeiten, die zum Holocaust geführt hatten. Und weltweit haben die Terrorakte vom 11. September 2001 den Dialoginitiativen einen besonderen Anstoß verliehen.

Vor allem setzt der Dialog der Religionen dort ein, wo im Alltag die Unterschiedlichkeit der Lebensgestaltung erlebt wird: in Schulklassen oder am Arbeitsplatz, im Zusammenleben von Soldaten oder in der Zusammenarbeit bei sozialen Projekten. Wenn Menschen sich über die Verschiedenheit von Bräuchen, Lebensgewohnheiten und -einstellungen in der unterschiedlichen Prägung ihrer Religionszugehörigkeit erfahren, wird dadurch gegenseitiges Nachfragen ausgelöst, Regeln des Zusammenlebens werden ausgelotet, Kon-

5 »ubi et quando visum est Deo« (Confessio Augustana, 1530, V. Artikel).

flikte müssen bewältigt werden. In Europa hat Großbritannien als einstiges Zentrum des Commonwealth in solcher Alltagspraxis von interreligiösen Dialogen viel größere Erfahrung als zum Beispiel Deutschland.

Darüber hinaus wird auf internationalen Foren der interreligiöse Dialog geführt. Die erste Weltkonferenz der Religionen fand 1893 in Verbindung mit der Weltausstellung in Chicago statt. Hier kamen Christen, Juden, Muslime, Hindus und Buddhisten zusammen. Ähnliche Initiativen hat es immer wieder gegeben.

Solche internationalen Dialoge werden auch regelrecht von religiösen Institutionen getragen. Der Ökumenische Rat der Kirchen, die Vereinigung aller christlichen Kirchen auf der Welt außer der römisch-katholischen Kirche, pflegt einen Dialog mit Menschen verschiedener Religionen und führt in Abständen multilaterale Dialogtreffen durch. Die römisch-katholische Kirche hat für diesen Zweck eine Institution eingerichtet, den Päpstlichen Rat für den interreligiösen Dialog. Ähnliche Funktion übt das Internationale Jüdische Komitee für Interreligiöse Konsultationen für das weltweite Judentum aus.

Zur Buntheit des Spektrums gehört, dass sich viele interreligiöse Dialogaktivitäten auf bilateraler Ebene vollziehen, die hier nicht ausdrücklich erwähnt werden können. Außerdem ist bei den verschiedenen Religionen der Organisationsgrad für dieses Anliegen nicht immer vergleichbar.

Als Dialoginitiative von islamischer Seite hat in den letzten Jahren vor allem der Offene Brief und Aufruf von Religiösen Führern der Muslime an die Religiösen Führer des Christentums vom 13. Oktober 2007 Beachtung gefunden.[6]

Von Grund auf dialogoffener erscheinen die Religionen des indischen Kontinents, die gern unter dem Begriff des Hinduismus zusammengefasst werden. Nicht selten können hier Gottheiten anderer Religionen als Verkörperung der eigenen angesehen werden. So ist es dort möglich, Buddha als Avatar des Gottes Vishnu zu verehren. Und seitdem über die englischen Eroberer Christus in Indien bekannt wurde, hat auch seine Verehrung (oft durch Bildnisse im Nazarenerstil) Eingang in indische Kulte gefunden.

Noch einmal anders ist in diesem Zusammenhang der Buddhismus zu sehen. Er versteht sich selbst weniger als Religion, sondern mehr als Lebensweisheit, die in verschiedenen philosophischen Schulen und Sekten vermittelt wird. Die Zugehörigkeit zu anderen Religionen steht dem nicht im Wege. Der tibetische Buddhismus spielt insofern eine Sonderrolle, als der Dalai Lama auf dem Hintergrund seiner politischen Konfrontation mit dem

---

[6] Vgl. F. EISSLER (Hg.), Muslimische Einladung zum Dialog. Dokumentation zum Brief der 138 Gelehrten (»A Common Word«), Berlin 2009 (EZW-Texte 2002).

chinesischen Regime und dank seiner weltweiten Auftritte gerade auch in Europa bekannt ist und sein dialogoffener Buddhismus eine missionarische Wirkung entfaltet.

Ein neuralgischer Punkt für den interreligiösen Dialog ist die Frage nach der Möglichkeit gemeinsamer Gebete, ganz gleich ob sie sich im Alltag vor Ort oder auf der Ebene hoher Repräsentanten von Religionsgemeinschaften stellt. Beten hier die verschiedenen Glaubensgemeinschaften nebeneinander, indem sie ihre Bitten an den jeweils von ihnen geglaubten Gott richten, oder beten sie gemeinsam in dem Glauben, dass der gemeinsame Gott angerufen wird? Große Aufmerksamkeit erfuhr Papst Johannes Paul II, als er 1986 ein Weltgebetstreffen der Religionen nach Assisi einberief. Er gab dort die Orientierung aus, dass nicht gemeinsam, sondern je in der eigenen Tradition im Beisein des anderen gebetet werde.

Die wenigen Beispiele mögen einen Eindruck davon vermitteln, dass der Dialog der Religionen eine breit gefächerte Wirklichkeit darstellt. Eine solche Feststellung kann in keiner Weise verwundern. Ist doch das Gespräch zwischen den Religionen eine Jahrtausende alte Realität. Auch das Christentum hat sich seit seiner Loslösung vom Judentum im Gespräch wie auch in der Auseinandersetzung mit anderen Religionen vorgefunden.

Mit den Überlegungen dieses Beitrags soll allerdings die moderne pluralistische Situation als Lebenswirklichkeit für den Dialog der Religionen in den Blick genommen werden. Hierzu muss das Fazit lauten: Die Wirklichkeit des interreligiösen Dialogs ist unbefriedigend. Inwieweit man dieser Einschätzung zustimmen kann, hängt davon ab, was man als das Ziel derartiger Bemühungen ansieht. Verbinden sich Dialoginitiativen mit der Erwartung, dass Religionen zu einer Einheitsreligion zusammenwachsen, sitzt man einer wirklichkeitsfremden Fiktion auf[7]. Realistische Zielstellungen bestehen vielmehr darin, die anderen Religionen besser kennen zu lernen, ihnen gegenüber Vorurteile und Ängste abzubauen und darüber Missverständnisse und Konfliktherde auszuräumen, die Möglichkeiten eines Zusammenlebens, die oft in ganz praktischen Fragen bestehen können, auszuloten, und im Wahrnehmen der Andersheit der anderen Religionen die eigene besser verstehen zu lernen.

---

[7] In den siebziger Jahren des 20. Jahrhunderts hat John Hick, von dem noch ausführlicher die Rede sein wird, eine Entwicklung im Auge gehabt, durch die die Religionen aufeinander zugehen, vgl. J. HICK, The Outcome. Dialogue into Truth, in: DERS. (Hg.), Truth and Dialogue in World Religions. Conflicting Truth-Claims, Philadelphia 1974, 147–151. – Das Beispiel der Baha'i-Religion zeigt, dass das Bestreben, die herkömmlichen Religionen zu vereinigen, nur zu einer neuen Religion führt.

1.3. Dialog mit Weltanschauungen

Sind Religionen miteinander im Gespräch, handelt es sich meistens zugleich um einen Dialog von Weltanschauungen. Insofern ist zum Dialog der Weltanschauungen das Wesentliche eben schon gesagt worden.

Dennoch sind Religionen und Weltanschauungen nicht einfach identisch. Einerseits kommen die Religionen hier in Betracht, insoweit sie Weltanschauungen aus sich heraus freisetzen. Und andererseits ist es nicht zwingend, dass Weltanschauungen als Religionen auftreten. So bestreiten agnostische und atheistische Weltanschauungen einen religiösen Charakter ihrer Sichtweise. Sicherlich lohnt sich die Diskussion über die Frage, wieweit auch derartige Orientierungen religiöse Züge aufweisen. Trotzdem haben Christen das Selbstverständnis ihrer Gesprächspartner zu respektieren, wenn diese ihre agnostische oder atheistische Weltanschauung von Religion unterscheiden.

Das Gespräch von christlicher Theologie mit den genannten Denkrichtungen existiert praktisch, seitdem sich diese – oft religionskritisch – zu Wort melden. Charakteristisch für solchen Dialog ist, dass er mehr zwischen Einzelpersonen geführt wird, selbst dort, wo – wie einst in Ostdeutschland – solche Weltanschauung Massencharakter angenommen hat. Auch das wissenschaftliche Gespräch verläuft zumeist auf der Ebene von Fachvertretern (wie etwa gegenwärtigen in den Diskussionsrunden zwischen christlichen Theologen und Vertretern eines naturwissenschaftlich orientierten Atheismus). Nur wo atheistische Weltanschauung institutionellen Charakter angenommen hat, wie in den kommunistischen und sozialistischen Staaten, gab es vereinzelte Dialoginitiativen etwa zwischen christlicher Theologie und marxistischer Philosophie. Damit sind nicht die mehr oder weniger gespannten Gespräche zwischen Kirchen- und Staatsvertreter gemeint, die nichts mit Dialog zu tun hatten. Sondern es hat Dialogforen gegeben wie besonders in den 1960iger Jahren die Gespräche im Rahmen der Internationalen Paulusgesellschaft.

Jedenfalls zeigt sich auch an dieser Stelle, dass solcher Dialog längst Wirklichkeit ist. In den Entwürfen einer Theologie der Religionen spielt allerdings das Gespräch mit agnostischen und atheistischen Weltanschauungen kaum eine Rolle. Wird jedoch dieser Dialogstrang unter der Auffassung ausgeblendet, dass Religionskritik oder gar Religionslosigkeit keine Rolle (mehr) spiele und dass insofern eine Konzentration auf das interreligiöse Gespräch vorgenommen werden könne, handelt es sich nicht nur um eine irrige Einschätzung der Situation, sondern um ein Defizit in der Sache.

2. THEOLOGIE DER RELIGIONEN ALS KONZEPTIONELLES PROBLEM

Die unterschiedlichen Religionen sind schon lange ein Thema in der christlichen Theologie. Gerade in der Missionswissenschaft sind umfangreiche Untersuchungen zu anderen Religionen entwickelt und wertvolle Einblicke in fremde religiöse Welten vermittelt worden.[8]

Wie dialogfähig ist aber theologische Wissenschaft angesichts der modernen Pluralität von Religionen und Weltanschauungen? Diese Frage stellt sich vor allem für die evangelische Theologie im deutschen Sprachraum. Sie ist im 20. Jahrhundert mehr mit sich selbst beschäftigt gewesen: bei den Bemühungen um Bewältigung unterschiedlicher politischer Versuchungen, in der Profilierung über je eigene konfessionelle Traditionsstränge, im Paradigmenstreit zwischen Wort-Gottes-Theologie und Kulturprotestantismus, bei der Verästelung der exegetischen Disziplinen in immer diffizilere methodische Einzelprobleme usw. Im Unterschied dazu hat christliche Theologie im angelsächsischen Sprachraum bei ihren Überlegungen schon länger auch die anderen Religionen im Blick.

2.1. Schematisierungsmuster aus dem Blickwinkel sog. Pluralistischer Religionstheologie

Es kommt nicht von ungefähr, dass die ersten Entwürfe einer sog. pluralistischen Religionstheologie vor allem aus dem englischen Sprachbereich hervorgegangen sind (John Hick[9], Paul F. Knitter[10], Leonard Swidler[11], Gordon

---

[8] Gegen alle einseitigen Vorstellungen von Missionswissenschaft!

[9] J. HICK, God and the Universe of Faith, Houndmills 1973; DERS., God Has Many Names. Britain's New Religous Pluralism, Houndmills 1980; DERS., Gott und seine vielen Namen, Altenberge 1985, 2. Aufl. hrsg. v. R. KIRSTE, Frankfurt/M. 2001; DERS., The Metaphor of God Incarnate, London 1993; DERS., Disputed Questions in Theology and the Philosophy of Religion, Houndmills 1993; DERS., Eine Philosophie des religiösen Pluralismus, in: MThZ 54 (1994), 304–318; DERS., The Rainbow of Faiths. Critical Dialogues on Religious Pluralism, London 1995; DERS., Religion. Die menschlichen Antworten auf die Frage nach Leben und Tod, München 1996; DERS./P.F. KNITTER (Hg.), The Myth of Christian Uniqueness. Toward a Pluralistic Theology of Religions, Maryknoll (N.Y.) 1987; vgl. auch DERS., The Outcome (s. Anm. 7).

[10] P.F. KNITTER, No Other Name? A Critical Survey of Christian Attitudes Toward the World Religion, Maryknoll 1985; DERS., Ein Gott – viele Religionen. Gegen den Absolutheitsanspruch des Christentums, München 1988; DERS., Nochmals die Absolutheitsfrage. Gründe für eine pluralistische Theologie der Religionen, in: EvTh 49 (1989), 505–516; DERS., Religion und Befreiung. Soteriozentrismus als Antwort an die Kritiker, in: R. BERNHARDT (Hg.), Horizontüberschreitung. Die Pluralistische Theologie der Religionen, Gütersloh 1991, 203–219; DERS., One Earth Many Religions. Multifaith Dialogue and Global

Kaufman[12], Raimundo Panikkar[13] u.a.). In zweifacher Abgrenzung wird hier gern der eigene Ansatz zu profilieren gesucht. Über solche Strategie hat sich in der Diskussion das Dreierschema Exklusivismus, Inklusivismus, Pluralismus eingebürgert.[14] Greift man zunächst einmal diese Unterscheidungen auf, kann man Positionen christlicher Theologie in ihrem Verhältnis zu anderen Religionen wie folgt darstellen.

2.1.1. Exklusivismus

Die Position des Exklusivismus begrenzt das Heil allein auf das Christentum. Diese Auffassung findet sich schon früh in christlicher Theologie, z. B. in Cyprians bekanntem Satz, wonach es außerhalb der Kirche kein Heil gebe.[15] Sie setzt sich fort als selbstverständliche Überzeugung im Christentum des Mittelalters und spitzt sich im neuzeitlichen Katholizismus zu in dem Anspruch der römisch-katholischen Kirche als der allein wahren Kirche, für den die neuscholastische Fundamentaltheologie in ihrem apologetischen Kirchentraktat einen rationale Begründung zu geben versuchte.[16] Für den lehramtli-

---

Responsibility, Maryknoll 1995; DERS., Introducing Theologies of Religions, Maryknoll 2002.

[11] L. SWIDLER (Hg.), Toward a Universal Theology of Religion, Maryknoll 1987; DERS., After the Absolute. The Dialogical Future of Religious Reflection, Minneapolis 1990; DERS., Eine Christologie für unsere kritisch-denkdende, pluralistische Zeit, in: R. BERNHARDT (Hg.), Horizontüberschreitung. Die Pluralistische Theologie der Religionen, Gütersloh 1991, 104–119; DERS., Die Zukunft der Theologie. Im Dialog der Religionen und Weltanschauungen, Regensburg 1992.

[12] G. Kaufman, Religious Diversity, Historical Consciousness, and Christian Theology, in: J. HICK//P.F. KNITTER (Hg.), The Myth of Christian Uniqueness. Toward a Pluralistic Theology of Religions, Maryknoll (N.Y.) 1987, 3–15; Ders., Geschichtlichkeit der Religionen als Herausforderung an die Theologie, in: R. BERNHARDT (Hg.), Horizontüberschreitung. Die Pluralistische Theologie der Religionen, Gütersloh 1991, 47–59; Religious Diversity and Religious Truth, in: A. SHARMA (Hg.), God, Truth, and Reality, Houndmills 1993, 143–164.

[13] R. Panikkar, Die vielen Götter und der eine Herr. Beiträge zum ökumenischen Gespräch der Weltreligionen, Weilheim 1963; DERS., The Trinity and the Religious Experience of Man. Icon – Person – Mystery, London/Maryknoll 1973; DERS., The Intrareligious Dialogue, New York 1978; DERS., Religious Identiy and Pluralism, in: A. SHARMA/K.M. DUGAN (Hgg.), A Dome of Many Colours. Studies in Religious Pluralism, Identiy, and Unity, Harrisburg 1999, 23–47.

[14] Vgl. z. B. P. SCHMIDT-LEUKEL, Gott ohne Grenzen. Eine christliche und pluralistische Theologie der Religionen, Gütersloh 2005, 62–192.

[15] CYPRIAN, Ep.(73) ad Judaicum 21 (PL 3,1169): »Salus extra ecclesiam non est«, zit. nach SCHMIDT-LEUKEL, Gott ohne Grenzen (s. Anm. 14), 101.

[16] Vgl. z. B. F. HETTINGER, Lehrebuch der Fundamental-Theologie oder Apologetik, Freiburg i.Br, (1879) ^{3}1913, 413ff.; A. LANG, Fundamentaltheologie Bd. II, München (1954) ^{4}1968.

chen Katholizismus ist der Heilsexklusivismus an die römisch-katholische Kirche gebunden. Im Zweiten Vatikanischen Konzil öffnet er sich aber in bemerkenswerter Weise, wie gleich zu erwähnen sein wird. Ein lehramtliches Schreiben wie die Erklärung der römischen Glaubenskongregation »Dominus Jesus« von 2000[17] erweckt aber bei nicht wenigen den Eindruck, dass die alte Position unverrückbar Gültigkeit hat und nunmehr gerade gegenüber Tendenzen pluralistischer Religionstheologie innerhalb des Katholizismus die Öffnung des Konzils wieder zurücknehmen möchte.[18]

Im Protestantismus der Neuzeit konnte der Exklusivismus vornehmlich im Gewand der These von der Absolutheit des Christentums Breitenwirkung entfalten. Georg Wilhelm Friedrich Hegel (1770-1831) beschrieb in seiner Philosophie der Religion[19] sowie in seiner Philosophie der Weltgeschichte[20] (nicht ganz deckungsgleich) die Entwicklung von der Naturreligion in ihren verschiedenen Formen über die östlichen Religionen, die orientalischen Religionen, die Religionen der geistigen Individualität (jüdische, griechische und römische Religion) bis zum Christentum als eine Entwicklung Gottes im Zu-sich-selbst-kommen des absoluten Geistes. Christus realisierte die dialektische Einheit der Gegensätze von Gott und Mensch, die das Wesen der Religion ausmache. Im trinitarischen Dogma des Christentums habe der Mensch Anteil an dem Wissen Gottes von sich selbst. Darin erweise sich die christliche Religion als die absolute.

Die Denkfigur des Christentums als absoluter Religion weist schon hinüber zur Position des Inklusivismus, insofern aus solcher Sichtweise den nichtchristlichen Religionen eine relative, nämlich entwicklungsbedingte Bedeutung zugemessen wird, die insofern an der Wahrheit der absoluten Religion zumindest Anteil hat.

Exklusiv christologisch begründet Karl Barth seine Theologie und versucht auch, Kirche und Theologie seiner Zeit in diese Richtung zu lenken.[21] In deutlicher Distanzierung zu aller Wertschätzung des Christentums als absoluter Religion erklärt er im § 17 seiner Kirchlichen Dogmatik die Reli-

[17] G.L. MÜLLER (Hg.): Die Heilsuniversalität Christi und der Kirche. Originaltexte und Studien der römischen Glaubenskongregation zur Erklärung »Dominus Jesus«. Würzburg 2003.

[18] Vgl. SCHMIDT-LEUKEL, Gott ohne Grenzen (s. Anm. 14), 108.

[19] G.W.F. HEGEL, Vorlesungen über die Philosophie der Religion, in: DERS., Werke in 20 Bänden, hrsg. v. E. MOLDENHAUER/K.M. MICHEL, Bd. 16 und 17 Frankfurt/M. 1986.

[20] G.W.F. HEGEL, Vorlesungen über die Philosophie der Geschichte, in: DERS., Werke in 20 Bänden, hrsg. v. E. MOLDENHAUER/K.M. MICHEL, Bd. 12, Frankfurt/M. 1986.

[21] Vgl. die Barmer Theologische Erklärung von 1934, an deren Formulierung Karl Barth maßgeblich mitgewirkt hat, mit ihrer ersten These und den daraus abgeleiteten Schlussfolgerungen.

gion – einschließlich der christlichen! – als Angelegenheit des gottlosen Menschen. Im eigenmächtigen Streben des Menschen nach Gott ist Religion Unglaube. Wenn Barth dann doch den Satz formuliert: »die christliche Religion ist die wahre Religion«[22], versteht er diese Behauptung gerade nicht als religionswissenschaftliches Werturteil, sondern als eine theologische Aussage im Rahmen der Lehre von der Rechtfertigung des Sünders.[23] »Religion ist niemals und nirgends als solche und in sich wahr.«[24] Die Wahrheit liege allein bei dem in Christus durch den Heiligen Geist sich offenbarenden Gott. Immerhin muss konstatiert werden, dass diese christozentrisch begründete Exklusivität Karl Barth selbst in einem späteren Band der Kirchlichen Dogmatik, in der sogenannten Lichterlehre von KD IV/3, aufbricht, indem er darüber nachdenkt, dass es neben dem einen Wort Gottes auch Erscheinungen der einen Wahrheit gebe. Zur »Allmacht« der »Prophetie des Herrn Jesus Christus« gehöre es, »auch *extra muros ecclesiae* solche wahren Worte hervorzubringen, sich auch durch sie zu bezeugen.«[25]

Die Kritik des religionstheologischen Pluralismus am Exklusivismus bringt Schmidt-Leukel folgendermaßen auf den Punkt: »...entweder der Eklusivist setzt einen allgemeinen Heilswillen voraus, [...], vermag dann jedoch nicht mehr konsistent die unvermeidliche Verdammnis aller Nichtchristen zu erklären. Oder er bestreitet den allgemeinen Heilswillen Gottes und steht dann in Spannung zu dem neutestamentlichen Begriff von Gott als Liebe, entgegen der eigenen Betonung der Schriftgemäßheit«[26] sowie in Konflikt zu dem »auch in den anderen großen religiösen Traditionen prinzipiell erreichten kosmischen Optimismus.«[27] Um jener Spannung zum allgemeinen Heilswillen zu entgehen, nehme der radikale Exklusivismus Zuflucht »zu einem gemäßigten oder zu einem unentschiedenen Exklusivismus. Der unentschiedene Exklusivismus wirkt theologisch inkonsequent und halbherzig. Der gemäßigte Exklusivismus trägt die unvermeidliche Tendenz in sich, in einen Inklusivismus umzuschlagen.«[28]

2.1.2. Inklusivismus

Wie schon zu sehen war, unterscheidet das Dreierschema des religionstheologischen Pluralismus vom Exklusivismus den Inklusivismus. Mit dieser

22 K. BARTH, Kirchliche Dogmatik I/2, Zollikon-Zürich [5]1960, 357.
23 A.a.O., 370.
24 A.a.O., 365.
25 K. BARTH,: Kirchliche Dogmatik Bd. IV/3, Zollikon-Zürich 1959, 153.
26 SCHMIDT-LEUKEL, Gott ohne Grenzen (s. Anm. 14), 119.
27 A.a.O., 120.
28 A.a.O., 130.

Bezeichnung werden alle die Positionen christlicher Theologie umfasst, welche in Christus die ganze Fülle des Heils für die Welt erkennen, die nichtchristlichen Religionen aber nicht als davon ausgeschlossen betrachten, sondern als einbezogen und schon vom universalen Heil erfasst, sowenig sie auch von Christus wissen mögen oder so bruchstückhaft die Offenbarung des einen Gottes ihnen zuteil geworden ist. Die Lehre von den logoi spermatikoi der alten Kirchenväter (Justin, Origenes u.a.), wonach der göttliche Logos schon unter den vorchristlichen Philosophen wie überhaupt unter allen Menschen ›ausgesät‹ worden sei,[29] wird hier gern als früher Beleg angeführt.[30]

Wie nahe manche philosophischen und theologischen Entwürfe aus dem protestantischen Raum zur inklusivistischen Sichtweise stehen, ist schon bei der Position des Exklusivismus zur Sprache gekommen.

Klassisch entwickelt aber die römisch-katholische Kirche auf dem II. Vatikanischen Konzil (1962-1965) in ihren Konstitutionen, Dekreten und Erklärungen einen religionstheologischen Inklusivismus, indem sie einem konzentrischen Verständnis nach die Menschen am christlichen Heil teilhaben sieht. So formuliert zum Beispiel die Dogmatische Konstitution »Lumen gentium«, dass innerhalb der Christenheit die römisch-katholische Kirche als die das Heil im umfassenden Sinne bewahrende sich den getauften Christen anderer Konfessionen, die »den vollständigen Glauben aber nicht bekennen oder die Einheit der Gemeinschaft unter dem Nachfolger des Petrus nicht wahren, [...] aus mehreren Gründen verbunden« weiß.[31] Darüber hinaus versteht sie die nichtchristlichen Religionen dem Zentrum »auf verschiedene Weise hingeordnet«.[32] »In erster Linie« ist hier das Judentum gemeint, dem der Bund der Verheißung gilt und aus dem Christus hervorgegangen ist.[33] »Die Heilsabsicht umfasst aber auch die, welche den Schöpfer anerkennen, unter ihnen besonders die Muslime, die sich zum Festhalten am Glauben Abrahams bekennen und mit uns den einzigen Gott anbeten«.[34] Die Heilsabsicht reicht bis hin zu den hinduistischen und buddhistischen Religionen, »die in Schatten und Bildern den unbekannten Gott suchen«.[35] Schließlich signalisiert das Konzil selbst eine Offenheit gegenüber Agnostikern und Atheisten, soweit sie »ohne Schuld« Gott noch nicht kennen und guten

---

29 Ebd.

30 Vgl. z.B. a.a.O., 130.

31 H. DENZINGER, Enchiridion symbolorum definitionun et declarationum de rebus fidei et morum, hrsg. v. P. HÜNERMANN (im Folgenden abgek. DH), Freiburg i.B. [37]1991, 4139.

32 DH 4140.

33 Ebd.

34 Ebd.

35 Ebd.

Willens sind: »Die göttliche Vorsehung verweigert auch denen die zum Heil notwendigen Hilfen nicht, die ohne Schuld noch nicht zur ausdrücklichen Anerkennung Gottes gelangt sind und nicht ohne die göttliche Gnade ein rechtes Leben zu führen sich bemühen. Was sich nämlich an Gutem und Wahrem bei ihnen findet, wird von der Kirche als Vorbereitung auf die Frohbotschaft und als von dem gegeben geschätzt, der jeden Menschen erleuchtet, damit er schließlich das Leben habe.«[36]

Die Konzilserklärungen stehen unter der nachhaltigen Wirkung der Theologie Karl Rahners mit seiner Unterscheidung zwischen transzendentaler und kategorialer Offenbarung[37] und der daraus abgeleiteten These vom anonymen Christentum. Danach ergibt sich die transzendentale Offenbarung Gottes aus der Struktur des Menschenseins. Der Mensch ist als solcher immer schon auf Gott hin ausgerichtet. Die Gottesbeziehung ist Bedingung der Möglichkeit des Menschseins (›übernatürliches Existenzial‹). Hingegen steht der Begriff der kategorialen Offenbarung dafür, dass Gott dem Menschen erscheint (a posteriori), so dass er ihn als Gegenüber wahrnehmen kann. Vornehmlich zeigt sich Gott in Jesus Christus. Die kategoriale Offenbarung in Christus ist Offenbarung der Gnade im eigentlichen Sinne. In ihrem Licht wird freilich deutlich, dass Gott den Menschen schon lange, nämlich von Anbeginn des Menschseins an, mit seiner Gnade eingeholt hat, eben weil er die menschliche Existenz so angelegt hat, dass sie nie zur Ruhe kommt, immer weiter sucht, sich immerwährend selbst transzendiert. Die transzendentale Offenbarung ist die Bedingung der Möglichkeit für den Menschen, in der kategorialen Offenbarung Gott überhaupt erkennen zu können. Insofern ist jeder Mensch aufgrund seines Menschseins auf Gott ausgerichtet und darin von Gottes Gnade immer schon erfasst. In dieser Hinsicht kann Rahner den Nichtchristen einen »anonymen Christen« nennen, insofern »ein Mensch nach der Lehre der Kirche selbst die heiligmachende Gnade schon besitzen kann, also gerechtfertigt und geheiligt sein, Kind Gottes, Erbe des Himmels, gnadenhaft auf sein übernatürliches ewiges Heil positiv hingeordnet sein kann, bevor er ein explizit christliches Glaubensbekenntnis angenommen hat und getauft worden ist.«[38] Wird der Mensch aber von der Botschaft Christi erreicht, ist dies der Ruf, aus der Anonymität herauszutreten und bekennender, also explizit Christ zu sein.

---

[36] Ebd.

[37] Vgl. z. B. K. RAHNER, Bemerkungen zum Begriff der Offenbarung, in: J. BERNARD (Hg.), Offenbarung. Phänomen – Begriff – Dimension, Leipzig 1983, 143–153.

[38] K. RAHNER, Die anonymen Christen, in: DERS., Schriften der Theologie Bd. VI, Einsiedeln u.a. 1965, 545–554; DERS , Anonymes Christentum und Missionsauftrag der Kirche, in: DERS., Schriften zur Theologie Bd. IX, Einsiedeln u.a. 1970, 502.

Für die nichtchristlichen Religionen bedeutet das ein vergleichbares Hingeordnetsein auf die in Christus offenbar gewordene Gnade.

An dem inklusivistischen Theologiemodell wird hauptsächlich kritisiert, dass sie die anderen Religionen vereinnahme. Dieser Vorwurf ergeht nicht nur von pluralistischer Seite. Aus dem Blickwinkel des religionstheologischen Pluralismus zielt dieser Einwand aber auf die »inklusivistische Unterstellung«, dass die anderen Religionen im Christentum ihren deutlicheren und vollkommeneren Ausdruck, also ihre Erfüllung finden; das Christentum fungiere dabei als Kriterium, so dass »sich der Wert nichtchristlicher Religionen letztlich allein am Grad ihrer Übereinstimmung mit dem Christentum (oder einer bestimmten kirchlichen Gestalt desselben)« bemesse.[39] Außerdem richtet sich die Kritik auf den inklusivistisch erhobenen Anspruch, das Christentum sei den anderen Religionen überlegen. Gegen die behauptete Überlegenheit stehe jedoch die Praxis der christlichen Religion; in der Erfahrung – auf der Ebene der Früchte des Glaubens – schlage sich nämlich der Vorzug der christlichen Religion nicht nieder.[40]

2.1.3. Pluralismus

In Abgrenzung zum ausschließlichen Heilsanspruch des Exklusivismus wie zum vormundschaftlichen des Inklusivismus vertritt der religionstheologische Pluralismus die Auffassung, dass die Religionen – einschließlich des Christentums – gleichberechtigt nebeneinander stehen, weil in allen das Heil in gleichwertiger, wenn auch unterschiedlicher Weise vermittelt werde. So vielfältig die Religionen seien, hätten sie doch teil an der transzendenten heilbringenden Macht, die nur verschieden in den Religionen sich offenbare, weshalb sie auch verschieden in den Religionen verehrt werde. »Gott hat viele Namen«, schreibt John Hick in seinem berühmt gewordenen Buch. Er schlägt vor, den Begriff »das Ewige Eine« zur Bezeichnung der transzendenten Macht zu benutzen.[41] Unter Aufnahme der jasperschen These von der Achsenzeit (etwa 800 bis 200 vor Chr.) erklärt Hick, dass in jener Periode »einzelne herausragende Menschen auftraten, deren freie Antworten auf das Ewig Eine – obwohl immer im Rahmen der jeweiligen Gegebenheiten ihrer eigenen Kulturen – die menschliche Erkenntnis des Göttlichen immens erweiterten und in ihrer Entwicklung vorantrieben«[42]: Konfuzius, Gautama als Buddha, Mahavira, Zoroaster, hebräische Propheten wie Jeremia, Jesaja,

[39] SCHMIDT-LEUKEL, Gott ohne Grenzen (s. Anm. 14), 154.

[40] A.a.O., 157, mit mehrfacher Bezugnahme (vgl. ebd., Anm. 111) auf diese Argumentation bei John Hick.

[41] HICK, Gott und seine vielen Namen, 2. Aufl. (s. Anm. 9), 46 u.ö.

[42] A.a.O., 50.

Amos Hosea, und griechische Philosophen wie Pythogoras, Sokrates und Plato, und im Strom des semitischen Monotheismus Jesus und Mohammed usw. usf. »Aus ihrem Wirken ging das hervor, was wir heute als die großen Weltreligionen kennen.«[43] Die vielen Namen zielen alle auf das Eine; die Menschen in den verschiedenen Religionen streben alle nach der einen Realität. Dieses Verbindende ermöglicht den interreligiösen Dialog. In Abwandlung von Kants transzendentalphilosophischer Rede vom unerkennbaren Ding an sich sieht Hick die Religionen auf das eine ›Wirkliche‹ (the Real) orientiert, das an sich alles menschliche Begreifen übersteigt, das aber von den »verschiedenen menschlichen Gemeinschaften je unterschiedlich erfahren und gedacht wird«.[44] Aus solcher grundsätzlichen Gleichwertung der Religionen folgt nicht faktisch eine unkritische Gleichsetzung gewachsener Weltreligionen mit Pseudoreligionen und Sekten. Kriterium für Hick ist, wie es den jeweiligen religiösen Traditionen gelingt, das menschliche Dasein aus seiner Selbstzentriertheit zu erlösen und auf ›das Wirkliche‹ zu zentrieren, wobei die Wirklichkeitszentrierung wiederum sehr unterschiedliche Formen annehmen kann. »Die Hervorbringung von kontemplativen und praktischen, individualistischen und politischen Heiligen ist daher ein gültiges Kriterium, anhand dessen man eine religiöse Tradition als heilbringende menschliche Reaktion auf das Wirkliche identifizieren kann.«[45]

2.2. Diskussion

Der Vorstellung von Positionen christlicher Theologie in ihrem Verhältnis zu anderen Religionen aus dem Blickwinkel des Dreierschemas muss sich eine kritische Auseinandersetzung anschließen. Es würde freilich den Rahmen dieses Beitrages sprengen, in eine ausführliche Diskussion um diese Kategorisierungen und um die unterschiedlichen Ansätze einzutreten. Jetzt können nur die wichtigsten Gesichtspunkte benannt werden.

Sieht man von der schon häufig kritisierten Grobschlächtigkeit des Einteilungsschemas ab, unter dem viele im Grunde sehr unterschiedliche religionstheoretische Ansätze auf drei Typen gebracht werden, so ist an allen drei Modellen insoweit sehr grundsätzliche Kritik zu üben, als sie Außen- und Innensicht miteinander vermischen. Abgesehen von den zahllosen Einzelheiten in den Religionen, die man aus beiden Perspektiven in den Blick bekommt, erhält man Einblick in das Heilsverständnis einer Religion nur aus der Innenkenntnis der eigenen Religion, in der man lebt. Allerdings kann

---

43 A.a.O., 52.

44 HICK, Religion (s. Anm. 9), 257.

45 A.a.O., 331.

man auch aus einer Außenperspektive heraus das Heilsverständnis einer fremden Religion in Augenschein nehmen und – etwa im Gespräch mit Angehörigen dieser Religion – tiefe Einblicke in deren Selbstverständnis erhalten. Wahrnehmen kann man als Außenstehender darüber allerdings nur das Sinnangebot einer fremden Religion.

Diese erkenntnistheoretische Differenz wirkt sich auf die Bewertungen im interreligiösen Dialog aus. Gegenseitiges Vergleichen führt dazu, aus dem jeweiligen Blickwinkel Vorzüge und Nachteile der eigenen wie der anderen Religionen gegeneinander abzuwägen. Solches Werten kann bis zu deutlicher Kritik (etwa an Missachtung der Menschenwürde) und scharfer Abgrenzung (gegen Vergötzung) führen. Die Dialogpraxis kann darüber sehr streitige Züge annehmen. Jedoch beziehen sich die Werturteile, die dabei gewonnen werden, stets nur auf die *Außenwahrnehmung.* Darüber hinaus müssen die Urteile aus dem konkreten Vergleich gewonnen werden[46] und dürfen nicht im Vorhinein durch ein Beurteilungsmuster festgelegt sein. Deshalb verbietet es sich aus christlicher Sicht, von vornherein die eigene Religion exklusivistisch als die einzig richtige anzusehen und darüber die anderen Religionen als falsche abzuwerten, oder die eigene Religion inklusivistisch als die Überbietung der anderen zu beurteilen, deren Heilswahrheit erst in der christlichen zum Ziel komme, oder pluralistisch die eigene Religion als gleichwertig mit den anderen zu betrachten.

Hingegen ist aus der *Innensicht* einer Religion die eigene zentral wertvoll.[47] Aus der Binnenperspektive aber ist ein Werturteil über die Innensicht

---

[46] In letzter Zeit suchen mehrere religionstheologische Entwürfe unter der Kennzeichnung »komparative Theologie« den konkreten Vergleich im interreligiösen Dialog, jenseits von schematischen Unterscheidungen, vgl. z. B. F. Clooney, Theology After Vedanata. An Experiment in Comparative Theology, Albany 1993; Ders., Hindu God, Christian God. How Reason Helps Break Down Boundaries between Religions, Oxford 2001; J.L. Fredericks, A Universal Religious Experience? Comparative Theology as an Alternative to a Theology of Religions, in: Horizons 22 (1995), 67–87; Ders., Faith among Faiths. Christain Theology and Non-Christian Religions, New York 1999; K. v. Stosch, Glaubensverantwortung in doppelter Kontingenz. Untersuchungen zur Verortung fundamentaler Theologie nach Wittgenstein, Regensburg 2001; Ders., Komparative Theologie – ein Ausweg aus dem Grunddilemma jeder Theologie der Religionen?, in: ZKTh 124 (2002), 294–311; Ders., Einführung in die Systematische Theologie, Paderborn 22009, 295–322; K. Ward, Truth an Diversity of Religions, in: RelSt26 (1990), 1–18; Dies.: Religion and Revelation. A Theology of Revelation in the World's Religions. Oxford 1994. – Ob die Bezeichnung sich durchsetzen wird, ist noch nicht abzusehen. Auf alle Fälle sollte man von den hier sich versammelnden Ansätzen nicht einen weiteren – vierten – Dialogtyp neben den drei vorgestellten erwarten.

[47] Die aus der Innensicht erfasste Heilsbedeutung treibt manche Religionen zur Mission an. Freilich zeigt sich dieser Zusammenhang bei den Religionen in unterschiedlicher Weise; denn nicht jede Religion ist aus sich heraus missionarisch, wie das Judentum zeigt.

einer anderen Religion nicht möglich. So ist aus christlicher Perspektive das Heil der eigenen Religion von zentraler Bedeutung[48]; über das Heil anderer Religionen kann sich aber ein Christ bzw. eine Christin kein Urteil erlauben. Bei der Reflexion auf die Innsicht der eigenen Religion sollte gerade im Hinblick auf den kulturellen Kontext Europas nicht außer Acht bleiben, wie oft hier die religiöse Prägung – mag sie christlich oder jüdisch oder islamisch sein – zugleich von religionskritischen Fragen atheistischer Weltanschauung erfasst ist, so dass die religiöse Identität nicht selten eine zwiespältige ist.[49]

Eine solche Differenzierung zwischen Innen- und Außensicht in der Religionsthematik mag erst seit kurzem in dieser Weise vorgenommen worden sein – sowenig freilich auszuschließen ist, dass sie im Alltag schon viele Male praktiziert und auch theoretisch ansatzweise hier und da vollzogen worden ist. Demnach wäre eine Weiterentwicklung in jüngster Zeit zu konstatieren, welche auch Auswirkungen auf den Dialog der Religionen zeitigt. Nicht aber bestünde die Entwicklung in den christlichen Religionstheologien der letzten Jahrzehnte darin, dass mit einem gewissen Grad von innerer Stringenz der Exklusivismus sich über den Inklusivismus hin zum Pluralismus bewege, wie von Vertretern der pluralisitischen Religionstheologie der Eindruck erweckt wird.[50]

Darüber hinaus ist an dem pluralistischen Ansatz, wie er z. B. von Hick und Schmidt-Leukel vorgeführt wird, in der Hinsicht Kritik zu üben, als hier ein religionstheoretisches Modell allen Religionen unterstellt wird, um daran ihre Gleichwertigkeit einsichtig zu machen. Ein solcher religionstheoretischer Inklusivismus wird der Vielfalt der Religionen gerade auch in ihrer strukturellen Unterschiedenheit nicht gerecht.

Freilich brauchen interreligiöse Dialoge, die für die Kommunikation Kommensurabilitäten auszumachen suchen, eine Basis für Vergleiche. Nur muss man sich hierbei wieder im Klaren darüber sein, dass solche Vergleichbarkeit nur über die Außensicht herstellbar ist. Somit rückt erneut die Unterscheidung zwischen Außen- und Innsicht ins Blickfeld. Wenn aber die Per-

---

Der Zusammenhang von innenperspektivischer Heilsbedeutung und missionarischem Anliegen führt aber aus der Thematisierung des interreligiösen Dialoges hinaus und wechselt zur Thematisierung von Mission über (s. oben 1.1.).

[48] Die frühe Christenheit konnte diese Innensicht von ihrer Religion z. B. in der Überzeugung ausdrücken: »In keinem andern ist das Heil, ist auch kein andrer Name unter dem Himmel den Menschen gegeben, darin wir sollen selig werden« (Apg. 4,12).

[49] Neben solcher zwiespältigen religiösen Identität kann es auch in harmonischer Weise doppelte religiöse Identitäten geben. Beispielsweise ist es in Japan weit verbreitet, sowohl im Shintoismus als auch im Buddhismus zu Hause zu sein.

[50] Vgl. z. B. das obige Zitat von SCHMIDT-LEUKEL, Gott ohne Grenzen (s. Anm. 14), 130, und Anm. 28 dieses Beitrags.

spektivendifferenz unberücksichtigt bleibt, wird wieder das religionstheoretische Defizit sichtbar. Eine christliche Theologie der Religionen, wie sie zu Recht im Kontext des religiösen Pluralismus eingefordert wird, braucht also neben dem konkreten Dialog mit anderen Religionen unbedingt einen religionstheoretischen Diskurs. Und dieser Diskurs muss zugleich die Phänomene naturalistischer oder atheistischer Weltanschauungen sowie die Möglichkeit und Wirklichkeit von Religionslosigkeit und religiöser Indifferenz mit einbeziehen, welche gerade in Europa den Pluralismus der kulturellen Landschaft mit prägen.

Wirft man an dieser Stelle einen kurzen Blick auf die Praxis des Theologiestudiums (bzw. der Priesterausbildung) unter der Frage, wie weit sie den angesprochenen Erfordernissen entspricht, so ist sicherlich ein sehr unterschiedliches Resümee zu ziehen. Das Kennenlernen nichtchristlicher Religionen gehört in den westeuropäischen Ländern viel selbstverständlicher zum Studium angehender Theologinnen und Theologen als in Osteuropa, wobei dort diesbezüglich wiederum erhebliche Unterschiede auftreten können. Im deutschen Protestantismus gibt es gegenwärtig deutliche Bemühungen, durch Vereinbarungen zwischen den zuständigen Gremien der EKD und dem Evangelisch-theologischen Fakultätentag über die Studien- und Prüfungsordnung das Studium einer lebenden nichtchristlichen Religion im Curriculum des evangelischen Pfarramtsstudium fest zu verankern. Auch der religionstheoretische Diskurs findet in den europäischen Curricula des Theologiestudiums höchst unterschiedliches Gewicht. Dabei sollte die Aufmerksamkeit darauf gerichtet werden, die Studierenden neben religionsphilosophischen Erörterungen und Theorien zunehmend mit religionssoziologischen Analysen vertraut zu machen.

3. THEOLOGIE DER RELIGION UND DER RELIGIONEN AUS CHRISTLICHER PERSPEKTIVE – EINE SKIZZE

Der nachfolgend skizzierte Entwurf versucht die vorausgegangen Überlegungen in der Weise zusammenzufassen, dass ein konzeptionelles Gerüst erkennbar wird. Nur an einigen wenigen Stellen kann angedeutet werden, wie aus einem solchen Ansatz heraus anstehende Fragestellungen aufgegriffen werden können. Die exemplarische Vorgehensweise kann die jeweilige Problementfaltung auch nur andeuten.

3.1. Konzeption

Mit der Zweiteilung im nachfolgenden Entwurf soll der Einsicht Rechnung getragen werden, dass es für eine Theologie der Religionen notwendig ist, den interreligiösen Diskursen (Teil II) religionstheoretische Erörterungen zur Seite zu stellen (Teil I). Damit sollen die Religionen aber nicht im Voraus in ein Bewertungskonzept gepresst werden, wie die Konzepte der sog. pluralistischen Religionstheologie dieser Gefahr erliegen. Der hier vorgelegte Entwurf unterscheidet – wie oben erläutert – strikt zwischen Innen- und Außensicht der Religion und bestreitet, dass eine Religion aus ihrer Außenwahrnehmung die andere Religion in ihrer Innensicht – etwa in ihrem Verständnis von Heil – bewerten könne. Vielmehr dient der religionstheoretische Diskurs der Sensibilität für das Nebeneinander und Ineinander von Religionen und nichtreligiösen Weltanschauungen, von Religion und Religionslosigkeit, von Religiosität und religiöser Indifferenz und von Religionskritik unterschiedlicher Motivation und Perspektivität. Dieser ganze Themenbereich ist bei Theologien der Religionen bisher nicht im Blick. Christliche Entwürfe können an dieser Pluralität aber nicht vorbeigehen.

Wenn der theoretische Diskurs Religion vornehmlich in ihrer Außenwahrnehmung thematisiert, muss für eine christliche Konzeptionalisierung die Innensicht in der Bestimmung des spezifisch Christlichen hinzutreten. Eine solche doppelte Perspektivität in ihrer Unterschiedenheit wie Zusammengehörigkeit bedarf der theoretischen Abklärung. Dieser Aufgabe wie auch der kritischen Reflexion auf die Pluralität religiöser und nichtreligiöser Phänomene in der dichten Nachbarschaft des europäischen Kontextes dient der erste Teil.

Der zweite Teil wendet sich dem klassischen Dialogfeld der Religionen zu. In Einzelstudien ist das Beziehungsfeld zwischen christlichen und anderen Religionen auszuloten, geleitet von dem Problembewusstsein der unterschiedlichen Perspektivität und unterstützt durch religionswissenschaftliche Untersuchungen.

Dabei wird auch zu prüfen sein, inwieweit bei anderen Religionen – gerade im europäischen Kontext – Ähnliches zu beobachten ist wie beim Christentum, dass Praxen gelebter Religionslosigkeit und religiöse Indifferenz sowie nichtreligiöse Weltanschauungen ihre Lebenswelt beeinflussen, etwa in der Besinnung auf ihre religiöse Identität oder in der Herausforderung zu fundamentalistischer Profilierung[51]. Reflexionen auf die Problemstellungen von Synkretismus und Inkulturation sowie auf Mission in Unterscheidung

[51] Vgl. M. PETZOLDT, Fundamentalismus – Reaktion auf Säkularisierung. Thesen und Erläuterungen, in: DERS., Christsein angefragt. Fundamentaltheologische Beiträge, Leipzig 1998, 175–193; DERS., Wo ist das Christentum inhärent fundamentalistisch? Thesen und Erläuterungen, in: T. UNGER (Hg.), Fundamentalismus und Toleranz (Fuldaer Hefte 39), Hannover 2009, 226–251.

zum Dialog und im Kontext von Dialogen schließen sich an und münden in den Diskurs um die Wahrheitsfrage.

Teil I: Christliche Theologie im Horizont von Religion
- 1. Außen- und Innensicht von Religion
- 2. Das spezifisch Christliche
- 3. Religion und Weltanschauung
- 4. Religionskritik
  - 4.1. Religionskritik im christlichen Glauben und aus dem christlichen Glauben heraus
  - 4.2. Religionskritik am christlichen Glauben
- 5. Transformationsprozesse
  - 5.1. Individualisierung
  - 5.2. Extremismus und Fundamentalismus
  - 5.3. Religionslosigkeit und religiöser Indifferenz

Teil II: Theologie im Horizont der Begegnung des Christentums mit anderen Religionen
- 1. Begegnung mit anderen Religionen
  - 1.1. Wahrnehmungen
  - 1.2. Kritische Auseinandersetzungen
  - 1.3. Suche nach Verständigung
  - 1.4. Anstehende Fragen interreligiöser Praxis
- 2. Synkretismus und Inkulturation
- 3. Mission in Unterscheidung zum Dialog und im Kontext von Dialogen
- 4. Wahrheit als Thema von Religion und als Problemstellung im Dialog der Religionen

3.2. Exemplarische Problemstellungen

Um einen ersten Eindruck von der Tragfähigkeit dieser Konzeption zu vermitteln, werden nachfolgend einige wenige Fragestellungen aufgegriffen.

3.2.1. Das Definitionsproblem beim Religionsbegriff[52] (zu I/1)

Im Umgang mit dem Wort »Religion« dominiert eine Außensicht. Das hängt mit der Herkunft des Wortes zusammen. Den lateinischen Begriff »religio« haben die Römer entwickelt. [53] In ihrem großen Imperium hatten sie es mit

---

[52] Vgl. zum Folgenden auch M. PETZOLDT, Zum Unterscheidungspotential des Religionsbegriffs. Eine Problemanzeige, in: R. HEMPELMANN/U. DEHN (Hgg.), Dialog und Unterscheidung. Religionen und neue religiöse Bewegungen im Gespräch (EZW-Texte 151), Berlin 2000, 98–107; DERS., Religion: Außen- und Innensicht. Systematisch-theologische Standortbestimmung, in: H. BEDFORD-STROHM (Hg.), Religion unterrichten. Aktuelle Standortbestimmung im Schnittfeld zwischen Kirche und Gesellschaft, Neukirchen-Vluyn 2003, 56–95.

[53] Für den Begriffsgebrauch von *religio* in der lateinischsprachigen Antike gibt es allerdings keine eindeutige etymologische Herleitung. Vgl. dazu E. FEIL, Religio. Die Geschichte eines neuzeitlichen Grundbegriffs vom Frühchristentum bis zur Reformation Bd. 1, Göttigen 1986, 41 (mit weiteren Literaturhinweisen), 73f.

einer Fülle von Kulten und Glaubensrichtungen zu tun. Solche Unterschiede gefährdeten die Einheit und Stabilität des großen Reiches. Dieser Umstand verlangte nach rechtlichen Regelungen. Dafür brauchte man ein Wort, das alle jene Unterschiedlichkeiten auf einen Begriff brachte und für rechtliche Entscheidungen operationabel machte.[54] Der Wortgebrauch »Religion« zeigt geradezu die religiöse Pluralität an, die dem europäischen Kontinent durch die Geschichte hindurch gekennzeichnet hat.

Heutzutage trägt die religiöse Pluralität Europas andere Gesichter. Der Gebrauch des Wortes Religion befähigt aber auch heute dazu, aus einer Distanz heraus zwischen Christentum, Judentum, Islam, Hinduismus, Buddhismus usw. zu vergleichen und aus solcher Beobachtung Schlussfolgerungen zu ziehen.

Die dominante Außensicht schlägt sich auch in den Definitionen des Religionsbegriffs nieder. So unterschiedlich die Vorgehensweisen bei den Definitionen sind und sosehr im Einzelnen die Innensicht eigener Religiosität dabei mitschwingen mag, ist doch jeder Definitionsversuch darauf angelegt, einen Begriff von Religion abzustecken, der über den Horizont der eigenen Religion hinausgeht und andere mit zu erfasst.

Im folgenden Definitionsvorschlag wird konsequent die Außensicht von Religion thematisiert: Der Begriff Religion bezeichnet die jeweils geschichtlich gewachsene Orientierung einer Menschengemeinschaft, in welcher der/die Einzelne seine/ihre Vorfindlichkeit transzendiert, d. h. über sich hinausgreift bei der Suche nach Sinn, wie zum Beispiel bei der Bewältigung von Kontingenzen des Lebens, im Bedürfnis nach gesellschaftlicher Integration, in der intersubjektiven Ausdifferenzierung von Werten usw. Während der Begriff *Religion* das jeweils geschichtlich gewachsene System von Symbolen und Ritualen mit seinen spezifischen Erzählformen sowie die institutionellen Strukturen der Orientierungsgemeinschaft im Blick hat, hebt der Begriff *Religiosität* auf die individuelle Symbol- und Ritualpraxis im individuellen Vollzug des Transzendierens (bei der Suche nach Sinn usw.) ab.

---

[54] Cicero spricht in seiner Schrift »De natura deorum« von *religio* als dem *cultus Deorum.* Er meint damit die sorgfältige Beachtung all dessen, was sich auf die Verehrung (auf den Kult) der Götter bezieht. Von Cicero selbst wird die *religio* aus der Gerechtigkeit hergeleitet, aus Recht und Ordnung. Der Staat ist auf *religio* angewiesen. Somit ist Religion ein Rechtsgut. Von daher wird auch der im Römischen Reich wichtige Begriff *religio licita* verständlich: Dieses Recht meinte nicht nur eine geduldete private Frömmigkeit, sondern garantierte einen öffentlich sanktionierten Kultus. Es war auch dem Judentum zugesprochen worden. Wechselvoll und spannend war die Frage, inwieweit dieses Recht auch auf das Christentum bezogen wurde.

Zur Erläuterung:

a) Unverkennbar lehnt sich der vorgetragene Definitionsvorschlag an die funktionale Bestimmungsweise von Religion an: Die Orientierungen bestehen in den Funktionen, Sinn zu suchen für das Leben, Kontingenzen des Lebens zu bewältigen, eine Gemeinschaft zu finden, in der man verankert ist, Werte und Normen für die Lebensorientierung zu entwickeln, die auch von anderen anerkannt und respektiert werden, usw. Der Vorzug einer solchen funktionalen Bestimmung von Religion besteht darin, dass sie auch von Menschen anderer Religionen aus ihrer Erfahrung von Religion am ehesten nachvollzogen werden kann. Der Definitionsvorschlag hofft also, Merkmale, in besonderer Weise Funktionen, benennen zu können, die auf möglichst alle Außenwahrnehmungen von Religionen und religiösen Bewegungen zutreffen. Eine derartige Bestimmung kann freilich nicht mehr als eine Hypothese liefern, die der Falsifikation oder zumindest der Korrektur ausgesetzt ist.
b) Die Definition sagt nichts davon, dass zur Religion wesentlich ein Gottesglaube gehöre. Das kann die Definition auch nicht behaupten, weil es Religionen gibt, die keinen Gottesglauben kennen. Der Glaube an einen Gott oder an Götter ist kein allgemeines Merkmal von Religion, dafür aber Transzendieren.[55] Damit ist die vorwiegend funktionale Definition durch einen substantialen Aspekt erweitert.
c) Mit dieser Fixierung auf die Außensicht verzichtet die Definition ganz auf die Innensicht. Christinnen und Christen werden aus ihrer Innenkenntnis dessen, was ihnen am Christentum wesentlich ist, die christliche Religion sicherlich anders bestimmen; was aber das Christentum als Religion mit anderen Religionen an Gemeinsamkeiten aufweist, können Christen mit dieser Definition erfassen. In der Bestimmung des Spezifischen wie des Vergleichbaren der jeweiligen Religion ist eine ähnliche Umgangsweise von Juden oder Muslimen usw. zu erwarten.
d) Aus solcher Außensicht kann man aber feststellen, dass Religion immer eine subjektive Seite hat: die Religiosität des/der Einzelnen, sein/ihr individueller Vollzug der Religion. Und es gibt zugleich eine objektive Seite, z.B. die Feste, die Heiligen Bücher, die Rituale usw. usf.

[55] Etwa in einer Gottesgewissheit, wie sie sich beispielsweise in einem Psalmgebet der Bibel (Ps. 193 und andere) artikuliert, oder im Buddhismus mit dem Ziel, dass das Ich verlöscht und im Universum aufgeht.

e) Für den Religionsbegriff ist aber nicht nur typisch, dass die Außensicht dominiert. Der Religion ist immer auch eine Innensicht eigen. So muss man eine Innenkenntnis besitzen und religiöse Erfahrung mitbringen, um sich ein Urteil über Religion leisten zu können. Diese Meinung ist allerdings strittig. Ihr steht die Auffassung entgegen, Religion wissenschaftlich zu untersuchen, verlange, sie voraussetzungsfrei, also allein aus einer Beobachterperspektive, zu beschreiben. Die Differenzierung zwischen Innen und Außen geht hier über den Unterschied zwischen Religiosität und Religionslosigkeit hinaus, wobei es im Hinblick auf Religiosität noch dahingestellt bleibt, inwieweit eine sozusagen methodische Religionslosigkeit für den wissenschaftlichen Diskurs über Religion für nötig gehalten wird oder ob an eine faktische Religionslosigkeit gedacht ist.

Über solchen Streit tut sich als grundsätzliches Problem die Frage auf: Zwingt ein – heute freilich umstrittenes[56] – Wissenschaftspostulat von voraussetzungsfreier Erkenntnis die Beobachterperspektive in eine Distanz zum Untersuchungsgegenstand Religion, welche von vornherein ein Beteiligtsein an Religion für die eigene Untersuchung als subjektive Befangenheit ausschließt? Ist eine wissenschaftliche Untersuchung also genötigt, Religion in einer Weise zu beschreiben, die für sich das verneint, was doch per definitionem zur Religion gehört, nämlich Religiosität? Diese Problematik wird gewöhnlich unter der schematischen Gegenüberstellung von Beobachter- und Teilnehmerperspektive diskutiert.

Solche Gegenüberstellung steht nicht selten hinter der heute vielfach anzutreffenden schematischen Alternative von Theologie und Religionswissenschaft.[57]

3.2.2. Die Frage nach dem spezifisch Christlichen[58] (zu I/2)

Wenn eine Theologie der Religion und der Religionen sachgerechterweise die Außensicht des Religionsbegriff thematisiert, darf sie aber darüber nicht einseitig werden. Sie muss zugleich die Innensicht derjenigen Religion zur Geltung bringen, aus der heraus sie selber entworfen ist. Denn ein Dialog der

---

56 Vgl. J. HABERMAS, Erkenntnis und Interesse. Frankfurt/M (1968) [11]1994; H.-G. GADAMER, Wahrheit und Methode, Tübingen (1960) [6]1990.

57 Z. B. H.-J. GRESCHAT, Was ist Religionswissenschaft? Stuttgart/Berlin 1988; DERS., Wie unterscheiden sich Religionswissenschaftler von Theologen?, in: ZMR 1980, 259–267; K. RUDOLPH, Geschichte und Probleme der Religionswissenschaft, Leiden 1992.

58 Vgl. zum Folgenden M. PETZOLDT, »Was eigentlich christlich ist« – Rechenschaft geben im Zeichen von Traditionsabbruch und neuen Katechismen, in: Texte aus der velkd 110/2002, Hannover 2002, 30 – 43.

Religionen lebt davon, dass jede Religion das einbringt, was für sie wesentlich ist. Ihre Identität muss auch jede Religion selber bestimmen können. Die christliche Religion muss sich nicht vom Islam sagen lassen, was das Eigentliche an der christlichen Religion ist. Das müssen schon die Christen aus ihrer eigenen Erfahrung mit dem christlichen Glauben selber sagen. Und umgekehrt haben Christen nicht dem Islam zu sagen, was das Charakteristische an seiner Religion ist. Das haben die Muslime selbst zu tun. Und die Christen haben das zu hören. Eine Theologie der Religion und der Religionen aus christlicher Perspektive steht deshalb beim Nachdenken über Religion vor der Aufgabe, aus der Innensicht das Spezifische des Christlichen zu thematisieren.

Nun hat von jeher christliche Theologie sich um die Erforschung dessen bemüht, was den christlichen Glauben ausmacht; in den letzten Jahrhunderten unter zunehmender Ausdifferenzierung von Wissenschaftsdisziplinen: der alttestamentlichen und neutestamentlichen Bibelexegese, der Kirchengeschichte, der Systematischen Theologie und der Praktischen Theologie. Nur hat dies die theologische Wissenschaft bisher in dem selbstverständlichen Umfeld einer christlichen Gesellschaft getan. Der gesellschaftliche Kontext ist heute aber von einem verschärften religiösen und weltanschaulichen Pluralismus gekennzeichnet. Da sind die Christen durch das Anderssein der anderen Religionen und Weltanschauungen von außen angefragt. Und von innen her sind Christen verunsichert darin, was ihr Christsein – etwa im Vergleich zu den anderen Orientierungen – ausmacht. So hat christliche Theologie ihre Untersuchungen am christlichen Glauben gerade unter diesem Herausforderungskontext vorzunehmen.

Anknüpfend an die spezielle Theoriegeschichte der Frage nach dem Wesen des Christentums heißt das unter anderem: Sosehr das wesentlich Christliche um der Authentizität willen aus einer Innensicht des Christentums zu erklären ist, muss solche Bestimmung jedoch zugleich auf ihre Vermittlung für die Außenwahrnehmung, die sich an dem vorfindlich Wahrnehmbaren orientiert, ausgerichtet sein. Dabei hat sich das wesentlich Christliche als dasjenige zu erweisen, das aller inhaltlichen Ausdifferenzierung im Christentum sachlich vorausliegt und als das Gemeinsame in der Pluralität des Christlichen erkennbar ist. Wieweit dieses sachliche Vorausliegende auch zeitlich den geschichtlichen Ausdifferenzierungen des Christentums vorausgeht, von allen Konfessionen und christlichen Gruppierungen aber aufgenommen wird (freilich auf je eigene Weise), ist dann weiter zu beobachten und zu bedenken. Das heißt: Bei aller Vielfalt und Unterschiedlichkeit im Erscheinungsbild des Christentums treffen die Äußerungen von Menschen über ihr Christsein in dem Punkt zusammen, in dem zugleich der unverwechselbare Unterschied des Christentums gegenüber allen anderen Religionen, Weltanschauungen und Lebenseinstellungen sichtbar wird: dass den Menschen, die sich Christen nennen, die Person Jesu von Nazareth für ihr Leben zentral ist.

Zur Erläuterung:

a) In vielen Entwürfen der Wesensbestimmung des Christentums hat sich die Einsicht niedergeschlagen, dass die Person Jesus von Nazareth ein ausschlaggebendes Gewicht für die Erklärung des spezifisch Christlichen einnimmt.[59] Aus dieser Einsicht ist dahingehend die Konsequenz zu ziehen, das wesentlich Christliche durch eine begriffliche Artikulation in personalen Kategorien zu erfassen. Demnach ist es der für Christinnen und Christen Wesentliche, an dem das eigentlich Christliche festzumachen ist. Im Aufweis des personal-kategorialen Gefälles besteht zugleich die maßgebliche Korrektur zu der im herkömmlichen Diskurs um das Wesen des Christentums dominierenden platonisch-idealistischen Denkweise. Die weiter entwickelte Bestimmung versteht und beschreibt das Wesen als eine personale Beziehung (wofür das Wort »glauben« von zentraler Bedeutung ist). Und sie macht diese Beziehung immer an dieser einen Person fest.[60]
b) Mit der zentralen Orientierung an der Person Jesu in ihrer Christus-Bedeutung erhält die Rede von Gott ihren spezifisch christlichen Charakter bis hin zum Bekenntnis des dreieinigen Gottes.
c) Bei der Wesensbestimmung ist nicht ausgeschlossen, dass für Christinnen und Christen auch weitere Personen wichtig sein können (Maria oder Glaubenszeugen). Wo aber solcher Bezug auf weitere Perso-

[59] Vgl. F.D.E. SCHLEIERMACHER, Der christliche Glaube nach den Grundsätzen der Evangelischen Kirche im Zusammenhange dargestellt. Zweite Auflage (1830/31), in: DERS., Kritische Gesamtausgabe (KGA I.13,1), Berlin 2003, 93, Leitsatz zu § 11: »Das Christenthum ist eine der teleologischen Richtung der Frömmigkeit angehörige monotheistische Glaubensweise, und unterscheidet sich von andern solchen wesentlich dadurch, daß alles in derselben bezogen wird auf die durch Jesum von Nazareth vollbrachte Erlösung.«

[60] Die christliche Identität ist »durch ihre *Exzentrität* gekennzeichnet, d.h. sie hat ihr Zentrum außerhalb ihrer selbst, nämlich Gott und ist nur im Glauben zu empfangen. Christliche Identität ist weder autonom noch autopoietisch. Sie ist Geschenk, reines Gnadengeschenk. Sie ist nicht Eigentum des Menschen und kann nie zum Besitz werden, über das er verfügen kann. Identität wird uns zugesprochen. Da wir sie verlieren können, wie der biblische Text zeigt, muss sie immer neu zugeeignet werden« (TH. SUNDERMEIER, Christliche Identität angesichts der Vielfalt der Konfessionen und Religionen, in: U. KÜHN/M. MARKERT/M. PETZOLDT (Hgg.), Christlicher Wahrheitsanspruch zwischen Fundamentalismus und Pluralität, Leipzig 1998, 76). – Mit der *zentralen Bedeutsamkeit* der Person Jesu ist im obigen Definitionsversuch prozessual formuliert, was von der frühen Christenheit an mit dem Christus-Titel artikuliert und durch die christologische Dogmenbildung mit subtanzontologischen Kategorien zum Ausdruck zu bringen versucht wurde.

nen ebenso wesentlich wird wie der Bezug auf Jesus von Nazareth, fällt auf solche Frömmigkeit und theologische Orientierung ein kritisches Licht. Das Spektrum der Entfremdung von christlicher Identität kann sich zwischen Absonderlichkeit und Abwegigkeit bewegen.

d) Indem die Theorieentwicklung bei der Bestimmung des spezifisch Christlichen durch eine personal-dialogische Besinnung auf den Wesentlichen voranschreitet, ist auch das wirkungsvollste Gegengewicht angezeigt zu allem schleichenden Gehaltsverlust in der Bestimmung des Christlichen dadurch, dass es zu einem (idealistischen) Prinzip, zu einer lehrmäßigen Vorstellung oder zu einer moralischen Maxime (als einem »Wert« ethischer Orientierung) verdünnt wird. Ebenso kann die in letzter Zeit wieder häufige Kennzeichnung des Christentums als Buchreligion vor einer Wesensbestimmung des Christlichen aus seiner Innensicht nicht standhalten; sie spiegelt vielmehr eine Fremdwahrnehmung wider, die für eine am Begriff Religion orientierte Außensicht typisch ist.

e) Sosehr die Person Jesus von Nazareth historisch-kritischer Nachfrage zugänglich ist und auch die Frage nach ihrer Bedeutung für Menschen der Vergangenheit bis zu einem gewissen Grad mit Hilfe geschichtlicher Nachforschung beantwortet werden kann, reichen spätestens für das Erfassen der Bedeutung dieser Person für gegenwärtige Menschen historische Untersuchungen nicht mehr aus. Vielmehr muss zur Wesensbestimmung des Christlichen eine Analyse des Phänomens »Glaube« hinzutreten, weil sich in demselben von Anfang der Christenheit an (vom vielfältigen neutestamentlichen Zeugnis, durch die Christentumsgeschichte hindurch) bis heute die Bedeutsamkeit Jesu für Christinnen und Christen sprachlich Ausdruck verschafft hat.

f) Die Bestimmung dessen, was für Christinnen und Christen Glaube darstellt, ist wieder einer doppelten Perspektive verpflichtet. Einerseits muss sie aus einer Innsicht heraus entwickelt werden; d.h. Christinnen und Christen müssen formulieren, was im christlichen Sinne Glaube ist. Andererseits und zugleich muss solche Bestimmung für die Außensicht informativ nachvollziehbar sein. Das verlangt für den wissenschaftstheoretischen Diskurs eine Strukturanalyse des Phänomens Glaube; in erster Linie ist damit eine Analyse des christlichen Sprachgebrauchs »glauben« (sowohl in der Gegenwart wie in der Vergangenheit, bis zurück zum biblischen Befund) gemeint im Vergleich zum allgemeinen Sprachgebrauch des Verbs »glauben«, einschließlich seiner fremdsprachlichen Äquivalente. Nicht nur der außenperspektivischen Vermittlung wegen, sondern auch um der Selbstklärung innerhalb des Christentums willen müssen sprachanalytische Untersuchungen von

»Glaube« im christlichen Sinne immer auch durch lebensweltliche Erklärungen, welche den vorwissenschaftlichen Erfahrungsbezug thematisieren, einholbar sein.

g) Eine Strukturanalyse des Phänomens Glauben im christlichen Sinne ist besonders im Blick auf die außenperspektivische Vermittlung verpflichtet, die tiefsitzenden Missverständnisse von christlich glauben im Sinne eines einseitigen Verständnisses von Glaube als Fürwahrhalten bestimmter Vorstellungen zurechtzurücken und der einseitigen Fixierung des Glaubens auf sein Verhältnis zum Wissen entgegenzuwirken.[61]

---

[61] Um das Gesagte in aller Kürze etwas aufzuhellen:
– In der Wahrnehmung solcher Strukturanalyse ist christlicher Glaube eine bestimmte Art zu leben. Diese Lebensweise ist davon geprägt, dass die vorbehaltlos anerkennende Zuwendung der Person des Jesus aus Nazareth Vertrauen weckt und begründet. Auf dieser *personalen* Grundebene von Glauben als Vertrauen (»ich glaube dir«- Du-Glaube) wird der/die Glaubende sowohl im Denken als auch im Fühlen und Wollen erfasst. Überhaupt ist der Glaube auf der personalen Grundebene nicht nur eine Einstellung des Subjekts, sondern eine kommunikative Wirklichkeit, welche die Vertrauen weckende Person und das vom Vertrauen erfasste Subjekt umfasst. Insofern ist hier die Relation zum Wissen (als einer Konstellation des erkennenden Subjekts) für die Bestimmung des Glaubens nur peripher. Indem der/die Glaubende über seinen/ihren Glauben nachdenkt, gelangt der Glaube auf seinen Reflexionsebenen zu Glaubensaussagen. Als *doxastischer* Glaube (»ich glaube, dass...« – Dass-Glaube) rückt die kognitive Struktur des christlichen Glaubens in den Vordergrund. Hier wird der Glaube vergleichbar mit Wissen. Und in seiner *transzendierenden* Aussagestruktur (»ich glaube an...« – An-Glaube) macht der christliche Glaube sein religiöses Transzendieren explizit.
Die innere Unterscheidungsmöglichkeit der Strukturen zeigt an:
a) dass der christliche Glaube wesentlich – also auf seiner Grundebene – Vertrauen in die Person Jesu ist;
b) dass alles andere im christlichen Glauben sich aus dieser zentralen Orientierung ergibt (z.B. Erfahrungen Gottes; Verstehen des Menschseins in seinem Verfehlen [Sünde] und Glücken [Heil]; Verstehen der Welt als Schöpfung; in eine Gemeinschaft der Vertrauenden gestellt zu sein [Kirche]; Impulse zum Handeln zu bekommen [Werke]; Hoffnung [ewiges Leben, Auferstehung] usw.); allen solchen Einsichten des Glaubens liegt die Grundebene des Glaubens voraus;
c) dass christlicher Glaube aus sich selbst heraus ein Nachdenken über sich selbst freisetzt und dieses auf seinen Reflexionsebenen vollzieht;
d) dass der christliche Glaube auf seinen Reflexionsebenen zu weltanschaulichen Aussagen gelangt (z.B. ›Gott ist Schöpfer der Welt‹).
e) Wo christlicher Glaube in seiner strukturellen Ganzheit einer methodisch geregelten und kontrollierten Reflexion unterzogen wird, bildet er den Gegenstand wissenschaftlicher Untersuchung.

h) Die nur angedeutete lebensweltliche Erklärung[62] fällt in ihrer kontextuellen Thematisierung unterschiedlich aus. Sie muss angesichts abendländisch-kultureller Traditionsprägung tiefsitzende Missverständnisse im Blick haben, wie z. B. das Christentum als eine bestimmte Moral zu verstehen. Zwar entwickeln der christliche Glaube und die von ihm geprägte Kultur bestimmte Moralauffassungen und ethische Werte. Aber diese Werte und Normen gehen aus dem christlichen Glauben hervor. Also nicht sie selbst, sondern der ihr vorausliegende Glaube kennzeichnet das wesentlich Christliche.
i) Wie die Wesensbestimmung aufzeigt, ist das Christentum auch Religion, auch Weltanschauung, auch Kultur. Es tritt auf in religiöser Praxis, mit weltanschaulicher Orientierung und kultureller Bildung. So lässt sich also das Christentum nicht als ein Kern herausschälen, der von der Schale abgetrennt werden könnte. Für die Innensicht ist aber dies alles – Religion, Weltanschauung, Kultur – dem Christentum nicht eigentlich, spezifisch, primär. Vielmehr ist dies alles das Christentum auch: es ist Religion; es leitet aus der personalen Begegnung mit Jesus auf den Reflexionsebenen des Glaubens weltanschauliche Vorstellungen ab, und es entwickelt aus seiner religiösen Praxis und aus seinem Vorstellungsgehalt prägende Elemente von Kultur.

3.2.3. Individualisierung der Religion?[63] (zu I/5.1.)

In der in diesem Band dokumentierten Ringvorlesung kommt auch die Entwicklung zur Sprache, dass Menschen sich aus verschiedenen Religionen einzelne Elemente zusammensuchen, etwa den Gedanken der Reinkarnation aus Hinduismus und Buddhismus, aus dem fernen Osten die Praxis von Yoga, Reiki und Qigong, aus dem Christentum das weihnachtliche Festtagsbrauchtum und dazu vielleicht noch das Pendeln und die Astrologie. Besonders das weite Feld der Esoterik bietet hierzu plastische Beispiele.[64] Teilweise

---

[62] Christlicher Glaube als eine bestimmte Lebensweise, die davon geprägt ist, dass die vorbehaltlos anerkennende Zuwendung Jesu von Nazareth zu Gelassenheit und Sorglosigkeit befreit.

[63] Vgl. zum Folgenden M. PETZOLDT, Überhaupt religiös? Zur Frage nach der Vorfindlichkeit von Religion, in: I.U. DALFERTH/H.-P. GROSSHANS (Hgg.), Kritik der Religion. Zur Aktualität einer unerledigten philosophischen und theologischen Aufgabe, Tübingen 2006, 329–349, bes.: 346f.

[64] »›Szenetypisch‹ für die Esoterik ist: Es gibt offene Zugangsbedingungen, eine zeitliche Begrenzung, begrenzte Wahrheitsansprüche, keine verbindlichen Lehrinhalte (gemeinsames Credo) und sog. Events, die das Wir-Gefühl steigern sollen: ›Daraus folgt, dass der Einzelne diese kleinen ›Teilzeit-Welten‹ nicht mehr aufdringlich, mit dem Anspruch auf Alternativlosigkeit erlebt, sondern als wähl- und abwählbare Option‹ (W. Gebhardt). Mit ›Esoterik-Szene‹

verfestigt sich schon der Eindruck, als werde Patchwork-Religiosität heutzutage zum Normalfall vorfindlicher Religion in pluralistischer Kultur. Dies sind Beispiele für gegenwärtige Wandlungsprozesse der Religion.

Bei der konkreten Begegnung mit jenem vielgesichtigen Phänomen ist – wie im Dialog mit Hochreligionen – auch hier die Bemühung um den Einzelfall (Wahrnehmung, kritische Auseinandersetzung usw.) eingefordert, so uferlos ein solches Unterfangen freilich erscheinen mag. Dabei darf aber nicht aus den Augen verloren werden, dass mit Patchwork-Religiosität ein grundsätzliches Problem von Religion und Religiosität aufgeworfen ist. Es liegt in dem Zusammenhang von Religion und Religiosität begründet, wie dieser in der Definition oben angesprochen wurde. Danach steht der Begriff Religion für das jeweils geschichtlich gewachsene System von Symbolen und Ritualen mit seinen spezifischen Erzählformen sowie die institutionellen Strukturen der Orientierungsgemeinschaft, währenddessen der Begriff Religiosität auf die Symbol- und Ritualpraxis im individuellen Vollzug des Transzendierens (bei der Suche nach Sinn usw.) abhebt.

Bezieht man jene Definitionsgesichtspunkte auf die aufgeworfene Fragestellung, führt das zu folgenden Überlegungen. Wenn es Religion nur in Strukturen geschichtlich gewachsener Orientierung von Menschengemeinschaften gibt, dann steht zu solchem Verständnis von Religion eine Ideologisierung von Patchwork-Religiosität im Widerspruch. Denn dort hält man es ganz offensichtlich für selbstverständlich, dass Religiosität auch unabhängig von derartigen Orientierungsgemeinschaften individuell gelebt werden könne. Besieht man sich aber solche religiöse Praxis näher, wird deutlich, dass sie von der Substanz von Religionen zehrt – gar parasitär, womöglich im Wechsel von einem (Religion-)Wirt zum anderen – und dass sich Religiosität auf diese Weise dabei verliert.

Am Einzelfall ist solche Interpretation kritisch zu überprüfen. Soweit sie sich erhärtet, weitet sich die Wahrnehmung von religiösen Phänomenen zur Diagnose degenerativer Entwicklung von Religion aus. An dieser Stelle ginge also eine Theologie der Religion und der Religionen zur Religionskritik über, und zwar zu einer Religionskritik, die zunächst aus religionstheoretischen Aspekten erwächst. Eine solche wäre deutlich zu unterscheiden von möglicher Einzelkritik, die sich aus den Reflexionskoordinaten des christlichen Glaubens ergibt.

---

kann die ›unüberschaubare Vielzahl der im neureligiösen Bereich suchenden Menschen‹ bezeichnet werden, die mit der Mentalität eines ›Surfers‹ von Konversion zu Konversion, von Wochenendworkshop zum Tagesseminar springen, ohne sich irgendwo auf längere Zeit zu binden‹ (T. Körbel)«, so M. PÖHLMANN, Populäres Geheimwissen. Wandlungsprozesse moderner Esoterik in der Religionskultur, in diesem Band, 156–157.

Man kann die hier angesprochenen Wandlungen aber auch positiv interpretieren. Aus der Religionssoziologie, welche aus ihrer Perspektive die Transformationsprozesse der Religionen und der Religion als solcher zum Gegenstand kritischer Untersuchung macht, ist beispielsweise die Individualisierungsthese hervorgegangen. Nach Thomas Luckmann[65] behauptet diese, dass zwar die Bedeutung der institutionalisierten Sozialform der Religion abnehme, nicht aber die Form der individuellen Religiosität. Durch jenen Wandel werde die Religion in ihrer Gültigkeit nicht eingeschränkt, sondern privatisiert, individualisiert.

Der Individualisierungsthese wohnt in der Tat eine große Innovationskraft inne, bei der Wahrnehmung der Wandlungen ausgetretene Interpretationspfade verlassen zu können und für neue Entwicklungen offen zu sein.[66] Ihre Überzeugungskraft hängt allerdings sehr an dem Erfahrungskontext christlicher Religion unter den Bedingungen der Moderne, vor allem in Ländern, die – wie in vielen Teilen Europas – vom Protestantismus geprägt sind. In eben diesem protestantischen Kontext ist jedoch die These religionssoziologisch erschüttert worden. Detlev Pollack erklärt: »Natürlich finden sich Formen gelebter Religiosität [...] auch außerhalb der Kirchen, dominant aber ist die Tendenz, der zufolge mit dem Rückgang der institutionalisierten Religionsform auch die Bedeutung der individuell konstituierten Religiosität sinkt.«[67]

Über jenen empirisch belegten Einwand hinaus wäre erneut an den von der Definition erwähnten Zusammenhang von Religion und Religiosität zu erinnern und daraus die kritische Frage abzuleiten: Zieht die Individualisierungsthese ihre Plausibilität daraus, dass sie unter der Hand Religion zurücknimmt auf Religiosität? Ist das empirische Material von Pollack nicht ein Beleg dafür, dass individuelle Religiosität darauf angewiesen ist, in Strukturen geschichtlich-gewachsener Religionen eingebunden zu sein? Ist die Individualisierungsthese also insoweit kritisch anzufragen, dass sie der Zusammengehörigkeit von Religion und Religiosität nicht gerecht wird?

---

65 TH. LUCKMANN, The Invisible Religion. The Problem of Religion in Modern Society, New York 1967; deutsch: DERS., Die unsichtbare Religion, Frankfurt/M. ^{2}1993.

66 Vgl. z. B. K. GABRIEL, Christentum zwischen Tradition und Postmoderne, Freiburg ^{3}1994.

67 D. POLLACK, Zur religiös-kirchlichen Lage in Deutschland nach der Wiedervereinigung. Eine religionssoziologische Analyse, in: ZThK 93 (1996), 586–615; hier: 613 (Anm. 94).

3.2.4. Die Wahrheitsfrage im Dialog der Religionen [68] (zu II/4)

Des programmatischen Gewichts wegen soll am Ende dieses Beitrags noch das Problem der Wahrheitsfrage im Dialog der Religionen thematisiert werden. Im Konzeptionsrahmen einer christlichen Theologie der Religion und der Religionen kommt diesem Themenfeld zugleich eine Scharnierfunktion zwischen erstem und zweitem Teil zu, insofern einerseits Religion als solche in einer geschichtlich gewachsenen Konkretion von den an ihr Teilhabenden in der Überzeugung ihrer Wahrheit praktiziert wird, welche vom nichtreligiösen Standpunkt aus aber in Frage steht, und insofern andererseits Religionen im Dialog mit je eigenen Wahrheitsansprüchen aufeinandertreffen.

So sind also auch bei dieser Fragestellung die Perspektivenunterschiede zu beachten. Zu dem Problem, dass für die Innen- und Außensicht die Wahrheitsbestimmungen womöglich auseinander treten, kommt als zusätzlicher Aspekt hinzu, dass es sich bei dem Umgang mit dem Wort Wahrheit um einen elementaren Begriff der Menschheit handelt,[69] der weit über den Bereich der Religionen hinaus in den Lebenswelten der Menschen und speziell in den Wissenschaften eine Rolle spielt, und der als solcher einen weitverzweigten, aber in der Philosophie gebündelten Diskurs entwickelt. Dort freilich kommt seit dem 20. Jahrhundert eine Tendenz zum Vorschein,[70] die Bedeutung des Wortes immer mehr von dem Substantiv »Wahrheit« zu verabschieden[71] und auf Aussagenwahrheit zurückzuziehen. Nur zum Gebrauch des Prädikates »... ist wahr« könne man präzise Angaben machen, was damit gemeint sei.[72]

---

68 Vgl. zum Folgenden M. PETZOLDT, Wahrheit als Begegnung. Dialogisches Wahrheitsverständnis im Licht der Analyse performativer Sprache, in: DERS. (Hg.), Christsein angefragt. Fundamentaltheologische Beiträge, Leipzig 1998, 25–40; DERS., Christlicher Wahrheitsanspruch (s. Anm. 2).

69 (1) wahr = richtig, im Gegensatz zum Irrtum im Sinne von falsch als fehlerhaft; (2) wahr = wahrhaftig, ehrlich, verlässlich, im Gegensatz zur Lüge im Sinne von Falschheit als Verstellung.

70 In Abgrenzung etwa zum ontologischen Wahrheitsverständnis (z. B. bei Heidegger und Gadamer).

71 »›Was ist Wahrheit?‹ sagte Pilatus spöttisch und wollte nicht bleiben, um die Antwort zu hören. Pilatus war seiner Zeit voraus. Denn ›Wahrheit‹ selbst ist ein abstraktes Substantiv, also ein Kamel von einer logischen Konstruktion, das nicht einmal durch das Öhr eines Grammatikers hindurchgehen kann. [...] Aber die Philosophen sollten sich an etwas halten, das schon eher ihrer Größenordnung entspricht« (J.L. AUSTIN, Truth, in: Proceedings of the Aristotelian Society 24 [1950], zit. nach G. SKIRBEKK [Hg.], Wahrheitstheorien. Eine Auswahl aus den Diskussionen über Wahrheit im 20. Jahrhundert, Frankfurt/M. ^{5}1989, 226).

72 Korrespondenz = Übereinstimmung einer Aussage mit der Sache; Kohärenz = Übereinstimmung einer Aussage mit anderen Aussagen; Konsens = Übereinstimmung der Aussagenden untereinander.

Auf diesen Komplex von Problemstellungen muss sich eine Theologie der Religion und der Religionen beziehen, wenn sie die Wahrheitsfrage im Dialog der Religionen diskutiert. Denn es handelt sich bei dem wahrheitstheoretischen Diskurs um eine weitere Außenperspektive, auf die hin eine jeweilige Religion ihr spezifisches religiöses Wahrheitsverständnis und ihren Wahrheitsanspruch plausibilisieren muss. Was die christliche Religion angeht, steht eine Theologie der Religion und der Religionen auf den Reflexionsebenen des Glaubens vor der Aufgabe, den christlichen Wahrheitsanspruch in einer Weise zu plausibilisieren, dass er den unterschiedlichen Relationen gerecht wird. Bei all dem muss die Frage im Blick bleiben, inwieweit bei der Inanspruchnahme des Wortgebrauchs von »Wahrheit« und der verwandten Wortfelder eine abendländische Sprachkultur konnotiert wird, die nicht ohne weiteres anderen Kulturen unterstellt werden darf. Im Rahmen der hier vorgelegten Konzeptionsskizze kann das konzeptionelle Vorgehen bei solch komplexer Problemlage freilich nur angedeutet werden.

Die philosophische Diskussionslage um den Gebrauch des Wahrheitsbegriffs, welche heutzutage den Kontext für die Thematisierung des christlichen Wahrheitsanspruchs darstellt, lässt sich folgendermaßen zusammenfassen. Nicht von doppelter Wahrheit oder von vielen Wahrheiten ist zu reden, wenn der Wahrheitsbegriff als ein Beziehungsbegriff verstanden wird, sondern von einer Wahrheit – *adaequatio* (Ent-sprechung, Übereinstimmung) des Menschen zur Wirklichkeit außerhalb von ihm – in vielerlei Dimensionen. Je nach der Einzel-Wirklichkeit, mit welcher der Mensch in Beziehung steht bzw. zu der er in Beziehung tritt[73], handelt es sich um Sachwahrheit oder personale Wahrheit. Die *adaequatio* des Menschen zu einer Sache betrifft die Entsprechung (Übereinstimmung) seiner Aussage (»ist wahr«) mit derselben. Das Gegenteil ist »falsch« – im Sinne von nicht richtig, unzutreffend usw. Solche Wahrheit *ist* (konstative Sprache, deskriptive Sätze)[74]. Sie muss sich überprüfen (verifizieren bzw. falsifizieren) lassen können. Das Begreifen dieser Dimension von Wahrheit geht in erster Linie auf griechisches Denken zurück, so verwickelt und defizient dieser Traditionsprozess auch ist. Die *adaequatio* des Menschen zu einem anderen betrifft die Echtheit und Verlässlichkeit der Beziehung der Personen zueinander (»Wahrheit« kann hier auch für »Wahrhaftigkeit« stehen). Hier ist das Gegenteil »falsch« – im Sinne von verstellt (gar: Lüge). Solche Wahrheit *geschieht* (performative Sprache[75]). Sie muss sich bewähren.

---

[73] Aus der Beziehung des Menschen zu unterschiedlichen Einzel-Wirklichkeiten ergibt sich der plurale Sprachgebrauch von *den* Wahrheit*en*.

[74] Ent-sprechung im Sinne des *Be*sprochenen.

[75] Ent-sprechung im Sinne des *An*gesprochenseins.

Diese personale, dialogische Dimension von Wahrheit verdankt die abendländische Denk- und Sprachtradition in erster Linie dem hebräisch-biblischen Wahrheitsverständnis. Auch zu einer personalen Beziehung gehört mit Notwendigkeit, dass über sie nachgedacht und gesprochen wird. Damit wird Begegnung zum Gegenstand, performative zu konstativer Sprache, Begegnungswahrheit zur Sachwahrheit. So notwendig dieser Prozess ist (»Versachlichung«), ist er doch zugleich problematisch (Du-Wahrheit wird zur Es-Wahrheit), *sofern* dabei aus dem Blick gerät, dass die »Sache« im Grunde Personen sind. Auf der Ebene der Aussagenwahrheit wird das Explikandum von Wahrheit (*adaequatio*) zur mehrseitigen Beziehungsbestimmung: die Aussagen stimmen mit der Einzel-Wirklichkeit überein (Korrespondenz); die Aussagen stimmen in ihrem Aussage-Zusammenhang (widerspruchsfrei) überein (Kohärenz); die Aussagen gelangen im Diskurs der Aussagenden zu verbindender Übereinstimmung (Konsens).

Indem christlicher Glaube das, was ihn unbedingt angeht, und zugleich diese seine Grundbetroffenheit auch mit dem Wort Wahrheit ausdrückt, zeigt er selbst an, dass er sich in dem gemeinsamen kulturellen Rahmen von Umgangssprache und Wissenschaftsstandards zu verstehen sucht.

Bis in der Anfangszeit des Christentums lässt sich die Aufnahme des von griechischer Philosophie geprägten Wahrheitsbegriffs auf dem Hintergrund hebräischer Kultur mit ihrem Wahrheitsverständnis zurückverfolgen. Klassisches Beispiel hierzu ist das Wort des johanneischen Christus im Neuen Testament: »Ich bin der Weg, die Wahrheit und das Leben; niemand kommt zum Vater denn durch mich« (Joh 14,6). Der Wahrheitsbegriff ist hier zu einem christologischen Hoheitstitel geworden. Aus dem Blickwinkel heutiger wahrheitstheoretischer Diskussionen kann der Satz systematisch folgendermaßen interpretiert werden. Jesus als der Christus ist die Wahrheit:

- insofern das Bekenntnis »Christus« Ausdruck personaler Betroffenheit von der Begegnung mit der Person Jesu von Nazareth und seinem Werk ist sowie das Sich-Verlassen auf seine Person;
- weil Jesus als Christus die Begegnung mit Gott als der alles bestimmenden Wirklichkeit eröffnet (»Weg«);
- weil in der Christus-Bedeutung und Weg-Funktion der Mensch Jesus die adaequatio Gottes ist;
- eine Wahrheit, die geschieht.

Integriert christliche Theologie diese Einsichten in einen zusammenhängenden Entwurf, der den spezifisch christlichen Wahrheitsanspruch im Kontext des wahrheitstheoretischen Diskurses zu formulieren sucht, ergeben sich daraus folgende Feststellungen:

Glaubenswahrheit ist in ihrem Grund (Fundamentalebene des Glaubens) eine personale, dialogische Wahrheit: das Widerfahrnis der Begegnung mit dem Menschen Jesus von Nazareth als dem mir und anderen entscheidend Helfenden (Christus) und darin Unvergleichlichen (Gott). Sie vollzieht sich wesentlich auf performativer Sprachebene: in der zu-sagenden und (weitergesagten) *An*rede dieser einen Person und in der vertrauenden Antwort des Betroffenen (»Ich glaube dir« – Du Glaube[76]). Glaubenswahrheit als die Erschließungserfahrung des Widerfahrnisses dieser personalen Begegnung ist Offenbarungswahrheit.

Indem Glaube über sich selbst nach-denkt, (auf seinen *Reflexionsebenen*) sich zu verstehen sucht, wird er – mit Notwendigkeit – sich selbst zum Gegenstand; d.h.:

- er vollzieht sich in konstativer Sprache, gelangt zu feststellenden und Geltungsanspruch erhebenden Aussagen in deskriptiven Sätzen (Dass-Glaube, An-Glaube);
- er bringt seine Erfahrungen und Erkenntnisse in Verbindung mit vorfindlicher Welterfahrung und (naturwissenschaftlichen u.a.) Erkenntnissen über Einzel-Wirklichkeiten und Wirklichkeitssektoren;
- er expliziert sich in der Wirklichkeitserfahrung und gelangt darüber auch zu weltanschaulichen Aussagen (die sich nicht selten als Es-Wahrheiten formulieren).

Insofern christlicher Glaube auf diesen seinen Ebenen geordnet nach-denkt (wissenschaftliche Reflexion in diskursiver Sprache), kommt er zu theologischen Aussagen.

Theologische Aussagen müssen sich der Wahrheitsfrage aussetzen: Grundlegendes Kriterium ist, ob die fundamentale Erfahrungsgewissheit (vom personalen Grund des Glaubens betroffen zu sein) sich in der je unterschiedlichen Explikationsrichtung des Glaubens in der gegenwärtigen Wirklichkeitserfahrung (in den Lebens- und Welterfahrungen, in den Erkenntnissen der Wissenschaften usw.) bewährt, d.h.: durchhält. (= Ebene von Wahrheit als Begegnung).

In zweiter Linie, insofern die Eigenschaft der theologischen Sätze (in denen Glaubensreflexionen sich ausdrücken) zur Disposition steht, kommen die weiteren Kriterien zur Geltung. So müssen sich theologische Aussagen daraufhin überprüfen lassen können:

- inwieweit sie mit dem im biblischen Zeugnis vergegenwärtigten Grund des Glaubens übereinstimmen (Korrespondenz);
- inwieweit sie sich mit anderen theologischen Aussagen des Glaubens widerspruchsfrei zusammenfügen lassen (Kohärenz);

[76] Zu dieser Formalisierung im Glaubensbegriff und zu den folgenden vgl. Anm. 61.

- o inwieweit sie für andere theologische Aussagen nachvollziehbar, verbindend und darüber auch verbindlich sein können (Konsens).

Die vorgetragenen Überlegungen versuchten aus einer Innensicht vom christlichen Glauben heraus zu bestimmen, was mit dem christlichen Wahrheitsanspruch gemeint ist und was das spezifisch Christliche am Gebrauch des Wahrheitsbegriffs ausmacht. Allerdings war die Außenperspektive nie unberücksichtigt geblieben, insofern das Christliche gerade an dem Wahrheitsbegriff und damit an einem Wort thematisiert wurde, das auch Nichtchristen gebrauchen. Denen, die den christlichen Glauben nicht von innen kennen, wird christliche Identität an einem elementaren Begriff, der ihnen vertraut ist, erklärt. Solche außenperspektivische Plausibilisierung wird im Gespräch mit Nichtchristen im abendländischen Kulturkreis und im Gespräch mit der Philosophie eine größere Rolle spielen. Das muss nicht gleichermaßen für das Gespräch mit Religionen zutreffen, in denen der mit griechischer, hebräischer und europäischer Kulturgeschichte angezeigte Wahrheitsbegriff womöglich nicht die gleiche Rolle spielt. Dennoch muss jener Begriff auch in seiner Bedeutung für den interreligiösen Dialog bedacht werden, zum einen weil sich hier der christliche Wahrheitsanspruch erklärt und zum anderen unter der Problemzuspitzung, was es bedeutet, dass damit zugleich andere Religionen der Wahrheitsfrage ausgesetzt werden.

So ist im interreligiösen Dialog unter anderem die Frage zu klären, wieweit der Wahrheitsbegriff und seine fremdsprachlichen Äquivalente in den jeweiligen Religionen verstanden und mit welchem Verständnis für die eigene Religion gebraucht werden. Selbst wenn der Wahrheitsbegriff in manchen Religionen nicht zum zentralen symbolischen Repertoire gehört, weil er etwa zu sehr an die abendländische Kultur gebunden ist, spielen dafür bei ihnen andere Begriffe oder Symbole eine Rolle. Eine interessante außenperspektivische Fragestellung von Christen an andere Religionen wäre, ob es in ihren Kulturen und Sprachen ähnliche Entwicklungen gibt wie in denen, die vom Christentum geprägt sind: dass sie nach Worten aus ihrer Umwelt greifen, um das Zentrale ihrer Religionen zum Ausdruck zu bringen, wie dies Christen mit dem Wort »Wahrheit« tun.

Jenseits solcher begrifflichen Fragestellung zeigt allerdings der aus der Außensicht geführte interreligiöse Vergleich, dass es jeder Religion um etwas Zentrales geht. Wo aber eine Religion *ihr* Zentrum hat, muss jede aus ihrer Innenkenntnis heraus selbst benennen. Die Bestimmung der je eigenen religiösen Identität im interreligiösen Dialog fordert gerade um des personalen Wahrheitsmomentes der Authentizität willen die Binnenperspektive ein.

Für die Innensicht des Christentums war festgestellt worden, dass hier der Wahrheitsbegriff vor allem für die Christus-Begegnung steht, die den christlichen Glauben auf seiner personalen Grundebene überhaupt erst zustande bringt und erhält. Eine weitere Rolle spielt er für das Nachdenken über den Glauben auf seinen Reflexionsebenen, soweit der Geltungsanspruch der Glaubensaussagen überprüft wird. Mit jener Zentrierung auf die Christusbegegnung gelangen Christen zu Formulierungen wie in Joh 14,6 und Apg. 4,12. Erkenntnisse sind damit artikuliert, die Christen nicht nur für sich selbst gewonnen haben, sondern die sie auch für die anderen Menschen als gültig ansehen. Allerdings gilt es festzuhalten, dass Christen zu solcher Einsicht aus ihrer Binnenperspektive gelangen. Im Dialog der Religionen handelt es sich hiermit um eine Innensicht der christlichen Religion.

Wird in der beschriebenen Weise die christliche Identität in den Dialog der Religionen eingebracht, so entwickelt sich die binnenperspektivische Wahrheitsbestimmung folgerichtig zum deutlichen Unterscheidungspunkt des christlichen Glaubens gegenüber den anderen Religionen, z. B. auch gegenüber dem Judentum und gegenüber dem Islam. Für den interreligiösen Dialog ist es – wie schon mehrfach betont – wichtig, dass Christen das Ihre sichtbar werden lassen, so wie alle anderen Religionen ihr Spezifikum einbringen. Denn ein Dialog kommt überhaupt erst über die Verschiedenheiten zustande und hat nur angesichts derselben einen Sinn.

Doch erschöpft sich der Dialog nicht darin, dass sich die Religionen gegenseitig vorstellen. Es wird auch zur kritischen Befragung gegenseitig kommen. Hier stehen sowohl die Selbstdarstellungen der jeweiligen Religionen als auch ihre Außenwahrnehmungen durch die anderen Religionen einander gegenüber. So werden auch Christen im interreligiösen Dialog kritische Rückfragen erleben: inwieweit die Person Jesus Christus wirklich im Zentrum etwa ihrer religiösen Praxis steht oder von Orientierungen an anderen Personen verdrängt wird; wieweit die theologischen Lehrformulierungen mit dem in der Bibel überlieferten Grund des Glaubens übereinstimmen, wieweit diese theologischen Formulierungen in den Reihen der Christenheit und ihren Konfessionen untereinander in den zentralen Aussagen übereinstimmen und wieweit sie in sich einen stimmigen Zusammenhang bilden. Bei solcher gegenseitigen kritischen Befragung treten Diskrepanzen im interreligiösen Dialog zu Tage, über die man miteinander streitet. Auch der Streit gehört zum Dialog der Religionen.

Aus dem Recht und der Pflicht zur Selbstdefinition jeder Religion folgt für die Wahrheitsthematik, jeder Religion zuzubilligen, dass sie ihr Zentrum mit einem Symbol zum Ausdruck bringt, welches dem christlichen Umgang mit dem Wahrheitsbegriff gleichkommt. Das heißt: Jede Religion kann aus ihrer Innensicht Wahrheitsanspruch erheben. Diese Einsicht ernst zu nehmen ist ein maßgeblicher Aspekt von Toleranz im Miteinander der Religionen und begründet die unhintergehbare Pluralität der Religionen.

Aus der Beobachterperspektive des Religionsvergleichs lässt sich nicht die Möglichkeit ableiten, ein für alle Religionen gleichermaßen gültiges Urteil über ihre Wahrheit zu fällen.[77] Denn ein religiöser Wahrheitsanspruch wird immer nur aus der Innensicht einer Religion heraus, d.h. aus der Teilnehmerperspektive, erhoben.

Jeder Religion Wahrheitsanspruch zuzubilligen bedeutet für den christlichen Glauben nicht, damit faktisch seinen Wahrheitsanspruch aufzugeben. Im Dialog der Religionen kann es für den christlichen Glauben aus seiner Innensicht nur die eine Wahrheit geben: Christus als das Heil aller Menschen. Zu dieser Erkenntnis aus der Teilnehmerperspektive christlicher Religion gehört aber im Dialog auch das Sich-zu-eigen-Machen der Beobachterperspektive, welche zu der schon beschriebenen Einsicht gelangt, dass aus der je eigenen Binnenperspektive jede Religion ihren Wahrheitsanspruch erheben kann.

[77] Auch eine angeblich rein neutral untersuchende Religionswissenschaft könnte nicht ein für alle Religionen gleichermaßen gültiges Urteil über ihre Wahrheit fällen. Wenn die Frage nach wahrer Religion von der Religionswissenschaft überhaupt als relevante Problemstellung für ihre Arbeit akzeptiert wird, kann diese m. E. lediglich darin bestehen, nach der Authentizität religiöser Phänomene zu fragen: »wahre« Religion bzw. (einfach) Religion in Unterscheidung zu Pseudoreligion oder Kryptoreligion. »Mehr« kann das Prädikat »wahr« hier nicht beinhalten. Solche Unterscheidung wäre aber schon ein wichtiges Ergebnis religionswissenschaftlicher Untersuchung und Beurteilung.

Birgit Weyel

Kasualkompetenz

Kirchliches Handeln in einer pluralistischen Gesellschaft

Einleitung

Die Kasualtheorie ist in der Praktischen Theologie des 20. und 21. Jhs. zu einem prominenten Thema avanciert. Hans Georg Haack konstatierte noch 1935, dass »ein zugleich grundlegendes und praktisch wegweisendes Buch über die Amtshandlungen fehlt«[1]. Zwar erwähnten die einschlägigen Lehrbücher der Praktischen Theologie von Ernst Christian Achelis, Theodosius Harnack oder Martin Schian die Amtshandlungen, allerdings geschieht dies, wie der Verfasser moniert, »durchweg in gedrängter Kürze«[2]. Einzig die Darstellungen von Friedrich Uhlhorn[3] und Friedrich Niebergall[4] zur Kasual*rede* widmeten sich einer übergreifenden und integralen Perspektive auf die Amtshandlungen. Diese blieb allerdings auf die Predigt beschränkt.

Das Buch von Haack zeigt, und deshalb sei es hier erwähnt, symptomatisch den Beginn einer Entwicklung an, in deren Zuge die Amtshandlungen intensiv thematisiert werden und die im Einzelnen sehr unterschiedlichen Amtshandlungen, wie Bestattung und Taufe, Konfirmation, Trauung und Krankenabendmahl, in eine zusammenhängende, systematische Perspektive gebracht werden. Die Kasualien bilden nicht nur in der Vielgestaltigkeit ihrer Anlässe ein heterogenes Ensemble. Eine übergreifende Perspektive ist auch darum schwer zu gewinnen, weil sich die Kasualien einer eindeutigen Zuordnung zu einer der praktisch-theologischen Teildisziplinen sperren. Seelsorge, Liturgie, Verkündigung und religiöse Bildung – alle Handlungsfelder der Praktischen Theologie sind angesprochen. Die Praktische Theologie ist als Ganze gefragt. Das macht die Komplexität des Themas aus. Im Zuge der Ausarbeitung einer übergreifenden Theorieperspektive hat sich das Ver-

---

1 H. G. Haack, Die Amtshandlungen in der evangelischen Kirche, Gotha 1935, 11. Nach dem Krieg mehrfach neu aufgelegt: 2. Auflage Berlin 1951ff.

2 Ebd.

3 F. Uhlhorn, Die Kasualrede. Ihr Wesen, ihre Geschichte und ihre Behandlung nach den Grundsätzen der lutherischen Kirche, Hannover 1896.

4 F. Niebergall, Die Kasualrede (Praktisch-theologische Handbibliothek Bd. 3), Göttingen 1904.

ständnis der Amtshandlungen grundlegend gewandelt. Dieser Wandel spiegelt sich in der Bezeichnung wider. Während Haack nur ein kleines Kapitel zu den »Amtshandlungen im Allgemeinen« vorschaltet, sind mit dem Begriff der Kasualtheorie, wie er neuerdings gebräuchlich ist, die Kasualien selbst zum Gegenstand einer neuen Teildisziplin avanciert. Die integrale Perspektive und ein gesteigertes Interesse an der Theorie der Kasualien kommen hier zusammen.

Kasualien haben als Thema der Praktischen Theologie Konjunktur. Blickt man allerdings auf die diskursive Gemengelage, in der die Amtshandlungen im Laufe des 20. Jahrhunderts thematisiert wurden, so fällt die ausgesprochen ambivalente Bewertung der Kasualpraxis auf. Die Amtshandlungen werden in ihrer Bedeutung sehr unterschiedlich eingeschätzt. Während Haack 1935 emphatisch betont: »Besinnung auf die eigentlichen Aufgaben der Kirche tut not!« (Klappentext) und mit den »eigentlichen Aufgaben« die Kasualien meinte, hat sich Rudolf Bohren 1960[5] prominent gegen die volkskirchliche Kasualpraxis ausgesprochen. Seine Kritik ist kein Einzelfall, sondern sie schließt nahtlos etwa an Günther Dehn[6] an. Die Lektüre zeigt, dass Bohrens Programmschrift kein einliniges Plädoyer gegen den von ihm so bezeichneten modernen Baalskult ist, vielmehr changiert sie zwischen Hochschätzung und Verteufelung, ist also in der Bewertung in hohem Maße ambivalent.

Das Thema Kasualien ist gerade deshalb so lohnend, weil sich hier vielfältige Reflexionsperspektiven verschränken, die auf die Frage zielen, wie das Kasualchristentum in kirchentheoretischer Perspektive vor dem Hintergrund eines religiösen Pluralismus einzuschätzen ist. Daher soll ein prägnantes Verständnis der Kasualpraxis ansatzweise entwickelt werden und dabei zugleich das zur Sprache kommen, was die Kasualtheorie als eine integrale Theorieperspektive konstituiert.

1. ZUR FRAGE DER BEDEUTUNG DER KASUALIEN

Schon die erste Kirchenmitgliedschaftsuntersuchung aus dem Jahr 1972 hatte den Zusammenhang der Wertschätzung der Kasualien durch die Kasualbegehrenden und eines spezifischen volkskirchlichen Teilnahmeverhaltens erhoben. Joachim Matthes brachte dies in seiner Auswertung auf den Punkt: »Es gibt eine Form volkskirchlichen Teilnahmeverhaltens, die sich vornehmlich auf die Amtshandlungen, aber auch auf solche gottesdienstlichen Veranstaltungen bezieht, die einen besonderen Stellenwert im Lebenszyklus und

5 R. BOHREN, Unsere Kasualpraxis – eine missionarische Gelegenheit?, München 1960.

6 G. DEHN, Die Amtshandlungen der Kirche, Stuttgart 1950, 106 u.ö.

Jahresrhythmus haben und darin soziokulturell abgestützt sind. Für das Selbstverständnis derer, die dieses Verhalten zeigen, gilt dieses Verhalten als ›normal‹; sie kommen bei den genannten nicht nur *›mal‹* sondern *›überhaupt‹* zur Kirche.«[7]

Die dritte Kirchenmitgliedschaftsuntersuchung aus dem Jahr 1992 hat besonders deutlich gezeigt, wie hoch die Kasualien im Kurs der Kirchenmitglieder stehen. Gezielt hat man hier solche Kirchenmitglieder befragt, die die biographische Begleitung der Kirche in Anspruch nehmen, aber ansonsten ein distanziertes Verhältnis zur Institution pflegen. Ihr Teilnahmeverhalten, das aus der Perspektive einer Beteiligungskirche als defizitär eingeschätzt wurde, wurde von den befragten Kasualchristen nicht nur selbstbewusst vertreten, sondern war durch eine tiefe innere Verbundenheit mit der Institution Kirche geprägt. Die Begleitung durch die Institution wurde von den – in der Auswertung der Kirchenmitgliedschaftsuntersuchung dann prägnant so genannten – Kasualchristen als ein Anlass zu einer tiefen Verwurzelung mit der Kirche begriffen.

Die mit der Auswertung der Umfrageergebnisse verbundene neue Hochschätzung der Kasualien verdankt sich wesentlich dem Blickwechsel zu den Adressaten hin und damit auch einer kirchentheoretischen Wendung, die die Volkskirche positiv zu bewerten versteht, eine Angebotskirche, die – in einem positiven Sinne verstandene – *Dienst*leistungen für die Menschen bereit hält, die diese wiederum gerne nachfragen und durch ein stabiles Verhältnis zur Institution goutieren.

Rudolf Bohren hatte zuvor eine solche Bewertung des kirchlichen Teilnahmeverhaltens scharf kritisiert: »Die Kasualien sind der Ort und die Gelegenheit, die den zähflüssigsten Protestanten zwar nicht auf die Bußbank, aber immerhin auf die Kirchenbank führen. Anläßlich von Taufe, Konfirmation, Trauung und Beerdigung falten stiernackige Teutonen die Hände und spindeldürre Agnostiker beten mit uns. Ob dabei die Maiglöcklein blühen oder die Chrysanthemen, in unseren Kasualien geschieht das Wunder: die Welt bedarf der Kirche, läßt sich kirchlich behandeln, kirchlich bedienen.«[8]

Die ätzende Kritik Bohrens zeigt an, dass die Wertschätzung bzw. die Ablehnung der Kasualpraxis wesentlich davon abhängt, ob die Erwartungen der Kasualnachsuchenden und der Institution gewürdigt werden können oder ob diese pauschal und in Gänze diskreditiert werden. Anders gesagt, ihre Bewer-

---

[7] J. MATTHES, Volkskirchliche Amtshandlungen, Lebenszyklus und Lebensgeschichte. Überlegungen zur Struktur volkskirchlichen Teilnahmeverhaltens, in: DERS. (Hg.), Erneuerung der Kirche. Stabilität als Chance? Konsequenzen aus einer Umfrage, Gelnhausen 1975, 83–112: 110; Hervorhebungen im Original.

[8] BOHREN, Unsere Kasualpraxis (s. Anm. 5), 9f.

tung hängt davon ab, ob die Erwartungen der Kasualbegehrenden und die Einstellungen der Pfarrer und Pfarrerinnen auseinanderklaffen oder aber zusammenstimmen. Tatsächlich erleben manche Pfarrer die Kasualpraxis als Pflichtübung und Zumutung. Sie sehen sich in die Rolle eines Zeremonienmeisters[9] gedrängt, der zur Verschönerung der Familienfeier gefragt, aber mit dem Eigen-Sinn seiner Botschaft eher ein Störfaktor ist.

Den Kasualien kommt, das spiegelt nicht zuletzt ihre Einschätzung zwischen emphatischer Hochschätzung und ätzender Verwerfung wider, eine »Scharnierfunktion«[10] für die unterschiedlichen Formen von privatem, kirchlichem und öffentlichem Christentum zu. Damit kristallisiert sich an der Einstellung zur Kasualpraxis und dem Umgang der Pfarrerinnen und Pfarrer mit den Kasualien wesentlich heraus, ob sie die unterschiedlichen Formen kirchlichen Teilnahmeverhaltens, Kasualgemeinde und Kirchengemeinde, in Kontakt halten können. Auf ihre Kasualkompetenz kommt es wesentlich an, um die Potentiale, die Kasualien für die Gemeindeentwicklung bieten, auszuschöpfen. Dazu ist jedoch zunächst das Verständnis von Kasualien näher in den Blick zu nehmen.

2. WAS DER FALL IST: ZUM VERSTÄNDNIS VON KASUALIEN

Dass die Bezeichnung Kasualien gegenüber Amtshandlungen favorisiert wird, ist ein Signal für den Perspektivwechsel, der den Einzelnen und seinen Kasus in den Mittelpunkt der Wahrnehmung und der Aufmerksamkeit rückt. Um 1900 hatte sich bereits der Begriff Kasualrede für die Predigten anlässlich von Taufen, Beerdigungen und Trauungen durchgesetzt, im Hintergrund aber stand noch die Frage, ob es sich denn um einen besonderen Fall handle. Friedrich Niebergall nimmt die Einwände auf, die darauf zielen, »das Wort casus müsse in seiner prägnanten Bedeutung genommen werden und heiße dann: besonderer, ungewöhnlicher Fall. Auf dem homiletischen Gebiet wäre dann ein Kasus ein besonderer Fall im Gemeindeleben, der mitsamt der Person des Pfarrers und dem Texte die Gestaltung der Predigt zu bestimmen hätte«[11], beispielsweise eine Feuersbrunst, die besonders schwere Sünde eines Gemeindegliedes und anderes mehr. Niebergall gesteht zwar zu, dass man »im Gemeindeleben mit größerer Wahrscheinlichkeit kleine Kinder, Brautpaare und tote Leute als Feuersbrünste und [...] Totschläge zu erwarten hat«, aber – und hieran zeigt sich der Blickwechsel deutlich – nicht die Routine

9 BOHREN, Unsere Kasualpraxis (s. Anm. 5), 53f.

10 C. ALBRECHT, Kasualtheorie. Geschichte, Bedeutung und Gestaltung kirchlicher Amtshandlungen, Tübingen 2006, 6.

11 F. NIEBERGALL, Die Kasualrede (s. Anm. 4), 4.

des Pfarrers, der mit Eheschließungen und Taufen rechnen kann, bestimmt, was der Fall ist, sondern diejenigen, die in einmaliger und ungewöhnlicher Weise in ihrer Biographie betroffen sind. Die Taufe, die Konfirmation, die Eheschließung und die Bestattung eines nahen Angehörigen sind außergewöhnliche, besondere Fälle und werden deshalb zutreffend Kasus genannt und nicht etwa als kirchliche Amtshandlungen bezeichnet, d.h. als die von einem Pfarrer qua Amt zu vollziehenden Handlungen. Was allerdings im Besonderen bei den Menschen der Fall ist, ist der Wahrnehmung des Pfarrers bzw. der Pfarrerin aufgegeben. Mit der Fokussierung auf den Anlass ist eine deutlichere Wahrnehmung der Menschen programmatisch intendiert. Neben der damit verbundenen Hinwendung zu den Menschen ist es aber zum anderen auch die Erläuterungsbedürftigkeit der Situation, die die Kasualie charakterisiert. Worum es geht, fordert in einer von Traditionsabbrüchen gekennzeichneten pluralen Gesellschaft Erklärungen heraus und zwar über das übliche, jedem rituellen Anlass eignende Maß hinaus.

Was der Fall ist, ist somit stets doppelt bestimmt: zum einen durch die lebensgeschichtliche vorgefundene Situation, zum anderen durch die Situation, die sie liturgisch und homiletisch, seelsorgerlich und katechetisch mit hervorbringt. Der Kasus ist immer schon ein »vielfach bestimmter Fall: durch das Lebensgeschick der Beteiligten, die kirchliche Tradition, den sozialen Kontext, die kulturellen Prägungen, aber auch in actu durch das gottesdienstliche Geschehen, das pastorale Gespräch, die familiäre Feier und anderes mehr.«[12]

Dem Kasualgespräch kommt in der Frage der Erhebung der Situation eine explorative Funktion zu. Auch wenn die Seelsorge nicht auf das Gespräch zu beschränken ist, so hat sie hier im Wesentlichen ihren Sitz im Leben. Im Kasualgespräch wird zu erheben sein, »wie die religiöse Frage in der biographischen Kontingenz an den kirchlichen Übergängen des Lebenszyklus verborgen ist und wie sie im Gespräch mit den Menschen zu Bewußtsein gebracht werden kann.«[13]

Die religiöse Frage liegt nicht offen zutage, sondern sie ist eine individuelle, die in ihrer lebensgeschichtlichen Funktion aus Anlass von Kasualien zu allererst zu erheben ist. Es kann unterstellt werden, dass die Übergänge im Lebenslauf, selbst dann, wenn sie freudige Anlässe bieten, durchaus krisenhafte Implikationen haben. Das seelsorgerliche Gespräch zielt auf die Ambi-

---

[12] K. FECHTNER, Kirche von Fall zu Fall. Kasualpraxis in der Gegenwart – eine Orientierung, Gütersloh 2003, 11.

[13] P. CORNEHL, Frömmigkeit – Alltagswelt – Lebenszyklus. Propädeutische Notizen, in: WPKG 64 (1975), 388–401, 401.

valenz, die sich mit dem Kasus verbinden und im Kontext des christlichen Glaubens thematisiert werden kann.

Der Kasualpredigt kommt wesentlich die Aufgabe zu, an den lebensgeschichtlichen Knotenpunkten den christlichen Glauben anschaulich und biographienah zu thematisieren. Die Rekonstruktion einer Lebensgeschichte verschränkt den einzelnen Lebenslauf mit dem größeren Zusammenhang der Geschichte Gottes mit den Menschen. Die Predigt ist damit eine Deutungsleistung, deren kerygmatischer Grundzug im Zuspruch der Rechtfertigung liegt. Diese Rechtfertigung ist christologisch qualifiziert, denn sie geschieht nicht »auf dem Grund dessen, was sie selber [sc. die Lebensgeschichten] dafür bereitstellen, sondern auf dem Grund und in der Zuwendung des rechtfertigenden Glaubens an Jesus Christus.«[14] Das Motiv der vom Kasus Betroffenen muss zum Zuge gebracht werden, es muss jedoch andererseits die besondere Zuwendung Gottes in Jesus Christus, als der bestimmende Grund ihres Selbstseins und ihrer Lebensgewissheit, hervorgekehrt werden.[15]

Schließlich kommen anlässlich von Kasualien Aspekte religiöser Bildung zum Tragen. Das gilt nicht nur für den Taufunterricht, auch wenn der Konfirmandenarbeit eine wichtige Funktion zukommt. Religiöse Bildung ist immer schon auf das eigene Leben, die Biographie, bezogen. Christian Grethlein hat darauf hingewiesen, dass die Kasualien im Religionsunterricht und in der Erwachsenenbildung selten thematisiert werden und fordert, die Kasualien zum Gegenstand des Unterrichts zu machen, weil sich hier zentrale theologische Inhalte lebensnah veranschaulichen ließen.[16]

Schließlich ist der Gottesdienst in liturgischer Perspektive ein Ritual, das den lebensgeschichtlichen Übergang performativ inszeniert und gestaltet. Während im Anschluss an die Ritualtheorien von Robertson Smith[17] und Emile Durkheim[18] das Ritual als eine fixe Ordnung verstanden wurde, deren Inhalte variieren konnten, »the ritual was fixed and the myth was variable«[19], hat William Turner das Kreative und Spielerische an Ritualen hervorgeho-

[14] W. GRÄB, Rechtfertigung von Lebensgeschichten, Erwägungen zu einer theologischen Theorie der kirchlichen Amtshandlungen, in: PTh 76 (1987), 21–38: 38. Im Original teilweise hervorgehoben.

[15] Ebd.

[16] C. GRETHLEIN Grundinformation Kasualien. Kommunikation des Evangeliums an den Übergängen des Lebens, Göttingen 2007.

[17] W. ROBERTSON SMITH, Lectures on the Religion of the Semites. The Fundamental Institutions. Third Edition with an Introduction and Additional Notes by Staley A. Cook, London 1927 (1889), bes. 18.

[18] E. DURKHEIM, Les formes élémentaires de la vie religieuse. Le système totémique en Australie, Paris 1990 (1912).

[19] SMITH, Lectures on the Religion of the Semites (s. Anm. 17), 18.

ben. Indem er seinen Ritualbegriff von den Zeremonien absetzt, kann er das bis dato herrschende »reproduktiv-funktionalistische Paradigma«[20] in der Ritualtheorie überwinden. Während Zeremonien keine Wandlungsoffenheit besitzen und gesellschaftliche Ordnung im Wesentlichen zementieren, ist das Ritual – so Turner – eine kreative Quelle gesellschaftlicher und kultureller Strukturen. Rituale entwickeln eine Dynamik, sie sind also keineswegs nur als »Zement gesellschaftlicher Kohäsion«[21] zu verstehen, sondern auch als Gestaltungsmotor.[22]

Rituale werden somit nur unzureichend beschrieben, wenn man auf der einen Seite ihren Ordnungscharakter und auf der anderen Seite ihre Semantiken betrachtet, anders gesagt, wenn man Ritual und Kerygma gegeneinander zu profilieren sucht. Das Paradigma der Performanz zielt auf das unauflösliche Ineinander von ritueller Handlung und expliziter Kommunikation. Die Pointe ritueller Praxis wäre demnach gerade die, dass sich hier im rituellen Vollzug Bedeutung zu allererst konstituiert und den Teilnehmenden erschließt. Die rituelle Praxis anlässlich von Kasualien trägt stets einen alltagstranszendierenden Sinn in sich: Sie überschreitet Grenzen des Alltags, vergegenwärtigt Bereiche, die jenseits der Alltagserfahrungen liegen, aber auf diese bezogen bleiben und darin das Unverfügbare sichtbar und erfahrbar machen.

3. HERAUSFORDERUNGEN EINER BIOGRAPHIEBEZOGENEN KASUALPRAXIS

Es ist gerade dieses Ineinander an seelsorgerlicher Zuwendung, homiletischem Zuspruch und liturgischer Performanz, das eine Kasualie so eindrücklich macht. Der Einzelne in seinen Lebensbezügen und in seiner biographischen Situation steht im Zentrum. Ihm gilt die Aufmerksamkeit, freilich so, dass die religiöse Frage in dieser konkreten Situation thematisiert wird und Antwortmöglichkeiten angeboten werden. Prinzipiell kann unterstellt werden, dass an den Knotenpunkten und Übergängen eines Lebens mehr in Erscheinung tritt als Singuläres oder Zufälliges.[23] Die Kasualien sind somit nicht nur punktuelle, flüchtige Berührungspunkte zwischen Individuum und

[20] M. STRAUSBERG, Ritualtheorien und Religionstheorien, in: D. HARTH/G. J. SCHENK (Hgg.), Ritualdynamik. Kulturübergreifende Studien zur Theorie und Geschichte rituellen Handelns, Heidelberg 2004, 29–48: 35.

[21] Ebd.

[22] Am Beispiel von Konfirmation und Jugendweihe lässt sich der Wandel exemplarisch zeigen: B. WEYEL, Die Jugendweihe. Die Dynamik eines Rituals zwischen Beharrung und Wandel, in: BThZ 26 (2009), Heft 1, 31–46.

[23] ALBRECHT, Kasualtheorie (s. Anm. 10), 198.

christlichem Glauben. An den biographischen Schnittpunkten geht es auf Seiten der Kasualnachfragenden um Kontinuitäten und Diskontinuitäten im Lebenslauf, die im Ritual thematisiert und interpretiert werden und zwar so, dass aus der Perspektive des christlichen Glaubens ein Deutungsangebot entfaltet wird.

Martin Luther schreibt in seinem Traubüchlein 1529: »[D]enn wer von dem Pfarrherr oder Bischof Gebet und Segen begehrt, der zeiget darmit wohl an (ob er‹s gleich mit dem Munde nicht redet) in was Fahr Not er sich begibt und wie hoch er des göttlichen Segens und gemeinen Gebets bedarf zu dem Stande, den er anfähet«[24]. Das Leben als Ganzes kommt im Übergang von einem Lebensabschnitt zum anderen in den Blick und damit ist eine Perspektive auf das Leben in seiner einheitsstiftenden Sinnzuschreibung gefragt. Hier zielt die Seelsorge maßgeblich darauf, die in der Lebenserfahrung spürbare Kontingenzerfahrung auszulegen als eine Abhängigkeit von Gott. Nicht undurchschaubare Schicksalsmächte werfen das Leben wie Spielbälle hin und her, keine pummeligen Liebesgötter schießen Pfeile aus dem Hinterhalt ab, entreißen den Vater oder die Lebensgefährtin, sondern unser individuelles Geschick liegt in den Händen Gottes, dem Vater Jesu Christi, der Freiheit schenkt und der die Liebe und die Auferstehung und das Leben ist. Von da aus sind in seelsorgerlicher Perspektive sowohl Entfaltungsmöglichkeiten der Lebensgestaltung als auch Beschränkungen unter den Bedingungen der Endlichkeit anzusprechen.

In einer volkskirchlichen Situation genießen Kasualien eine hohe Akzeptanz. Zugleich sind aber die Kasualien Seismographen für Traditionsabbrüche und Individualisierungstendenzen. Nicht nur in Nord- und Ostdeutschland stehen zivilgesellschaftliche Verbände und kommerzielle Unternehmen, allen voran die Bestattungsunternehmen in den großen Städten, bereit, sich der Konkurrenz mit den Kirchen zu stellen. Häufig nehmen die Bestattungsunternehmen im Kontakt mit den Hinterbliebenen und im Rahmen von Bestattungsvorsorge Weichenstellungen im Blick auf die Gestaltung der Beerdigungsfeier vor. Für die Verwurzelung des Christentums in einer pluralistischen Gesellschaft wird den Kasualien in Zukunft eine entscheidende Funktion zukommen. Diese Bedeutung der Kasualkompetenz bringt das EKD Diskussionspapier »Herausforderungen evangelischer Bestattungskultur«[25] treffend auf den Punkt: »Die Zukunft unserer Kirche [...] entscheidet sich nicht zuletzt an einer [...] glaubwürdig und individuell zugewandten Gestaltung der kirchlichen Kasualpraxis.«[26] Die besondere Pointe der Kasu-

[24] Die Bekenntnisschriften der evangelisch-lutherischen Kirche, Göttingen [11]1992, 530.

[25] http://www.ekd.de/download/ekd_bestattungskultur.pdf.

[26] S Anm. 25, 3.

alkompetenz läge daher darin, auf die wandlungsintensive religiöse Praxis eingehen zu können und hierbei tatsächlich das Individuelle, das Besondere am Kasus herauszuarbeiten und diesem adäquat begegnen zu können. Kriterium wäre dabei, auf die berechtigten Bedürfnisse der Betroffenen einzugehen, sich in ihre Vorstellungswelten einzufühlen, aber zugleich den christlichen Glauben mit dem, was der Fall ist, so in Kontakt zu bringen, dass sich die christologisch begründete Zuwendung ausdrücklich erschließt. Nicht durch eine einseitige Orientierung an den Kundenwünschen ist mit säkularen Anbietern zu konkurrieren. Kasualkompetenz ist vielmehr zu beschreiben als die Fähigkeit, eine an den Grundlagen des christlichen Glaubens orientierte und zugleich zugewandte, an der Einzigartigkeit der Situation interessierte Atmosphäre entstehen zu lassen. Unter den Bedingungen einer individualisierten Gesellschaft dürfen daher die Mitgestaltungswünsche der Kasualbegehrenden nicht als Störfaktoren, sondern als Ausdruck von Gestaltungswillen begriffen werden.

4. Die Gemeinde der Kasualchristen

Der Begriff der integralen Amtshandlungspraxis von Joachim Matthes nimmt auf, dass die Kasualien in sich ein vielgestaltiges Gewebe darstellen. Darüber hinaus hat der Begriff der integralen Amtshandlungspraxis auch eine kirchentheoretische Pointe. Kasualien haben eine integrierende Funktion für das Christentum in einer faktisch weltanschaulich und religiös plural verfassten Gesellschaft. Sie sind nicht nur eine vordergründige und traditionell bestimmte Gewohnheit, sondern sie gründen, aus der Perspektive der Subjekte betrachtet, in dem Willen, sich bestimmte christliche Traditionen und Glaubensinhalte persönlich anzueignen, sie in die eigene Biographie zu integrieren. »In den Kasualien integrieren sich evangelische Christen in den gegenwärtigen Lebenszusammenhang des volkskirchlichen Christentums.«[27]

Doch damit ist das Potential der Kasualien noch nicht ausgeschöpft. Kasualpraxis ist partikulare Kirchlichkeit. Institutionelles kirchliches Handeln und der sinnhafte Aufbau der je individuellen sozialen Welt werden anlässlich der Kasualien miteinander vermittelt. Der kirchlichen Kasualpraxis kommt eine Integrationsfunktion zu, weil sie zwischen ererbter Tradition und persönlicher Entscheidung changiert.[28]

Insofern ist das Kasualchristentum eine stabile und eigenständige Form der Kirchenmitgliedschaft und des gelebten Christentums. Die Äußerlich-

---

[27] So FECHTNER, Kirche von Fall zu Fall (a.a.O. Anm. 12), 33. Hervorgehoben.

[28] Dies zeigen auch die empirischen Einzelfallstudien von R. SOMMER, Kindertaufe – Elternverständnis und theologische Deutung (Praktische Theologie heute 102), Stuttgart 2009.

keit, die dieser Form des gelebten Glaubens zum Beispiel von Rudolf Bohren unterstellt wurde, verkennt die Situation. Allerdings stellt sich die Frage, wie das Kasualchristentum kybernetisch zu verstehen ist. Welche Gemeinde ist die Gemeinde der Kasualchristen? Kasualien sind in dem Sinne keine missionarische Gelegenheit, dass man über die Biographiebegleitung hinaus die Kasualchristen in die Kerngemeinde hineinziehen könnte. In Einzelfällen mag das nicht auszuschließen sein. Wenn man allerdings eine solche Perspektive zum Kriterium erhebt, kann die Kasualpraxis wieder nur negativ, als eine defizitäre, in den Blick kommen. Dennoch haben Kasualien eine grundlegende kirchentheoretisch zu beschreibende Dimension. »Kasualien erfüllen ihre [...] missionarischen und auf den Gemeindeaufbau bezogenen Zwecke nicht dadurch, daß sie unmittelbar für diese Zwecke funktionalisiert werden«.[29] Die Ausstrahlungskraft der Kasualien ist freilich nicht zu unterschätzen, da im Vollzug deutlich erkennbar und erlebbar wird, wie Kirche die Anliegen der Betroffenen aufnimmt und ernst nimmt. Darin liegt die Überzeugungskraft kirchlichen Handelns, dass sie offen werden kann für andere, intensivere Teilnahmeformen. Die Kasualgemeinde als Versammlung derer, die das Evangelium hören, ist in ekklesiologischer Perspektive als Kirche zu beschreiben. Der Christusbezug dessen, was zum Ausdruck kommt, ist dafür entscheidend. Die inhaltliche Qualifikation der Kasualpraxis ist entsprechend maßgeblich, nicht die Zugehörigkeitsbedingungen einer Institution. Der Begriff der Volkskirche ist daher weniger als Beschreibung einer faktischen Situation, als vielmehr als ein Programmbegriff zu verstehen, der die Vorbedingungen für die Mitgliedschaft in der Institution minimal hält, damit diese prinzipiell für alle Mitglieder da sein kann. Darin liegt ihre wesentliche Vermittlungsleistung zwischen dem gemeinschaftlichen und dem individuellen religiösen Leben aller ihrer Mitglieder.[30]

Der Person des Pfarrers bzw. der Pfarrerin kommt in der Kasualpraxis eine herausgehobene Bedeutung zu: Er bzw. sie repräsentiert die Institution Kirche. Der Pfarrer bzw. die Pfarrerin werden nicht als Privatpersonen, sondern als Repräsentanten der Institution wahrgenommen und wertgeschätzt. In dieser Funktion wird das Pfarramt durchlässig für die Ortsgemeinde. Die Parochialgemeinde ist der Ort, an dem Kasualchristen eine, wenn auch eine durch ihr eigenes Teilnahmeverhalten spezifisch geprägte, kirchliche Heimat finden. Kasualkompetenz bedeutet in kirchentheoretischer Hinsicht, die Kasualsuchenden nicht an der Gruppe der Engagierten zu orientieren, sondern den Bedürfnissen der ursprünglich nicht eigenen Milieus gerecht zu werden, nachgehende und nachfragende Kirche zu sein. Die

29 ALBRECHT, Kasualtheorie (s. Anm. 10), 182.

30 Vgl. die Darstellung bei ALBRECHT, Kasualtheorie (s. Anm. 10), 147.

Kasualgemeinden konstituieren die Parochialgemeinde als sozial und hinsichtlich der Partizipation am kirchlichen Leben heterogenen Ensemble mit.

5. KASUALKOMPETENZ ALS PARADIGMA EINER PRAKTISCHEN BILDUNG ZUM PFARRBERUF

Der emphatische Hinweis des EKD Diskussionspapiers (»Die Zukunft unserer Kirche [...] entscheidet sich nicht zuletzt an einer [...] glaubwürdig und individuell zugewandten Gestaltung der kirchlichen Kasualpraxis.«) ist dahin gehend zu präzisieren, dass die Kasualien eine »Scharnierfunktion«[31] von individuellem, öffentlichem und kirchlichem Christentum haben. Eine integrative Amtshandlungspraxis ist gefordert, um die Offenheit der Volkskirche für unterschiedliche Kirchenmitgliedschaftsformen zu gewährleisten. Diese Offenheit stellt sich aber nur konkret ein, indem in der Person des Pfarrers bzw. der Pfarrerin die Kirche eine nachgehende und fragende Kirche ist. Kasualkompetenz ist die Fähigkeit, eine an den Grundlagen des christlichen Glaubens orientierte und zugleich zugewandte, an der Einzigartigkeit der Situation interessierte Atmosphäre entstehen zu lassen.

Manches spricht dafür, dass die Kasualpraxis zunehmend positiver eingeschätzt wird und die Bereitschaft wächst, das religiöse Bedürfnis der Kasualbegehrenden wahrzunehmen und aufzunehmen.

[31] ALBRECHT, Kasualtheorie (s. Anm. 10).

Jens Schröter

Theologie als Wissenschaft

Bemerkungen angesichts der gegenwärtigen Situation[1]

Das Thema dieser Ringvorlesung gibt die Gelegenheit, die gegenwärtige Situation akademischer Theologie in Deutschland im Allgemeinen und der Evangelisch-theologischen Fakultäten im Besonderen anhand einiger Streiflichter zu beleuchten. Dazu sollen, ausgehend von grundsätzlichen Bemerkungen zur Theologie an der Universität, einige Aspekte zur Sprache kommen, die die derzeitige Lage akademischer Theologie an den deutschen Universitäten charakterisieren. Vorab sei dazu angemerkt, dass ich durch meine Arbeit in der Leitung des Evangelisch-theologischen Fakultätentages und im Vorstand der Wissenschaftlichen Gesellschaft für Theologie[2] vielfach mit Fragen der gegenwärtigen Situation akademischer Theologie und der Stellung der Theologischen Fakultäten an den deutschen Universitäten befasst bin. In diesen Funktionen bin ich sowohl im universitären als auch im kirchlichen Bereich in die Prozesse der Gestaltung theologischer Ausbildung und die Frage nach der Stellung akademischer Theologie an der Universität eingebunden, die in den zurückliegenden Jahren durch Ereignisse bestimmt war, die sich mit den Stichworten Bologna-Prozess, Exzellenzwettbewerb, Empfehlungen des Wissenschaftsrates und Reformprozess der Evangelischen Kirche in Deutschland umreißen lassen. Diese Aspekte sind darum auch – implizit oder explizit – leitend für die folgenden Ausführungen, die sich in fünf Abschnitte gliedern. Ausgangspunkt ist die Frage, inwiefern Theologie eine Wissenschaft ist und was dies für ihre konkrete Verfasstheit und die Arbeit an Theologischen Fakultäten bedeutet.

---

1 Vortrag zum Abschluss der Ringvorlesung »Europas religiöse Kultur(en)« im Sommersemester 2009 an der Universität Leipzig, gehalten am 6. Juli 2009. Der Vortrag war zugleich meine Abschiedsvorlesung an der Leipziger Theologischen Fakultät. Für die Publikation wurde das Manuskript etwas überarbeitet und um einige Anmerkungen ergänzt. Meiner studentischen Mitarbeiterin Anna Trapp danke ich herzlich für die Korrektur des Manuskripts.

2 Von 2007–2011 war ich Mitglied des Vorstands des Evangelisch-theologischen Fakultätentages, zunächst alsstellvertretender Vorsitzender, dann als Vorsitzender. In der Wissenschaftlichen Gesellschaft für Theologie war ich von 2005 bis 2011 als Schatzmeister zugleich Mitglied des engeren Vorstands.

1. THEOLOGIE IM KONTEXT DER WISSENSCHAFTEN – THEOLOGISCHE FAKULTÄTEN ALS BESTANDTEIL DER UNIVERSITAS LITTERARUM

Christliche Theologie lässt sich in einer vorläufigen Definition als Reflexion über Wirklichkeitsdeutungen aus der Perspektive des christlichen Glaubens beschreiben.[3] Ihre spezifische Aufgabe besteht demnach darin, die Grundlagen des christlichen Glaubens rational zu verantworten. Christliche Theologie gibt es also nur deshalb, weil es den christlichen Glauben in der Vielfalt seiner Ausdrucksformen gibt. Sie ist demzufolge keine voraussetzungslose, sondern eine bewusst voraussetzungs*volle* Wissenschaft.[4] Sie setzt die Existenz von Gemeinschaften und Individuen voraus, die ihr Leben, die Geschichte und die Wirklichkeit in allen ihren Dimensionen auf der Grundlage der Überzeugung deuten, dass es sich um von Gott gelenkte Geschehens- und Wirkzusammenhänge handelt. Theologie hat es demnach mit der Reflexion konkreter Glaubenspraxis zu tun.[5] Unter den Bedingungen des neuzeitlichen Wissenschaftsverständnisses, wie es in der Aufklärung entwickelt wurde, gelten dabei für die theologische Wissenschaft dieselben erkenntnistheoretischen Prämissen und methodischen Prinzipien wie für alle anderen Wissenschaften auch.

Die Stellung Theologischer Fakultäten an der neuzeitlichen, von Wilhelm von Humboldt und Friedrich Schleiermacher geprägten Universität[6] ist vor diesem Hintergrund eine zweifache. Als eine der neben Medizin und Jurisprudenz traditionell drei oberen Fakultäten besteht eine Aufgabe in der Ausbildung des geistlichen Nachwuchses der Kirchen – analog zu den in vergleichbarer Weise berufsbezogenen medizinischen und juristischen Fakultäten. Daneben ist aufgrund der Einbindung der religionspädagogischen Ausbildung in die (meisten) Theologischen Fakultäten bzw. Fachbereiche die Unterrichtung künftiger Religionslehrerinnen und -lehrer getreten, die an etlichen Fakultäten inzwischen die Mehrheit der Studierenden bilden.

---

3 Für einen grundsätzlichen Überblick sei auf die Ausführungen von C. SCHWÖBEL, Theologie, RGG^4, Bd. 8, 2005, 255–306, verwiesen.

4 F. SCHLEIERMACHER hatte deshalb Theologie als »positive Wissenschaft« bezeichnet, die auf »eine bestimmte Glaubensweise« bezogen ist, im Fall der christlichen Theologie also auf das Christentum. Vgl. DERS., Kurze Darstellung des theologischen Studiums zum Behuf einleitender Vorlesungen, Kritische Ausgabe mit Einleitung und Register von H. SCHOLZ, Darmstadt ^{5}1982, § 1.

5 Vgl. I.U. DALFERTH, Evangelische Theologie als Interpretationspraxis. Eine systematische Orientierung, ThLZ.F 11/12, Leipzig 2004, 53–56.

6 Vgl. C. MARKSCHIES, Die Theologie in der Humboldtschen Universität, in: DERS., Was von Humboldt noch zu lernen ist. Aus Anlass des zweihundertjährigen Geburtstags der preußischen Reformuniversität, Berlin 2010, 111–127.

Die andere Aufgabe ist die Beteiligung der wissenschaftlichen Theologie am Diskurs über die Interpretation der Wirklichkeit. In ihren verschiedenen Teildisziplinen – als exegetische, historische, systematische und praktische und interkulturelle Theologie – hat sie verschiedene Anknüpfungspunkte an universitäre Diskurse, zu denen sie ihren eigenen Anteil beisteuert und damit zugleich zur Einheit der Wissenschaft beiträgt. Diese Verbindung von Professionsbezogenheit und Wissenschaftlichkeit, die gegen die Aufteilung in wissenschaftliches Studium an Universitäten und berufsbezogener Ausbildung an Fachhochschulen steht, ist bereits von Friedrich Schleiermacher als Spezifikum der oberen Fakultäten bestimmt worden.[7] Aus dieser doppelten Aufgabe folgt zugleich die besondere Rechtsstellung der Theologischen Fakultäten als »gemeinsamer Angelegenheiten« von Staat und Kirche, auf die noch zurückzukommen ist.

Deutlich ist zugleich, dass sich die Stellung der Theologie an der Universität nicht mit dem Rekurs auf die rechtlichen Grundlagen begründen lässt, sondern nach einer sachlichen Antwort verlangt. Dabei sieht sich die Theologie, auch in neuerer Zeit, mit der Frage konfrontiert, ob sich der Bezug auf christlichen Glauben und die Ausbildung zum Pfarrberuf einerseits, der Anspruch auf Wissenschaftlichkeit andererseits, überhaupt miteinander vereinbaren lassen. Ist also eine im oben genannten Sinn verstandene Theologie im strengen Sinn eine Wissenschaft, die an staatlichen Universitäten gelehrt werden soll? Oder stellt sich christliche Theologie – präziser müsste man von *Theologien* sprechen[8] – mit der oben genannten Prämisse und dem darauf gründenden Wahrheitsanspruch nicht letztlich außerhalb des neuzeitlichen Wissenschaftsverständnisses, das gerade von Voraussetzungslosigkeit und Säkularität geprägt ist? Stehen also Wahrheitsanspruch und Wissenschaftlichkeit in Konkurrenz zueinander, schließen sie sich sogar aus – oder bilden sie ein der Theologie als positiver Wissenschaft inhärentes Spannungsmoment, das ihre Einbindung in den Wissenschaftsdiskurs geradezu erfordert?

---

[7] F. SCHLEIERMACHER, Gelegentliche Gedanken über Universitäten in deutschem Sinn. Nebst einem Anhang über eine neu zu errichtende, in: A. ARNDT (Hg.), Friedrich Schleiermacher, Schriften, Frankfurt 1996, 335–438, 364–377. Vgl. dazu J. ROHLS, Schleiermacher und die wissenschaftliche Kultur des Christentums. Festvortrag zur 175. Wiederkehr von Schleiermachers Todestag, Öffentliche Vorlesungen an der Humboldt-Universität zu Berlin 160, Berlin 2009, 30–34.

[8] Der Plural erklärt sich daraus, dass es christliche Theologie nur als konfessionell gebundene gibt, was sich darin niederschlägt, dass sie in Deutschland entweder als evangelische oder römisch-katholische Theologie gelehrt wird. Die Theologischen Fakultäten sind in Deutschland also stets konfessionell geprägt.

Eine solche Frage zu stellen, folgt nicht nur aus der dem Theologiestudium, jedenfalls in reformatorischer Tradition, schon immer innewohnenden Dynamik von wissenschaftlichem und geistlichem Anteil.[9] Vielmehr erscheint eine solche Reflexion gegenwärtig nicht zuletzt deshalb notwendig, weil der Status der Theologie als Wissenschaft offenbar klärungsbedürftig ist. In Ostdeutschland ist das nicht zuletzt deshalb der Fall, weil eine staatlich verordnete materialistische Weltanschauung auch zwanzig Jahre nach dem Zusammenbruch der DDR nachwirkt. Aber auch über diese spezifisch ostdeutsche Situation hinaus ist zu beobachten, dass der Status der Theologie als Wissenschaft an der Universität hinterfragt wird. Wissenschafts- und universitätspolitisch ist das von einiger Relevanz, steht doch zur Diskussion, wodurch sich die Stellung der Theologie an der Universität rechtfertigt und ob die Ausbildung zukünftiger Pfarrerinnen und Pfarrer nicht auch an kirchlichen Einrichtungen stattfinden könnte. Derartige Anfragen haben in der neueren Diskussion um die Theologie an der Universität an Brisanz gewonnen, worauf noch zurückzukommen ist. Zuvor ist jedoch daran zu erinnern, dass es sich in bestimmten Situationen durchaus als notwendig erwiesen hat, dass die Kirchen die theologische Ausbildung nicht staatlichen Einrichtungen überlassen, sondern sie in eigener Verantwortung durchführen.

So hat es in der DDR bekanntlich gute Gründe dafür gegeben, mit dem Sprachenkonvikt in Berlin, dem Katechetischen Oberseminar in Naumburg und dem Theologischen Seminar in Leipzig neben und unabhängig von den sogenannten »Sektionen Theologie« an den staatlichen Universitäten kirchliche Ausbildungseinrichtungen zu unterhalten, die weniger unter ideologischen Bevormundungen zu leiden hatten, als dies an den Universitäten der Fall war. Zwar sind diese Einrichtungen nicht unmittelbar als Reaktion auf die staatliche Repressionspolitik entstanden, sondern im Fall von Leipzig und Berlin schon älter, sie haben aber für die theologische Ausbildung in der DDR eine besondere Bedeutung erhalten. In vergleichbarer Weise haben auch schon früher politische Konstellationen zur Einrichtung kirchlicher Ausbildungseinrichtungen geführt. Die Kirchliche Hochschule Wuppertal wurde 1935 aus der Überzeugung heraus gegründet, dass die Ausbildung zum Pfarramt nicht länger an den durch den Nationalsozialismus korrumpierten Universitäten stattfinden solle. Sie stand deshalb von Beginn an in der Tradition der Bekennenden Kirche und wurde nicht zufällig sofort nach ihrer Gründung von den Nationalsozialisten für illegal erklärt. Die mittlerweile mit Wuppertal vereinigte Hochschule Bethel wurde dagegen bereits 1905 auf Initiative Friedrich von Bodelschwinghs gegründet. Sie stand in enger Beziehung zur diakonischen Praxis und sollte dazu dienen, akademi-

[9] Vgl. dazu C. GRETHLEIN, Pfarrer – ein theologischer Beruf!, Frankfurt 2009, 15–22.

sche Theologie und gemeindliche Praxis enger miteinander zu verzahnen. Auch die Kirchliche Hochschule Bethel stand in der Zeit des Nationalsozialismus auf Seiten der Bekennenden Kirche und wurde deshalb mit einem Verbot des Lehrbetriebs belegt.

Diese Beispiele zeigen, dass die Initiativen zur Gründung kirchlicher Ausbildungsstätten zumeist Reaktionen auf staatliche Eingriffe in die Freiheit der theologischen Ausbildung darstellen, mit dem Ziel, die Pfarramtsausbildung dann nicht dem Staat zu überlassen, wenn dieser die notwendige Freiheit und Unabhängigkeit der dem christlichen Glauben verpflichteten Ausbildung zum geistlichen Amt nicht zu gewähren bereit ist. Zugleich kommt darin das eigene kirchliche Interesse an der theologischen Ausbildung zum Ausdruck, das unter ganz anderen Vorzeichen auch für den Status der Theologischen Fakultäten im säkularen, freiheitlich-demokratischen Verfassungsstaat von Bedeutung ist. Darauf ist an späterer Stelle zurückzukommen.

Macht dieser kurze Blick auf die kirchlichen Ausbildungsstätten, von denen derzeit noch die beiden Kirchlichen Hochschulen in Wuppertal/Bethel und Neuendettelsau existieren, die Bezogenheit des Theologiestudiums auf den pfarramtlichen Dienst deutlich, so lässt sich die gegenwärtige Diskussion über die Stellung der Theologie an der Universität anhand der Initiativen konkretisieren, in denen sich der Wissenschaftsrat in den zurückliegenden Jahren mit Theologien und religionsbezogenen Wissenschaften befasst hat. Zu nennen sind hier zunächst die Akkreditierungen der Freien Theologischen Hochschule Gießen (2008), der Theologischen Hochschule Tabor (2009, 2. Antrag), des Baptistischen Seminars in Elstal (2007, 2. Antrag), der CVJM-Hochschule Kassel (2008) sowie der Theologischen Hochschule Reutlingen der Evangelisch-methodistischen Kirche (2005). Durch diese Akkreditierungen haben diese Einrichtungen den Status staatlich anerkannter Fachhochschulen erhalten.

Damit ist zugleich die Frage aufgeworfen, wie sich die an den genannten Einrichtungen erbrachten Studienleistungen zur Ausbildung an den Theologischen Fakultäten an staatlichen Universitäten verhalten. Hierzu hat der Kontaktausschuss zwischen dem Rat der Evangelischen Kirche in Deutschland (EKD) und dem Evangelisch-theologischen Fakultätentag eine Arbeitsgruppe eingerichtet, die Empfehlungen zu diesem Problemfeld erarbeitet hat. Diese sind inzwischen von der Kirchenkonferenz der EKD angenommen worden und werden dem Evangelisch-theologischen Fakultätentag auf seiner Plenarversammlung 2010 in Bonn vorliegen. Im Kern besagen diese Empfehlungen, dass die Studienleistungen der genannten Einrichtungen voraussichtlich nicht anerkannt werden können, da die christlichen Kirchen eine Autonomie zur Ausbildung des eigenen Nachwuchses an Theologischen Fakultäten und Kirchlichen Hochschulen besitzen, die bekenntnisgeprägt und -gebunden und an dem eingangs skizzierten Verständnis wissenschaftlicher Theologie orientiert sind. Dies macht zugleich deutlich, dass sich die Theologischen Fakultäten und Kirchlichen Hochschulen einem spezifischen Wissenschaftsverständnis verpflichtet wissen, das für ihre Einbindung in die Universität leitend ist.

Eine weitere Initiative des Wissenschaftsrates war die Einrichtung einer Arbeitsgruppe unter Vorsitz des Trierer Historikers Lutz Raphael, die sich mit Theologien und Religionswissenschaften an deutschen Hochschulen befasst hat. Diese Arbeitsgruppe sollte die Stellung der evangelischen wie römisch-katholischen Theologischen Fakultäten unter den drei Perspektiven untersuchen, welche Veränderungen 1. die zunehmende Pluralisierung der religiösen Bekenntnisse in der Bevölkerung, 2. die wachsende Autonomie und Profilierung der Universitäten und 3. das Verhältnis zu anderen Wissenschaften, insbesondere zur Religionswissenschaft und zu den Geistes- und Sozialwissenschaften, bedeuten. Die von dieser Arbeitsgruppe erarbeiteten Empfehlungen wurden vom Vorsitzenden des Wissenschaftsrates, Peter Strohschneider, am 1. Februar 2010 in der Berlin-Brandenburgischen Akademie der Wissenschaften der Öffentlichkeit in einer Pressekonferenz vorgestellt.[10] Zu diesen Empfehlungen hat der Kontaktausschuss eine Auswertung erarbeitet, die die Position von Evangelischer Kirche und Evangelisch-theologischen Fakultäten zusammenfasst.[11] Darin werden die »klare Verortung der Theologie an der Universität, die unzweideutige Bejahung des Fakultätsstatus, die bemerkenswert klare Akzeptanz der staatskirchenrechtlichen Gegebenheiten und die Wertschätzung der Theologie für den wissenschaftlichen Diskurs« ausdrücklich begrüßt. Schließlich hat der Wissenschaftsrat bislang zwei Kongresse zu diesen Empfehlungen veranstaltet: am 16./17. Juni in Berlin unter dem Titel »Vielfalt der Religionen« sowie am 13./14. Juli in Köln zum Thema »Islamische Studien in Deutschland«.

Aus Sicht der Evangelisch-theologischen Fakultäten ist aus den Empfehlungen des Wissenschaftsrates besonders zu unterstreichen, dass »der zentrale Ort der christlichen und nichtchristlichen Theologien das staatliche Hochschulsystem« ist.[12] Dieser Beschreibung ist deshalb nachdrücklich beizupflichten, weil sich christliche Theologie nach evangelischem Verständnis als Verantwortung des christlichen Glaubens im Kontext des jeweiligen Wissenschaftsdiskurses, seiner erkenntnistheoretischen Annahmen und

---

[10] WISSENSCHAFTSRAT, Empfehlungen zur Weiterentwicklung von Theologien und religionsbezogenen Wissenschaften an deutschen Hochschulen, 2010.

[11] Vgl. http://evtheol.fakultaetentag.de/PDF/texte_fremd/Auswertung_Empfehlungen_WR-Februar-2010.pdf. Vgl. auch epd-Dokumentation 22/2010.

[12] WISSENSCHAFTSRAT, Empfehlungen (s. Anm. 10), 59.

methodischen Verfahrensweisen, charakterisieren lässt. Christliche Theologie erforscht die grundlegenden Dokumente des Christentums, seine Geschichte und seine orientierende Funktion in der Gegenwart dezidiert im Kontext des universitären Diskurses und teilt dabei die allgemein geltenden Voraussetzungen für den Zugang zur Wahrheit innerhalb der Grenzen der menschlichen Vernunft. Die Grundüberzeugungen christlichen Glaubens sollen auf diese Weise im akademischen Diskurs reflektiert werden und sich in diesem bewähren.

Ein wichtiger und in der öffentlichen Diskussion viel beachteter Aspekt ist sodann die vom Wissenschaftsrat empfohlene Einrichtung islamischer – und in analoger Weise auch jüdischer – Studien.[13] Dabei ist das Modell einer an den Wissenschaftsstandards neuzeitlicher europäischer Universitäten orientierten Forschung und Lehre leitend, wie es auch für die christlichen Theologien gilt. Dazu gehört eine wissenschaftlich fundierte Ausbildung ebenso wie die »Einbindung in die universitäre Zusammenarbeit mit den Nachbardisziplinen«.[14] Damit ist zugleich zum Ausdruck gebracht, dass der Dialog zwischen christlicher und islamischer (und natürlich auch jüdischer) Theologie auf der Basis rationaler Wissenschaftsstandards stattfinden sollte.

Zur Beschreibung von Theologie als universitärer Wissenschaft gehört schließlich auch, dass der Wissenschaftsrat in den Empfehlungen auf die oben genannten Fachhochschulen freikirchlicher und evangelikaler Prägung nur in einem kleinen Abschnitt eingeht und damit seine Akkreditierungsentscheidungen gegenüber der Beurteilung der Theologischen Fakultäten an staatlichen Universitäten selbst in ein klares Verhältnis setzt.[15] Deren Funktion wird dabei als Ausbildung des geistlichen und karitativen Personals der entsprechenden Gemeinschaften beschrieben. Diese Einschätzung weist auf eine entscheidende Differenz zwischen akademischer Theologie an Universitäten und der Ausbildung an freikirchlichen und evangelikalen Fachhochschulen hin. Dieser Unterschied ist festzuhalten, um keine Grauzone entstehen zu lassen, die das Profil wissenschaftlicher Theologie an den Fakultäten und Kirchlichen Hochschulen durch die Vermischung mit anders gelagerten Verständnisweisen von Theologie und abweichenden Ausbildungsstandards verunklaren würde. Damit ist auf die Ausgangsfrage zurückzukommen, welchen Ansprüchen nämlich Theologie genügen muss, um ihren Platz im Wissenschaftsdiskurs zu behaupten.

Auszugehen ist dazu von dem durch die Aufklärung bestimmten Vernunft- und Erkenntnisbegriff, demzufolge die menschliche Erkenntnisfähig-

---

13 Wissenschaftsrat, Empfehlungen (s. Anm. 10), 74–87 bzw. 70–74.

14 Wissenschaftsrat, Empfehlungen (s. Anm. 10), 74.

15 Wissenschaftsrat, Empfehlungen (s. Anm. 10), 61.

keit – mit Kant gesprochen – an Anschauung und Begriff gebunden ist.[16] Gott ist dabei kein Gegenstand menschlicher Erkenntnis, denn er fällt nicht in den Bereich des der menschlichen Vernunft Zugänglichen. Im Blick auf die Verhältnisbestimmung von Glaube und Vernunft – die ein eigenes, durch die Regensburger Rede des gegenwärtigen Papstes neu ins Blickfeld gerücktes Thema wäre[17] – bedeutet dies, dass beide zwar nicht in Konkurrenz zueinander treten, aber auch nicht einfach ineinander aufgehen. Es handelt sich vielmehr um zwei zueinander komplementäre Formen, sich in der Welt zu orientieren. Theologie erforscht demnach nicht das Wesen Gottes, sondern interpretiert Wirklichkeit und Geschichte auf der Basis derjenigen Zeugnisse, in denen Menschen Erfahrungen mit Gott niedergelegt haben. Diese Sicht kommt in Johann Salomo Semlers Unterscheidung von »Heiliger Schrift« und »Wort Gottes« sinnenfällig zum Ausdruck, die eine für die Bibelwissenschaft, und damit für die evangelische Theologie insgesamt, grundlegende Sichtweise auf die im biblischen Kanon versammelten Schriften bedeutet. Diese Unterscheidung, die Semler in seiner Schrift mit dem bezeichnenden Titel »Von freier Untersuchung des Canon« einführt,[18] besagt, dass der biblische Kanon ein historisch entstandenes Dokument darstellt, das deshalb auch historisch untersucht werden muss. Damit ist einer starren Inspirationslehre der Abschied gegeben, die die biblischen Texte in Umfang und Wortlaut als vom göttlichen Geist eingegeben ansieht und sie deshalb gerade nicht der freien Untersuchung mit den Methoden der historischen Kritik aussetzen will.

Mit Semlers Unterscheidung ist die exegetisch-historische Theologie als unvoreingenommene Untersuchung der biblischen Texte begründet. Das wird dann noch einmal in Johann Philipp Gablers Rede »Über die richtige Unterscheidung der biblischen und der dogmatischen Theologie und der rechten Bestimmung ihrer beider Ziele« aus dem Jahr 1787 programmatisch

---

16 »Gedanken ohne Inhalt sind leer, Anschauungen ohne Begriffe sind blind.« I. Kant, Kritik der reinen Vernunft, Philosophische Bibliothek Band 37a, Hamburg 1956, 95 (B 75/A 51).

17 Benedikt XVI., Glaube und Vernunft: Die Regensburger Vorlesung. Vollständige Ausgabe, Freiburg 2006. Vgl. die Kritik von V. Gerhardt, Glauben unter den Bedingungen des Wissens, in: Die Bedeutung der wissenschaftlichen Theologie für Kirche, Hochschule und Gesellschaft. Dokumentation der XIV. Konsultation »Kirchenleitung und wissenschaftliche Theologie«, hg. vom Kirchenamt der Evangelischen Kirche in Deutschland (EKD-Texte 90), 2007, 7–28.

18 J.S. Semler, Abhandlung von freier Untersuchung des Canon, hg. von H. Scheible (Texte zur Kirchen- und Theologiegeschichte 5), Gütersloh 1967, 60f.

auf den Punkt gebracht.[19] Gabler fasst darin die historische Theologie als einen eigenständigen Bereich auf, dessen Methoden und Inhalte sich aus seinem Gegenstand ergeben müssen und nicht von der dogmatischen Theologie vorgegeben werden dürfen.

Im Blick auf die Stellung der Theologie in der universitas litterarum folgt aus diesem Befund, dass sich das Spezifikum der Theologie aus ihrem oben beschriebenen Gegenstand, der Wirklichkeitsdeutung aus der Sicht des christlichen Glaubens, ergibt. Dieser begründet sowohl das staatliche Interesse an einer wissenschaftlichen Reflexion der Grundlagen des christlichen Glaubens als auch das kirchliche Interesse an einer akademischen Ausbildung der künftigen Pfarrerinnen und Pfarrer. Vor diesem Hintergrund erklärt sich zugleich das kirchliche Interesse am Schutz der theologischen Ausbildung durch eigene Ausbildungsstätten, wenn der Staat – wie in den oben genannten Fällen – die Freiheit des Theologiestudiums nicht mehr zu gewährleisten bereit ist.

Zugleich bedeutet das Gesagte, dass sich der Wissenschaftscharakter der Theologie durch ihre Methoden und Ziele, die sich an den allgemeinen Voraussetzungen des Wissenschaftsdiskurses orientieren, begründet. Dabei gehört es zu den ureigensten Aufgaben akademischer Theologie, ihre Resultate im Kontext der je geltenden wissenschaftstheoretischen Prämissen zu plausibilisieren. Aus diesem Grund hatte Friedrich Schleiermacher (wie auch bereits Immanuel Kant im »Streit der Facultäten«[20]) die sogenannten »höheren Fakultäten«, die »Spezialschulen« des Staates ohne eigentlichen wissenschaftlichen Anspruch seien, auf die philosophische Fakultät als diejenige verwiesen, die die Geltungsansprüche der Theologie kritisch prüft.[21] Darin liegt zugleich der Beitrag der Theologie zur Universität. Dieser kann vor allem darin gesehen werden, in der Vielfalt ihrer Disziplinen Anknüpfungspunkte für verschiedene akademische Diskurse zu bieten, die zugleich im

[19] J.P. GABLER, Von der rechten Unterscheidung der biblischen und der dogmatischen Theologie und der rechten Bestimmung ihrer beider Ziele, in: G. STRECKER, (Hg.), Das Problem der Theologie des Neuen Testaments (WdF 367), Göttingen 1975, 32–44.

[20] Vgl. I. KANT, Streit der Facultäten. 1798, in: Kant's Gesammelte Schriften, Bd. 7, Berlin 1907, 1–116, und dazu: J. MITTELSTRASS, Der Streit der Fakultäten und die Philosophie, in: V. GERHARDT (Hg.), Kant im Streit der Fakultäten, Berlin/New York 2005, 39–60.

[21] Vgl. W. GRÄB, Die Begründung der Theologie als Wissenschaft vom Christentum, in: H.-E.TENORTH/R. V. BRUCH (Hg.) Geschichte der Universität Unter den Linden 1810–2010, Bd. 4: Genese der Disziplinen – die Konstitution der Universität, Berlin 2010, 43–92, 43–56.

Blick auf die Einheit der Theologie zusammenwirken.[22] Die Frage, wie sich dies konkret vollziehen kann, führt zum nächsten Punkt.

2. Vielfalt und Einheit der Theologie

Lässt sich der Gegenstand der Theologie als Interpretation der Wirklichkeit aus der Sicht des christlichen Glaubens bestimmen, so folgt daraus, dass theologische Arbeit, unabhängig davon, welcher Disziplin sie angehört, darin zu ihrem Ziel gelangt, dass sie zu dieser Wirklichkeitsdeutung beiträgt und so die über den jeweiligen Spezialdiskurs hinausreichende Orientierungsfunktion des christlichen Glaubens vor Augen führt.

Ein solches Theologieverständnis versteht sich keineswegs von selbst. Vielmehr hat sich die Theologie infolge ihrer Ausdifferenzierung in verschiedene Teildisziplinen seit dem ausgehenden 18. Jahrhundert in eine Vielzahl von Spezialdiskursen aufgegliedert, deren innerer Zusammenhang mitunter in den Hintergrund tritt und für Studierende nicht immer leicht zu erfassen ist. Am Beginn dieser Aufteilung einer ursprünglich als Einheit verstandenen Theologie stand die bereits erwähnte Unterscheidung der biblischen von der dogmatischen Theologie am Ende des 18. Jahrhunderts. Im 19. Jahrhundert bildete sich dann zusätzlich die Praktische Theologie als eigenständige Disziplin heraus. Die neutestamentliche Wissenschaft ist als selbständiges Fach vergleichsweise ein Neuling unter den theologischen Disziplinen. Eigene Lehrstühle für Neues Testament wurden erst im Laufe des 19. Jahrhunderts begründet. In Leipzig wurde z.B. erst 1876 eine ordentliche Professur für Neues Testament eingerichtet. Zuvor wurde das Fach im Kontext der Bibelwissenschaften, der frühen Kirchengeschichte, der Dogmatik, mitunter auch der Praktischen Theologie, gelehrt. Das Neue Testament war auf diese Weise stets in weitergehende Diskurse in der Theologie und darüber hinaus eingebunden.

In Leipzig[23] kann man diesbezüglich etwa den zur Philosophischen Fakultät gehörenden Christian Hermann Weiße nennen, der in der seinerzeit die Gemüter erhitzenden Kontroverse mit David Friedrich Strauß um die Rekonstruktion des Lebens Jesu eine wichtige Rolle gespielt hat und dabei eher nebenbei die Zwei-Quellen-Theorie begründete, die bis heute das tragfähigste Erklärungsmodell für die literarischen Verhältnisse der drei ersten Evange-

[22] Vgl. I.U. Dalferth (Hg.), Eine Wissenschaft oder viele? Die Einheit evangelischer Theologie in der Sicht ihrer Disziplinen, ThLZ.F 17, Leipzig 2006.

[23] Vgl. zum Folgenden: http://www.uni-leipzig.de/~nt/index.php.

lien darstellt.[24] Zu nennen wäre des Weiteren Georg Heinrici, der die neutestamentlichen Texte, vornehmlich die Briefe des Paulus, im Kontext der antiken Religionsphilosophie erforschte und bis heute lesenswerte Kommentare zu diesen verfasste.[25]

Eine breite religionsgeschichtliche Kenntnis ist auch für Johannes Leipoldt zu konstatieren, der als Nachfolger von Heinrici ebenfalls in Leipzig Neues Testament lehrte, von dem die erste deutsche Übersetzung des Thomasevangeliums stammt[26] und der vor allem durch das gemeinsam mit Walter Grundmann herausgegebene dreibändige Werk »Umwelt des Urchristentums« bekannt geworden ist, ein für seine Zeit – es erschien zuerst 1966 und erlebte acht Auflagen – beachtliches Opus, das sowohl einen umfangreichen Text- als auch einen Abbildungsband umfasst.[27] Dass sich mit Leipoldt und Grundmann auch Tendenzen ganz anderer Art – nämlich im Zusammenhang des berüchtigten Eisenacher »Instituts zur Erforschung und Beseitigung des jüdischen Einflusses auf das deutsche kirchliche Leben« – verbinden, soll nicht unerwähnt bleiben, auch wenn dem hier nicht weiter nachzugehen ist. Natürlich gehört auch der berühmte Textforscher Konstantin von Tischendorf in die Geschichte der neutestamentlichen Wissenschaft an der Leipziger Fakultät. Auch dies sei wenigstens im Vorbeigehen notiert, wenngleich im Folgenden eine andere Fragestellung verfolgt wird.

Die am Neuen Testament exemplarisch ablesbare Aufgliederung der Theologie in verschiedene Spezialdisziplinen spiegelt in eindrücklicher Weise die Einbindung der Theologie in die Wissenschaftsdiskurse der Neuzeit wider. So wird etwa – um im Umkreis meines eigenen Faches zu bleiben – die Aufgabe der Bibelwissenschaften häufig in der historischen, religionsgeschichtlichen und philologischen Interpretation der biblischen Texte gesehen, was sich sowohl in der theologischen Ausbildung als auch in den weithin üblichen Organisationsformen theologischer Forschung widerspiegelt. Altes und Neues Testament sind Fächer mit je spezifischem Gegenstandsbereich und eigenen methodischen Voraussetzungen. In beiden Disziplinen hat sich zudem eine hohe Spezialisierung auf philologischem, archäologischem und religionshistorischem Gebiet herausgebildet und zu Kooperationen mit

[24] C.H. WEISSE, Die evangelische Geschichte kritisch und philosophisch bearbeitet, 2 Bde., Leipzig 1838.

[25] C.F.G. HEINRICI, Das erste Sendschreiben des Apostels Paulus an die Korinther. Berlin 1880; DERS., Der zweite Brief an die Korinther, mit einem Anhang: Zum Hellenismus des Paulus. Göttingen 1900.

[26] J. LEIPOLDT, Ein neues Evangelium? Das koptische Thomasevangelium übersetzt und besprochen, ThLZ 83, 1958, 481–496.

[27] J. LEIPOLDT/W. GRUNDMANN, Umwelt des Urchristentums I–III, Berlin ^{8}1990/1991/ ^{6}1987.

benachbarten Wissenschaften, wie etwa Archäologie, Papyrologie und Epigraphik, antiker Philosophie oder Judaistik geführt. Alttestamentler sind nicht selten versierte Kenner des Vorderen Orients und durchaus in der Lage, Texte in assyrischer Keilschrift zu entziffern. Neutestamentler kennen sich oft gut in jüdischen oder paganen Texten der römischen Kaiserzeit aus oder haben breite Kenntnisse in der hellenistischen Religionsphilosophie. Damit leisten diese Fächer einen wichtigen Beitrag zum akademischen Charakter der Theologie und ihrer Einbindung in die Universität. Diese Dimension akademischer Theologie ist unverzichtbar, um dem oben genannten methodischen und erkenntnistheoretischen Status der akademischen Theologie gerecht zu werden. Konkret findet dies etwa in der Beteiligung von Mitgliedern der Theologischen Fakultäten an interdisziplinären Forschungsprojekten, etwa an Sonderforschungsbereichen oder Graduiertenschulen, Ausdruck.

Nicht zufällig ist die gegenwärtige Lage der akademischen Theologie eher von einem Nebeneinander der verschiedenen theologischen Fächer gekennzeichnet. Damit drängt sich freilich zugleich die Frage auf, was diese, oft an der Grenze zu benachbarten Disziplinen angesiedelten Forschungen, zum Gegenstand der Theologie beitragen. Der Theologie unter den Bedingungen des neuzeitlichen Wissenschaftsdiskurses liegt demnach *per definitionem* eine dynamische Spannung von Vielfalt und Einheit zugrunde, die es immer wieder neu einzuholen gilt. Ist die Theologie als Wissenschaft aufgrund ihres Gegenstandes notwendig eine *Vielfalt*, so ergibt sich die Frage nach ihrer *Einheit* mit besonderer Dringlichkeit. Die Voraussetzung, unter der die Behauptung eines über die einzelnen historischen, philosophischen oder psychologischen Spezialdiskurse hinausgehenden Beitrags der theologischen Einzeldisziplinen allein sinnvoll sein kann, lautet dabei, dass die Vielfalt ihrer Disziplinen und Fragestellungen also stets auf einen übergreifenden Reflexionszusammenhang bezogen ist.

Diese Einheit lässt sich mit Friedrich Schleiermacher durch den Bezug auf die kirchenleitende Tätigkeit als Ziel des theologischen Studiums begründen und als »Inbegriff derjenigen wissenschaftlichen Kenntnisse und Kunstregeln, ohne deren Besitz und Gebrauch eine zusammenstimmende Leitung der christlichen Kirche [...] nicht möglich ist« beschreiben.[28] »Kirchenleitung« lässt sich dabei im weiteren Sinn als Übernahme eines geistlichen Amtes in der Kirche verstehen, für die es einer entsprechenden Ausbildung bedarf.

Diese Einheit lässt sich auch mit Ingolf Ulrich Dalferth in einer etwas weiter als bei Schleiermacher gefassten Definition als »Interpretationspraxis« bestimmen, deren Aufgabe die »Reflexion christlichen Glaubenslebens in all

---

[28] SCHLEIERMACHER, Kurze Darstellung (s. Anm. 4), § 5.

seinen Dimensionen ... zur Steigerung der Orientierungsfähigkeit und Gestaltungskraft des christlichen Lebens« ist.[29] Die Einheit der Theologie begründet sich demnach in der ihr vorausliegenden Praxis christlichen Glaubens, die in der je konkreten kulturellen und historischen Situation zu interpretieren die Aufgabe der Theologie darstellt.

Fragen wir, um dies ansatzweise zu konkretisieren, nach dem Beitrag der Bibelwissenschaften zur Theologie, so ist dieser zunächst darin begründet, dass christliche Theologie ihre zentralen Themen und Inhalte aus den biblischen Texten gewinnt und immer wieder neu vor diesen verantworten muss. Dies folgt bereits aus der geschichtlichen Begründung des Christentums im Wirken und Geschick Jesu von Nazareth. Daraus resultiert die Notwendigkeit, dieses Geschehen in seinen historischen Dimensionen auszuleuchten, zu denen auch die Geschichte Israels und des Judentums gehört, die seit den frühesten christlichen Zeugnissen den Deutungshorizont für die Geschichte Jesu darstellt. Des Weiteren führt die Verwurzelung in einem fundierenden historischen Geschehen zu der hermeneutischen Frage, wie dieses in der jeweiligen Gegenwart anzueignen ist. Eine biblisch begründete Theologie vollzieht sich darum stets in hermeneutischer Perspektive, die die in den biblischen Texten überlieferte Geschichte als Grundlage für Wirklichkeitsverständnis und Lebenspraxis der je eigenen Gegenwart zur Geltung bringt.[30]

Ein wesentlicher Beitrag der Bibelwissenschaften zur Theologie besteht demzufolge darin, die aus der geschichtlichen Verfasstheit des christlichen Glaubens resultierenden Konsequenzen für seine je konkrete Gestaltung deutlich werden zu lassen. Dabei nimmt die exegetische Forschung selbst teil an den Entwicklungen in Text- und Geschichtswissenschaft und bringt angesichts des jeweiligen Kenntnisstandes über die antiken Quellen sowie der je geltenden erkenntnistheoretischen Voraussetzungen die in den biblischen Schriften niedergelegten Ursprünge des christlichen Glaubens in den gesamttheologischen Diskurs ein. So ist etwa – um zwei aktuelle Beispiele zu nennen – zu diskutieren, welche theologischen oder religionspädagogischen Folgerungen aus der neueren Diskussion um die vielfältigen Deutungen des Todes Jesu im Neuen Testament zu ziehen sind, die mit oftmals vorherrschenden Abstraktbegriffen wie »Sühne« oder »Stellvertretung« kaum schon

---

[29] DALFERTH, Interpretationspraxis (s. Anm. 5), 53.

[30] Vgl. dazu auch J. SCHRÖTER, Die aktuelle Diskussion über den historischen Jesus und ihre Bedeutung für die Christologie, in: C. DANZ/M. MURRMANN-KAHL (Hg.), Zwischen historischem Jesus und dogmatischem Christus. Zum Stand der Christologie im 21. Jahrhundert (Dogmatik in der Moderne 1), Tübingen 2010, 67–86.

zureichend erfasst sind,[31] oder welche Relevanz die in der aktuellen Jesusforschung zur Geltung gebrachte geschichtshermeneutische Einsicht besitzt, dass das Ziel der historischen Kritik nicht die »eigentliche historische Tatsache« hinter den Texten sein kann, sondern Bilder von Ereignissen und Personen der Vergangenheit – also auch der Person Jesu – immer auf einer Verbindung von Konstruktion und Rekonstruktion basieren.[32] Eine spezielle Aufgabe der Bibelwissenschaften ergibt sich dabei noch einmal aus dem öffentlichen und medialen Interesse an Personen wie Jesus oder Paulus, Themen wie Jungfrauengeburt und Opfertod oder archäologischen Entdeckungen, wie den Funden von Qumran und Nag Hammadi. Für die öffentliche Wahrnehmung christlicher Theologie haben die Bibelwissenschaften hier die wichtige Aufgabe zu erfüllen, antike religiöse Sprach- und Vorstellungswelten mit heutigen Verstehensvoraussetzungen zu vermitteln.

Ein weiterer, nicht minder gewichtiger Grund für die Notwendigkeit, Gestalt und Inhalte christlicher Theologie vor den biblischen Texten zu verantworten, liegt darin, dass sich im Christentum der ersten drei Jahrhunderte der biblische Kanon als normative Grundlage seiner Identität herausgebildet hat. Der kanonische Status der von den Bibelwissenschaften untersuchten Schriften hat demnach für die Stellung dieser Disziplinen im Gesamt der Theologie grundlegende Bedeutung. Er impliziert, dass die Frage nach dem Bezug von Neuem und Altem Testament von den exegetischen Disziplinen ebenso in das gesamttheologische Gespräch einzubringen ist wie diejenige nach der Orientierung christlicher Lebenspraxis an den biblischen Schriften. Die in der Reformation neu zur Geltung gebrachte Bindung der christlichen Bekenntnisse als *norma normata* an die biblischen Texte als *norma normans* ruft diesen Sachverhalt nachdrücklich ins Bewusstsein.

Die biblischen Schriften sind demnach nicht nur als Einzeltexte, sondern immer auch als Teil desjenigen Corpus zu interpretieren, das zur Grundlage christlichen Selbstverständnisses und christlicher Verkündigung geworden ist. Nur unter dieser »kanonischen Voraussetzung« ist es sinnvoll, dass die exegetischen Fächer eigene theologische Disziplinen bilden. Unter dieser Voraussetzung ist es freilich zugleich unverzichtbar, um die der christlichen Theologie eigene Wirklichkeitssicht im Diskurs mit anderen Deutungen zur Geltung zu bringen.

---

31 Vgl. J. Schröter, Sühne, Stellvertretung und Opfer. Zur Verwendung analytischer Kategorien zur Deutung des Todes Jesu, in: J. Frey/J. Schröter (Hg.), Deutungen des Todes Jesu im Neuen Testament (WUNT 181), Tübingen 2005, 51–71.

32 Vgl. J. Schröter, Jesus von Nazareth. Jude aus Galiläa – Retter der Welt (Biblische Gestalten 15), Leipzig ^{2}2009, 14–25. 361–364.

Damit ist zugleich ein entscheidender Grund dafür genannt, warum der Ort wissenschaftlicher Theologie die Universität ist. Akademische Theologie sichert eine von der Kirche unabhängige intellektuelle und ethische Verantwortung des christlichen Glaubens, die gerade auf diese Weise, als kritisches Gegenüber, der Kirche dient. Dies tut sie durch die Ausbildung künftiger Pfarrerinnen und Pfarrer bzw. Lehrerinnen und Lehrer. Dies führt zu meinem nächsten Punkt.

3. WOZU THEOLOGISCHE FAKULTÄTEN AN STAATLICHEN UNIVERSITÄTEN?

In den beiden bisherigen Abschnitten wurde die Stellung der wissenschaftlichen Theologie an der Universität zunächst bewusst unter Absehung von professionsbezogenen und formal-rechtlichen Gesichtspunkten erörtert. Das ist nunmehr durch einen wichtigen Aspekt zu ergänzen, nämlich die Aufgabe der Theologischen Fakultäten, künftige Pfarrerinnen und Pfarrer und zunehmend auch Lehrerinnen und Lehrer auszubilden. Wie bereits erwähnt, bilden die Theologischen Fakultäten aufgrund dieser Aufgabe gemeinsam mit der juristischen und der medizinischen Fakultät traditionell die sogenannten höheren Fakultäten, zu deren spezifischen Merkmalen die Professionsbezogenheit gehört. Darin begründet sich für die theologischen Fakultäten ein besonderer Rechtsstatus als staatliche Einrichtungen mit kirchlichen Mitwirkungsrechten. Theologische Fakultäten sind deshalb sowohl Gegenstand des weltlichen als auch des Kirchenrechts. [33] Dies ist durch die Weimarer Reichsverfassung von 1919 (Art. 137 I) festgelegt, zu dem für die Bundesrepublik Deutschland der grundgesetzlich garantierte Schutz der Religionsfreiheit sowie die Wissenschaftsfreiheit treten.[34] Dieser spezifische Status kommt einerseits darin zum Ausdruck, dass die Theologischen Fakultäten auf staatskirchenrechtlichen Verträgen basieren, andererseits Vereinbarungen zwischen den theologischen Fakultäten und den jeweiligen Landeskirchen existieren. Der juristische Begriff, der diese spezifische Stellung kennzeichnet, ist derjenige der »gemeinsamen Angelegenheiten« von Staat und Kirche, zu denen die Theologischen Fakultäten gehören. Gelegentlich wird auch von einem »Doppelcharakter« gesprochen, um die staatlichen und kirchlichen Belange Theologischer Fakultäten zu kennzeichnen.

[33] Vgl. dazu grundsätzlich M. HECKEL, Die theologischen Fakultäten im weltlichen Verfassungsstaat (JusEccl 31), Tübingen 1986.

[34] Zu den rechtlichen Voraussetzungen und darauf basierenden Gestaltungsmöglichkeiten vgl. J. CHRISTOPH, Kirchen- und staatskirchenrechtliche Probleme der Evangelisch-theologischen Fakultäten (JusEccl 91), Tübingen 2009, 23–55.

Dabei genossen die theologischen Fakultäten in früheren Zeiten sogar ein besonderes Ansehen. Sie galten als die obersten Fakultäten, wurden deshalb in der Regel an der Spitze der Fakultäten genannt, was sich in manchen Universitäten bis heute erhalten hat. Ihre Professoren wurden besser bezahlt als diejenigen der anderen Fakultäten (auch das ist lange her) und Friedrich Wilhelm III., der 1810 die Königliche Friedrich-Wilhelm-Universität in Berlin gestiftet hatte, verfügte in den Statuten für diese Universität u.a., dass bei feierlichen Repräsentationen der Theologischen Fakultät der erste Platz unter den Fakultäten gebührt, gefolgt von der juristischen, der medizinischen und schließlich der philosophischen Fakultät, in der alle übrigen Disziplinen zusammengefasst waren.

Man kann also ein staatliches und ein kirchliches Interesse an der universitären Ausbildung identifizieren. Das staatliche Interesse lässt sich für die Gegenwart am besten mit Hilfe des berühmten Diktums des ehemaligen Verfassungsrichters Ernst-Wolfgang Böckenförde charakterisieren: »Der freiheitliche, säkularisierte Staat lebt von Voraussetzungen, die er selbst nicht garantieren kann.«[35] In Deutschland gestaltet sich dies so, dass nach der Trennung von Kirche und Staat und dem Ende des landesherrlichen Kirchenregiments im Jahr 1919 die theologischen Fakultäten aufgrund des Interesses des Staates an positiver Religionspflege vorgehalten werden, wobei die dies begründenden Staatskirchenverträge in der Regel die sogenannte »Freundschaftsklausel« enthalten, dass etwaige Meinungsverschiedenheiten auf freundschaftliche Weise beigelegt werden. Grundlage dieser Regelung ist die Überzeugung, dass der säkulare Staat die Inhalte religiöser oder anderer weltanschaulicher Überzeugungen nicht selber vorgeben kann, aber ein eigenes Interesse daran hat, dass dies von religiösen Gemeinschaften wie den Kirchen oder auch anderen Verbänden wahrgenommen wird. Die Unterhaltung Theologischer Fakultäten ist deshalb Bestandteil des Kulturstaatsauftrags und der positiven Religionspflege auf der Basis der freiheitlich-demokratischen Grundordnung.

Das kirchliche Interesse an staatlichen Theologischen Fakultäten begründet sich in dem von der Reformation deutlich betonten Interesse an einer akademischen Ausbildung der Pfarrer. Daran hat sich bis heute nichts geändert, denn gerade in protestantischer Tradition stehen der Pfarrer und die Pfarrerin ein für die Interpretation lebensweltlicher Zusammenhänge im Licht der biblischen Überlieferung, die sie darum selbst natürlich genau kennen müssen. Darum war es ein dezidiertes Anliegen der Reformation, dass die biblischen Texte in den Ursprachen studiert werden müssen, was sich auf die Kenntnisse der historischen und philosophischen Zusammen-

35 E.-W. BÖCKENFÖRDE, Staat, Gesellschaft, Freiheit, Frankfurt 1976, 60.

hänge, in denen sich die Inhalte des christlichen Glaubens herausgebildet haben, ausweiten lässt. Die Kenntnis der biblischen Sprache besitzt deshalb in evangelischer Theologie seit jeher einen besonderen Stellenwert, durch den zum Ausdruck kommt, dass christliche Theologie nach evangelischem Verständnis biblische Theologie ist, die biblischen Schriften also Grundlage aller theologischen Inhalte und ethischen Maßstäbe sind.

Bestehen demnach keine der oben genannten Gründe, die zur Einrichtung eigener kirchlicher Ausbildungsstätten führen – etwa, weil der Staat die freiheitliche Entfaltung theologischer Forschung und Lehre gerade nicht ermöglicht, sondern einschränkt und behindert – legt sich die Teilnahme am öffentlichen Wissenschaftsdiskurs, wie er an staatlichen Universitäten gepflegt wird, für das Theologiestudium und die Pfarramts- und Lehrerausbildung von selber nahe. Theologische Fakultäten haben also ein spezifisches Interesse an der universitären Bildung. Damit leisten sie einen eigenen Beitrag zum Profil der Universitäten und nehmen zugleich teil am Diskurs über deren Gestaltung. Wie sich dies in der Gegenwart darstellt, soll im nächsten Punkt anhand gegenwärtiger Fragestellungen angesichts des sogenannten Bologna-Prozesses präzisiert werden.

4. PROBLEME ANGESICHTS DER IN BOLOGNA BESCHLOSSENEN STUDIENSTRUKTUR UND IHRE KONSEQUENZEN FÜR DIE THEOLOGIE[36]

Bis vor etwa 10 Jahren war Bologna der klangvolle Name einer wunderschönen Stadt am Fuße der Apenninen mit einer der ältesten Universitäten Europas. Zu den Besonderheiten der Universität von Bologna gehörte es in der Anfangszeit, dass die wesentlichen Prozesse und Entscheidungen – etwa die Wahl des Rektors, die Bezahlung des Lehrpersonals und die Gestaltung des Lehrprogramms – in der Hand der Studenten lagen. Bologna stand für europäische Kultur. Mit der Universität verbindet sich der klangvolle Name von Umberto Eco, und niemandem schwante Ungutes, wenn der Name der Stadt genannt wurde.

Seit im Jahr 1999 die europäischen Kultusminister in ebendieser Stadt den Beschluss fassten, einen einheitlichen europäischen Hochschulraum zu schaffen, hat sich das gründlich geändert. Seither verursacht der Name Bologna bei vielen, die mit wissenschaftspolitischen Fragen befasst sind, Sorgenfalten auf der Stirn, manchen treibt er gar die Zornesröte ins Gesicht, und die konkrete Situation der Bachelor- und Masterstudiengänge animiert

[36] Vgl. zum Folgenden auch CHRISTOPH, Probleme (s. Anm. 34), 100–138.

Studierende vielerorts nicht nur zur Mobilität, sondern auch zum Bildungsstreik, wie etwa im Sommersemester 2009.

Inzwischen wurde deutlich, dass sich die ursprünglichen Ziele nicht in der Weise realisieren lassen, wie es zunächst manchen erschien, und es ist nicht zu übersehen, dass sich die anvisierten Ziele – etwa die Erleichterung von Mobilität – teilweise geradezu in ihr Gegenteil verkehrt haben. Die Hochschulrektorenkonferenz hat angesichts dieser Situation in einem Bolgona-Reader auf die konkreten Schwierigkeiten der Modularisierung, die Besonderheiten der diversen Studiengänge und das Problem der zum Teil immensen Prüfungsbelastungen für Studierende und Lehrende bei gleich bleibender Ausstattung (und Unterfinanzierung) der deutschen Hochschulen reagiert.

Für die Theologischen Fakultäten war die Situation insofern von Beginn an anders, weil der damalige Vorstand des Fakultätentages und der Rat der Evangelischen Kirche in Deutschland gemeinsam den Beschluss gefasst hatten, am theologischen Abschlussexamen festzuhalten und einen gestuften Studiengang nicht als Qualifikation für das Pfarramt zu akzeptieren. Für die Lehramtsstudiengänge gelten freilich andere rechtliche Rahmenbedingungen. Grund für die spezielle Regelung der Pfarramtsausbildung ist die im vorigen Abschnitt skizzierte spezifische Verfasstheit der Theologischen Fakultäten. Aus den daraus resultierenden sogenannten »gemeinsamen Angelegenheiten« von Staat und Kirche folgt, dass bei allen Entscheidungen, die Studien- und Prüfungsordnungen sowie Examina betreffen, die Kirchen zu beteiligen sind. Die Kultusministerkonferenz hat in einem Beschluss vom 13. Dezember 2007 diese besondere Stellung der Theologischen Fakultäten ausdrücklich anerkannt, zugleich jedoch beschlossen, dass die Studiengänge mit Evangelischer und Katholischer Theologie/Religion zu modularisieren sind.[37] Deshalb hat der Fakultätentag bei seiner Plenarversammlung im Jahr 2008 in Wuppertal einen dieser Maßgabe entsprechenden Beschluss gefasst, der gegenwärtig in den einzelnen Fakultäten umgesetzt wird.[38] Er besagt im Grundsatz, dass im Theologiestudium mit dem Ziel Pfarramt/Diplom oder Magister theologiae im Grund- und Hauptstudium in den einzelnen Disziplinen jeweils ein Basis- und ein Aufbaumodul zu absolvieren ist, gefolgt von einer Integrations- und Examensphase. Auf diese Weise soll dem Beschluss der KMK Rechnung getragen werden, zugleich aber der Charakter des zum Ersten Theologischen Examen bzw. zum Diplom oder Magister theologiae führenden Studiums gewahrt bleiben.

---

[37] Vgl. http://www.kmk.org/fileadmin/pdf/Wissenschaft/BS_071213_Eckpunkte_Studienstruktur Theologie.pdf.

[38] Vgl. http://evtheol.fakultaetentag.de/PDF/wuppertal3.pdf.

Zusammenfassend wird man deshalb urteilen, dass die konkreten Auswirkungen der Bologna-Reform auf das Theologiestudium in hohem Maße davon abhängen werden, wie es gelingt, die Modulstrukturen zur Freisetzung positiver Effekte zu nutzen. Dazu wird es notwendig sein, sich an der oben beschriebenen Einheit der Theologie und der daraus erwachsenden Aufgabe pastoraler bzw. religionspädagogischer Bildung zu orientieren. So können etwa die thematisch ausgerichteten Module zu mehr Vernetzungen der theologischen Disziplinen genutzt werden, und auch die Konzentration auf spezifische Themen und Fragestellungen eines Faches kann innerhalb einer intelligent umgesetzten Modulstruktur durchaus zur Wirkung kommen. Wenn dies gelingt, kann der Bologna-Prozess trotz aller Widrigkeiten zu positiven Auswirkungen auf das Theologiestudium führen. Wozu dieses dienen soll, ist das in meinem letzten Punkt noch kurz anzusprechende Thema.

5. Theologische Verantwortung und weltanschaulicher Pluralismus

Die spezifische Situation, in der sich Theologie als Wirklichkeitsdeutung aus der Sicht des christlichen Glaubens gegenwärtig befindet, ist durch weltanschauliche und religiöse Pluralität gekennzeichnet. Es ist keineswegs der überwiegende Teil der Bevölkerung, der in vielen Regionen Deutschlands zu einer der großen christlichen Kirche gehört, der Anteil muslimischer Gläubiger ist in den zurückliegenden Jahren deutlich angewachsen, die Landschaft religiöser oder auch pseudo- und nicht-religiöser Überzeugungen ist auch ansonsten mannigfaltiger geworden.

Wie stellt sich akademische Theologie einer solchen Situation? Die beiden Aspekte, die dabei zu bedenken sind, sind zum einen der missionarische Auftrag, der einen substantiellen und unverzichtbaren Bestandteil christlichen Glaubens darstellt, zum anderen die durch den Cartoon zum Ausdruck gebrachte Tatsache, dass Mission, die auf Fragen antwortet, die keiner gestellt hat, kaum Erfolg haben wird. Welchen Beitrag kann akademische Theologie in dieser spezifischen Situation leisten? Dies sei abschließend an drei gegenwärtig aktuellen Diskursen kurz angedeutet.

Erstens: Im Diskurs mit anderen Weltanschauungen – etwa dem Atheismus – bedarf es einer Interpretation lebensweltlicher Zusammenhänge aus der Sicht des christlichen Glaubens. Die verzerrende Sicht auf das Christentum in dem Bestseller von Richard Dawkins »The God Delusion« (deutsch:

Der Gotteswahn),[39] die Diskussionen um den Kreationismus, aber auch manche in der Presse erscheinende Artikel, etwa zu apokryphen Evangelien oder über die Funde von Qumran, zeigen, dass durchaus Aufklärungsbedarf über die Grundlagen theologischer Forschung besteht. Akademische Theologie steht hier in der Verantwortung, in der Öffentlichkeit ein seriöses Bild über die Grundlagen wissenschaftlicher Theologie zu vermitteln.

Zweitens: Im Diskurs mit anderen Religionen – etwa dem Islam – bedarf es der klaren Formulierung zentraler Inhalte des christlichen Glaubens. Die Irritationen um den EKD-Text »Klarheit und gute Nachbarschaft«[40] haben gezeigt, dass auch an dieser Stelle durchaus Klärungsbedarf herrscht.[41] Da der Dialog mit anderen Religionen nur auf der Basis des eindeutigen Bekenntnisses zu den eigenen Glaubensüberzeugungen sinnvoll sein kann, ist das auf der Grundlage des biblischen Zeugnisses Alten und Neuen Testaments gewonnene trinitarische Bekenntnis die unverzichtbare Grundlage für ein fruchtbares Gespräch mit anderen religiösen Überzeugungen.

Drittens schließlich nimmt wissenschaftliche Theologie eine Orientierungsfunktion im Diskurs über kulturelle und ethische Normen in der Gesellschaft wahr. Es geht also gerade nicht um eine binnenkirchliche Sonderperspektive, sondern um die Vertretung eines Wahrheitsanspruchs. Akademische Theologie an der Universität steht dafür ein, dass dies im Kontext des gegenwärtigen Wissenschaftsdiskurses geschieht. Damit leistet wissenschaftliche Theologie einen substantiellen, unverzichtbaren Beitrag zur intellektuellen und ethischen Verantwortung des christlichen Glaubens.

---

39 R. DAWKINS, Der Gotteswahn, Berlin ^{9}2007 (englisches Original: The God Delusion, London 2006).

40 Klarheit und gute Nachbarschaft. Christen und Muslime in Deutschland, hg. vom KIRCHENAMT DER EVANGELISCHEN KIRCHE IN DEUTSCHLAND (EKD-Texte 86), 2006.

41 Vgl. den Sammelband: J. MICKSCH (Hg.), Evangelisch aus fundamentalem Grund: Wie sich die EKD gegen den Islam profiliert, Frankfurt 2007.

Hinweise zu den Autorinnen und Autoren

TIMOTHEUS ARNDT, Dr. theol., Jg. 1958, Wissenschaftlicher Mitarbeiter der Forschungsstelle Judentum an der Theologischen Fakultät der Universität Leipzig.

Wichtige Veröffentlichungen: EREV RAV und ASAFSUF im Midrasch, in: Wendung nach Jerusalem. Friedrich-Wilhelm Marquardts Theologie im Gespräch, hrsg. von H. Lehming, Gütersloh 1999, 156–172; Eine jüdische Sicht auf die Trennung der Kirche von Israel, in: leqach. Mitteilungen und Beiträge, hrsg. von der Forschungsstelle Judentum an der Theologischen Fakultät Leipzig, Leipzig 2001, Heft 1, 56–72; Der ganze Mensch. Notizen zur Zahl 248 im rabbinischen Hebräisch, in: leqach. Mitteilungen und Beiträge, hrsg. von der Forschungsstelle Judentum an der Theologischen Fakultät Leipzig, Leipzig 2004, Heft 4, 15–26.

MONIKA EIGMÜLLER, Dr. rer. pol., Jg. 1975, Leiterin der VW-Nachwuchsforschergruppe »Sozialraum Europa« am Institut für Soziologie der Universität Leipzig. Arbeitsschwerpunkte: Europasoziologie; Sozial- und Migrationspolitik.

Ausgewählte Veröffentlichungen: Gesellschaftstheorie und Europapolitik. Sozialwissenschaftliche Ansätze zur Europaforschung, Wiesbaden 2010 (Hg., gemeinsam mit Steffen Mau); Grenzsicherungspolitik. Funktion und Wirkung der europäischen Außengrenze. Eine Studie am Beispiel spanischer Migrations- und Arbeitsmarktpolitik, Wiesbaden 2007; Zus. mit G. Vobruba: Zwischen Exklusion und Selektivität. Die Außengrenzpolitik der Europäischen Union, in: Kommune. Forum für Politik, Ökonomie, Kultur, Heft 4/2010, 14–17.

FRIEDMANN EISSLER, Dr. theol., Jg. 1964, Wissenschaftlicher Referent der Evang. Zentralstelle für Weltanschauungsfragen in Berlin (EZW), Arbeitsschwerpunkte: Islam, interreligiöser Dialog.

Wichtige Veröffentlichungen: Abraham im Islam, in: Chr. Böttrich/ B. Ego/F. Eißler: Abraham in Judentum, Christentum und Islam, Göttingen 2009, 116–188; Islamisierung profaner Arbeit als Dienst an der Menschheit. Zum Bildungsideal Fethullah Gülens, in: R. Hempelmann (Hg.): Religionsdifferenzen und Religionsdialoge. 50 Jahre EZW, EZW-Texte 210, Berlin 2010, 175–194; Vom Dialog zum Trialog? Der christlich-muslimische Dialog im Angesicht des Judentums, in: Materialdienst der EZW 72/7

(2009), 243–256; Komparative Theologie. Eine Alternative zu bisherigen religionstheologischen Konzepten?, in: Materialdienst der EZW 74/12 (2011), 449–455; Gemeinsam Beten? Eine Anfrage an das interreligiöse Gebet unter dem Vorzeichen abrahamischer Ökumene, in: H. Schmid/ A. Renz/J. Sperber (Hg): »Im Namen Gottes ...« Theologie und Praxis des Gebets in Christentum und Islam, Theologisches Forum Christentum – Islam, Regensburg 2006, 216–226.

KLAUS FITSCHEN, Dr. theol., Jg. 1961, Professor für Kirchengeschichte (mit dem Schwerpunkt Neuere und Neueste Kirchengeschichte) an der Theologischen Fakultät der Universität Leipzig.

Wichtigste Veröffentlichungen: Der Katholizismus von 1648 bis 1870, Leipzig 1997; Protestantische Minderheitenkirchen in Europa im 19. und 20. Jahrhundert, Leipzig 2008.

Forschungsschwerpunkt: Geschichte des neuzeitlichen Christentums in interkonfessioneller Perspektive.

REINHARD HEMPELMANN, Dr. theol., Jg. 1953, Leiter der Evangelischen Zentralstelle für Weltanschauungsfragen (EZW) in Berlin, Lehrbeauftragter an der Theologischen Fakultät der Universität Leipzig. Arbeitsschwerpunkte: Strömungen des säkularen und religiösen Zeitgeistes, pentekostales Christentum, ökumenische Theologie.

Wichtigste Veröffentlichungen: Sakrament als Ort der Vermittlung des Heils. Sakramententheologie im evangelisch-katholischen Dialog, (Kirche und Konfession Bd. 32), Göttingen 1992; Licht und Schatten des Erweckungschristentums. Ausprägungen und Herausforderungen pfingstlich-charismatischer Frömmigkeit, Stuttgart 1998; Panorama der neuen Religiosität, Gütersloh ^{2}2005; Evangelikale Bewegungen. Beiträge zur Resonanz des konservativen Protestantismus, EZW-Texte 206, Berlin 2009.

JÜRGEN MIETHKE, Dr. phil., Jg. 1938, Professor Ordinarius i.R. für Mittlere und Neuere Geschichte an der Ruprecht-Karls-Universität Heidelberg. Forschungsschwerpunkte: Geschichte des späteren Mittelalters, Kirchengeschichte, Bildungs- und Universitätsgeschichte, Geschichte der politischen Theorien, Geistesgeschichte.

Neuere Veröffentlichungen: Studieren an mittelalterlichen Universitäten. Chancen und Risiken. Gesammelte Aufsätze, Leiden/Boston 2004; Politiktheorie im Mittelalter. Von Thomas von Aquin bis Wilhelm von Ockham, Tübingen 2008; Stadt und Universität im Spätmittelalter, in: Orientierung für das Leben. Kirchliche Bildung und Politik in Spätmittelalter, Reformation und Neuzeit, hrsg. von P. Mähling, Münster 2010, 13–37; Pseudo-

Dionysius Areopagita in der politischen Ekklesiologie der Augustinerschule des 14. Jhs., in: Knowledge, Discipline and Power in the Middle Ages, edd. J. Canning/E. J. King/M. Staub, Leiden/Boston 2011, 157–173; Le università e il concilio di Basilea [traduzione dal tedesco di Alberto Cadili], in: Cristianesimo nella storia 32 (2011), 1–41.

MATTHIAS PETZOLDT, Dr. theol., Jg. 1948, Professor für Fundamentaltheologie und Hermeneutik, Inhaber des Lehrstuhls für Systematische Theologie/Dogmatik an der Theologischen Fakultät der Universität Leipzig.

Wichtigste Veröffentlichungen: Gottmensch und Gattung Mensch. Studien zur Christologie und Christologiekritik Ludwig Feuerbachs, Berlin 1989; Christsein angefragt. Fundamentaltheologische Beiträge, Leipzig 1998; Evangelische Fundamentaltheologie in der Diskussion, Leipzig 2004; Gehirn – Geist – Heiliger Geist. Muss der Glaube die Willensfreiheit verteidigen?, Hamburg 2008; Theologie im Gespräch mit empirischen Wissenschaften, Leipzig 2012.

GERT PICKEL, Dr. phil., Jg. 1963, Professor für Religions- und Kirchensoziologie an der Theologischen Fakultät der Universität Leipzig.

Wichtigste Veröffentlichungen: Religious individualization or secularization? Testing hypotheses of religious change – the case of Eastern and Western Germany, British Journal of Sociology 58/4 (2007), 603–632; Religionssoziologie. Eine Einführung in zentrale Themenbereiche, Wiesbaden 2011; Zus. mit K. Sammet (Hg.): Religion und Religiosität im vereinigten Deutschland. Zwanzig Jahre nach dem Umbruch, Wiesbaden 2011.

Forschungsschwerpunkte: Säkularisierungstheorie, Verhältnis von Religion und Politik, religiöses Sozialkapital.

MATTHIAS PÖHLMANN, Dr. theol., Jg. 1963, von 1999 bis 2011 wissenschaftlicher Referent bei der Evangelischen Zentralstelle für Weltanschauungsfragen (EZW) in Berlin mit den Arbeitsschwerpunkten Esoterik, Okkultismus, Spiritismus, Satanismus, seit 2011 Gemeindepfarrer in Germering bei München.

Wichtigste Veröffentlichungen: Kampf der Geister. Die Publizistik der »Apologetischen Centrale« (1921–1937), Stuttgart/Mainz 1998; Freimaurer. Wissen was stimmt, Freiburg i. Br. ²2010; Verschwiegene Männer. Freimaurer in Deutschland, EZW-Texte 182, Berlin ⁵2011.

JENS SCHRÖTER, Dr. theol., Jg. 1961, Professor für Exegese und Theologie des Neuen Testaments sowie die neutestamentlichen Apokryphen an der Theologischen Fakultät der Humboldt-Universität zu Berlin.

Wichtigste Veröffentlichungen: Jesus von Nazareth. Jude aus Galiläa – Retter der Welt (Biblische Gestalten 15), Leipzig ²2009; Von Jesus zum Neuen Testament. Studien zur urchristlichen Theologiegeschichte und zur Entstehung des neutestamentlichen Kanons (WUNT 204), Tübingen 2007; Nehmt, esst und trinkt. Das Abendmahl verstehen und feiern, Stuttgart 2010.

Forschungsschwerpunkte: Kanonische und außerkanonische Jesusüberlieferung; Apostelgeschichte / Geschichte des frühen Christentums; Rezeptionsgeschichte und Theologie des Neuen Testaments; Antike christliche Apokryphen.

PIRMIN STEKELER-WEITHOFER, Dr. phil. Jg. 1952, Professor für Theoretische Philosophie an der Universität Leipzig, seit 2008 Präsident der Sächsischen Akademie der Wissenschaften zu Leipzig.

Wichtigste Veröffentlichungen: Sinn-Kriterien. Die logischen Grundlagen kritischer Philosophie von Platon bis Wittgenstein, Paderborn 1995; Philosophie des Selbstbewusstseins. Hegels System als Formanalyse von Wissen und Autonomie, Frankfurt 2005; Philosophiegeschichte (Grundthemen Philosophie), Berlin 2006; Sinn (Grundthemen Philosophie), Berlin 2011.

BIRGIT WEYEL, Dr. theol., Jg. 1964, Professorin für Praktische Theologie (mit dem Schwerpunkt Seelsorgelehre und Pastoraltheologie) an der Evangelisch-Theologischen Fakultät der Universität Tübingen.

Wichtigste Veröffentlichungen: Praktische Bildung zum Pfarrberuf, Tübingen 2006; Handbuch Praktische Theologie, Gütersloh 2007; Studien- und Arbeitsbuch Praktische Theologie, Göttingen 2008, Seelsorge. Quellen von Schleiermacher bis zur Gegenwart, Tübingen 2009.

Forschungsschwerpunkte: Kasualtheorie, Religion in der Moderne.